权威·前沿·原创

皮书系列为
"十二五"国家重点图书出版规划项目

中国社会科学院创新工程学术出版资助项目

人口与劳动绿皮书

GREEN BOOK OF
POPULATION AND LABOR

中国人口与劳动问题报告
No.16

REPORTS ON CHINA'S POPULATION AND LABOR
(No.16)

"十二五"回顾与"十三五"展望

12th Five-Year Review and 13th Five-Year Outlook

主 编／蔡 昉 张车伟

社会科学文献出版社
SOCIAL SCIENCES ACADEMIC PRESS（CHINA）

图书在版编目（CIP）数据

中国人口与劳动问题报告.16，"十二五"回顾与"十三五"展望/蔡昉，张车伟主编.—北京：社会科学文献出版社，2015.11
（人口与劳动绿皮书）
ISBN 978 - 7 - 5097 - 8076 - 3

Ⅰ.①中…　Ⅱ.①蔡…②张…　Ⅲ.①人口 - 问题 - 研究报告 - 中国②就业问题 - 研究报告 - 中国　Ⅳ.①C924.24②D669.2

中国版本图书馆 CIP 数据核字（2015）第 225634 号

人口与劳动绿皮书

中国人口与劳动问题报告 No.16
——"十二五"回顾与"十三五"展望

主　　编／蔡　昉　张车伟

出 版 人／谢寿光
项目统筹／邓泳红
责任编辑／周映希

出　　版／社会科学文献出版社·皮书出版分社　（010）59367127
　　　　　　地址：北京市北三环中路甲 29 号院华龙大厦　邮编：100029
　　　　　　网址：www.ssap.com.cn
发　　行／市场营销中心（010）59367081　59367090
　　　　　　读者服务中心（010）59367028
印　　装／北京季蜂印刷有限公司

规　　格／开　本：787mm×1092mm　1/16
　　　　　　印　张：23.75　字　数：360 千字
版　　次／2015 年 11 月第 1 版　2015 年 11 月第 1 次印刷
书　　号／ISBN 978 - 7 - 5097 - 8076 - 3
定　　价／79.00 元

皮书序列号／B - 2000 - 010

前　言

自"十二五"时期以来，我国人口红利逐渐消失，经济增长从高速转入中高速的新常态，"十三五"时期中国将进入由中等收入国家向高收入国家迈进的重要阶段。根据国际经验，成功迈向高收入国家并非一蹴而就，中国经济发展在未来一段时期仍面临严峻的挑战。与此同时，"十三五"时期要确保全面建成小康社会的宏伟目标顺利实现，该目标的出发点和落脚点是进一步保障和改善民生，增加人民福祉。虽然，"十二五"以来，我国已逐步建立较为完善的劳动力市场保障制度、养老保险体系和基本医疗保险制度等民生保障制度，但现有社会保障制度依然面临制度公平性、财务可持续性、制度运行效率等诸多问题。

"十三五"时期的经济发展条件与快速增长时期迥然不同，尤其是人口、劳动力市场出现的新变化和新特点，如人口老龄化持续加速、劳动力从无限供给转为相对有限剩余、普通劳动力工资快速上涨、劳动力市场矛盾多发等问题。准确判断和理解未来中国人口发展和劳动力市场变化趋势，妥善应对人口结构变化和劳动力市场转折所引发的挑战是实现经济持续健康发展的重要条件，是全面实现"十三五"小康社会宏伟目标的重要基础。因此，本书将以"'十二五'回顾和'十三五'展望"为主题，分析"十二五"时期的人口、就业变化趋势以及各类民生保障制度面临的关键问题和挑战，在总结相关领域国际经验的基础上，探讨"十三五"时期如何通过完善各项社会制度实现更加充分的就业、更加均等的基本公共服务供给，从而形成新的经济增长点，延续中国经济增长奇迹。

本书作者长期从事人口理论、人口流动、劳动就业、社会保障等方面的研究，参与人口与发展、劳动就业、社会保障等领域的规划和政策制定

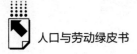
工作，能够很好地将理论研究和实践结合起来。各章作者分别回顾了"十二五"时期人口发展、人口流动、劳动力就业及劳动报酬的变化趋势，系统分析了最低工资制度、养老保险和医疗保险制度改革发展历程，并给出"十三五"时期的人口与就业发展战略以及建设中国特色"福利社会"的相关建议。

Introduction

Since 12th Five-Year Plan executed, China's demographic dividend has gradually disappeared. Chinese economy growth slowdown from a high rate to mid-high rate growth. China will enter into an important stage, where the country will move from middle-income country to high-income country. According to international experience, this is not easy. At the same time, the 13th Five-Year Plan requires to achieve a comprehensive "Well-off" society. The starting point of this goal is to further improve people's livelihood, to increase people's well-being. China has gradually built a comprehensive pension insurance system, a basic medical insurance system and security system in the labor market during 12th Five-Year period. However, the existing social security system is still facing many problems, such as unfairness, financial unsustainability and system inefficiency.

At "new normal" state, the Chinese economy will enter a new phase that is different from the high-speed growth pattern exhibited in the past, especially in population and labor markets, such as, rising elder population, relatively limited surpluses of migrant workers, rising labor wages etc. So, China's economic development is still facing serious challenges during 13th Five-Year Plan period. Changing demographic structure and slowing down economic growth will also challenge the social security system at a higher level. In order to achieve a sustainable and healthy economic development, we need to understand the new features of Chinese population and labor market. The theme of this report is "12th Five-Year Review and 13th Five-Year Outlook", which reviews the development of population and employment during the 12th Five-Year period, analyzes the key issues and challenges facing social policies, summarizes the related international experiences. This report also discusses how to perfect the social policy implementation to achieve more sufficient employment, more equal basic public services supply in the 13th Five-Year period, thus forming the new economic

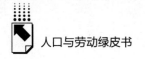
growth point to continue China's economic miracle.

The authors of this report have not only long been engaged in the theory of population, migration flows, employment, social security and other aspects of the research, but also participated in many related fields of policy planning and formulation, so they can combine theoretical research and practice effectively. This report conducts theoretical and practical research in the trends of population, migration flows, employment, labor compensation and social security system comprehensively for the purpose of offering population and development strategy in the 13th Five-Year period.

目 录

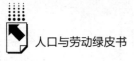

皮书数据库阅读使用指南

CONTENTS

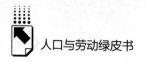

第一章
"十三五"时期中国人口发展战略研究

张车伟　林　宝　杨　舸

"十三五"时期是全面建成小康社会、实现中华民族伟大复兴中国梦的关键时期。人口是影响中国经济社会发展的"常变量",人口发展的诸多不确定因素,不仅会影响"十三五"时期各项经济社会发展目标的实现,更关系到全面建成小康社会和中华民族伟大复兴中国梦的实现。本文分五个部分探讨"十三五"时期的人口发展战略问题。第一部分分析"十二五"时期人口和计划生育形势,第二部分预测中国人口发展的长期趋势,第三部分从世界各国的历史经验总结人口变动与经济发展之间的关系,第四部分探讨"十三五"时期人口和计划生育工作面临的挑战,第五部分为对策和建议。

一　"十二五"时期人口和计划生育形势

"十二五"时期人口发展的基本形势是:低生育水平持续稳定,人口老龄化程度不断加深,人口流动持续扩大,继续呈现向城镇地区聚集趋势。

(一)人口自然增长率处于历史低位,生育率接近超低状态

"十二五"头三年中国人口继续保持低速增长。截至2013年底,中国总人口达到了13.61亿,较2010年增加了约2000万人,年均增长约660万人。"十二五"时期人口自然增长率延续了"十一五"末期以来处于历史低

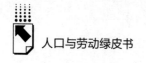
位的趋势，保持在5‰以下（见图1-1）。

中国的人口转变主要受出生率变化的影响，然而，在"十二五"时期，人口死亡率在下降到最低水平后的攀升对人口自然增长率变化趋势的影响逐渐增强。中国人口出生率在2010年达到11.90‰的低位后开始缓慢上升，到2013年达到12.08‰。然而，人口自然增长率却从2010年的4.79‰上升至2013年的4.92‰，上升幅度小于人口出生率变化幅度，其原因主要是同期人口死亡率延续了2003年以来的上升趋势，2010~2013年上升了0.05‰，对自然增长率的上升起到了抵消作用（见图1-1）。

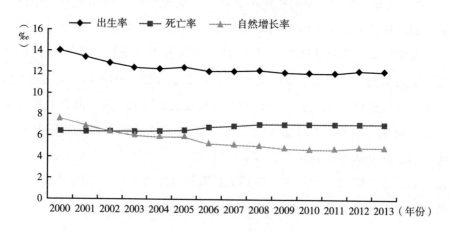

图1-1 2000年以来中国人口变动情况

资料来源：《中国统计年鉴2014》。

"十二五"时期的出生人口规模缓慢回升，出生人口规模重新回到了1600万人以上，并表现出逐渐上升之势。21世纪以来，中国出生人口规模在2003年首次低于1600万人，此后虽然在2005年和2008年两次回到1600万人以上，但第二年就又降到1600万人以下，2011年再次回到1600万人以上后，并没有再出现回落，而是保持缓慢上升，到2013年达到了1640万人（见图1-2）。

中国人口增长保持低速增长的根本原因在于人口转变已经进入低生育水平状态。自20世纪90年代初总和生育率低于更替水平以来，中国的生育水

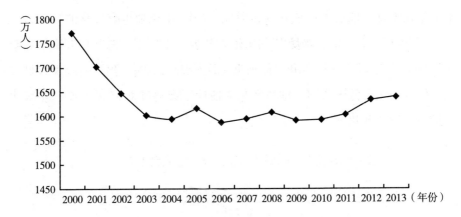

图 1 - 2　2000 年以来中国出生人口规模的变化

资料来源：笔者根据《中国统计年鉴 2014》各年人口数和出生率数据计算。

平持续稳定下降。2010 年第六次人口普查数据显示，总和生育率仅为 1.18。虽然这一数据有可能低估中国实际的生育水平，但中国真实生育水平已经很低则是一个学术界公认的判断。一般认为 1996 ~ 2003 年总和生育率为 1.4左右；最近几年略有回升，大概也只有 1.5 左右的水平①。根据国家统计局的人口变动抽样调查，2013 年总和生育率也仅为 1.22。我们进一步以人口预测方法，根据 2011 ~ 2013 年的人口数、出生人口数和生育模式可以推算出，2011 ~ 2013 年总和生育率为 1.47 ~ 1.48。

2014 年，放开实施"单独二孩"生育政策后，普遍预期人口出生率、出生人数和总和生育率都有显著回升，但是实际情况却是申请"单独二孩"数量明显低于预期，回升幅度十分有限。根据国家统计局公布的相关数据，2014 年出生人口 1687 万，人口出生率为 12.37‰，死亡人口 977 万，人口死亡率为 7.16‰，人口自然增长率为 5.21‰。同样，根据人口预测方法进行模拟，可以推算出 2014 年的总和生育率约为 1.50。由于 2014 年 3 月以后怀孕的妇女预计将陆续在 2015 年开始生育，而各地区"单独二孩"政策基

---

① 郭志刚：《六普结果表明以往人口估计和预测严重失误》，《中国人口科学》2011 年第 6 期，第 2 ~ 13 页。

本上是在 3 月份以后逐渐放开的，因此，2015 年单独生育二孩的夫妇将会多于 2014 年。总体上，2015 年的出生人口数、出生率和总和生育率虽然会在 2014 年的基础上有所回升，但根据现在的情况推测，预计完成生育的数量有可能仍然会低于预期，总和生育率估计不会超过 1.55 的水平，生育率将持续保持超低状态。

（二）人口老龄化持续加速，总抚养比开始上升

人口老龄化持续加速是"十二五"时期人口年龄结构变化的主要特征。进入"十二五"时期以来，中国人口发展出现了少儿人口比例和劳动年龄人口比例双降、老年人口比例上升的局面。0~14 岁少儿人口比例延续了前期下降趋势，从 2010 年的 16.6% 下降至 2013 年的 16.4%，但下降速度有所放缓；15~64 岁劳动年龄人口比例在 2010 年达到 74.5% 的高峰基础上开始下降，2013 年下降至 73.9%；65 岁及以上老年人口比例则从 2010 年的 8.9% 上升至 2013 年的 9.7%（见图 1-3）。根据中国人口发展趋势，少儿人口比例将趋于稳定，劳动年龄人口比例将继续下降，老年人口比例则将持续上升，到"十二五"时期末，预计将在 10.5% 左右。

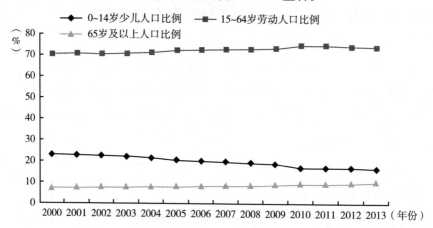

图 1-3　中国人口年龄结构变化趋势（2000~2013 年）

资料来源：《中国统计年鉴 2014》。

与各年龄段人口比例变化相联系,"十二五"期间中国人口总抚养比(65 岁及以上人口/15~64 岁人口)出现了上升,即劳动年龄人口的相对负担开始加重。进入"十二五"时期以来,由于少儿抚养比趋于稳定,老年抚养比不断上升,总抚养比从 2010 年的历史低位开始攀升。2011~2013 年,少儿抚养比稳定在 22.1%~22.2%,老年抚养比则从 12.3%上升到 13.1%,总抚养比也随之从 34.4%上升至 35.3%(见图 1-4)。

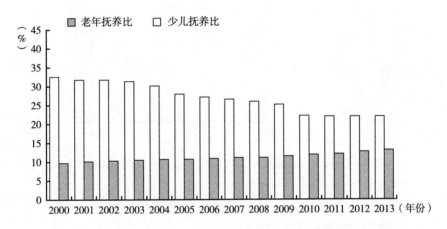

图 1-4 中国人口抚养比变化情况 (2000~2013 年)

资料来源:《中国统计年鉴 2014》。

(三)流动人口规模继续扩大,城镇化率不断提高

1. "十二五"期间,中国人口流动规模继续扩大

根据第六次人口普查数据,2010 年普查时人户分离人口①达到 2.61 亿,其中流动人口②为 2.21 亿。进入"十二五"时期以来,人户分离人口和流

---

① 人户分离人口是指居住地和户口登记地不在同一乡镇街道的人口。
② 流动人口是指人户分离人口中不包括市辖区内人户分离的人口。市辖区内人户分离的人口是指一个直辖市或地级市所辖区内和区与区之间,居住地和户口登记地不在同一乡镇街道的人口。

动人口均继续上升（见图 1 −5），到 2013 年人户分离人口达到 2.89 亿，年均增加约 930 万人；流动人口达到 2.45 亿，年均增加约 800 万人。如果按照"十二五"时期前三年平均增长规模推算，到"十二五"期末，人户分离人口将超过 3 亿，流动人口将超过 2.6 亿。

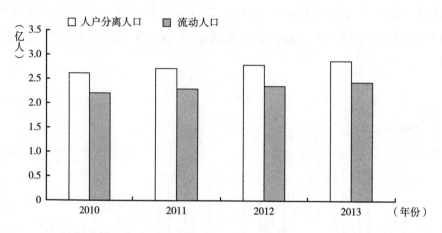

图 1 −5　中国人户分离人口和流动人口情况（2010 ~ 2013 年）

资料来源：《中国统计年鉴 2014》。

2. 农民工是中国人口流动的主体

根据国家统计局的监测结果，2013 年外出农民工①达到 1.66 亿人，其中举家外出农民工数量达到 3525 万人（见表 1 −1）。进入"十二五"时期以后，外出农民工规模虽然仍保持扩张态势，但增速明显减缓。2010 年，外出农民工增速达到 5.52%，随后逐年下降，到 2013 年仅为 1.68%；与此同时，举家外出农民工的增速却从 2010 年的 3.54% 上升至 2013 年的 4.44%，举家外出农民工占全部外出农民工的比例从 2010 年的 20.03% 上升至 2013 年的 21.22%，农民工举家外出的趋势逐渐加强。

---

①　外出农民工是指在户籍所在乡镇地域外从业的农民工。农民工是指户籍仍在农村，在本地从事非农产业或外出从业 6 个月及以上的劳动者。

表 1 - 1 农民工外出情况 (2008 ~ 2013 年)

单位: 万人

指标＼年份	2008	2009	2010	2011	2012	2013
外出农民工	14041	14533	15335	15863	16336	16610
其中:住户中外出农民工	11182	11567	12264	12584	12961	13085
举家外出农民工	2859	2966	3071	3279	3375	3525

资料来源: 国家统计局《2013 年全国农民工监测调查报告》。

从外出农民工的流向来看, 东部地区仍然是农民工主要的流入地。2013年, 7739 万人跨省流动, 8871 万人省内流动, 分别占外出农民工的 46.6%和 53.4%。东部地区外出农民工以省内流动为主, 中西部地区外出农民工以跨省流动为主。东部地区跨省流出农民工 882 万人, 72.6% 仍在东部地区省际流动; 中部地区跨省流出农民工 4017 万人, 89.9% 流向东部地区; 西部地区跨省流出农民工 2840 万人, 82.7% 流向东部地区。在跨省流动农民工中, 流向东部地区 6602 万人, 占 85.3%; 流向中西部地区 1068 万人, 占13.8%[①]。

由于大规模人口流动, 特别是农民工从农村向城镇的流动, "十二五"时期城镇人口比例 (城镇化率) 快速提高。自 2000 年以来, 中国城镇化率几乎呈直线上升趋势, "十二五"时期依然延续了这一趋势, 年均提高约1.3 个百分点, 到 2013 年已经达到 53.73% (见图 1 - 6)。中国人口城镇化水平的快速提高与人口流动密切相关。根据统计局监测结果, 外出农民工几乎 100% 流向城镇, 人口流动实际上是人口城镇化过程。2013 年, 跨省流动的外出农民工流入城镇的比例是 99.1%; 省内流动的外出农民工流入城镇的比例是 100%。其中, 跨省流动的农民工主要流入大中城市, 省内流动的农民工主要流入小城镇[②]。

① 引自国家统计局《2013 年全国农民工监测调查报告》。
② 引自国家统计局《2013 年全国农民工监测调查报告》。

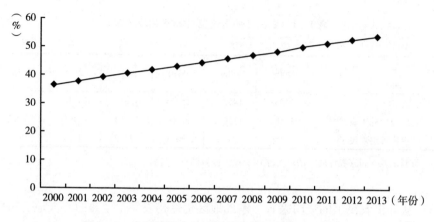

图 1-6　中国城镇人口比例的变化（2000~2013 年）

资料来源：《中国统计年鉴 2014》。

（四）放开单独二孩生育，计划生育工作更趋人性化

"十二五"时期，在保持低生育水平的基础上，为适应我国人口发展的新态势，我国计划生育工作进行了重大的政策调整。2013 年 11 月，中共十八届三中全会通过的《中共中央关于全面深化改革若干重大问题的决定》提出，坚持计划生育的基本国策，启动实施一方是独生子女的夫妇可生育两个孩子的政策，逐步调整完善生育政策，促进人口长期均衡发展。12 月，中共中央、国务院印发《关于调整完善生育政策的意见》，该文件指出，在全面建成小康社会进程中，根据人口形势发展变化，调整完善生育政策，具有十分重大的意义。根据人口与计划生育法的规定，各省（自治区、直辖市）人民政府在全面评估当地人口形势、计划生育工作基础及政策实施风险的情况下，制定"单独二孩"政策实施方案，报国务院主管部门备案，由省级人民代表大会或其常委会修订地方性法规或作出规定，依法组织实施。随后，全国各地区纷纷放开了"单独二孩"生育政策，自 2014 年初浙江省开始到 2014 年 11 月西藏自治区为止，全国各省（自治区、直辖市）均已实施"单独二孩"政策。这一政策的放开，是基于我国长期处于低生育水平现实的一次政策调整，不仅照顾了群众的生育意愿，增强了群众的生育选择性，客观上也有利于促进

人口长期均衡发展。截至 2014 年底，近 100 万对单独夫妇申请生育二孩。从 2014 年出生孩子数的攀升可初步判断，该政策已经在一定程度上发挥作用。

另外，计划生育公共服务均等化进一步推进。根据计划生育公报，流动人口计划生育服务工作不断推进。计划生育部门积极推进流动人口计划生育基本公共服务均等化试点工作。通过试点引导地方建立经费投入保障机制，创新流动人口管理手段和服务多元供给模式，服务覆盖面不断扩大，服务内容得到拓展，2013 年 40 个试点城市计划生育手术服务免费覆盖率达 89%（包括部分免费）。计划生育惠民政策也逐步落实。2012 年提高计划生育奖励扶助标准，"三项制度"① 共投入资金 64.8 亿元，比上年增加 21.9 亿元；共扶助受益 604.2 万人，其中农村奖励扶助制度受益 537.1 万人，特别扶助制度受益 67.1 万人，"少生快富"工程受益 7.7 万户②。2013 年"三项制度"共投入资金 78.1 亿元，比上年增加 13.3 亿元；共扶助受益 717.0 万人，其中农村奖励扶助制度受益 649.9 万人，特别扶助制度受益 67.1 万人，"少生快富"工程受益 6.4 万户③。

二 中国人口发展趋势预测

中国人口未来的发展趋势是：总人口将在 2026 年前后达到高峰后开始下降，劳动年龄人口及比例双双下降，老年人口及比例双双上升。

（一）人口总量将在2026年前后到达高峰

按照前文对当前实际生育水平的判断，我们预测了中国人口的长期变动

---

① 农村部分计划生育奖励扶助制度、西部地区"少生快富"工程、计划生育家庭特别扶助制度，简称"三项制度"。
② 国家卫生和计划生育委员会：《2013 年我国卫生和计划生育事业发展统计公报》，2013 年 6 月 19 日，http://www.moh.gov.cn/mohwsbwstjxxzx/s7967/201306/fe0b764da4f74b858eb55264572eab92.shtml。
③ 国家卫生和计划生育委员会：《2013 年我国卫生和计划生育事业发展统计公报》，2014 年 5 月 30 日，http://www.moh.gov.cn/guihuaxxs/s10742/201405/886f82dafa344c3097f1d16581a1bea2.shtml。

趋势。按照预测①，中国总人口将继续保持上升趋势，并在 2026 年前后到达高峰后下降。2015 年，中国人口将达到 13.75 亿左右，2020 年将有望突破 14 亿人。到 2026 年后，总人口达到峰值水平，大约为 14.13 亿人，随后总人口规模将不断下降，2030 年为 14.09 亿人，2040 年降为 13.73 亿人，2050 年下降为 13.00 亿人（见表 1 - 2）。

表 1 - 2　中国总人口变化趋势

单位：亿人

年份	总人口	年份	总人口
2015	13.75	2025	14.13
2016	13.82	2026	14.13
2017	13.88	2027	14.13
2018	13.94	2028	14.12
2019	13.98	2029	14.11
2020	14.03	2030	14.09
2021	14.06	2035	13.95
2022	14.09	2040	13.73
2023	14.11	2045	13.41
2024	14.12	2050	13.00

资料来源：笔者预测结果。

（二）劳动年龄人口比例持续下降，老龄化程度不断提高

15～59 岁劳动年龄人口及其占比在整个预测期内保持下降趋势。2015 年劳动年龄人口约为 9.25 亿，2023 年开始降至 9 亿以下，2035 年降至 8 亿以下，2047 年降至 7 亿以下，到 2050 年约为 6.51 亿。占总人口的比例 2015 年约为 67.26%，2029 年降至 60% 以下，2050 年约为 50.05%（见表 1 - 3）。

---

① 预测期限及方法：本预测期限为 2010～2050 年，采用中国人口与发展研究中心开发的 PADIS-INT 人口预测软件进行预测。生育水平从 2015 年开始上升至 1.55 并保持不变，人口预期寿命非线性增长至 2050 年，男性 78.77 岁，女性 83.67 岁。死亡模式采用联合国远东模型生命表。城乡迁移 2020 年以前为每年 1000 万人，此后每 10 年减少 200 万人。

表 1 - 3 中国人口年龄结构的变化趋势

单位：亿人，%

年份	0～14岁少儿人口		15～59岁劳动人口		60岁及以上人口		65岁及以上人口	
	总量	占比	总量	占比	总量	占比	总量	占比
2015	2.28	16.57	9.25	67.26	2.22	16.16	1.45	10.52
2016	2.30	16.64	9.23	66.77	2.29	16.59	1.52	10.99
2017	2.32	16.71	9.20	66.31	2.36	16.99	1.60	11.49
2018	2.33	16.75	9.18	65.88	2.42	17.37	1.68	12.05
2019	2.34	16.76	9.15	65.44	2.49	17.79	1.76	12.57
2020	2.35	16.73	9.12	64.99	2.56	18.28	1.83	13.07
2025	2.25	15.94	8.79	62.19	3.09	21.87	2.12	15.00
2030	2.03	14.40	8.34	59.20	3.72	26.39	2.58	18.29
2035	1.80	12.90	7.95	56.98	4.20	30.12	3.12	22.38
2040	1.68	12.26	7.64	55.63	4.41	32.11	3.52	25.62
2045	1.63	12.14	7.21	53.74	4.58	34.12	3.65	27.18
2050	1.57	12.07	6.51	50.05	4.92	37.88	3.75	28.81

资料来源：笔者预测结果。

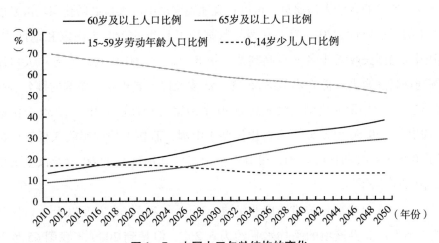

图 1 - 7 中国人口年龄结构的变化

资料来源：笔者预测结果。

老年人口规模和占比持续增长。60岁及以上人口从2015年的2.22亿左右一直增长至2050年的4.92亿，占总人口的比例也从16.16%升高至

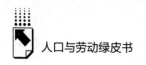

37.88%；65 岁及以上老年人口则从 2015 年的 1.45 亿增长至 2050 年的 3.75 亿，占总人口的比例则从 10.52% 增长至 28.81%。

0～14 岁少儿人口将在 2020 年以后开始下降。2020 年以前，少儿人口将保持上升趋势，到 2020 年达到 2.35 亿后开始下降，2030 年将下降至 2 亿左右，2050 年将进一步下降至 1.57 亿左右。占总人口的比例则在 2019 年达到 16.76% 开始下降，2029 年下降至 15% 以下，2035 年以后下降至 13% 以下，到 2050 年为 12.07%。

（三）中国人口老龄化程度的国际比较

从国际视野来看，中国人口老龄化明显属于"未富先老"，即人口老龄化程度超前于经济发展水平。直观来看，中国人口老龄化水平高于经济发展水平与我国相当的一些国家和地区。利用联合国发布的 2010 年人类发展指数中的各国家和地区人均国民收入（GNI）指标代表各自的经济发展水平，并以联合国人口展望（2012）公布的各国和地区 2010 年人口年龄结构数据计算出各自的老龄人口比重，可以直观地观察出中国人口老龄化与经济发展水平的不一致性。2010 年，在两类数据均可收集的 161 个国家和地区中，中国人均国民收入排名（自高到低）第 81 位，而 60 岁及以上老年人口比例则排名（自高到低）高居第 55 位，65 岁及以上老年人口比例的排名居第 56 位。在比中国人均国民收入高的 80 个国家（和地区）中，有 30 个国家（和地区）的 60 岁及以上人口比例低于中国，而在人均国民收入低于中国的 80 个国家（和地区）中，仅有 4 个国家（和地区）的 60 岁及以上人口比例高于中国[①]。

我国人口老龄化推进速度非常快。1990 年我国 65 岁及以上人口比例为 5.6%，世界该项的平均水平约为 6.2%，但是到 2000 年我国 65 岁及以上人口的比例与世界平均水平已经大体相当，均接近 7%，说明这段时间中国人口老龄化速度明显快于世界平均水平，10 年时间就填平了与世

---

① 林宝：《人口老龄化与城镇基本养老保险制度的可持续性》，中国社会科学出版社，2014。

界平均水平约 0.6 个百分点的差距①。到2010 年，中国 65 岁及以上人口比例为 8.87%，已经高于世界 65 岁及以上人口比例。根据联合国人口展望（2012）的相关人口预测（中方案）数据以及本研究关于中国人口老龄化发展趋势的预测，未来中国人口老龄化速度仍将明显快于世界平均水平。世界 65 岁及以上人口比例需要 40 年左右的时间从 7% 上升至 14%，而中国可能只需要 23 年左右的时间。而 65 岁及以上人口比例从 14% 增加到 21%，世界人口需要 50 年左右的时间，而中国则只需 11 年左右的时间。即便与联合国关于世界人口预测的低方案相比，中国 65 岁及以上人口比例从 7% 上升至 14%、从 14% 上升至 21% 的时间也分别要短 12~13年。

三 人口变动与经济发展之间的关系

世界各国的发展历程表明，生育水平、人口年龄结构变化等人口因素与经济增长之间表现出非常强的关联性：经济发展会降低生育水平，同时，生育率下降引起的人口年龄结构变化又会影响经济增长，而保持适度的生育水平有利于经济增长。

（一）经济发展水平与生育率呈负向关系

世界各国的发展历史表明：随着社会经济发展，生育率随之下降。根据联合国《世界人口展望》数据，图 1-8 展示了以发达程度区分的世界不同地区的总和生育率（TFR）变动趋势，随着社会发展，所有地区的生育水平均在下降，1950~2000 年，发达国家或地区的 TFR 由 2.83 下降到1.66，较不发达国家或地区的 TFR 由 6.02 下降到 2.41，就连最不发达国家或地区的 TFR 也由 6.55 下降到 4.53；同时，越是发达地区的生育水平

---

① 世界人口相关数据见 "World Population Prospects：the 2012 Revision"，United Nations，http：//esa. un. org/unpd/wpp/unpp/panel_ indicators. htm。

越低，越是不发达地区的生育水平越高。不同国家的人均 GDP 和 TFR 的关系也反映了这一点：随着人均 GDP 不断提高，总和生育率呈下降趋势（见图 1-9）。

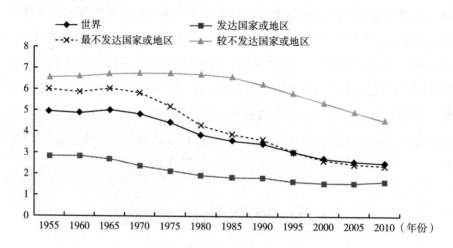

图 1-8 世界不同地区的 TFR

注：散点图数据来自 187 个国家或地区，其中人均 GDP 数据来自世界银行数据库；TFR 数据来自联合国《世界人口前景》数据库。

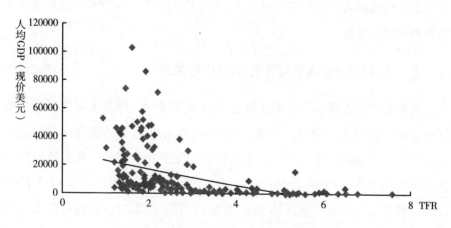

图 1-9 人均 GDP 与 TFR 的关系

注：散点图数据来自 187 个国家或地区，其中人均 GDP 数据来自世界银行数据库；TFR 数据来自联合国《世界人口前景》数据库。

在人类发展的不同历史阶段，生育率与经济增长的关系也不同。在农业社会，生育水平高，由于人口的几何级增长，人均收入呈算术级增长，因此，人类社会陷入马尔萨斯陷阱长期不能突破。1800 年前后开始了工业革命，人口变量与其他经济变量之间的相互关系开始发生变化，人均收入的增加不仅不会再像工业革命以前那样刺激人口增加，到20 世纪末反而出现经济发达国家生育率下降的普遍趋势[1]。在工业化进程中，经济增长与生育率的反向关系可以从社会和家庭两个方面来解释。

从家庭层面来说，随着家庭收入的增长，抚养子女逐渐变成"不划算"的行为。Leibenstein 与 Becker 运用消费者行为理论对养育子女进行经济学分析，他们认为子女是一种特殊的消费品，生育行为是消费者对子女需求所做出的反应[2]。"家庭生产函数"（Schultz）和"全收入"（Becker）理论认为，随着父母工资水平的提高，家庭收入增加的同时也使养育子女的机会成本上升，从而会降低人们的生育意愿，抑制对子女数量的需求[3]。

从社会层面来说，现代化因素导致推迟生育和少生子女。Esterlin 将中间变量与社会经济变量相结合对生育率进行综合分析，认为生育率转变理论的核心是现代化因素，城市化促进传统农业社会向现代工业社会转变，从而会冲击传统婚育观念；同时就业竞争和生活不安定会促使进城人口推迟婚育年龄；而且，从农村流动到城市的居民，其生育率也较之前更容易得到控制[4]。

[1] Habakkuk, H. J. and Postan, M. *The Cambridge Economic History of Europe*, Volume VI. *The Industrial Revolutions and After: Incomes, Population and Technology Change* [M]. Cambridge: Cambridge University Press, 1965.

[2] Becker, G. *An Economic Framework Analysis of Fertility. Universities-National Bureau Committee for Economic Researched, Demographic and Economic Change in Developed Countries* [M]. Princeton: Princeton University Press, 1960.

[3] Schultz, T. W. "New Economic Approaches to Fertility" [J]. *Journal of Political Economy*, 1973 (81): 2.

[4] Esterlin, R. A. *The Fertility Revolution: A Supply - Demand Analysis* [M]. Chicago: Chicago University Press, 1985.

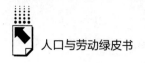

过去的大多数研究文献表明经济增长会对生育率产生负向影响①，即经济发展水平越高，生育率越低。

（二）人口老龄化对经济增长有负面影响

人口老龄化会减缓经济的增长，从 2013 年各国经济增长率与老龄化之间的关系来看，GDP 增长率越高的国家，老龄化（65 岁及以上人口比例）程度越低（见图 1-10）。Hviding 等使用代际重叠模型对七个 OECD 国家进行建模，证明了人口老龄化对经济有显著的负面作用②。有些学者对人口老龄化给经济带来的负面影响预估非常悲观，全球的老龄化将吞噬世界经济，并且将可能威胁到民主政治本身③，还将使我们的社会安全和医疗系统变得不稳定④。

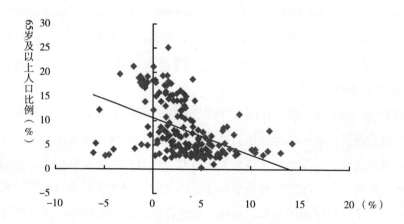

图 1-10　2013 年各国 GDP 增长率与 65 岁及以上人口比例的关系

① Galor O., Weil, D. N. "The Gender Gap, Fertility and Growth" ［J］. *American Economic Review*, 1996, 89: 150-154; Doepke, M. "Accounting for Fertility Decline During the Transition to Growth"［J］. *Journal of Economic Growth*, 2004, 9 (3): 347-383.

② Hviding, K., Mérette, M. 1998. "Macroeconomics Effects of Pension Reforms in the Context of Ageing: OLG Simulations for Seven OECD Countries." OECD Working Paper No. 201, Paris.

③ Peterson, P. G. 1999. "Gray Dawn: The Global Aging Crisis". *Foreign Affairs*, Jan-Feb.

④ Greenspan, A. 2003. "Aging Global Population". Testimony Before the Special Committee on Aging, U. S. Senate.

日本"失去的十年"和欧债危机是人口老龄化对经济增长产生负面作用的两个典型的例子。日本经济起飞始于 20 世纪 50 年代初，与其人口转变的"人口红利期"相吻合。直至 20 世纪 90 年代之前，日本人口抚养比一直保持在低于 50% 的较低水平，日本的经济也一直保持平均 5% 左右的增长速度。但随着人口老龄化加剧，日本的抚养比呈现上升趋势，日本经济也开始持续萎靡不振。一些研究指出，人口老龄化及其养老体制是导致日本经济长期衰退的主要因素之一[①]。

近年发生的欧债危机使得欧洲许多老牌工业国家经济一蹶不振，其中最重要的两个原因是高福利与老龄化。20 世纪末，欧洲整体上进入超低生育率时代，人口寿命延长导致抚养比迅速提高，老年人口比例大幅度上升，在高福利体制下带来沉重的养老金压力。2009 年，欧元区 17 国和欧盟 27 国的社会保障支出占 GDP 的比重分别为 30.41% 和 29.61%，其中养老金支出占 GDP 的比重都超过 13%，而意大利、法国、西班牙、希腊甚至超过这个平均水平。不仅如此，高福利和人口老龄化导致欧洲劳动力成本的提高，进而加速了国内产业向新兴发展中国家转移的步伐，劳动生产率追不上劳动成本，导致资本出走，致使整个经济增长乏力，2011 年欧元区国家和欧盟国家的经济增长率分别只有 1.2% 和 1.5%。如果欧债危机国家不能恢复和激发人口结构的活力，就难以摆脱"高福利陷阱"。

人口老龄化对经济增长影响主要体现在消费、储蓄率、劳动生产率、人力资本形成以及社会养老负担等方面。人口老龄化导致劳动力供给短缺，影响实体经济的发展；人口老龄化加剧会使得消费与储蓄的增长路径和稳态均衡值发生改变，最终导致消费率和储蓄率的双重下降；人口老龄化使得政府财政负担愈发沉重。还有研究表明，未来 20 年内全球利率将呈现下降趋势，下降的幅度将取决于公共养老金支出的情况。

---

① Paul S. Hewitt（2003），"The Gray Roots of Japan's Crisis," Asia Program Special Report, No. 107, Woodrow Wilson International Center for Scholars.

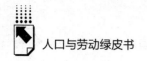

（三）保持适度生育水平有利于经济持续增长

在人口结构转变过程中，存在一个劳动年龄人口占比高的"人口红利期"，劳动年龄人口生产性强、社会储蓄率高，有利于经济增长[①]。"人口红利"是二战后东亚国家经济快速增长的主要动力源泉之一。以亚洲"四小龙"为代表的东亚地区，克服资源贫乏的制约，自步入高速经济增长快车道之后，一直保持 40 年以上的快速增长。1960～2000 年，韩国、中国香港、新加坡、泰国和马来西亚 GDP 年均分别增长 7.9%、7.8%、8.7%、7.1% 和 7.1%，被誉为"东亚奇迹"。许多专家认为，东亚国家的经济高速发展来源于两个动力，一是人力资本的积累，包含劳动力供给的增加、劳动参与率的提高和劳动力素质的持续提高；二是人口年龄结构转变带来的高储蓄和高投入[②]。东亚地区人口转变开始于 20 世纪 40～50 年代，人口年龄结构处于高少儿抚养比阶段，经济增长受到抑制，而人口抚养比在 1970 年后才开始缓慢下降。1970 年以前，东亚地区人均 GDP 大约增长 2%，且经济发展起伏不定。从 20 世纪 60 年代末开始，东亚地区劳动年龄人口迅速增加，儿童、老年人口的比重相对下降。1965～1990 年劳动年龄人口年均增长 2.43%，是非劳动人口增长率的近 4 倍。而 1970～1995 年，东亚人均 GDP 增速却高达 6.1%。根据估算，人口红利因素对东亚经济增长的贡献为 25%～30%[③]。

但是，由于生育率的下降，人口老龄化会给经济增长带来负面影响。发达国家的经验表明，经济增长率与总和生育率呈现正相关关系，从 1960 年至今，随着生育水平的下降，各国的经济增长速度也随之放缓。为了保持经济增长的活力，许多极低生育率的国家开始实施鼓励生育的政策，生育水平

---

① 王德文、蔡昉：《人口红利的得与失》，《中国人口与劳动问题报告（2006）》，社会科学文献出版社，2006。

② 李扬、殷剑峰：《劳动力转移过程中的高储蓄、高投资和中国经济增长》，《经济研究》2005 年第 2 期。

③ Williamson, Jeffrey（1997），"Growth, Distribution and Demography：Some Lessons from History"，NBER Working Paper, No. 6244.

出现回升迹象,比如法国、英国、日本等。因此,保持适度生育水平有利于经济持续增长。

四 "十三五"时期人口和计划生育工作面临的挑战

"十二五"时期人口发展态势在"十三五"时期会继续保持,"单独二孩"政策调整的累积效应会在"十三五"初期逐步释放完毕,但其影响并不足以改变人口发展的基本态势,低生育水平的不利后果持续显化,政策进一步调整必要性增强。综合分析人口发展趋势,"十三五"时期中国人口和计划生育工作将面临如下一些主要挑战。

(一)人口发展失衡加剧经济社会发展矛盾

《国家人口发展"十二五"规划》指出,人口结构性矛盾成为影响经济社会发展的重大问题。我国出生人口性别比长期居高不下,老年人口比重不断提高,人口抚养比开始上升,区域间、城乡间人口发展不平衡,人口结构性矛盾对经济社会发展的影响日益深刻。

首先,出生人口性别比偏高仍将延续,其长期负面影响将对适婚青年人婚姻带来冲击,不利于家庭发展。"十二五"期间,出生人口性别比上升的势头虽然得到扭转,但仍然在高位运行,预计"十三五"期间出生性别比偏高的状况仍然将存在。与此同时,受长期出生人口性别比偏高的影响,性别比失衡现象逐渐向高年龄组推移,目前24岁以下年龄组的性别比普遍接近或超过110,14岁以下年龄组的性别比均超过117(见图1-11)。随着人口性别比偏高向婚恋期拓展,其负面影响将逐渐凸显,男女数量的不均衡将造成大量适婚人群无法进入婚姻状态,造成社会问题。

其次,人口年龄结构加速老龄化将深刻影响经济社会发展。中国在较短时间内实现了人口结构转变,但人口快速的结构转变也带来了超过经济发展水平的快速人口老龄化,出现了"未富先老"和"未备先老"现象。中共

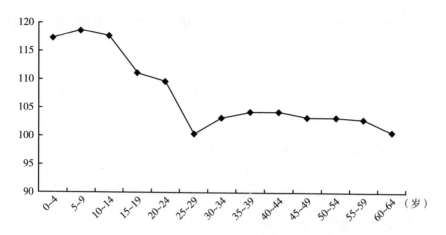

图 1-11 2013 年中国人口各年龄组的性别比情况

十八届三中全会通过的《中共中央关于全面深化改革若干重大问题的决定》提出，坚持计划生育基本国策，启动实施一方是独生子女的夫妇可生育两个孩子的政策，逐步调整完善生育政策，促进人口长期均衡发展。根据这一部署，各地区均已启动"单独二孩"生育政策，但从实施情况看，申请明显低于预期，生育政策面临进一步调整的需要。因此，进一步调整人口政策将成为"十三五"时期重要的任务。但是，如何设计、启动新一轮政策调整，如何应对新一轮政策调整可能带来的影响都将是"十三五"时期面临的挑战。

最后，人口区域发展不均衡现象突出，统筹人口发展任务艰巨。区域发展不平衡是中国人口发展的重要特点。各省、自治区和直辖市人口出生率高的超过15‰（西藏、新疆），低的不足6‰（吉林）；人口自然增长率高的在10‰以上（西藏、新疆），低的已经进入负增长（辽宁）；人口性别比高的超过110（广东、海南），低的不足100（天津、江苏）；总抚养比高的超过45%（贵州），低的不足23%；少儿抚养比高的超过32%（贵州、西藏），低的不足12%（上海）；老年抚养比高的超过18%（四川、重庆），低的则不足8%（西藏）；人口城镇化水平高的接近90%（上海、北京），低的则不到25%（西藏）。区域发展不平衡存在于人口发展的方方面面，这不仅反映了中国人口发展的复杂性，同时也加剧了统筹人口发展的艰巨性。"十三五"时期在促进数量与结构均衡化的同时，还需要统筹区域发展，促进区域人口发展均衡。

（二）劳动年龄人口比例下降导致传统经济发展方式难以为继

人口结构变化已引起中国劳动力市场发生深刻的变化。2004年以来，中国劳动力市场已经发生大的转变，出现了刘易斯转折点，劳动供给从无限供给转向了有限供给[①]。"十一五"期间，劳动力短缺就呈现出不断严重的趋势[②]，"十二五"时期劳动力短缺局面在"十三五"时期将持续。

"十三五"时期，15～59岁劳动年龄人口继续下降。2012年，中国15～59岁劳动年龄人口数量首次出现下降[③]，标志着下降历程的开始，"十二五"期末将下降至9.25亿人左右，"十三五"时期会进一步下降，到期末预计将接近9.12亿人。在劳动参与率不发生显著变化的情况下，可以预见"十三五"期间，中国劳动力供给总体呈现下降趋势。与劳动供给不同的是，"十三五"时期的劳动力需求将依然保持强劲势头。城乡就业人员继续保持上升趋势，"十二五"期间城乡就业人员总量平均每年增加约290万人，城镇就业人员每年增加超过1100万人。即便考虑到中国经济进入新常态以后的减速因素，如果能保持近年来的就业弹性，城镇就业人员每年也可增加700万～800万人。综合劳动供求变化趋势，"十三五"期间劳动力供给相对不足将成为常态。

劳动力短缺的直接影响是劳动力成本快速上升。自20世纪90年代末以来，劳动市场上正规劳动力的工资水平一直保持两位数的增长，近年来农民工工资也出现相应上涨[④]。"十二五"时期是农民工工资快速增长的时期，

---

① 蔡昉：《劳动力无限供给时代结束》，《金融经济》2008年第3期。
② 都阳：《人口转变、劳动力市场转折和经济发展》，《国际经济评论》2010年第6期。
③ 朱剑红：《劳动年龄人口首次下降》，人民网，2013年1月18日，http：//finance. people. com. cn/n/2013/0119/c1004 – 20256249. html。
④ 蔡昉：《中国劳动力市场发育和就业变化》，《经济研究》2007年第7期。

2011~2013年农民工实际工资水平年均上涨接近12%[①]，高于同期城镇单位在岗职工平均实际工资增长率约4个百分点。由于农民工工资整体上仍然大大低于城镇职工平均工资，随着劳动力短缺的全局性发展，农民工在劳动力市场上的地位将更加重要，议价能力将进一步增强。因此，预计"十三五"期间农民工工资仍然将呈快速上涨趋势，从而带动劳动力成本的整体上涨。劳动力成本上涨将对中国经济的长期增长产生重大影响。劳动力丰富且便宜，是中国在国际贸易中享有比较优势的主要原因（蔡昉，2008），也是中国经济起飞和发展的重要条件。劳动力成本上涨将损害中国的比较优势，对出口产生重大影响，进而削弱中国经济增长的动力。因此，"十三五"期间，中国必须寻找新的动力源泉，以适应人口变化所带来的劳动力市场变化的影响。

全局性劳动力短缺不仅表现在城镇，农村劳动力短缺问题也会在"十三五"期间逐渐显现。农村劳动力的短缺不是绝对数量的不足，而是适应农业现代化的新型农民的短缺。各种迹象表明，农村青壮年劳动力基本上已经转移殆尽，农业劳动力主要以老人和妇女为主，但是农业现代化进程的不断推进，对农业劳动力的要求也越来越高，"十三五"期间农村劳动力问题将逐渐凸显，并可能对农业生产产生实质性的影响，因此必须考虑谁将是未来农村和农业的劳动力，并进行一些必要的准备。

（三）养老服务需求快速上升，养老服务供给不足

"十三五"时期人口老龄化将带动养老服务需求快速上升。"十三五"时期养老服务需求增长主要取决于三个因素。一是老年人口数量的增长。"十二五"期末，60岁及以上老年人口数量将超过2.2亿，"十三五"期末则将超过2.5亿人。二是老年人口中寻求养老服务的比例升高。家庭少子化、小型化和人口流动导致家庭内部难以解决养老问题，老年人不得不转而

[①] 根据国家统计局《2013年全国农民工监测调查报告》中的农民工收入和《中国统计年鉴》中的相关价格指数测算。

寻求社会服务。三是养老服务需求也将升级。随着社会经济发展水平的提高，老年人口的养老服务需求也将呈现多元化的趋向，从基本养老服务逐步向个性化养老服务发展。

不能自理的老年人口数量增长情况可以从一个侧面反映养老服务需求随着老年人口增长而增加的情况。第六次人口普查调查了我国 60 岁及以上老年人口的自理能力状况，揭示了我国老年人长期护理需求的基本情况。普查结果显示，中国 60 岁及以上老年人口中，生活不能自理的比例约为 2.95%，不健康但生活能自理的比例约为 13.9%，其他为健康或基本健康，以此结合普查时中国 60 岁及以上老年人口数量，可以推算出 2010 年不能自理老年人口约为 523.4 万。根据预测，到"十二五"期末，不能自理老年人口数量将达到 625 万；到"十三五"期末则将增加至 740 万左右，较 2010 年增加约 40%[1]。不能自理老年人口数量的快速增长将导致以护理需求为主的养老服务需求快速增长。

养老社会化是社会转型的必然结果。在社会转型期，由于家庭规模缩小和其他社会经济因素的变化，家庭养老服务能力呈减弱之势，对社会养老服务需求的依赖性逐步增强。家庭小型化是中国家庭结构变化的趋势之一，同时由于长期较为严格的计划生育政策和人口转变，"十三五"期间将是 20 世纪 80 年代实施计划生育的夫妇集中进入老年的阶段，新进入老年的人口队列子女数明显减少，而大规模的人口流动又造成父母与子女之间的分离。因此，无论从客观上还是主观上看，这批老年人都将对社会养老服务甚至是公共养老服务有更多的需求和要求。

随着社会经济发展水平的提高，老年人的养老服务需求也将向更高层次发展。在社会保障制度逐步完善和收入水平普遍提高的情况下，大多数老年人的经济供养问题得到解决，加之老年人的收入分化也比较严重，养老服务需求也逐渐从基本养老服务向多元化服务发展，不同老年人处于不同的需求层次，对养老服务也会提出不同的要求。当社会养老服务无法满足老年人的

---

① 根据人口预测结果和第六次人口普查得到的不能自理老年人口的年龄性别分布计算。

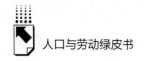

需求时，就可能引发社会问题，如近年来颇受关注的广场舞问题，实际上已经形成一定的代际冲突，必须引起重视。"十三五"期间，社会养老服务需求将进一步分化和升级，满足不同层次的养老服务需求成为政府和社会共同面临的挑战。

养老服务需求的快速增长对养老服务业发展提出迫切的要求。2013年，国务院发布的《关于加快发展养老服务业的若干意见》指出，养老服务和产品供给不足、市场发育不健全、城乡区域发展不平衡等问题还十分突出。要从国情出发，把不断满足老年人日益增长的养老服务需求作为出发点和落脚点，健全养老服务体系，满足多样化养老服务需求，努力使养老服务业成为积极应对人口老龄化、保障和改善民生的重要举措，成为扩大内需、增加就业、促进服务业发展、推动经济转型升级的重大力量。"十三五"时期，是发展养老服务业的关键时期，发展养老服务业将成为整个社会面临的一项重要任务。

（四）城镇化必须"以人为中心"，公共服务需要均等化

在大规模人口流动过程中，户籍制度的藩篱使得城镇常住人口、户籍人口严重背离，形成城镇化进程中的严重问题。根据2014年3月发布的《国家新型城镇化规划（2014－2020年）》，目前我国常住人口城镇化率为53.7%，户籍人口城镇化率只有36%左右。在城镇化过程中，流动人口融入流入地的问题始终是个大问题，特别是大量农业转移人口难以融入城市社会，市民化进程滞后。目前农民工已成为我国产业工人的主体，受城乡分割的户籍制度影响，被统计为城镇人口的2亿多农民工及其随迁家属，未能在教育、就业、医疗、养老、保障性住房等方面享受城镇居民的基本公共服务，产城融合不紧密，产业集聚与人口集聚不同步，城镇化滞后于工业化。城镇内部出现新的二元矛盾，农村留守儿童、妇女和老人问题日益凸显，给经济社会发展带来诸多风险隐患[1]。

---

[1] 《国家新型城镇化规划（2014－2020年）》，http：//news. xinhuanet. com/city/2014－03/17/c_ 126276532_ 2. htm。

《国家新型城镇化规划（2014－2020年）》明确指出，我国城镇化转型发展的内在要求更加紧迫。随着我国农业富余劳动力减少和人口老龄化程度提高，主要依靠劳动力廉价供给推动城镇化快速发展的模式不可持续；随着资源、环境瓶颈制约日益加剧，主要依靠土地等资源粗放消耗推动城镇化快速发展的模式不可持续；随着户籍人口与外来人口公共服务差距造成的城市内部二元结构矛盾日益凸显，主要依靠非均等化基本公共服务压低成本推动城镇化快速发展的模式不可持续。工业化、信息化、城镇化和农业现代化发展不同步，导致农业根基不稳、城乡区域差距过大、产业结构不合理等突出问题。我国城镇化发展由速度型向质量型转型势在必行[①]。

为此，《国家新型城镇化规划（2014－2020年）》明确提出，要加快转变城镇化发展方式，以人的城镇化为核心，有序推进农业转移人口市民化。并提出人口城镇化的具体目标，即城镇化健康有序发展，常住人口城镇化率达到60%左右，户籍人口城镇化率达到45%左右，户籍人口城镇化率与常住人口城镇化率差距缩小2个百分点左右，努力实现1亿左右农业转移人口和其他常住人口在城镇落户[②]。

"十三五"时期是实现《国家新型城镇化规划（2014－2020年）》各项目标和任务的关键时期，是促进农业转移人口市民化、推进人的城镇化、转变城镇化发展方式的落实阶段，任务繁重。如何健全农业转移人口落户制度，实施差别化落户政策，推进农业转移人口享有城镇基本公共服务，真正做到有序促进农业转移人口的市民化进程，是"十三五"时期要重点完成的工作。但是，由于长期以来在公共服务方面形成众多以区域分割为基础的地方福利，要真正实现基本公共服务均等化并不容易，地方政府固守地方福利、实行差别化公共服务供给的动力和惯性仍然存在，农业转移人口跨行政区域的市民化仍然将面临较大阻力，并将对整个人口城镇化产生负面影响。

---

① 《国家新型城镇化规划（2014－2020年）》，http：//news.xinhuanet.com/city/2014－03/17/c_126276532_2.htm。

② 《国家新型城镇化规划（2014－2020年）》，http：//news.xinhuanet.com/city/2014－03/17/c_126276532_2.htm。

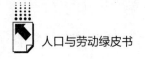

（五）全面放开二孩生育势在必行，计划生育工作面临转型

当前我国人口自身的结构性矛盾都可以说在一定程度上源于生育水平快速下降，而人口政策是生育率快速下降的重要原因。人口变化是一个缓慢的过程，政策调整效果常常要经历一代人或几代人才能得到体现。人口政策的调整必须站在战略的高度，并以长远观点来审视政策调整的综合影响。

我国实施人口控制政策已经超过30年，妇女总和生育率自20世纪90年代初以来低于更替水平，也有超过20年的时间。从国际上来看，在那些曾经采取抑制生育政策的国家，当生育率低于更替水平（2.1）10～15年后，这些国家都开始从限制生育转为鼓励生育。如果从中国生育率低于更替水平算起，到2005年就已经经历15年左右的时间，而直到2014年才放开"单独二孩生育"政策，当前生育政策调整的基本方向依然是限制生育，与鼓励生育背道而驰。从"单独二孩"政策实施效果来看，实际生育情况低于预期，这说明过去的预期存在对群众生育意愿和生育潜力高估的问题。2015年是"十二五"时期的最后一年，进一步完善生育政策，全面放开二孩生育的条件应该说已经成熟。全面放开二孩生育虽然有可能会引起生育水平的波动，但并不会引起大幅度全面反弹。这主要是因为，随着社会经济发展水平的提高，我国育龄夫妇的生育意愿已经发生根本改变，二胎生育意愿已经不高，同时考虑到按照生育意愿真正实现二孩生育行为的比例更低，且生育要在多年内逐渐实现，实际上引起生育水平大幅反弹的可能性很小。从国际经验来看，在生育水平降低到1.5及以下后，即便是鼓励生育，效果也十分有限，不会出现大幅度反弹。事实上，如果一个社会长期维持超低生育水平，那么有助于维持低生育水平的经济、社会以及文化环境将会得到不断强化，即使采取鼓励生育的人口政策，生育率也难以回升，现在世界上很多低生育水平国家采取鼓励生育的政策也难以提升其生育水平的原因也正在于此。

全面放开二孩生育并不会从根本上改变我国低生育水平的现实，人口发展的基本形势和态势也不会因此发生转变，人口老龄化将继续，但与不放开政策相比老龄化程度有可能减轻。目前受生育政策影响的人群已经非常小，主要是党政机关和事业单位工作人员以及国有企业的职工，而其他社会群体受政策的约束并不大，这些群体尤其是农村居民的生育意愿即使在过去政策框架下实际上也没有受到严重的抑制。全面放开二孩生育，不仅有利于缓解人口老龄化趋势，有利于家庭和谐稳定，更有利于社会公平公正，这实际上已经是当前最大的民生政策。从这个意义上说，全面放开二孩生育政策越早越好，早放开，早受益；而越晚放开越不利，后果也越严重。

对于全面放开二孩生育，我们应该有这样的认识：如果带来生育水平的反弹，则应该被视为正面和积极的信号，因为放开生育政策的目的正是希望生育率回升，如果不能回升，则意味着不符合政策的初衷，同时也意味着陷入低生育率水平"陷阱"。很多人担心放开生育会带来生育堆积，这其实是一种并不完全正确的思维。

随着生育政策的调整，计划生育工作也必然面临转型，如何适应新的人口发展形势以及计划生育政策带来的冲击，将是计划生育工作在"十三五"时期面临的严峻挑战。

五　对策建议

在人口发展所面临的一系列问题中，生育水平变化始终居于核心地位。改善人口发展失衡局面，必须从调整过低生育水平入手，否则都只能是治标不治本。因此，进一步完善生育政策，调整过低生育水平是"十三五"时期人口发展的根本问题。

（一）全面放开二孩生育政策，逐步让生育决策权回归家庭

面对生育水平长期在低位徘徊和人口快速老龄化的客观现实，面对"单独二孩"政策效果严重低于预期的极大可能，中国计划生育政策再次面临调整的要求。"十三五"时期将正好处于再次调整生育政策的时间窗口，政府必须站在人口长期均衡发展的高度，站在对历史负责、对民族负责的角度完成生育政策的调整。

长期以来，中国计划生育政策有两个鲜明的特点。一是对生育子女数量限制较为严格。根据《人口与计划生育法》规定，"提倡一对夫妻生育一个子女；符合法律、法规规定条件的，可以要求安排生育第二个子女"。二是在执行中实行区域有别、人群有别的方针。计划生育政策实际形成较大的地区差异和人群差异，一孩政策、一孩半政策、两孩政策甚至是多孩政策都有适用。"单独二孩"政策的实施在一定程度上对数量限制和地区差别有所缓解，但总体形势并未有大的改观。计划生育政策新的调整不仅要在生育子女数量上有所放松，以适当提高生育水平，延缓人口老龄化进程，而且要最大限度地消除地区差别和人群差别，实现生育权利的平等。建议全国实施"不分民族、不分城乡、不分地域，一对夫妇可以生育两个子女"的政策，全面放开二胎生育。

放开二胎生育预计将会产生一定的出生堆积，但根据目前生育意愿已经转变的实际情况，辅之以按年龄段放开的过渡性安排，出生堆积现象也不会导致出现大的生育高峰。尽管如此，人口出生数量还是会对公共服务供给造成一定的压力，政府应根据生育政策调整的节奏，提前预判卫生、教育等公共资源的需求情况，实现资源的合理配置。

（二）经济转型与人力资源开发并举，化解劳动力供需矛盾

面对可能出现的全局性劳动力短缺局面，必须从供需两方面入手，实现动态平衡。从需求方面看，要实现经济增长方式转变和经济结构转型升级，提高劳动生产率，减少对新增劳动力的需求；从供给方面则必须积极推进人力资源开发，尤其要开发大量低龄老年人力资源。

经济增长方式转变和经济结构转型升级是中国进入经济新常态后面临的艰巨任务，也是"十三五"期间面对将出现的全局性劳动力短缺应该采取的必要措施。在劳动力短缺日益明显、劳动力价格不断攀升的情况下，中国经济的增长方式必须发生深刻的变革，其中，最主要的变化就是从要素积累的增长模式转向以改善经济效率为主的经济增长方式[1]。从劳动力投入的角

---

[1] 都阳：《劳动力市场变化与经济增长新源泉》，《开放导报》2014 年第 3 期。

度来说，经济增长要更多依赖于劳动者素质的提高进而提高劳动生产率，而非依靠更多的劳动力投入。为此，一方面必须继续消除劳动力流动的各种制度障碍，实现劳动力资源的合理配置；另一方面必须加大人力资本投资，从教育和培训两个环节实现人力资本与产业结构的更好结合，促进劳动生产率的提高。

中国目前存在大量低龄退休人员，开发其潜力是今后的主要方向。鉴于我国退休年龄规定始于几十年前，已经显得过低，建议"十三五"期间开始延迟法定退休年龄，为开发低龄老年人力资源进行制度性安排。笔者建议按照并轨先行、渐进实施和弹性机制的原则逐步延迟退休年龄。具体建议如下。首先，实现养老金制度并轨，将退休年龄归为两类：职工养老保险领取年龄和居民养老保险领取年龄。其次，职工养老保险的退休年龄改革方案分两步走。第一步：2017 年完成养老金制度并轨时，取消女干部和女工人的身份区别，将职工养老保险的女性退休年龄统一规定为 55 岁。第二步：从2018 年开始，女性退休年龄每 3 年延迟 1 岁，男性退休年龄每 6 年延迟 1岁，直至 2045 年同时达到 65 岁。再次，居民养老保险的退休年龄从 2033年开始每 3 年延迟 1 岁，直至 2045 年完成。同时在退休年龄改革中引入弹性机制，可考虑以法定退休年龄为基准，规定人们可提前或延迟 5 年退休，但养老金待遇与退休年龄挂钩。测算表明，延迟退休年龄可有效改善城镇劳动力的供给状况，增加城镇适龄（退休年龄以下）劳动年龄人口，延缓其比重下降趋势[1]。

（三）加快养老服务体系建设，大力发展养老服务业

"十三五"期间养老服务需求将快速增长，必须进一步加快养老服务体系建设，大力发展养老服务业。

养老服务体系建设重点在于分清政府、社会和家庭在养老服务中的责任

---

[1] 张车伟、林宝：《渐进式延迟退休年龄的方案和影响》，载李培林主编《全面深化改革二十论》，社会科学文献出版社，2014，第 276 ~ 292 页。

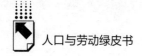
和作用。尽管在各种政策文件中均提出要建设"以居家为基础、社区服务为依托、机构为支撑"的养老服务体系，但是进展仍然不尽如人意。当前的社会养老服务体系建设还存在一系列问题，如：政府公共服务职能不到位，对养老服务体系建设的推动不力；社区养老服务发展严重滞后，无法对居家养老形成有效支撑；养老机构功能混乱，质量参差不齐，影响机构养老的补充作用发挥①。

要完善养老服务体系，必须发挥政府的主导作用，调动社会各主体的积极性，共同承担养老责任，逐渐形成以老年人为中心的由家庭、社区、养老机构、其他社会成员和组织等组成的多层次养老服务体系，实现"政府公共服务职能到位、养老服务和产品充足、老年人选择空间充分"的养老服务目标。在此体系中，老年人处于一个由多个同心圆组成的体系之中：最中心是老年人，外围第一圈层是老年人的家庭成员，第二圈层是社区，第三圈层是企业、其他社会组织和个人，包括养老机构。老年人可以向任何一个圈层寻求养老服务，但最终向哪一圈层寻求服务，将取决于老年人的选择。在这样的一个体系中，社区养老服务能力是关系整个养老体系建设成败的关键所在。社区养老服务开展得好，不仅关系居家养老的质量，也关系人们对养老机构的需求。要实现这一点，必须采取必要的激励措施鼓励家庭成员承担养老服务责任，构筑养老服务的第一道防线；建设覆盖城乡的社区养老服务中心，完善社区养老服务功能；调整公办养老机构功能，合理引导民营养老机构发展，形成多层次的养老机构②。

发展养老服务业是建设养老服务体系的关键。只有一个欣欣向荣的养老服务业，才有可能向老年人提供各种养老服务，真正满足老年人养老服务需求。2013年，国务院发布的《关于加快发展养老服务业的若干意见》明确提出了发展养老服务业的目标，即到2020年，全面建成以居家为基础、社

---

① 林宝：《建设以老年人为中心的多层次社会养老服务体系》，《科学中国人》2012年9月（下）。

② 林宝：《建设以老年人为中心的多层次社会养老服务体系》，《科学中国人》2012年9月（下）。

区为依托、机构为支撑的，功能完善、规模适度、覆盖城乡的养老服务体系。养老服务产品更加丰富，市场机制不断完善，养老服务业持续健康发展。为此必须加强各项任务的落实，如统筹规划发展城市养老服务设施；大力发展居家养老服务网络；大力加强养老机构建设；切实加强农村养老服务；繁荣养老服务消费市场；积极推进医疗卫生与养老服务相结合等。特别应该注意各项任务的分解和考核，要将各项任务加以具体落实，制定实施的时间表和路线图，确保提出的投融资、土地、税费、补贴、人才培养等各项政策措施得到落实，各项任务如期完成。

（四）积极推进新型城镇化，真正实现人的城镇化

"十三五"时期是新型城镇化战略的具体落实和执行期，也是《国家新型城镇化规划（2014－2020年）》提出各项具体目标和部署的实现期和完成期，该规划是否能真正落实和全面实施，完全取决于"十三五"期间的实施情况。因此，"十三五"期间必须进一步积极推进新型城镇化，确保各项规划目标的实现，真正实现人的城镇化。

首先，坚持以人为本，真正从地域的城镇化转向人的城镇化。城镇化是人口集聚的结果，也是农业转移人口市民化的结果。"十三五"期间应该切实改变过去盲目追求城市面积扩张、规模扩大的做法，要从追求城市用地规模、经济规模转向提升城市品质和宜居程度，要更多关注居住于城镇中的人的福利水平和舒适性，更多关注城市发展的可持续性，真正从地域的城镇化阶段走向人的城镇化阶段。要做到这一点，各级政府特别是地方城市政府要破除"一亩三分地"的思想，坚持执政为民、以人为本，真正关心居住于城市中的每个人的利益，无论是本地户籍还是外地户籍，无论是长居于此还是短暂就业，都要增强其归属感与尊严感，促进其城市融入和市民化。

其次，以推进基本公共服务均等化实现农业转移人口市民化。基本公共服务的非均等化提供是以往城市快速发展的主要策略，在新型城镇化阶段，基本公共服务均等化提供是最基本的要求。《国家新型城镇化规划（2014－

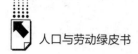
2020 年)》提出，要按照保障基本、循序渐进的原则，积极推进城镇基本公共服务由主要对本地户籍人口提供向对常住人口提供转变，逐步解决在城镇就业居住但未落户的农业转移人口享有城镇基本公共服务的问题，并就子女教育、就业服务、社会保障、医疗卫生条件及住房保障等方面提出一些具体的要求①。应该说，这些基本公共服务是农业转移人口在城镇化过程中迫切需要实现均等化的领域，也是制约其真正融入城镇、实现市民化的关键，政府应该对各项公共服务实现均等化的时间表及相关责任进行明确，避免有些地方政府回避相关责任，久拖不办，影响城镇化进程和规划目标的实现。同时，考虑到当前大量农民工在城镇就业和居住，存量巨大，"十三五"时期农民工市民化需求巨大，相应的公共成本也快速增长，政府应该对此有提前准备，建立相应的成本分担机制。

最后，继续推进户籍制度改革，简化落户条件。《国家新型城镇化规划（2014－2020 年)》和 2014 年《国务院关于进一步推进户籍制度改革的意见》都提出了差别化落户政策，要求以合法稳定就业和合法稳定住所（含租赁）等为前置条件，全面放开建制镇和小城市落户限制，有序放开城区人口 50 万～100 万的城市落户限制，合理放开城区人口 100 万～300 万的大城市落户限制，合理确定城区人口 300 万～500 万的大城市落户条件，严格控制城区人口 500 万以上的特大城市人口规模②。这一规定，从思路上看下松上紧，与各地目前采取的落户政策基本吻合，比较符合目前的实际。但是从另一个角度看，由于其较大程度上迎合了当前各地区落户的实际情况，从而使户籍制度改革的作用打了折扣，对城镇化的推动作用也不如预想中的大。"十三五"期间，一方面要督促各地区尽快出台落户条件，实现落户的程序化和透明化；另一方面还需要对当前的政策思路进行评估，并根据评估

---

① 《国家新型城镇化规划（2014－2020 年)》，http：//news. xinhuanet. com/city/2014－03/17/c_ 126276532_ 2. htm。

② 《国家新型城镇化规划（2014－2020 年)》，http：//news. xinhuanet. com/city/2014－03/17/c_ 126276532_ 2. htm；《国务院关于进一步推进户籍制度改革的意见》，http：//www. gov. cn/zhengce/content/2014－07/30/content_ 8944. htm。

结果继续推进户籍制度改革，逐步简化落户条件，提高全面放开落户限制的城市规模等级。

（五）转变思路、健全机制，确保计划生育政策调整平稳有序

"十三五"时期，进一步调整计划生育政策，全面放开二孩生育势在必行，计划生育各项工作也必须围绕这一政策调整，确保计划生育政策调整平稳有序。

一是继续做好"单独二孩"政策调整的评估工作。建立"单独二孩"政策实施效果的监测机制，在摸清底数的基础上，随时掌握申请生育情况和实际生育情况，并对出生人口进行动态监测，确保政府准确评估"单独二孩"政策的影响，为下一步的政策调整做好准备。

二是加快推进国家人口基础信息库建设。根据中共中央、国务院《关于调整完善生育政策的意见》的要求，发挥人口计划的调控作用，建立人口监测和预警机制，加强人口变动情况调查，完善出生人口信息报告制度，加快推进国家人口基础信息库建设，实现婚姻、生育、户籍管理等方面的信息共享。利用国家人口基础信息库加强人口计生部门与其他部门的协调，提前根据人口变化规划，建设和调整公共服务资源供给。

三是做好计划生育政策的宣传工作。长期以来，计划生育工作宣传都以少生优生为重点，为配合计划生育政策调整，应该将计划生育宣传工作的重点向家庭生育选择性和人口均衡发展方面转移，鼓励家庭基于自身情况在政策允许的范围内自由选择生育子女数量。

四是继续优化计划生育家庭奖励扶助制度。适应新的政策调整，可适当调整利益导向机制，将独生子女待遇适当扩展至全部按照计划生育政策生育的家庭。建立奖励扶助标准的动态调整机制，并适当扩大奖励扶助范围。尤其要注意做好"失独"老年人的养老保障工作。

五是加强对流动人口等重点人群的计划生育服务与管理。尤其要注意以服务促管理，不断推进流动人口计划生育服务均等化，切实提高流动人口计

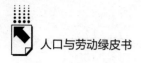

划生育水平。

总之，"十三五"时期是我国人口发展的关键时期，也是社会经济发展的关键时期，人口和计划生育工作面临诸多挑战，必须尽快调整人口政策、转变计划生育工作思路、转变经济发展方式，积极推进社会养老服务体系建设，积极推进新型城镇化。

第二章
人口流动趋势与农民工就业

屈小博　杨舸　程杰

　　"十三五"时期是全面建成小康社会的关键时期。准确把握人口流动迁移的新变化和新特点，对于促进社会经济长期平稳较快发展具有十分重大的意义。"十三五"期间，我国社会经济发展出现了新的变化，这些因素将对人口流动的规模产生影响。第一，"城镇化"被提升到前所未有的战略高度，《国家新型城镇化规划（2014－2020）》将对未来全国的城镇体系和户籍制度改革做出全面规划，必将对未来各区域的人口分布产生深刻影响；第二，受到国内外经济形势的影响，我国经济下行风险加大，经济增长的"新常态"正在被广泛接受；第三，产业转移和产业结构出现变动，全球第四次产业转移趋势初显端倪，我国自发的产业结构调整、劳动密集型产业向中西部地区转移等因素将对未来的流动人口迁移趋势产生影响，人口流动迁移呈现新趋势和新特点。

　　"十三五"时期更是改革开放深化、增长方式发生转变、经济结构加快调整、经济转型加快的攻坚时期。劳动力市场也在发生深刻变化，劳动力已经从长期无限供给转变为相对有限剩余。在此背景下，最近年份农民工的工资水平持续快速上涨，劳动力市场上出现了工资趋同现象，非熟练劳动者与熟练劳动者之间的工资差异开始缩小，劳动力市场呈现出明显的中等收入阶段特征。农民工就业情况反映了流动人口就业的主要趋势和特征，农民工代表的是普通劳动者和产业工人群体，他们的就业及结构呈现何种特征变化？就业及其变动是否顺应经济结构调整和产业结构升级的趋势？这些问题需要政府有关部门加以认真考虑。

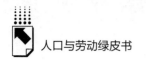

一 流动人口的规模、分布、结构变化趋势

纵观发达国家的人口城市化历程，由传统的农业社会转变为现代化的工业社会，无不经历上百年的时间。我国人口城市化起步晚，发展速度却很快，20世纪80年代开始的大规模人口流动，在中国历史上甚至在人类历史上，都是史无前例的。人口城市化的过程伴随着经济高速增长和社会全面转型，规模庞大的流动人口作为最活跃的生产要素推动了我国经济的高速发展，其生存和发展状况关系我国社会经济的可持续发展。

（一）流动人口规模变动趋势

改革开放以后，我国摆脱城镇化率负增长的局面，进入快速增长的时期。1978~1995年，我国的城镇化率年均提高0.65个百分点，从1978年的17.92%增长到1995年的29.04%；1995年之后，我国城镇化进入加速发展阶段，到2010年，城镇化率年均提高1.4个百分点，首次形成农村人口和城镇人口平分天下的局面（城镇化率达到50%左右）；2010年之后，我国城镇化进入稳定发展阶段，虽然增速有所下降，但城镇化率年均提高超过1.2个百分点，2014年的城镇化率达到54.77%。

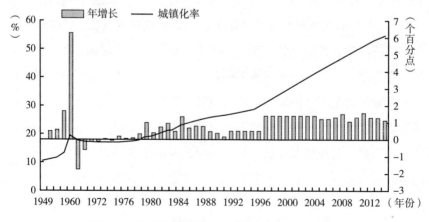

图2-1 我国城镇化的发展态势（1949~2012年）

1. 我国城镇化进程继续保持高速增长态势

自工业革命到现在的 200 多年，城市化发展经历兴起、扩张和加速发展的过程，城市化水平由当初的百分之几发展到目前的近 50%。纵观世界城市化历程，呈现出一定的规律性。对此，美国地理学家诺瑟姆在 1975 年通过对各个国家城市人口占总人口比重的变化研究发现，城市化进程具有阶段性规律，全过程呈 S 形曲线。第一阶段为城市化的初级阶段；第二阶段为加速阶段；第三阶段为后期阶段。当然并不是任何国家的城市化发展轨迹在时间轴上都表现为一条光滑的 S 形曲线，但大部分国家的数据基本上支持这一结论。

城市化进程"标准的 S 形曲线"的模型可以表示如下：

$$Y = \frac{1}{1 + c \times \exp(rt)}$$

其中：Y 为城市化水平；c 为积分常数，表明城市化起步早晚；r 为积分常数，表明城市化发展速度快慢；t 为时间。

西方发达国家的历史表明，城镇化率的饱和值并不是 100%。城市化水平的峰值是一个国家可能达到城市化最大值，由许多因素综合决定，如，人口规模和结构、国土面积、地理地貌、产业结构、生活习惯等。我国人口基数庞大，土地资源稀缺，人地矛盾突出；同时，出于国家战略的考虑，为保证粮食安全，必须主要依靠国内生产满足自身粮食需求，所以应保证一定比例的农业人口；而且，人口总量的庞大决定城镇人口总规模的庞大，人口聚集的成本高于一般国家。因此，我国的城镇化率峰值水平可能低于国际经验的一般水平。

人口密度高于我国，城镇化水平超过 60%，且人口超过 5000 万的国家有德国、菲律宾、韩国、日本、意大利和英国等。但是，这些国家的粮食大多依赖进口，英国人均粮食净进口额高达 412.18 美元，日本为 353.15 美元，韩国为 202.72 美元，德国为 152.49 美元，意大利为 147.23 美元，这些国家的农业人口比重不足 10%。从粮食供给的角度上来说，我国要实现粮食基本自给自足，在目前农业生产率条件下，农业劳动力占全部劳动力的比例不应低于20%。因此，我国的城镇化峰值为70%～80%。设定四种峰值方案，依据我国历史数据拟合推算，到"十三五"期末，我国城镇化率将达到58.5%～61.0%，到2030年达到64.1%～70.0%。

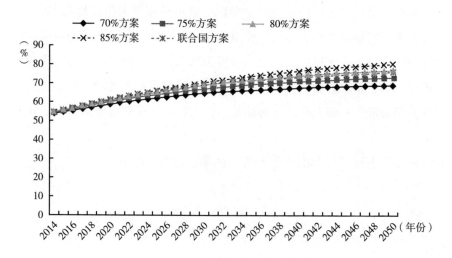

图2-2 2014～2050年我国城镇化率变化趋势*

资料来源：联合国预测结果来自《世界城市化前景2014》，http://esa.un.org/unpd/wup/CD-ROM/Default.aspx。

2. 流动人口规模持续扩大，但增速逐步放缓

目前流动人口预测研究主要是针对区域的流动人口（亓昕，1999；董光器，2003；侯亚非，2004；李永浮，2006；武萍，2001；黄健元，2008；李晓梅，2006）。关于流动人口的预测还没有一个如同人口预测那样成熟、稳定的模型，目前主要有趋势外推法和因素分解法。趋势外推法是对流动人口规模历史数据的变化趋势进行拟合，然后外推，例如，数学函数拟合法（线性函数、指数函数、Logistic曲线等）、GM（1，1）模型、神经网络预测法，等等。这些方法相对简便易行，需要收集的数据少。流动人口预测受到许多因素的影响，政策、经济因素的改变都可能会引起趋势的逆转。因素分解法是先测算出流动人口影响因素的变动，然后求得流动人口的规模变动。然而，各种因素的确定和预测本身就是难题，而且经济社会变量之间会

出现较强的相关性，会影响预测本身的准确性，可信程度将大大降低。

我国现阶段的人口流动以乡城迁移流动为主导，是人口城镇化的体现，必然伴随着工业化的过程，劳动力从农业部门转入非农业部门。本文着重从人口因素、政策因素和经济因素三要素出发对流动人口进行预测：首先，依据我国第六次人口普查公布的人口性别年龄结构、生育水平和死亡水平等基础参数对城镇和农村的人口进行预测，并考虑"单独二孩"政策的影响，及未来可能会发生的人口政策调整。在人口预测和城镇化率预测的基础上，推算乡城转移人口规模，进而得到流动人口规模的中长期发展趋势。

"十二五"期间，我国流动人口仍然保持高速增长的态势，年均增长约800万人。根据预测，2020年和2030年，我国流动人口将分别逐步增长到2.8亿、3.3亿，年均增长500万~600万人，其中农业转移人口分别达到2.1亿、2.4亿，年均增长约400万人。

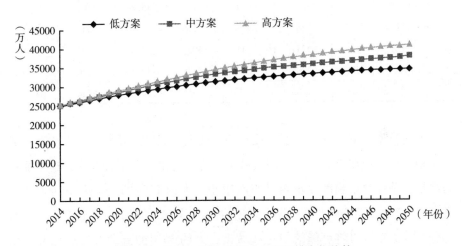

图2-3 2014~2050年流动人口规模变化趋势

3. 户籍制度改革将推动农业转移人口落户

2014年7月30日，国务院发布《国务院关于进一步推进户籍制度改革的意见》，这成为各地实施户籍制度改革的指导性文件，该意见对各类城市落户要求做出了明确规定，大致如下：第一，全面放开建制镇和小城市（城区人口为50万以下）落户限制；第二，有序放开有合法稳定工作和住所、参加城镇社会保险达到一定年限的人员及直系亲属在中等城市（城区人口50万~100万）落户；第三，对大城市（城区人口100万~300万）在就业、住所、社保方面达到一定条件的人员及直系亲属可以给予落户；第四，对于城区人口300万~500万的大城市，可以设定更严格的落户标准，也可结合本地实际，建立积分落户制度；第五，严格控制城区人口500万以上的特大城市人口规模，改进城市现行落户政策，建立完善积分落户制度。

表2-1　流动人口在不同等级城市的分布

城市分类标准	城市个数	全部流动人口		省内流动人口		跨省流动人口	
		规模（万人）	比例（%）	规模（万人）	比例（%）	规模（万人）	比例（%）
1000万以上	6	3849	17.41	973	7.20	2876	33.49
500万~1000万	10	2690	12.17	1379	10.20	1311	15.26
300万~500万	21	3837	17.36	2135	15.80	1701	19.81
100万~300万	103	5767	26.09	4218	31.21	1549	18.03
50万~100万	138	3757	17.00	3032	22.43	725	8.44
50万以下	380	2205	9.97	1778	13.16	426	4.97
总　计	658	22103	100.00	13515	100.00	8588	100.00

不同类型城市的落户政策所覆盖的流动人口规模差异很大。大约有4成的流动人口居住在特大城市和超大城市，落户门槛不但不会下降，还可能更为严格，预计户籍制度改革对其影响很小；大约17%的流动人口居住在较大城市（300万~500万），落户限制将略为放宽，但仍然会比较严格，小部分高端流动人口将可能落户这些城市；大约35%的流动人口居住在大城市（100万~300万）和中等城市，落户限制将有较大程度放宽，居住在这些城市的流动人口将是最有可能落户城市的群体；大约10%的流动人口居住在小城镇，将完全没有落户限制。

但流动人口的落户意愿却与户籍改革政策相反，尽管城区人口300万以下的城市落户限制会逐渐放宽，但是居住在这些城市的流动人口，明确表示愿意落户的人不足4成；在大城市居住的流动人口的落户意愿稍高一些，也仅为45%左右；然而，在严格控制的特大城市的落户意愿最高，将近6成①。流动人口愿意落户的城市执行的是较为严格的落户制度，而流动人口不太愿意落户的城市却执行较为宽松的落户制度，这可能使得户籍制度改革对流动人口"落户"的推动作用有限。

根据《国务院关于进一步推进户籍制度改革的意见》，到2020年我国各级政府将努力落实1亿农业转移人口和其他常住人口在城镇落户。但本文根据流动人口在各类城市的分布及流动人口的落户意愿估计，若户籍制度改革方案能够顺利推动，2014～2020年，每年将大约有1000万流动人口落户城镇，到2020年，流动人口将减少到2.25亿；若户籍制度改革不能顺利推进，2020年的流动人口将增长到2.8亿。

（二）流动人口空间格局变动趋势

改革开放之后，东南沿海地区吸引了大量外商投资，劳动密集型产业蓬勃发展，吸引了大量来自中西部地区的农村剩余劳动力，流动人口不断从中西部内陆地区向东南沿海地区流动。但伴随着我国经济转型和产业结构升级，产业布局正在悄然发生变化，流动人口的空间分布是否会因此发生调整？下文将利用近10年的人口普查和人口抽样调查数据分析流动人口空间格局变动趋势。

1. 人口由中西部向东南沿海地区流动的势头依旧强劲

以长三角、珠三角、京津冀为中心的东南沿海地区是流动人口的主要聚集地。2010年，56.86%的流动人口流入东部地区，其中81.42%的跨省流动人口流入东部地区。沿海地区的表现尤其突出，东部沿海地区和南部沿海地区吸纳了半数的流动人口，所占份额逐年上升。2005～2010年，东部沿海地区吸纳流动人口的比例基本稳定，北部沿海地区吸纳流动人口的比例继续上升。2010年吸纳省内流动人口最多的五个省依次是广东、四川、山东、江苏和河南，占全国省内流动人口的34.8%。2010年吸纳省际流动人口最

---

① 根据国家卫计委2012年流动人口动态监测数据计算。

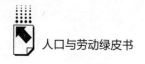

多的五个省市依次是广东、浙江、上海、江苏、北京，吸纳全国省际流动人口的66.04%。

2.流动人口向南部沿海地区集中的趋势有所减弱

南部沿海地区吸纳流动人口所占比例从2005年的28.71%下降到了2010年的20.91%，下降了将近8个百分点。珠三角地区对流动人口吸引力显著减弱，广东省流动人口占全国流动人口的比例下降了近7个百分点。但是，大西南地区和黄河中游地区的流动人口所占比例均上升了3个百分点左右，长江中游地区上升了2个百分点。相反地，中部地区吸纳省内流动人口为主，吸引力显著上升。中西部地区的省内流动开始变得活跃。与2005年相比，2010年流动人口向东部地区集中的趋势减缓，特别是东部地区省内流动人口占全部省内流动人口的比例从47%下降到41%。而中部地区不论是对省内流动人口，还是对跨省流动人口的吸引力，均表现出明显的上升趋势。

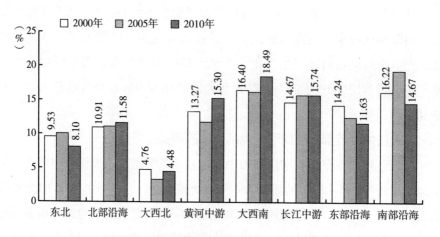

图2-4　各地区的省内流动人口占全国流动人口的比例

3.流动人口的回流、转向趋势初现

受产业结构升级和区域间产业转移的影响，流动人口回流、转向的现象初现。珠三角地区对流动人口吸引力显著减弱，广东省流动人口占全国流动人口的比例由2005年的22.37%下降到2010年的15.53%。东北地区的辽

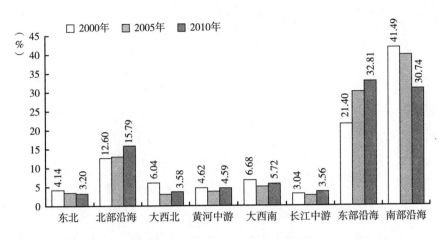

图2-5 各地区的省际流动人口占全国流动人口的比例

宁、黑龙江，长三角地区的上海、江苏、浙江，以及福建的流动人口比例也出现了下降的趋势。

图2-6 2000年、2005年、2010年省内流动人口的分布

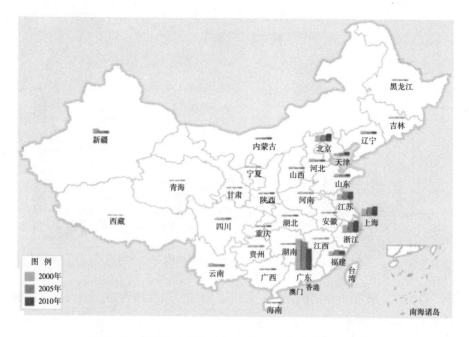

图 2 – 7　2000 年、2005 年、2010 年跨省流动人口的分布

从跨省流动人口来看，占全国跨省流动人口比例增长幅度最大的分别是浙江、北京、天津、上海，也就是说东部和北部沿海省市分流了本来应该流向广东的流动人口。其次，从省内流动人口来看，占全国省内流动人口比例增长幅度最大的分别是河南、湖北、陕西、重庆、山西、广西、四川等中西部省份，这些省份原本是有大量人口流向广东地区，现在他们中的一部分人则选择留在省内。以河南、湖北、重庆领衔的中西部省份吸纳的流动人口比例将表现出更大的吸引力。

4. 超大城市人口趋近饱和，集中趋势减缓

流动人口在城市的分布表现出明显的极化现象。2010 年吸纳流动人口最多的前 50 个城市吸纳全国 57% 的流动人口，其中排名前十位的城市吸纳全国 26% 的流动人口，依次是上海、深圳、北京、东莞、广州、苏州、重庆、成都、温州、佛山，绝大多数分布在东南沿海地区。省际流动人口表现出更加集中的趋势，2010 年排名前五十位的城市吸纳 81% 的跨省流动人口，

其中排名前十位的城市吸纳一半以上跨省流动人口。

但近10年的数据显示，东南沿海地区跨省流动人口集中趋势有所减缓。从总量上看，在全国342个城市中，排名前五位城市吸收的流动人口占全国流动人口总量的比例从2005年的21.93%下降到2010年的16.89%，排名前十位城市的比例从2005年的32.14%下降到2010年的26.23%。但排名第11～20的城市、排名第21～30的城市、排名第31～40的城市、排名第41～50的城市吸收的流动人口占全国流动人口总量的比例仍在稳步提升。

5. 上海、深圳、北京、东莞等继续成为吸纳流动人口最多的城市

进入21世纪以来，沿海城市大量吸收流动人口的格局没有改变。2010年在吸纳流动人口最多的前50个城市中，绝大部分仍分布在东部和南部沿海地区，包括上海、深圳、北京、东莞、广州、苏州、温州、佛山、天津、杭州、宁波、泉州、无锡、福州、惠州、厦门、青岛、南京、金华、台州、中山、大连、绍兴、常州、济南、烟台、潍坊、石家庄、江门、保定等30个城市。

6. 部分南部沿海城市排位下降，中部和内陆城市排位提升

在吸纳流动人口方面，不少南部沿海城市也出现了排位下降现象。深圳从持续多年的第一位降到第二位，被上海取代；东莞从多年第二位降到第四位，被北京赶上。此外，泉州市由第7位降到第14位，佛山下降两位，宁波、无锡、福州、惠州、青岛、中山等城市分别下降位次。另外，珠海、邵阳、南通、南平、乌海和威海等城市退出了前50名。

以重庆、成都为领衔的中西部城市正发挥着越来越重要的吸引流动人口的作用。南宁、乌鲁木齐、呼和浩特、南昌、太原、榆林等城市由不在前50位，纷纷进入前50名。还有一些城市吸纳流动人口的数量上升趋势明显，重庆上升4位，成都上升13位，武汉、郑州、西安、长沙、合肥等中部和内陆城市吸纳的流动人口数量和比例大幅增长，排位显著提升。中部城市的崛起意味着流动人口城市布局的"极化"空间分布模式正在改变，由"单极化"走向"多极化"。

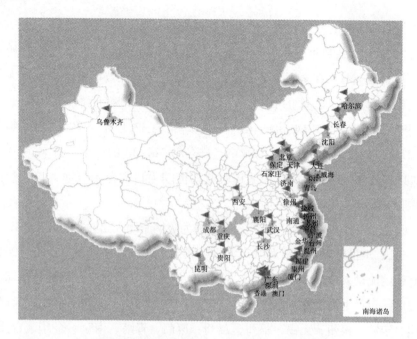

图 2-8　2000 年流动人口最多的前 50 位城市

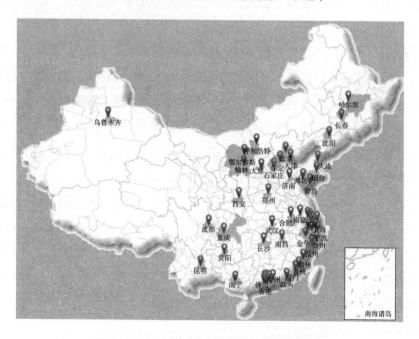

图 2-9　2010 年流动人口最多的前 50 位城市

（三）流动人口结构变动趋势

改革开放之初，政策变革释放出大量农业剩余劳动力，农村青壮年劳动力外出务工成为中西部农村地区的常态。经过 30 多年的发展和变动，流动人口自身的结构发生了很大变化，如年龄结构、性别结构、家庭结构等。流动人口曾经作为重要的劳动力来源推动我国经济增长，随着社会经济转型和产业结构变动，流动人口的结构变动也给我国社会经济发展带来机遇和挑战。

1. 流动劳动力老化趋势明显

我国流动人口年龄结构呈现向成年人口集中的趋势，流动人口群体抚养比进一步降低，正在释放最大的"人口红利"，流动人口中的劳动年龄人口（15～64 岁）比重从 1982 年的 58% 提高到 2010 年的 87%，少年儿童（0～14 岁）和 65 岁及以上老年人比例则不断下降。但我国劳动力老化的趋势同样也发生在流动人口群体中，流动人口的年龄中位数和平均年龄不断上升，年龄中位数由 1982 年的 23 岁上升到 2010 年的 29 岁，平均年龄由 1982 年的 28.22 岁上升到 2010 年的 30.80 岁。另据国家统计局农民工调查数据显示，50 岁及以上的农民工已经超过 4000 万人，在"用工荒"和"民工老化"的双重压力下，我国经济转型、产业升级显得越发紧迫。

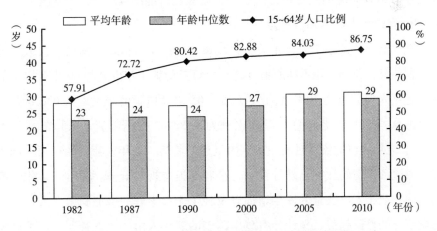

图 2 - 10　1982 ~ 2010 年我国流动人口年龄构成指标

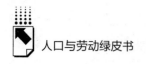

2. 流动、留守儿童规模增长迅速

流动儿童和留守儿童不仅规模庞大，而且增长十分迅速，凸显出我国儿童福利政策缺陷。根据 2010 年全国第六次人口普查数据计算，0～17 周岁的流动儿童占全国流动人口的比例为 16.20%，规模为 3581 万人，比 2000年（1983 万人）增长了 80.58%，年均增长 6.09%。流动儿童分布高度集中于东南沿海地区，半数儿童集中在粤、浙、苏、豫、川、闽等七省份。留守儿童规模的增长速度更快。2000 年，全国 0～17 周岁留守儿童数量为 2443 万人，而到 2010 年，0～17 周岁留守儿童在全体儿童中所占比例高达 25.0%，据此推算，2010 年全国留守儿童规模达到 6973 万人，比 2000 年增长 1.85 倍，年均增长 11.06%。留守儿童的分布则以中部为中心并扩展到东部、南部和西部的部分地区。留守儿童主要分布在四川、安徽、河南、江西、湖南、广西等经济比较落后的农业地区，上述 6 个省的留守儿童在全国留守儿童总量中所占比例接近 50%。留守儿童现象在一些省份的农村地区已经十分普遍。比如，重庆、四川和安徽平均 10 个农村儿童中，至少有 4 个儿童是留守儿童；江西省、湖南省、湖北省、广西壮族自治区、贵州省、江苏省、广东省、河南省 8 个省区的农村地区留守儿童比例超过 30%。随着城镇化的推进，流动人口规模的扩大，流动儿童的规模还将扩大，留守儿童还没有出现向流动儿童转化的趋势，规模也可能继续增长。

3. 流动老人群体超过千万

流动老人群体超千万，相关公共政策成为政策盲区。根据第六次人口普查数据估算，我国户籍不在原地且离开户口登记地半年以上的 60 岁及以上的流动老年人口数量为 1060.8 万人（其中 65 岁及以上的流动老人 638.3 万），占全国 60 岁及以上老年总人口的比例为 5.26%，占全部流动人口的比例为 4.8%。老年人口的流动时间在 5 年内呈递增趋势。老年人流动的初衷不同于劳动力流动，他们往往是随迁家属，是容易被忽视的群体。随着老龄化速度的加快和老年人口数量的逐年增加以及独生子女家庭的增加和未来人口流动与城市化的普遍趋势，预计会有越来越多的老年人由于照顾孙辈、帮忙做家务、自身照料需求等原因加入流动人口的行列。然而，相关的公共政策接续却十分滞后，比如，养老保险的异地接续问题，医疗保险的跨地区就医和报销问题，流动人口的相关基本公共服务等，这些都应该引起社会的足够重视。

4. 流动人口受教育程度迅速提高

流动人口受教育程度迅速提高，是经济发展的人力资源保障。流动人口平均受教育年限不断提高，从1982年的5.58年增加到2010年的9.92年，即从1982年的平均不足小学毕业水平上升到2010年的超过初中毕业水平。28年内，流动人口的平均受教育年限增加了4.34年。流动人口的平均受教育年限高于且提高速度快于全国平均水平。1982～2005年，全国人口的平均受教育年限每年提高0.12年，流动人口则平均每年提高0.14年。与此同时，高中文化程度在流动人口中所占比例由1982年的8.41%上升到2010年的20.63%；初中及以下文化程度所占比例由1982年的22.69%上升到2005年的47.41%，然后又下降到2010年的43.75%。受过高等教育的流动人口规模及比例更是显著扩大和提升。

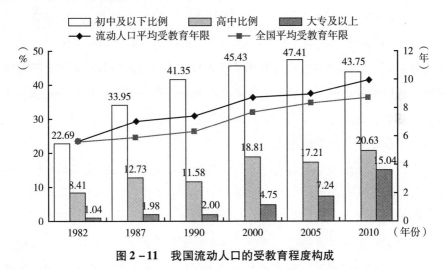

图2-11 我国流动人口的受教育程度构成

（四）人口流动模式变动趋势

经过30年的发展变化，我国人口流动模式进入转型期。人口流动逐渐成为社会常态，2010年，流动人口占我国总人口的比例已经达到16.53%，

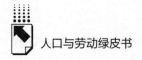

若包括"市内人户分离"人口，这一比例更是高达 19.51%，也即每 5 个人中就有一个人发生流动。人口流动的模式越来越多元化，对我国原有的社会体制构成全方位的挑战，计划体制下形成的教育、医疗、社保、养老、住房等制度均面临改革压力。

1. 流动原因趋于多元化

从流动原因来看，人口流动的社会动因和发展动因增多。务工经商者所占比例正在缓慢下降。流动原因为务工经商的人所占比例正由 2000 年的 55.1%，下降到 2010 年的 51.1%。与此同时，随迁家属的比例则由 2000 年的 13.1%，上升到 2010 年的 15.4%。新生代流动人口正由生存型向发展型转变。

2. 远距离流动比例攀升

随着交通运输行业的不断发展，以及劳动力市场自由性的增强，劳动力流动的范围不断扩大，流动人口中远距离流动比例攀升，这对计划经济体制下形成的行政分割的社会管理体制构成较大挑战。从流动范围来看，我国流动人口以跨省流动为主，2010 年的跨省流动人口所占比重为 38.85%，比 2000 年（36.66%）提高了 2 个多百分点。省内跨市和市内跨县流动所占比重略有下降，县内跨乡流动则出现了明显减少。流动人口的远距离流动意味着更大范围的要素流动，有利于区域经济整合，推动劳动力市场的资源优化配置，社会管理的行政分割问题亟须改革。

3. "家庭化"流动成主流

人口迁移的历史经验表明，人口迁移流动的先锋者往往是年龄较轻、身体较好、经济活动能力较高的人，他们离开自己的家庭，单枪匹马闯世界。但是随着时间变化、物质生活资料的积累以及人们对家庭生活的需要，便会开始出现大量投亲靠友的迁移流动。许多分离的夫妇与子女再度在迁入地团圆，因而出现合家同时迁移现象。过去 20 年，我国人口流动的模式已经从"单枪匹马闯世界"进入"家庭化"的阶段，且家庭结构已经由"核心化"向"扩展化"转变。2010 年两代户、三代户家庭户分别占所有流动人口家庭户的 38.52%、5.04%。一代户中大部分流动人口也是同配偶或兄弟姐妹等一起流动，独自一人流动的只占家庭户的 26.76%。若以"携子女或配偶流动"定义"家庭化"迁移的话，第六次人口普查数据显示，超 8 成已婚流动人口实现"家庭化"迁移。不仅如此，部分流动人口开始携带老人流动，三代户已经占到流动人口家庭户的 5.04%。家庭化的流动模式使得流动人口的家庭福利需求大幅攀升。

4. 高学历的流动人口大幅增长

受教育水平较高的流动人口不断增多。1982 年，流动人口中大专及以上比例仅为 1.04%，到了 2010 年，流动人口中大专及以上文化程度的比例已上升到 15.04%。2000 年的流动人口中有 1.20% 拥有大学本科学历，甚至还有 0.07% 拥有研究生学历。10 年之后，这两个指标都升高了，2010 年的流动人口中有 6.02% 拥有大学本科学历。大批高学历流动人口的存在说明流动人口越来越多元化。

不仅如此，根据第六次人口普查数据估算，全国有 1342 万拥有大学本科及以上学历的流动人口生活在城市，其中 70 万拥有研究生学历。经过 30 年的变迁，流动人口中早已不仅仅是农民工群体，在流动人口中，已经活跃着一大批接受过本科甚至研究生教育的高等教育毕业生。如何应对越来越多的接受过高等教育的"高端"流动人口问题，已经成为一个需要重视的社会问题。高学历的流动人口不同于传统意义上的农民工，他们的自我意识更强，社会认同、社会融入等方面的需求更多。户籍制度等政策在合理控制城市发展的同时，也影响了他们的城市融入以及相关社会保障与福利的获得。政府有选择地改革户籍制度以及提供均等化的公共服务不仅是构建和谐社会的重要手段，也是社会公平、公正的体现。

5. 人口城城流动将进入活跃期

由于地区间社会经济发展水平的差异，由中西部小城镇或城市流入东南沿海大中城市的流动人口规模庞大，约占全部流动人口的 25%。随着区域经济一体化的推进，区域间经济联系的加强，要素流动的活跃，城城流动人口规模还会进一步增长。据预测，到 2020 年，城城流动人口规模将由目前的 6000 万增长到 7000 万左右，年均增长 120 万~150 万；到 2030 年，城城流动人口规模将达到 8000 万，年均增长 80 万~120 万。

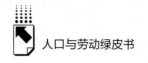

二 农民工就业的特征、分布与趋势

(一)农民工就业整体特征

作为经济改革和社会转型的重要组成部分,劳动力市场政策改革和制度调整的一个重要结果,就是劳动力从农村向城市流动规模和范围的不断扩大,形成举世瞩目的"民工潮"。2000 年以后国家统计局逐年掌握了农村住户调查数据,外出农民工总规模从 2002 年的 1.04 亿人增加到 2008 年的 1.4 亿人,2013 年已达到 1.58 亿人,充分说明了农民工规模在城市劳动力供给中的重要性和作用。2010 年已经有超过 1.5 亿的农民工活跃在城镇劳动力市场上,这主要得益于劳动密集型产业在中国的迅速发展。制造业和建筑业是农民工就业最集中的行业,根据国家统计局农村住户和农民工监测调查资料,2004 年在制造业就业的农民工占农民工总量的 30.3%,此后,该比例逐年上升,到 2008 年达到 37.2% 的峰值。受金融危机的影响,2009 年下降到 36.1%。2010 年外出农民工在制造业的就业比重为 36.7%,2011 年为 36.0%,2012 年为 35.7%,2013 年为 35.0%。建筑业、批发零售、住宿餐饮与居民服务和其他服务业也是吸纳农民工就业的重要行业。

表 2-2 2013 年分行业的农民工构成

单位:%

行业 类别	合计	外出农民工	本地农民工
制造业	31.4	35.0	27.5
建筑业	22.2	23.5	20.8
批发和零售业	11.3	8.1	14.8
交通运输、仓储和邮政业	6.3	4.6	8.1
住宿和餐饮业	5.9	7.0	4.7
居民服务、修理和其他服务业	10.6	9.4	11.9
其他行业	12.3	12.4	12.2

资料来源:国家统计局《2013 年全国农民工监测报告》。

另外，中国农民工不仅总量规模巨大，而且人力资本积累相对较低。2011 年外出农民工平均受教育年限为 9.46 年，初中及以下受教育程度的比例为 78%[①]。对已经转移到城镇就业的农民工来说，很难通过提高其受教育程度增加人力资本。一是由于劳动力市场转变（蔡昉，2007），普通劳动力工资上涨，接受教育的机会成本增加（Cai Fang & Du Yang，2011）；二是农民工所受的教育为一般人力资本积累，主要是在其进入劳动力市场之前就已经完成的。进入劳动力市场后，农民工人力资本的提升就主要依靠就业岗位提供的技能培训，通过"干中学"的方式提高专业化人力资本的积累（卢卡斯，1985）[②]。对中国而言，这种变化主要源自农民工供求形势的变化，劳动力市场面临的重大挑战，就是如何用劳动力的质量替代劳动力的数量，这时候最需要的是提升普通劳动者的人力资本，以适应产业结构升级的需要（蔡昉，2010；Zang Xiaobo 等，2010）。

根据国家卫生和计划生育委员会"全国流动人口监测调查"数据资料计算结果，农民工[③]在制造业的就业比重依然是最高，但农民工在制造业的就业比重也略微下降，其中，2010 年制造业就业比重占 33.2%，2011 年为 32.9%，2012 年为 30.2%，2013 年为 30.6%，这一趋势与国家统计局农民工监测调查的统计结果相似。在建筑行业的就业比重 2010 ~ 2013 年分别为 11.3%、13.2%、11.4% 和 10.9%，也呈现出一定的下降趋势。从"全国流动人口监测调查"数据统计结果来看，农民工在制造业和建筑业就业的比重高于其他行业，这一就业结构与国家统计局的结果相一致，并且农民工在这些行业就业比重呈现稳中有升的特征。这些行业已经成为吸纳农民工就业的主要行业。可以预期的是，随着农民工工资水平的逐步上升，劳动密集型行业的竞争优势会逐步削弱，并导致农民工就业结构的进一步变化。

---

① 国家统计局：《2011 年我国农民工调查监测报告》，http：//www. stats. gov. cn/tjfx/fxbg/t20120427_ 402801903. htm.

② 按照卢卡斯"干中学"第二人力资本增长模型，专业化的人力资本来自生产过程的技能学习和实践。

③ 本文定义的农民工与国家统计局定义的"外出农民工"口径相同，并且为了充分反映农民工在劳动力市场的表现和结果，我们只选取工资收入者，剔除了自我经营者的样本。

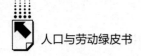

随着劳动力市场上供求关系的根本转变，以农民工为主体的普通工人的工资进入快速上升的时期。根据国家统计局住户调查数据，外出农民工的平均月收入呈现不断上涨的趋势，如图2-12所示。尤其是近年来，农民工的工资增长开始加速，如果按照2001年不变价格计算，2010年达到1383元/月。按照名义工资增长来看，从2008年国家统计局建立农民工监测抽样调查以来，2008~2012年，农民工名义月工资从1340元增长到2290元，年均增长率17.7%。另外，我们使用"全国流动人口监测调查"数据计算农民工名义月工资增长也非常快（见表2-3）。从2010年的2215.7元增长到2013年的3248.6元，名义工资年均增长率为15.5%。同时，农民工工资增长还呈现出非常明显的"迁移效率"，即跨省迁移的平均工资增长超过了省

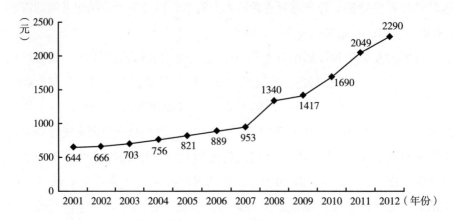

图2-12 2001~2012年城市劳动力市场农民工平均月收入变化

资料来源：根据国家统计局农村司发布的研究报告以及全国农民工监测调查数据整理得到。

表2-3 2010~2013年农民工月平均工资增长变动情况

单位：元

年份	总体	跨省流动	省内跨市	市内跨县
2010	2215.7	2271.2	2064.9	2026.1
2011	2378.2	2378.4	2110.1	1993.4
2012	2905.4	3036.0	2676.9	2592.1
2013	3248.6	3291.0	2883.2	2703.7

资料来源：笔者根据卫计委历年全国流动人口监测数据计算得到并经过加权处理。

内跨市迁移，省内跨市迁移工资增速高于市内跨县迁移速度。我们知道，迁移的其中一个动因来自工资收入。这也佐证了迁移有助于提高劳动力市场的效率和提高生产率，从而获得更高的工资回报。

（二）农民工就业结构特征与趋势

1. 农民工样本基本情况

全国流动人口监测调查中农民工（农业户口）样本大约占到 85%，2010～2011 年农民工个体样本总量为 10 万多份，2012～2013 年为 14 万份左右。其中，男性农民工比重更高，2013 年接近 60%，30 岁及以下青年农民工占到约 40%，大约 3/4 的农民工受教育水平在初中及以下，但高技能者所占比重在逐渐提高。东部地区农民工样本占到总样本 47.5% 之多，超过一半的农民工属于跨省流动。国家统计局开展的全国农民工监测调查显示，男性农民工占到 60%，1980 年之后出生的新生代农民工比重为 47%，初中及以下学历约占 75%，跨省流动所占比重也为 47%。流动人口监测的农民工样本特征基本上与国家统计局的调查结果相近。

但是，在就业模式上存在较大差异。根据流动人口监测数据，以雇员方式就业的农民工占到约 60%，以自我经营方式就业的比重大约为 1/3。国家统计局开展的全国农民工监测结果显示，2013 年 84% 的农民工为受雇就业，自营就业比重只有 16%。两者的偏差主要由于调查方式和抽样范围差异所致。

利用 2010 年以来全国流动人口监测抽样调查数据，观察最新年份农民工的就业结构变动趋势。其中，2010 年上半年和下半年分别开展了监测调查，我们将两次监测数据合并使用，反映 2010 年的就业结构状况。就业结构变动仍然从行业结构和职业结构两个角度分别观察。

表 2-4　全国流动人口监测调查样本的农民工基本特征

年份	2010（上）	2010（下）	2011	2012	2013
总样本数（份）	103446	105622	108590	133653	144158
分性别（%）					
男性	50.1	50.5	53.1	53.2	59.5

续表

年份	2010（上）	2010（下）	2011	2012	2013
女性	49.9	49.5	46.9	46.8	40.5
分年龄组(%)					
青年农民工(30岁及以下)	38.8	40.5	41.5	41.3	39.7
老一代农民工(30岁以上)	61.2	59.5	58.5	58.8	60.3
分技能水平(%)					
低技能(初中及以下)	81.0	79.3	77.9	76.4	74.8
高技能(高中及以上)	19.0	20.7	22.1	23.6	25.2
流入地区(%)					
东部	45.5	45.7	42.2	46.7	47.5
中部	26.4	26.3	23.5	20.4	21.1
西部	28.1	27.9	34.3	32.9	31.4
流动范围(%)					
跨省流动	47.7	47.0	51.3	56.6	53.7
省内跨市	35.0	35.8	30.9	28.0	28.1
市内跨县	17.3	17.3	17.8	15.4	18.2
就业类型(%)					
雇员	58.1	56.7	53.4	56.8	58.1
雇主	6.3	4.0	7.2	10.4	8.8
自营劳动者/家庭帮工	35.7	39.4	39.4	32.8	33.0

资料来源：笔者根据卫计委全国流动人口监测2010~2013年数据计算得到。

2. 行业分布与变动趋势

根据流动人口监测数据显示，农民工主要集中在批发零售、制造、住宿餐饮以及社会服务业。其中，批发零售业和制造业是最大的就业部门，所占比重均超过20%，其次是住宿餐饮业和社会服务业，建筑业比重占10%左右（见图2-13）。据国家统计局的调查数据显示，制造业和建筑业是农民工分布最多的两个就业部门，分别占到35%和24%（见图2-14），其次是居民服务业、批发零售业等。行业分布的差异同样主要缘于调查方式和抽样范围有别，国家统计局调查基于农村固定观察点（住户），在流出地的农村开展，而卫计委的监测在流入地的城市开展。

对比来看，统计局开展的调查在样本总体代表性上更具一般性，但在信息收集准确性（尤其是工资收入等经济指标）方面，流出地调查存在不足，而流入地调查的优势更明显。因此，在农民工就业结构研究方面，我们着重于利用流动人口监测数据进行对比分析，同时更充分利用工资收入等经济指标。

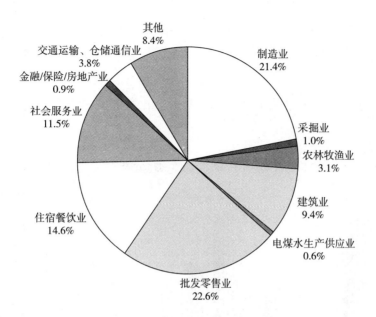

图 2 - 13 全国流动人员监测抽样农民工就业的行业分布（2013 年）

资料来源：笔者根据卫计委全国流动人口监测 2013 年数据计算得到。

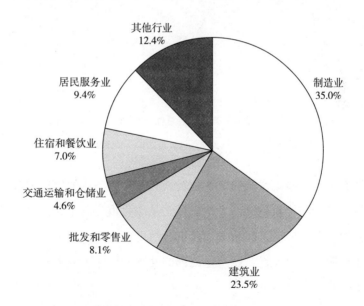

图 2 - 14 国家统计局调查发布的外出农民工行业分布（2013 年）

资料来源：国家统计局《2013 年全国农民工监测报告》。

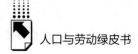

从趋势来看，农民工就业的行业结构总体保持稳定。2010～2013年，制造业、批发零售业、住宿餐饮业、社会服务业始终是农民工主要的就业部门，年际的行业结构没有太大变动（见图2－15）。对比来看，批发零售业的比重略微下降，住宿餐饮业比重有所提高，制造业比重非常稳定。

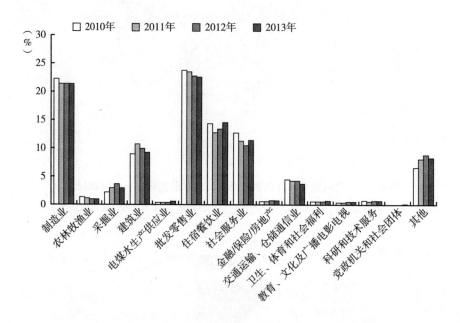

图2－15 2010～2013年农民工总体就业的行业结构变动情况

资料来源：笔者根据卫计委全国流动人口监测2010～2013年数据计算得到。

女性农民工从事批发零售、住宿餐饮和社会服务业的比重相对更高，而男性从事建筑业的比重更高。女性农民工从事批发零售业的比重达到25%，高出男性约5个百分点，住宿餐饮业也吸纳更多女性，而男性农民工从事建筑业的比重明显高于女性，制造业内部的性别差异并不太大（见图2－16）。从近几年趋势来看（见表2－5、表2－6），男性与女性农民工的行业分布基本保持稳定。其中，女性农民工从事制造业比重表现出下降趋势，而住宿餐饮业比重在波动中有所提高。

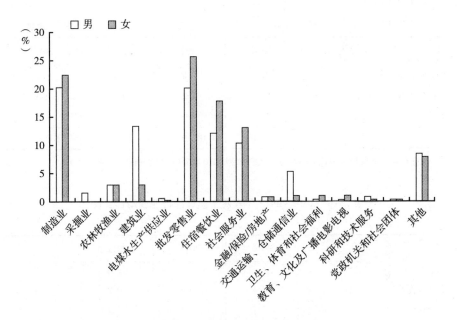

图 2-16　不同性别农民工的行业分布（2013 年）

资料来源：根据卫计委全国流动人口监测 2013 年数据计算得到。

表 2-5　2010~2013 年农民工总体的行业变动：男性

单位：%

行业 ＼ 年份	2010	2011	2012	2013
制造业	20.1	19.8	20.4	20.6
农林牧渔业	2.3	1.9	1.7	1.6
采掘业	2.4	3.1	3.9	3.1
建筑业	13.7	15.6	14.5	13.6
电煤水生产供应业	0.7	0.7	0.7	0.8
批发零售业	21.4	21.0	20.2	20.4
住宿餐饮业	11.5	10.7	11.2	12.3
社会服务业	11.3	9.8	9.1	10.4
金融/保险/房地产	0.6	0.7	0.8	0.9
交通运输、仓储通信业	6.8	6.4	6.2	5.5
卫生、体育和社会福利	0.5	0.5	0.4	0.6
教育、文化及广播电影电视	0.3	0.4	0.5	0.4

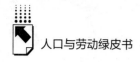

续表

行业＼年份	2010	2011	2012	2013
科研和技术服务	1.1	0.8	1.0	1.0
党政机关和社会团体	0.1	0.2	0.2	0.3
其他	7.4	8.7	9.1	8.6
合计	100.0	100.0	100.0	100.0

资料来源：笔者根据卫计委全国流动人口监测2010～2013年数据计算得到。

表2－6　2010～2013年农民工总体的行业变动：女性

单位：%

行业＼年份	2010	2011	2012	2013
制造业	25.4	24.0	22.9	22.7
农林牧渔业	0.1	0.3	0.2	0.1
采掘业	2.1	3.1	3.7	3.1
建筑业	2.5	3.4	3.2	3.2
电煤水生产供应业	0.3	0.2	0.2	0.3
批发零售业	27.0	27.5	26.8	25.9
住宿餐饮业	18.4	16.1	17.0	18.0
社会服务业	14.6	13.4	12.6	13.2
金融/保险/房地产	0.6	0.8	0.9	0.9
交通运输、仓储通信业	1.1	1.2	1.3	1.3
卫生、体育和社会福利	1.0	1.0	1.2	1.3
教育、文化及广播电影电视	0.8	0.8	0.9	1.2
科研和技术服务	0.5	0.4	0.5	0.6
党政机关和社会团体	0.1	0.1	0.2	0.3
其他	5.6	7.6	8.5	8.1
合计	100.0	100.0	100.0	100.0

资料来源：笔者根据卫计委全国流动人口监测2010～2013年数据计算得到。

　　青年农民工从事制造、住宿餐饮以及社会服务业的比重更高，而老一代农民工从事建筑和批发零售业的比重更高。青年农民工从事制造业的比重要高出老一代农民工大约10个百分点，住宿餐饮和社会服务业也更吸引年轻人，而老一代农民工从事批发零售业的比重达到25％，明显高于青年农民工，他们更多以自我经营方式就业，建筑业中老一代农民工也更多（见图2-17）。从趋势上来看，青年农民工的行业结构也保持稳定，从事制造业的比重较高，其次是批发零售业和住宿餐饮业，老一代农民工从事批发零售业的比重更高，基本稳定在25%左右（见表2-7、表2-8）。

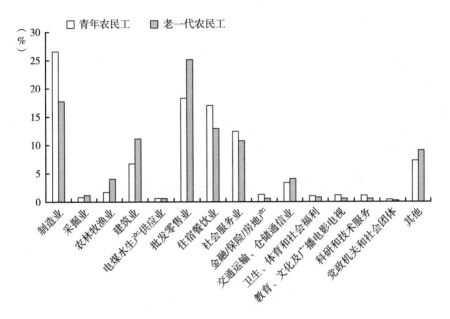

图 2-17 老一代农民工积青年农民工的行业分布（2013 年）

资料来源：笔者根据卫计委全国流动人口监测 2013 年数据计算得到。

表 2-7 2010~2013 年农民工总体的行业变动：青年农民工

单位：%

行业 \ 年份	2010	2011	2012	2013
制造业	28.5	28.2	26.8	26.9
农林牧渔业	0.8	0.7	0.7	0.8
采掘业	1.2	1.4	1.9	1.6
建筑业	5.9	7.0	6.8	6.7
电煤水生产供应业	0.4	0.4	0.5	0.6
批发零售业	18.7	19.4	19.3	18.4
住宿餐饮业	18.1	15.0	16.0	17.1

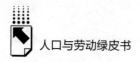
续表

行业＼年份	2010	2011	2012	2013
社会服务业	15.4	13.4	12.0	12.5
金融/保险/房地产	0.8	1.2	1.3	1.3
交通运输、仓储通信业	3.8	3.4	3.7	3.3
卫生、体育和社会福利	0.6	0.7	0.8	0.9
教育、文化及广播电影电视	0.8	0.8	1.0	1.1
科研和技术服务	1.3	1.0	1.3	1.2
党政机关和社会团体	0.2	0.2	0.2	0.3
其他	3.5	6.8	7.8	7.3
合　计	100.0	100.0	100.0	100.0

资料来源：笔者根据卫计委全国流动人口监测2010～2013年数据计算得到。

表2-8　2010～2013年农民工总体的行业变动：老一代农民工

单位：%

行业＼年份	2010	2011	2012	2013
制造业	18.5	17.5	17.8	17.9
农林牧渔业	1.7	1.6	1.3	1.1
采掘业	3.1	4.0	5.1	4.1
建筑业	11.2	12.7	12.0	11.2
电煤水生产供应业	0.7	0.6	0.6	0.6
批发零售业	26.1	26.1	25.2	25.4
住宿餐饮业	12.5	11.6	11.9	13.0
社会服务业	13.3	10.0	9.5	10.9
金融/保险/房地产	0.3	0.5	0.5	0.7
交通运输、仓储通信业	5.0	4.9	4.6	4.2
卫生、体育和社会福利	0.6	0.7	0.7	0.8
教育、文化及广播电影电视	0.3	0.4	0.5	0.5
科研和技术服务	0.8	0.5	0.5	0.5
党政机关和社会团体	0.2	0.1	0.2	0.3
其他	5.7	9.1	9.6	9.1
合　计	100.0	100.0	100.0	100.0

资料来源：笔者根据卫计委全国流动人口监测2010～2013年数据计算得到。

农民工的技能状况并没有在行业分布中得以明显体现，低技能与高技能农民工的行业分布结构基本相近。相对来看，低技能农民工从事建筑业、制造业的比重要稍高一些，而高技能农民工从事社会服务业的比重相对略高。这一定程度上反映出教育、人力资本与技能的投入在劳动力市场中没有得到充分的回报，相关行业对于农民工教育水平的要求并不高。

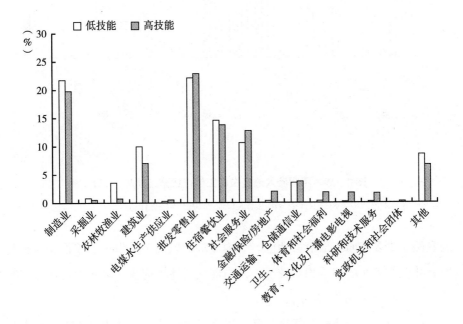

图 2 – 18　不同技能水平农民工的行业分布（2013 年）

资料来源：笔者根据卫计委全国流动人口监测 2013 年数据计算得到。

东部地区的农民工更多集中在制造业，而中西部地区农民工从事批发零售、住宿餐饮、社会服务等行业比重相对更高。制造业主要集中在东部沿海经济发达地区，对于农民工的需求更大，超过 35% 的东部地区农民工集中在制造业，而中西部农民工从事制造业的比重不到 10%，后者更多集中在批发零售、住宿餐饮等行业。不同地区农民工的行业分布与产业分布高度关联（见图 2 – 19）。

跨省流动的农民工主要从事制造业，这与农民工的流向有关，跨省流动

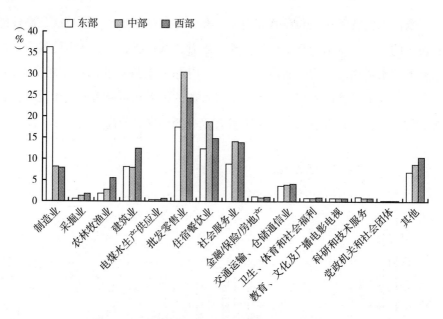

图 2 - 19　不同流入地区农民工的行业分布（2013 年）

资料来源：笔者根据卫计委全国流动人口监测 2013 年数据计算得到。

的农民工更多流向东部沿海地区。省内流动的农民工从事批发零售、住宿餐饮和社会服务业的比重相对较高，这与前文所述不同流入地区的行业分布特征基本一致（见图 2 - 20）。

就业模式与行业分布高度关联。以雇员的方式就业的农民工更多从事制造业，这一比例达到 35% 左右，以雇主和自营劳动者就业的农民工主要集中在批发零售和住宿餐饮业，两者累计占比达 60% 左右（见图 2 - 21）。根据国家统计局的调查结果，受雇就业农民工 65% 从事第二产业，自营就业农民工 80% 从事第三产业。因此，在就业模式上，卫计委监测结果与统计局调查基本一致。

以雇员方式就业的农民工行业分布更为稳定，大约 1/3 集中在制造业。以自营劳动者和雇主方式就业的农民工，主要集中在批发零售和住宿餐饮业，其中，批发零售业比重在波动中保持稳定，从事住宿餐饮的比重趋于提高，而从事制造业的比重出现下降。

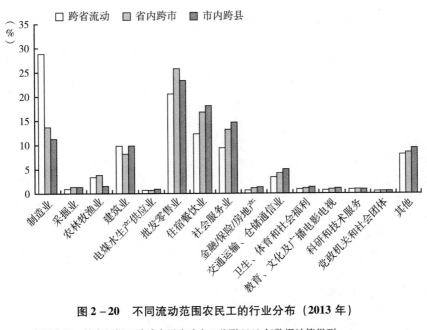

图 2-20 不同流动范围农民工的行业分布（2013 年）

资料来源：笔者根据卫计委全国流动人口监测 2013 年数据计算得到。

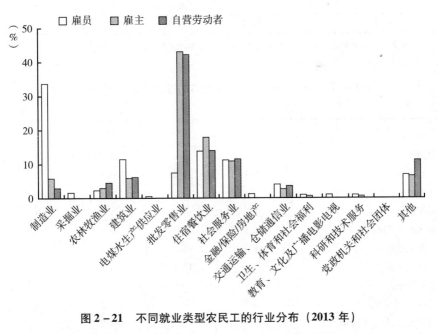

图 2-21 不同就业类型农民工的行业分布（2013 年）

资料来源：笔者根据卫计委全国流动人口监测 2013 年数据计算得到。

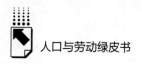

表 2−9 2010～2013 年农民工总体的行业变动：雇员

单位：%

行业 \ 年份	2010	2011	2012	2013
制造业	35.5	36.5	34.6	34.4
农林牧渔业	2.2	2.1	1.8	1.6
采掘业	1.8	2.0	2.3	2.2
建筑业	11.9	14.1	12.5	11.7
电煤水生产供应业	0.7	0.7	0.8	0.8
批发零售业	7.7	6.8	7.9	7.9
住宿餐饮业	13.7	11.5	12.9	14.1
社会服务业	12.9	11.3	10.9	11.4
金融/保险/房地产	0.9	1.2	1.3	1.4
交通运输、仓储通信业	4.4	4.4	4.4	4.0
卫生、体育和社会福利	0.9	1.0	1.0	1.2
教育、文化及广播电影电视	0.7	0.8	1.0	1.0
科研和技术服务	1.0	0.9	1.1	1.1
党政机关和社会团体	0.2	0.3	0.3	0.5
其他	5.4	6.6	7.3	6.9
合　计	100.0	100.0	100.0	100.0

资料来源：笔者根据卫计委全国流动人口监测 2010～2013 年数据计算得到。

表 2−10 2010～2013 年农民工总体的行业变动：自营劳动者

单位：%

行业 \ 年份	2010	2011	2012	2013
制造业	6.6	3.6	3.3	2.9
农林牧渔业	0.2	0.3	0.1	0.1
采掘业	1.0	4.5	6.7	4.7
建筑业	4.7	7.0	6.9	6.3
电煤水生产供应业	0.4	0.3	0.2	0.3
批发零售业	49.0	43.2	42.0	42.8
住宿餐饮业	17.4	13.8	13.4	14.6
社会服务业	10.5	10.9	9.8	11.9
金融/保险/房地产	0.3	0.1	0.2	0.1
交通运输、仓储通信业	3.1	4.7	4.7	3.8
卫生、体育和社会福利	0.3	0.4	0.4	0.4

行业＼年份	2010	2011	2012	2013
教育、文化及广播电影电视	0.5	0.2	0.2	0.3
科研和技术服务	0.7	0.4	0.3	0.3
党政机关和社会团体	0.0	0.0	0.0	0.0
其他	6.6	10.6	11.9	11.5
合　计	100.0	100.0	100.0	100.0

资料来源：笔者根据卫计委全国流动人口监测 2010～2013 年数据计算得到。

表 2-11　2010～2013 年农民工总体的行业变动：雇主

单位：%

行业＼年份	2010	2011	2012	2013
制造业	3.3	7.1	6.1	5.8
农林牧渔业	0.2	0.3	0.2	0.2
采掘业	3.2	2.7	3.2	2.9
建筑业	5.1	6.7	5.6	6.0
电煤水生产供应业	0.4	0.4	0.3	0.5
批发零售业	45.8	43.5	45.2	43.9
住宿餐饮业	14.9	16.5	17.1	18.3
社会服务业	12.6	11.3	10.2	11.0
金融/保险/房地产	0.1	0.2	0.4	0.3
交通运输、仓储通信业	4.7	3.0	2.9	2.7
卫生、体育和社会福利	0.4	0.5	0.5	0.8
教育、文化及广播电影电视	0.2	0.4	0.4	0.4
科研和技术服务	0.5	0.5	0.6	0.6
党政机关和社会团体	0.0	0.0	0.1	0.0
其他	3.3	6.9	7.4	6.6
合　计	100.0	100.0	100.0	100.0

资料来源：笔者根据卫计委全国流动人口监测 2010～2013 年数据计算得到。

3. 农民工职业分布与变动趋势

商业服务和生产运输是农民工主要的职业类型。大多数农民工从事低端或普通的工作（见图2-22），大约60%为商业服务人员，约30%属于生产运输工人和有关人员，专业技术人员不到5%，另外还有3.1%的人没有固定职业，就业灵活性很大。

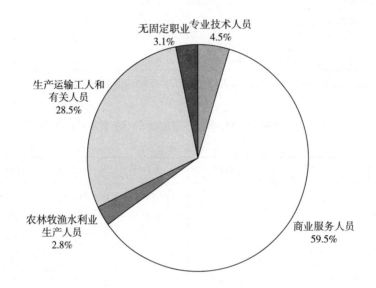

图2-22 农民工就业的职业分布（2013年）

资料来源：笔者根据卫计委全国流动人口监测2013年数据计算得到。

职业结构变动与行业结构变动存在关联性，总体上也呈现出稳定态势。相对来看，商业服务工作人员所占比重有所提高，从2010年的53%提高到2013年的59.5%，生产运输工人和有关人员所占比重也有所提高，接近30%，而专业技术人员比重出现下降（见图2-23）。

女性从事商业服务工作的比重相对更高，大约高出男性10个百分点，而男性从事生产和运输工作的比重超过30%，要高于女性（见图2-24）。不同性别的农民工职业结构变动趋势基本一致。男性农民工中商业服务人员比重从2010年的47.1%提高到2013年的约55%，女性相应地从61%提高到67%。男性农民工中生产运输工人和有关人员比重从26%提高到约33%，而女性农民工这一比例基本没有变化（见表2-12、表2-13）。

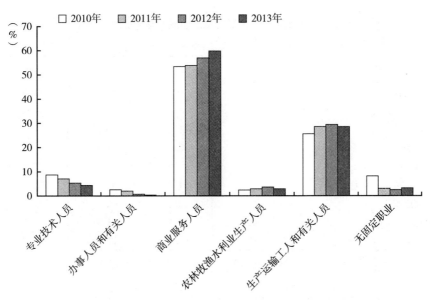

图2-23 2010~2013年农民工总体的职业结构变动情况

资料来源：笔者根据卫计委全国流动人口监测2010~2013年数据计算得到。

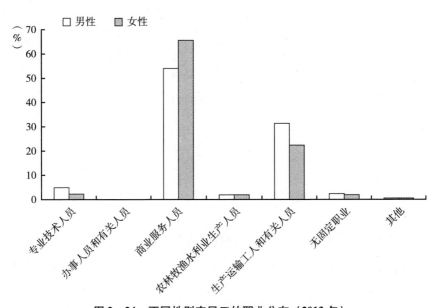

图2-24 不同性别农民工的职业分布（2013年）

资料来源：笔者根据卫计委全国流动人口监测2013年数据计算得到。

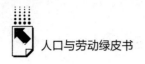

表2-12 2010~2013年农民工的职业结构变动：男性

单位：%

职 业 ＼ 年 份	2010	2011	2012	2013
国家与社会管理者	0.1	0.2	0.2	0.3
专业技术人员	11.8	8.6	6.6	5.6
办事人员和有关人员	2.3	1.6	0.5	0.4
商业服务工作人员	47.1	48.1	51.3	54.6
农林牧渔水利业生产人员	2.5	2.9	3.8	2.8
生产运输工人和有关人员	26.4	31.8	33.3	32.2
无固定职业	9.8	3.1	2.7	3.3
其他	0.0	3.7	1.8	0.9
合 计	100.0	100.0	100.0	100.0

资料来源：笔者根据卫计委历年全国流动人口监测2010~2013年数据计算得到。

表2-13 2010~2013年农民工的职业结构变动：女性

单位：%

职 业 ＼ 年 份	2010	2011	2012	2013
国家与社会管理者	0.1	0.2	0.2	0.2
专业技术工作人员	4.1	4.4	3.5	3.0
办事人员和有关人员	2.6	2.7	0.9	0.8
商业服务人员	61.4	61.7	65.2	66.5
农林牧渔水利业生产人员	2.0	2.9	3.5	2.8
生产运输工人和有关人员	24.0	22.7	23.5	23.0
无固定职业	5.8	1.9	1.7	2.7
其他	0.0	3.6	1.6	1.0
合 计	100.0	100.0	100.0	100.0

资料来源：笔者根据卫计委全国流动人口监测2010~2013年数据计算得到。

相对来看，青年农民工中生产运输工人和有关人员、专业技术人员的比重要高于老一代农民工，而老一代农民工中商业服务人员所占比重要略高一些（见图2-25）。

低技能农民工中生产运输工人和有关人员的比重相对更高，而专业技术人员对于技能要求更为明显，高技能农民工的比重明显更高（见图2-26）。

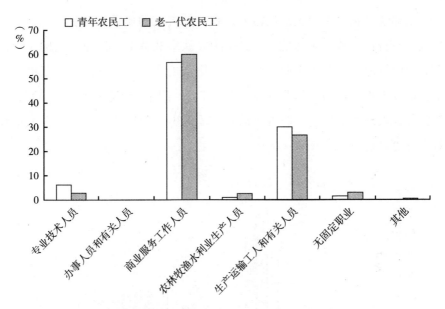

图 2-25 青年农民工和老一代农民工的职业分布（2013 年）

资料来源：笔者根据卫计委全国流动人口监测 2013 年数据计算得到。

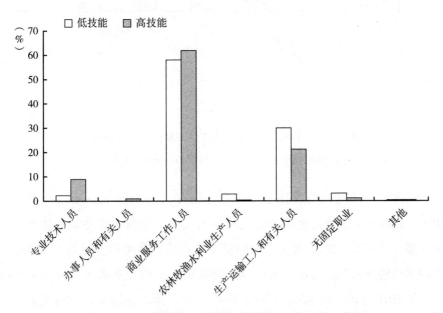

图 2-26 不同技能水平农民工的职业分布（2013 年）

资料来源：笔者根据卫计委全国流动人口监测 2013 年数据计算得到。

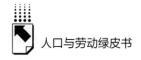
东部地区农民工中生产运输工人和有关人员的比重相对更高，这与其行业分布特征一致，东部地区农民工主要从事制造业，产业工人的岗位更多。中西部地区农民工中商业服务人员比重更高，这一地区农民工更多集中在批发零售和住宿餐饮业（见图2－27）。不同流动范围农民工的职业分布特征也表现类似情况，跨省流动的农民工中生产运输工人和有关人员相对占有更高比重（见图2－28）。

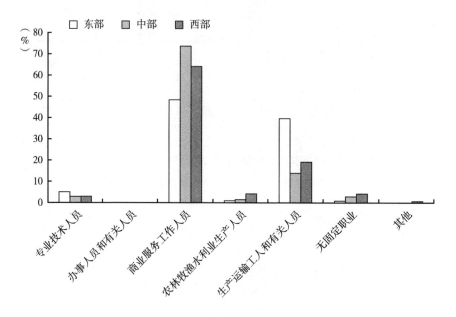

图2－27　不同流入地区农民工的职业分布（2013年）

资料来源：笔者根据卫计委全国流动人口监测2013年数据计算得到。

以雇员方式就业的农民工中生产运输工人和有关人员所占比重超过40%，而以雇主或自营劳动者方式就业的农民工中商业服务人员比重高达80%多（见图2－29）。可见，不同就业方式的职业类型差异很大。从近几年的变动趋势来看，以雇员方式就业的农民工中商业服务人员比重明显提高，从2010年的34%提高到2013年的43%，生产运输工人和有关人员比重基本保持稳定。以雇主和自营劳动方式就业的农民工中从事商业服务工作的比重也在波动中有所提高（见表2－14至表2－16）。

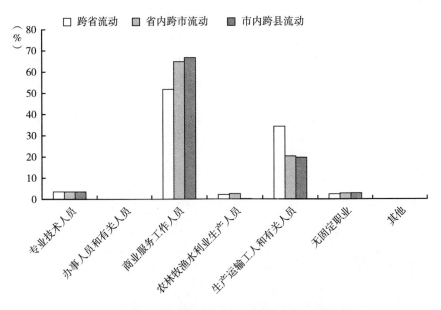

图 2 - 28 不同流动范围农民工的职业分布（2013 年）

资料来源：笔者根据卫计委全国流动人口监测 2013 年数据计算得到。

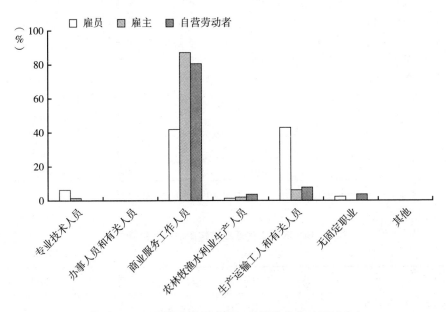

图 2 - 29 不同就业类型农民工的职业分布（2013 年）

资料来源：笔者根据卫计委全国流动人口监测 2013 年数据计算得到。

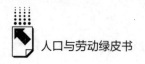

表2-14　农民工的职业结构变动：雇员

单位：%

职业　　年份	2010	2011	2012	2013
国家与社会管理者	0.1	0.3	0.3	0.4
专业技术人员	11.3	10.0	8.0	6.9
办事人员和有关人员	3.9	3.6	1.1	1.0
商业服务工作人员	34.4	33.5	40.3	42.5
农林牧渔水利业生产人员	1.8	1.9	2.2	2.0
生产运输工人和有关人员	40.8	44.5	44.5	43.6
无固定职业	7.7	2.8	2.0	2.9
其他	0.0	3.5	1.6	0.9
合　计	100.0	100.0	100.0	100.0

资料来源：笔者根据卫计委全国流动人口监测2010~2013年数据计算得到。

表2-15　农民工的职业结构变动：雇主

单位：%

职业　　年份	2010	2011	2012	2013
国家与社会管理者	0.0	0.6	0.4	0.2
专业技术人员	5.1	4.2	2.2	1.7
办事人员和有关人员	0.5	0.4	0.1	0.1
商业服务工作人员	89.3	81.1	85.2	87.9
农林牧渔水利业生产人员	0.7	2.6	3.0	2.5
生产运输工人和有关人员	2.4	8.5	7.6	6.8
无固定职业	2.1	0.5	0.6	0.3
其他	0.0	2.2	0.9	0.6
合　计	100.0	100.0	100.0	100.0

资料来源：笔者根据卫计委全国流动人口监测2010~2013年数据计算得到。

表2-16　农民工的职业结构变动：自营劳动者

单位：%

职业　　年份	2010	2011	2012	2013
国家与社会管理者	0.0	0.1	0.0	0.1
专业技术人员	4.8	3.0	1.5	1.2
办事人员和有关人员	0.3	0.1	0.0	0.0

续表

职 业　年 份	2010	2011	2012	2013
商业服务工作人员	77.7	76.5	77.5	81.7
农林牧渔水利业生产人员	3.4	4.5	6.5	4.2
生产运输工人和有关人员	4.1	8.8	9.1	7.8
无固定职业	9.8	2.8	3.3	4.1
其他	0.0	4.2	2.2	1.0
合　计	100.0	100.0	100.0	100.0

资料来源：笔者根据卫计委全国流动人口监测2010～2013年数据计算得到。

（三）小结

总的来看，流动人口监测数据显示，农民工主要集中在批发零售、制造、住宿餐饮以及社会服务业。其中，批发零售业和制造业是农民工最大的就业部门，其次是住宿餐饮业和社会服务业，建筑业比重较低。国家统计局的调查显示，制造业和建筑业是农民工最大的两个就业部门，其次是商业服务业、批发零售业等。两者的偏差主要由于调查方式和抽样范围不同所致。

农民工群体内部的就业结构存在一定差异。对比来看，女性农民工从事批发零售、住宿餐饮和商业服务业的比重相对更高，而男性从事建筑业的比重更高。青年农民工从事制造、住宿餐饮以及社会服务业的比重更高，而老一代农民工从事建筑和批发零售业的比重更高。农民工的技能状况并没有在行业分布中得以明显体现，低技能与高技能农民工的行业结构基本相近，反映出农民工的教育回报率偏低。

东部地区的农民工更多集中在制造业，中西部地区农民工从事批发零售、住宿餐饮、社会服务业的比重更高。跨省流动的农民工更多流向东部沿海地区，因此就业也主要集中在制造业。以雇员的方式就业的农民工更多从事制造业，以雇主和自营劳动者方式就业的农民工主要集中在批发零售业和住宿餐饮业。商业服务和生产运输是农民工主要的职业类型，对比来看，女性从事商业服务工作的比重相对更高，男性从事生产和运输工作的比重更

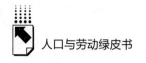

高，低技能农民工中生产和运输工人的比重相对更高。

2010～2013 年，农民工的行业结构比较稳定，制造业、批发零售业、住宿餐饮业、社会服务业始终是农民工主要的就业部门。对比来看，批发零售业的比重略微下降，住宿餐饮业比重有所提高，制造业比重非常稳定。其中，女性农民工从事制造业比重表现出下降趋势，而住宿餐饮业比重在波动中有所提高。农民工的职业结构也保持平稳，相对来看，商业服务人员所占比重有所提高，而专业技术人员比重出现下降。

三　基本结论与政策含义讨论

经过 30 多年的发展变化，我国人口流动模式进入转型期。人口流动逐渐成为社会常态。人口流动的模式越来越多元化，对我国原有的社会体制构成全方位的挑战，已有的教育、医疗、社保、养老、住房等制度均面临改革压力。从流动原因来看，人口流动的社会动因和发展动因增多。务工经商者所占比例正在缓慢下降。随着劳动力市场自由性的增强，劳动力流动的范围不断扩大，流动人口中远距离流动比例攀升。过去 20 年，我国人口流动的模式已经从"单枪匹马闯世界"进入"家庭化"的阶段，且家庭结构已经由"核心化"向"扩展化"转变。经过 30 年的变迁，受教育水平较高的流动人口不断增多。流动人口早已不仅仅是农民工群体，在流动人口中，已经活跃着一大批接受过本科甚至研究生教育的高等教育毕业生。高学历的流动人口不同于传统意义上的农民工，他们的自我意识更强，社会认同、社会融入等方面的需求更多。户籍制度等政策在合理控制城市发展的同时，也影响了他们的城市融入以及相关社会保障与福利的获得。政府有选择地改革户籍制度以及提供均等化的公共服务不仅是构建和谐社会的重要手段，也是社会公平、公正的体现。

全国流动人口监测抽样调查的统计结果与国家统计局农民工监测调查结果一致，农民工工资总体呈现快速增长趋势，年均增长率为 15.5%。随着农民工工资水平的逐步上升，制造业、建筑业等传统劳动密集型行业的竞争优势会逐步削弱，农民工在批发零售、住宿餐饮和社会服务业就业呈现稳中有升的特征，商业服务和生产运输是农民工主要的职业类型。可以预见的是，未来"十三五"期间，随着产业结构调整和经济转型加快，农民工就业结构将会进一步发生变化。

总的来说，"十三五"期间人口流动与农民工就业的政策调整也面临着新的挑战。一方面，对于未竟的改革内容，需要继续加大力度，深化改革；另一方面，在市场机制在劳动力流动过程中发挥日益重要作用的情况下，出台一些新的政策措施来促进人口的流动和农民工就业显得尤为迫切。政策含义包括以下几方面。

（一）应对流动人口问题的政策设计与原则

流动人口问题是"十三五"期间长期性、全局性的重大问题，既要从战略上高度重视，又要从战术上细致、妥善地加以有效解决。

1. 遵循"全局观"和"整体观"的原则，加强顶层设计

关于流动人口的政策不是孤立存在的，而是涉及社会、经济发展的方方面面。不仅城镇化需要加强制度顶层设计，解决流动人口问题也需要从"全局观"和"整体观"出发，统筹人口管理、土地管理、财税金融、城镇住房、行政管理、生态环境等重要领域的体制机制改革。逐步消除城乡区域间户籍壁垒，促进人口有序流动；实施最严格的耕地保护制度和节约用地制度，提高土地利用效率；建立可持续的城市公共财政体系和投融资机制，为实现城镇基本公共服务常住人口全覆盖和城镇基础设施建设提供资金保障。建立市场配置和政府保障相结合的住房制度，有效保障城镇常住人口的合理住房需求；优化行政层级和行政区划设置，加强生态文明制度建设，形成节约资源和保护环境的空间格局和产业结构。

2. 寻找关键突破口，建立适应人口流动的财政保障机制

目前我国尚未建立起适应人口流动的公共服务配置资金的财政保障机制，这是公共服务配置问题的关键。目前财政体制采用的是分税制，按照事权与财权相统一的原则划分各级政府事权和财权。因此，要建立财政转移支

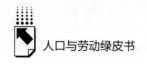

付同农业转移人口市民化挂钩机制，包括劳动报酬、劳动保护、子女教育、医疗服务、社会保障等基本公共服务和公共产品要逐步由户籍人口向常住人口全覆盖。一是健全统一规范透明的财政转移支付制度，优化转移支付结构，提高转移支付资金使用效益。结合东中西部财政状况确定差别补助政策，适当调整各级政府的收入划分和支出责任，清理、整合、规范专项转移支付项目。二是研究建立财政转移支付同农业转移人口市民化挂钩机制，合理界定中央与地方的事权和支出责任，优化收入划分和财力配置。三是中央财政应该在民生领域承担起更多责任。只有提高中央财政在教育、养老、医疗等基本公共服务领域所承担的经费比重，通过财税体制改革把利益关系理顺，地方政府才有动力、有财力来推动流动人口市民化。

3. 提升流动人口家庭福利水平，建立普惠性的老人和儿童福利制度

提高流动人口家庭福利水平是提高流动人口在流入地社会融入水平的关键，也是流动人口从"半城市化"状态转变为"完全城市化"状态的基础。家庭中最受福利政策影响的人群是儿童和老人，由于我国尚未建立普惠性的福利制度，以户籍人口为基础的区域福利标准差异很大，流动儿童和老人离开户籍所在地直接影响其就学、就医等基本公共福利的享受。根据第六次人口普查数据计算，当前全国有3600万儿童随父母一起进城成为流动儿童，全国流动老年人口已达到900万人。仅就"平等接受教育"来说，虽然流动儿童在流入地就学状况已经得到较大改善，但部分地方政府的观念仍然没有转变过来，一些超大城市的流动儿童就学状况甚至还在倒退。流动人口集中的流入地应当做好接纳更多的儿童接受教育的准备，通过制度建设，努力扩大供给，弥补教育的巨大供需缺口。同时，还应关注流动老年人口增加的趋势，流动老人融入城市比年轻人存在更大的困难，应当尽快推动养老保险、医疗保险的跨区域接续等相关制度建设。

4. 应对多元化的人口流动，优先促进新生代流动人口融入城市

随着时间的推移，人口流动的模式和群体逐渐多元化，1980年以后出生的新生代流动人口逐步成为主体。相较于老一辈的流动人口，新生代流动人口思想活跃、精力充沛、社会影响力较上一代大，提高收入、融入城市的

愿望更为迫切。如何针对新生代流动人口的特征，制定相应的措施解决其所面临的关键问题，成为各部门相关工作的重点之一。新生代流动人口往往毫无务农经验和农村生活经历，从学校毕业后就直接外出务工了，他们绝大多数已不可能再回到农村生活，他们融入城市生活的愿望，比任何时候的流动人口都更加迫切。因此，新生代流动人口将成为今后新型城镇化建设的中坚力量、户籍制度改革的目标人群。户籍制度要进行实质性的改革，给新生代流动人口带来实惠。

（二）全面彻底地进行户籍制度改革

随着社会经济的不断发展，对户籍制度进行全面改革的需求和呼声日益增强，从改革的可行性看，彻底改革计划经济时期形成的户籍制度体系条件业已成熟。

首先，得益于近年来我国经济的快速发展，公共财政的能力已经大幅提高，为推进户籍制度改革积累了物质基础。财政收入的增长已经连续多年大大快于 GDP 的增幅，财政收入总量也达到相当可观的数量。而且，社会对以民生为主体的公共财政理念也取得广泛共识，在这种情况下，通过加大对社会保障体系的投入，缩小不同人群之间与户籍关联的福利差异，从财力上看是可行的。

其次，通过最近若干年的努力，与市场经济相兼容的社会保障制度的基本框架已经建立。虽然主要的社会保险在城乡之间尚表现出覆盖和水平上的差异，但这些制度的建立，尤其在农村地区的拓展，为建立统一的社会保障制度打下了基础。

再次，随着人口和劳动力的流动，城乡人口比例已经发生根本转变，城市化水平已经超过 50%。尤其是具有生产性的劳动年龄人口，向城市转移已经比较充分，这意味着城乡统筹的难度已不如以前那么大。

最后，区域经济关系在近年来也发生了明显的改善。中西部地区近年来表现出快速发展的势头，2003 年以来，以人均 GDP 度量的区域差距程度，总体上逐步缩小。这也意味着，目前推出深化户籍制度改革的举措，可能不

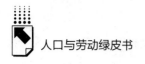

会像以前区域经济差距较大的时期，使不同地区之间的人口流动形势和区域经济关系发生剧烈的变化。

户籍制度改革的核心是剥离户籍和福利之间的关联，回归人口管理的职能。从操作层面看，需要对目前分割的社会保险制度和社会救助体系实施一体化改革，真正做到基本公共服务的常住人口全覆盖。其基本思路是，在养老、医疗、低保等基本制度上提供低水平、广覆盖的公共支持。深化户籍制度改革需要满足以下几个方面的要求：①消除福利体系在区域间的差异。这就要求中央政府承担公民基本福利的义务，由中央财政提供最基本的社会保障项目的资金来源。唯有如此，才能彻底消除人口在区域间流动的"寻租动机"，破除来自地方政府对户籍制度改革的阻力。②把个人福利水平与缴费挂钩，在基本福利制度保基本的基础上，将个人的更高福利水平与个人缴费水平挂钩。这样，不仅可以彻底剥离户籍的福利含义，也可以使户籍制度改革获得多数群体的支持。③对现有的社会保障项目进行改革和整合，消除福利制度碎片化对户籍制度改革的影响。④从改革方式上看，根据中央"全面推进户籍制度改革的意见"全面整体推进户籍制度改革。户籍制度改革如果仅仅停留在地方层面，就永远难以消除其对劳动力流动的阻碍。户籍制度改革应遵循我国改革开放以来一直尝试的渐进改革原则。然而，户籍制度涉及的内容、对象和性质，决定了渐进改革的方式难以从根本上满足现阶段的发展需求。户籍制度改革应该进入系统设计、全面改革、统筹城乡、覆盖全民的阶段，也需要一次自上而下的顶层设计：唯有摆脱部门利益、地方利益的改革实施方案，才能真正逐渐消除户籍对社会经济发展产生的消极影响。

（三）增强农村转移劳动力人力资本积累，应对"十三五"时期的就业挑战

本文研究结论显示，农民工群体中仍然以初中毕业生为主，人力资本积累和技能水平较低，难以适应产业结构调整后劳动力市场对人力资本的需求。更好地应对未来农民工就业结构转变所面临的挑战和问题，尤其是工资

趋同阻碍产业向高端升级。就业结构的调整能集中反映劳动生产效率的提高，使其不断优化的根本办法就是不断提高农民工群体的人力资本。鉴于此，针对农民工群体不断有新成长的劳动力加入，当地政府应创造良好的制度条件和激励机制，使新成长劳动力在进入劳动力市场之前，尽可能地接受更多普通教育和职业教育，为产业升级所需的人力资本做准备，这是政策应对的一个关键点。

农村转移劳动力是劳动力供给的主要来源，现代化建设对人力资本特别是农民工的人力资本提出更高的要求。农民工的教育水平，决定了我国劳动力人力资本的总体水平，也决定了劳动生产力的总体水平，甚至决定了我国经济增长的可持续性。由于农村处于义务教育年龄的人口比重大，因此，政府应深化农村教育尤其是中西部地区的农村教育，对教育公共投入应该有较大倾斜，这样才能增加农民工人力资本的有效供给。

在未来10~20年内，随着经济发展和劳动力市场形势的变化，农村劳动力转移的速度将显著放缓。然而，劳动力成本的不断提升必然将导致经济结构的更新、升级，农村转移劳动力将越来越多地在资本密集、技术密集和高附加值的行业就业。在这种形势下，推动转移劳动力数量增加不应成为未来政府部门的工作重点，政府应注重人力资源开发，尤其需要通过更有效地组织实施培训计划，使农村劳动力更好地适应经济转型的需要。

（四）完善城市化政策，推进农业转移人口市民化的制度保障

推动农村劳动力流动就业，帮助中国实现了资源重新配置，为改革开放时期的高速经济增长做出巨大的贡献。然而，在劳动力无限供给、公共服务资源短缺的条件下，农业转移人口与城镇户籍人口存在着就业机会和社会福利供给上的竞争关系，使得城镇化不彻底，妨碍了农民工发挥其作为稳定劳动力供给和正常消费者的作用。当刘易斯转折点到来时，单纯依靠廉价劳动力和高储蓄率的人口红利逐渐衰减，迫切需要创造新的经济增长源泉。而中央和地方政府看到了城镇化这个潜在贡献，产生了进一步深化户籍制度改革即推进农业转移人口市民化的强烈动机，并在中央政府、地方政府、转移劳

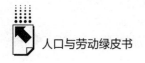

动力、城市居民之间形成激励相容，市民化在更广的范围内和更深的层次上展开。

归根结底，对于不同地区来说，政府完全可以也应该从不同的动机出发，推动农业专业人口市民化，如沿海地区的动机是吸引和留住人力资源，中西部地区的动机是挖掘内需潜力，急于赶超的地区的动机则是打破经济发展的资源（土地）瓶颈。激励不同，自然会形成做法各异的制度设计和推进方式，进而形成市民化多样性。因此，多样性是这个以分权为特点的改革的必然路径，甚至是其优势所在。允许改革的多样性，是确保改革有动机、有动力，从而有更大成功概率的关键。然而，即使许多最受关注和认可的地方实践中，实际也存在其局限性。这些存在的问题不仅影响未来城市化是否能够达到预期的效果，还涉及地方政府与中央政府之间的共识从而决定改革的合法性。换句话说，推动户籍制度改革，地方政府需要激励，同时也需要获得合法性。

首先，在城镇化加快的过程中不突破耕地保有量的红线，是中央与地方政府改革激励相容的关键点。例如，重庆的地票交易机制，最终获得成功和得到认可的关键，在于置换出来的土地是否真正得到复垦。在新农村建设中，也许能听到许多关于合并村庄集中建房，以便置换出原村址和宅基地复垦为农田的说法，而在现实中，大量的例子表明这种复垦并未发生。

其次，如何在推进农业转移人口市民化的同时，建立起相应的劳动力市场制度和社会保障体系，防止城市病，是中央政府和输入地政府更加关心的。随着刘易斯转折点的到来，城市对劳动力的需求持续扩大，加上农业生产方式的现代化，农业不再是剩余劳动力的蓄水池，实际上已经转移进城就业的农民不再可能回流。但是，这是就整体趋势而言，具体到农民个人，还是存在进城风险的，要从城市社会保障体系建设和进城农民的承包地与宅基地的处置方式等方面加以统筹考虑，防止出现新移民的贫困和边缘化现象。

最后，如何把地方政府的改革举措与城镇化全局相协调。重庆户籍制度改革的受益者主要是本市户籍的农民，广东省实行的"农民工积分制入户城镇"办法，也只是针对拥有本省户籍的农业转移人口，改革还没有惠及外地农民工。而就中国总体而言，户籍制度改革急需破题的是如何实现跨省流动农民工及其家属的市民化。目前在 1.45 亿跨乡镇流动的农民工，以及几千万随迁家属中，在城镇居住和工作的占 95% 以上，在县级城市的占 80% 以上，跨出省界的占 51%。因此，如果全国各地都采取局限于本省户籍人口的改革模式，则意味着流入沿海地区务工的中西部农民工，被户籍制度改革所忽略。

因此，在允许和鼓励地方政府从自身实际需求出发先行先试、大胆探索之外，中央政府应及时总结各地经验和教训，结合国际经验，对基本公共服务内涵和覆盖水平、进城农民承包地和宅基地处置办法、地方性改革与整体改革的衔接性等提出指导性意见，以规范地推进户籍制度改革。增加农村劳动力的非农工作时间，不仅将提高他们的有效劳动供给水平，也会使农村转移劳动力的就业质量得以提升。目前，不完善的城市化进程是制约农村转移劳动力在非农部门劳动时间提高的主要因素。社会保障、公共服务的均等化和一体化将会刺激农村劳动力有效劳动供给时间的增加，并提升劳动力转移的质量。

参考文献

Cai Fang, Du Yang (2011). Wage Increases, Wage Convergence, and the Lewis Turning Point in China. *China Economic Review*, 22 (4), 601–610.

Zhang X., Yang J., & Wang S. (2011). China has Reached the Lewis Turning Point. *China Economic Review*, 22 (4), 542–554.

李永浮、鲁奇、周成虎：《2010 年北京市流动人口预测》，《地理研究》2006 年第 1 期。

李晓梅：《城市流动人口预测模型探讨》，《南京人口管理干部学院学报》2006 年第 4 期。

马小红、侯亚非：《北京市未来 50 年人口变动趋势预测研究》，《市场与人口分析》2004 年第 2 期。

董光器：《对 2020 年北京市人口规模预测的探讨》，《北京规划建设》2004 年第

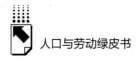
4 期。

亓昕：《北京未来流动人口预测方法探讨及发展趋势》，《人口与经济》1999 年第 3 期。

蔡昉、都阳、王美艳：《户籍制度与劳动力市场保护》，《经济研究》2001 年第 12 期。

蔡昉：《中国人口与劳动问题报告 2007——刘易斯转折点及其政策挑战》，社会科学文献出版社，2007。

蔡昉：《人口转变、人口红利与刘易斯转折点》，《经济研究》2010 年第 4 期。

蔡昉：《城市化与农民工的贡献——后危机时期中国经济增长潜力的思考》，《中国人口科学》2010 年第 1 期。

蔡昉：《2011 年中国人口与劳动问题报告——"十二五"时期挑战：人口、就业和收入分配》，社会科学文献出版社，2011。

第三章
就业工作的成就、经验与面临的挑战

高文书　屈小博　程杰

"十二五"时期①，中国的就业规模持续扩大，就业结构继续优化，就业质量明显改善，劳动者素质不断提升，劳动力市场制度不断完善，就业工作取得明显成效。"十三五"时期，中国的就业总量矛盾在一定程度上依然存在，结构性问题将成为就业的主要矛盾，工资上涨压力加大，企业劳动力需求减弱，劳动力素质与市场需求不匹配矛盾日益突出，劳动力市场进入矛盾多发期，全球化和信息化加剧就业两极化，就业工作面临较大挑战。

"十三五"时期是中国从中等收入阶段迈向高收入阶段的关键时期，也是中国经济从高速增长向中高速发展的转变时期。促进就业，实现充分就业，是中国充分发挥劳动力资源优势成功跨越中等收入陷阱的必然要求，是防范经济减速和结构升级带来就业冲击的根本对策，是全面建成小康社会和构建社会主义和谐社会的重要基础。总结"十二五"时期就业工作的成就和经验，认清未来的形势和挑战，对做好"十三五"时期就业工作具有重要意义。

一　"十二五"就业的主要成就

"十二五"时期，中国经济实现了持续快速增长，但经济增长速度不断下降。国内生产总值增速，从2011年的9.5%下降到2012年和2013年的

---

① "十二五"时期是指2011～2015年，但因目前刚进入"十二五"最后一年即2015年，所以本文只能用"十二五"前四年即2011～2014年的数据，来描述"十二五"时期的就业情况。

7.7%，2014 年则进一步下降到 7.4%①。但同时，中国城乡就业规模和城镇新增就业仍然持续增长，就业结构、就业质量、劳动力市场制度和劳动者素质等方面，也都有明显的改善。"十二五"时期就业工作的成就，是在经济增长减速的背景下取得的，来之不易。

（一）就业规模持续扩大

一是就业人员不断增加。城乡就业人员 2014 年末达到 7.73 亿，比"十一五"末期即 2010 年（7.61 亿）增加 1.6%，比"十五"末期即 2005 年（7.46 亿）增加 3.6%。城镇就业人员数量稳步提高，从 2011 年的 3.59 亿，增长到 2014 年的 3.93 亿。"十二五"前四年即 2011~2014 年，城镇就业平均每年为 3.77 亿人，比"十一五"时期的 3.21 亿人和"十五"时期的 2.62 亿人，分别提高 17.5% 和 43.9%（见表 3-1）。

表 3-1 "十二五"就业规模及其变化

单位：万人

年份	城乡就业		城镇就业	
	数量	比上年增加	数量	比上年增加
2011	76420	315	35914	1227
2012	76704	284	37102	1188
2013	76977	273	38240	1138
2014	77253	276	39310	1070

资料来源：2013 年及之前数据，来自相关年份《中国统计年鉴》；2014 年数据，来自国家统计局《2014 年国民经济和社会发展统计公报》，http://www.stats.gov.cn/tjsj/zxfb/201402/t20140224_514970.html，2015 年 2 月 26 日。

二是城镇新增就业屡创新高。2011 年城镇新增就业人数为 1221 万，到 2013 年增加到 1310 万，2014 年继续提高到 1322 万。"十二五"前四年，城

① 除特别注明外，本文 2014 年数据来自国家统计局《2014 年国民经济和社会发展统计公报》，http://www.stats.gov.cn/tjsj/zxfb/201402/t20140224_514970.html，2015 年 2 月 26 日；其他年份数据来自国家统计局"国家数据库"，http://data.stats.gov.cn/workspace/index?m=hgnd，2015 年 4 月 1 日。

镇新增就业人数累计达到 5119 万，已经超额完成"十二五"规划目标（4500 万人）。从"十二五"前四年来看，城镇新增就业平均每年为 1280 万人，比"十一五"时期的 1154 万人高出 10.9%（见图 3 - 1）。

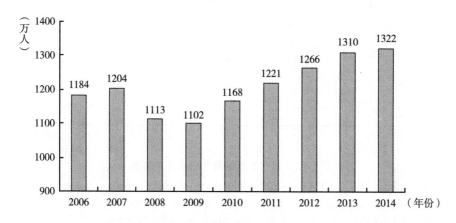

图 3 - 1 城镇新增就业人数

资料来源：笔者根据国家人力资源和社会保障部历年《人力资源和社会保障事业发展统计公报》整理，http：//www. mohrss. gov. cn/SYrlzyhshbzb/zwgk/szrs/，2015 年 4 月 3 日。

三是农村劳动力转移就业持续增加。全国农民工总量从 2011 年的 2.53 亿人，增加到 2013 年的 2.69 亿人，2014 年达到 2.74 亿人。"十二五"前四年，全国农民工总量增加了 2100 万人，完成"十二五"规划目标（4000 万人）的 52.5%。外出农民工总量从 2011 年的 1.59 亿人，增长到 2013 年的 1.66 亿人和 2014 年的 1.68 亿人（见图 3 - 2）。

就业规模的扩大，使得失业率保持在较低水平。2011 ~ 2014 年，城镇登记失业率一直保持在 4.1%，远低于"十二五"规划提出的 5.0% 的目标，也低于"十一五"时期的 4.14%，与"十五"时期的 4.06% 基本持平。城镇调查失业率也处于较低水平，国家统计局的数据表明，2014 年城镇调查失业率为 5.1% 左右①。

---

① 中国新闻网，《统计局：2014 年城镇调查失业率稳定在 5.1% 左右》，http：//www. chinanews. com/gn/2015/01 - 20/6985648. shtml，2015 年 1 月 20 日。

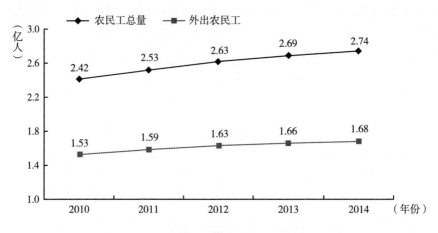

图3-2　农民工总量及外出农民工数量

资料来源：2013年及之前的数据，来自国家统计局《2013年全国农民工监测调查报告》，http：//www.stats.gov.cn/tjsj/zxfb/201405/t20140512_551585.html，2014年5月12日；2014年的数据，来自国家统计局《2014年国民经济和社会发展统计公报》，http：//www.stats.gov.cn/tjsj/zxfb/201402/t20140224_514970.html，2015年2月26日。

"十二五"时期的就业增长，是在经济增长速度相对下降的背景下取得的，成就来之不易。"十二五"前四年，经济增长率平均为8.0%，显著低于"十一五"（11.2%）和"十五"时期（9.8%）的经济增长速度。这也说明，"十二五"时期中国经济增长创造就业的能力显著增强。计算表明，经济每增长一个百分点带动的城镇新增就业量是逐年增长的，从2011年的129万人，提高到2012年的164万人和2014年的179万人。

（二）就业结构继续优化

一是就业在三次产业间的分布不断优化，第三产业就业占比快速提高。全部就业中，第一产业就业人员占比从2010年的36.7%，下降到2014年的30.0%；第三产业就业人员占比，从2010年的34.6%，提高到2014年的40.6%。2011年，第三产业就业比重（35.7%）首次超过第一产业（34.8%），成为三次产业中最主要的就业部门。而且，第三产业就业比重在快速提高，"十二五"的前四年平均每年提高约1.5个百分点（见图3-3）。

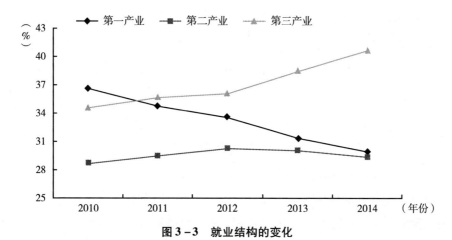

图3-3 就业结构的变化

资料来源：2014年就业结构数据国家统计局尚未发布，笔者利用国家统计局《2014年国民经济和社会发展统计公报》中三次产业增加值数据及2013年三次产业劳动生产率推算得到。

二是就业结构与产业结构的失衡状况有所改善。第一产业、第二产业和第三产业的比较劳动生产率（即增加值占比/就业占比），由2010年的0.26∶1.61∶1.28，调整到2013年的0.30∶1.45∶1.22，显示出三次产业的劳动生产率在逐渐趋同（见表3-2）。

表3-2 2010～2014年三次产业增加值与就业占比情况

单位：%

年份	增加值占比			就业占比			比较劳动生产率		
	第一产业	第二产业	第三产业	第一产业	第二产业	第三产业	第一产业	第二产业	第三产业
2010	9.6	46.2	44.2	36.7	28.7	34.6	0.26	1.61	1.28
2011	9.5	46.1	44.3	34.8	29.5	35.7	0.27	1.56	1.24
2012	9.5	45.0	45.5	33.6	30.3	36.1	0.28	1.49	1.26
2013	9.4	43.7	46.9	31.4	30.1	38.5	0.30	1.45	1.22
2014	9.2	42.6	48.2	30.0	29.4	40.6	0.31	1.45	1.19

资料来源：2014年三次产业的就业数据，笔者根据国家统计局《2014年国民经济和社会发展统计公报》中三次产业增加值数据，及2013年三次产业劳动生产率推算得到。

（三）就业质量明显改善

一是劳动者工资水平不断提高。2013年，城镇单位就业人员平均工资达到 51483 元，扣除物价因素，比"十一五"末期即 2010 年提高 27.2%，比"十五"末期即 2005 年提高 122.8%。"十二五"前四年，每年都有 23 个以上的省份上调最低工资标准，调整幅度达到 20% 左右。2014 年底，月最低工资标准最高已经达到 1820 元（上海市），小时最低工资标准最高已达 17 元（上海市）。2015 年 4 月 1 日，上海市进一步将月最低工资标准提高到 2020 元，小时最低工资标准提高到 18 元①。

二是社会保险覆盖面不断扩大。"十二五"以来，参加各项社会保险的人员快速增加。2014 年底，参加城镇职工基本养老保险、基本医疗保险、失业保险、工伤保险和生育保险者相当于全部城镇就业人数的比例，分别为 86.8%、72.1%、43.4%、52.5% 和 43.3%，比"十一五"末期即 2010 年分别提高 12.7 个、3.7 个、4.8 个、5.9 个和 7.7 个百分点，比"十五"末期即 2005 年分别提高 25.2 个、23.5 个、5.9 个、22.6 个和 24.2 个百分点（见表 3 - 3）。

表 3 - 3 参加各项社会保险人数及其与城镇就业人数的比较

单位：万人，%

年份	参加各项社会保险人数					城镇就业人数	参保人数占城镇就业人数比例				
	基本养老保险	基本医疗保险	失业保险	工伤保险	生育保险		基本养老保险	基本医疗保险	失业保险	工伤保险	生育保险
2005	17488	13783	10648	8478	5409	28389	61.6	48.6	37.5	29.9	19.1
2010	25707	23735	13376	16161	12336	34687	74.1	68.4	38.6	46.6	35.6
2011	28391	25227	14317	17696	13892	35914	79.1	70.2	39.9	49.3	38.7
2012	30427	26486	15225	19010	15429	37102	82.0	71.4	41.0	51.2	41.6
2013	32218	27443	16417	19917	16392	38240	84.3	71.8	42.9	52.1	42.9
2014	34115	28325	17043	20621	17035	39310	86.8	72.1	43.4	52.5	43.3

资料来源：2013 年及之前数据，来自相关年份《中国统计年鉴》；2014 年数据，来自国家统计局《2014 年国民经济和社会发展统计公报》，http：//www.stats.gov.cn/tjsj/zxfb/201402/t20140224_514970.html，2015 年 2 月 26 日。

---

① 新华网，《上海月最低工资标准从 1820 元提至 2020 元》，http：//www.chinajob.gov.cn/LabourRelations/content/2015 - 04/03/content_ 1055411.htm，2015 年 4 月 3 日。

（四）劳动力市场制度不断完善

2011 年 7 月 1 日，《社会保险法》正式实施。2012 年 12 月，全国人大常委会发布了《关于修改〈中华人民共和国劳动合同法〉的决定》，于 2013 年 7 月 1 日起施行。各地各部门深入贯彻实施新修改的劳动合同法，促进用人单位与劳动者依法签订并履行劳动合同。2013 年底，全国企业职工劳动合同签订率达到 88.2%。

为了落实新修改的劳动合同法中关于劳务派遣的有关规定，2014 年 1 月 24 日，人力资源和社会保障部发布《劳务派遣暂行规定》，主要就明确劳务派遣用工比例、辅助性岗位的确定程序、跨地区劳务派遣的社会保险、禁止"假外包真派遣"等重要内容作出规定。

2014 年 2 月 24 日，中国人力资源和社会保障部、财政部印发《城乡养老保险制度衔接暂行办法》（人社部发〔2014〕17 号）。该办法共 11 条，自 2014 年 7 月 1 日起施行。该办法规定，参加城镇职工养老保险和城乡居民养老保险的人员，达到城镇职工养老保险法定退休年龄后，城镇职工养老保险缴费年限满 15 年（含延长缴费至 15 年）的，可以申请从城乡居民养老保险转入城镇职工养老保险，按照城镇职工养老保险办法计发相应待遇；城镇职工养老保险缴费年限不足 15 年的，可以申请从城镇职工养老保险转入城乡居民养老保险，待达到城乡居民养老保险规定的领取条件时，按照城乡居民养老保险办法计发相应待遇。

2014 年 4 月 25 日，国务院公布《事业单位人事管理条例》（下简称《条例》），从 7 月 1 日起施行。这一《条例》是中国第一部系统规范事业单位人事管理的行政法规。《条例》确立了事业单位人事管理的基本制度，在公开招聘、聘用合同、社会保险、工资收入等方面做出规定。《条例》指出，在工资福利和社会保险方面，国家建立激励与约束相结合的事业单位工资制度。事业单位工作人员工资包括基本工资、绩效工资和津贴补贴。《条例》还对事业单位的岗位设置、招聘、考核、培训、处罚等做出了规定。

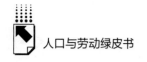
（五）劳动者素质不断提升

国家大力发展教育和培训，劳动者素质得到明显提高。计算表明，国家财政性教育经费占 GDP 的比重，2012 年已经达到 4.17%，达到国家中长期教育发展规划提出的 4% 的目标，比 2010 年和 2005 年分别提高了 0.52 个和 1.38 个百分点。大专及以上受教育程度者占全部就业人员的比重，2012 年达到 13.7%，比 2010 年的 11.3% 和 2005 年的 6.8% 分别提高 2.4 个和 6.9 个百分点。国家对职业培训的投入力度不断加大，"十二五"前三年平均每年组织开展各类职业培训 2099 万人次，每年有 1523 万人取得不同等级职业资格证书[①]。

二 "十二五"就业工作的基本经验

"十二五"就业的成绩来之不易，其主要经验在于，将就业作为经济社会政策制定的优先目标，坚持和完善积极的就业政策，坚持促进经济发展与扩大就业相结合，通过经济结构调整来改善就业结构，充分发挥个体私营经济的就业创造效应，通过简政放权激发就业创业新活力，尤其是要积极发挥市场在劳动力资源配置中的作用。

（一）将就业作为经济社会政策制定的优先目标

2011 年 3 月，全国人大批准了国家"十二五"规划纲要，首次明确提出中国"实施就业优先战略"。实施就业优先战略，就是要把促进就业放在经济社会发展的优先位置，作为经济社会发展的优先目标，选择有利于扩大就业的经济社会发展战略，强化政府责任，加大资金投入和政策支持，使就业优先成为社会的共识。2012 年 11 月，党的十八大报告明确提出，要实施

---

① 根据国家人力资源和社会保障部历年《人力资源和社会保障事业发展统计公报》整理，http：//www.mohrss.gov.cn/SYrlzyhshbzb/zwgk/szrs/，2015 年 4 月 3 日。

就业优先战略和更加积极的就业政策，推动实现更高质量的就业，并将就业更加充分作为全面建成小康社会的重要目标，进一步明确了促进就业的方针政策和重大举措。

"十二五"以来，就业优先战略的实施，有效保障了国家在统筹各个层面的经济和社会政策、安排国家经济社会发展的先后顺序时，能够将促进充分就业作为头等大事进行安排；并为正确处理经济增长与就业增长的关系提供基本指导，保证中国在经济增长速度相对下降的情况下，仍然实现较为明显的就业增长。

为贯彻和落实就业优先战略，"十二五"以来，中国不断坚持和完善积极的就业政策。这主要表现在以下方面：一是经济增长速度保持在必要的水平，以拉动就业需求总量的扩张；二是鼓励发展劳动密集型产业、中小企业、第三产业和非公有制经济，多渠道创造就业岗位；三是通过就业服务和职业培训，促进劳动力市场供求之间的合理匹配；四是对就业困难群体进行援助，包括培训，提供就业信息、公共就业岗位以及提供必要的政策支持，以帮助他们实现就业和再就业等。积极就业政策的贯彻和落实，带来了良好的就业效果。

（二）坚持促进经济发展与扩大就业相结合

经济发展是影响就业的一个非常重要的因素。不同的经济理论和各国的经济实践均表明，较高的经济增长率通常会带来较快的就业增长。"十二五"以来的实践表明，保持平稳较快的经济增长，是解决中国就业的首要条件。

同时，中国过去的经验也表明，同等的经济增长带来的就业增长却很不相同。由于"十二五"以来中国实施了就业优先战略，从而把促进就业作为公共政策的优先目标。在确定政策实施的先后次序时，政府重点考虑就业政策优先；在产业发展中，劳动密集型产业得到重视；在企业发展中，政府大力鼓励容纳就业能力强的中小企业发展；在宏观调控方面，政府将增加就业作为优先考虑的因素。从而，形成经济增长与就业增长同步发展的良好

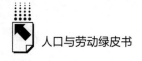

格局。

数据表明，自2010年以来，中国经济增长率逐年下降，从10.6%下降到2014年的7.4%。经济的下行，给扩大就业带来压力。但在国家的有效应对下，就业仍然实现持续增长，城乡就业人员从7.61亿增加到2014年的7.73亿；尤其是，城镇新增就业逐年增加，从1168万人增加到2014年的1322万人。计算表明，经济每增长一个百分点带动的城镇新增就业量是逐年增长的，从2010年的110万人提高到2012年的164万人和2014年的179万人（见图3-4）。这反映出近年来中国经济增长创造城镇新增就业的能力是不断增强的。

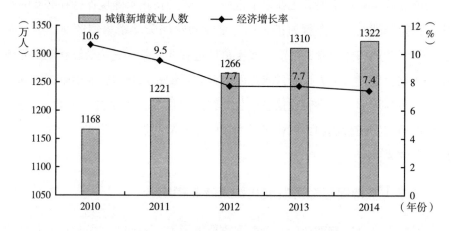

图3-4 经济增长率与城镇新增就业人数

资料来源：笔者根据国家统计局"国家数据库"数据计算，http：//data. stats. gov. cn/workspace/index？m = hgnd，2015年3月31日。

（三）通过经济结构调整来改善就业结构

从中国的三次产业来看，第一产业是析出劳动力的产业，第二产业带动就业的能力已经相对有限，第三产业对就业的拉动作用最强。"十二五"以来，中国努力调整产业结构，大力发展第三产业即服务业，提高服务业增加值所占比重。第三产业的发展，不仅促进社区服务、餐饮、商贸流通、旅游等传统服务行业的就业岗位不断增加，而且促进生产性服务业发展迅速，使第三产业成为就业的主渠道和最重要的就业部门。在发展第三产业的时候，政府尤其应重视第三产业中就业拉动能力较强的产业。这种产业结构的调整，有效地带动了就业结构的改善。

随着经济的发展，中国的产业结构不断演化升级。2011年，服务业就业占全部就业的比重（35.7%），首次超过第一产业（34.8%），成为从业人员最多的产业；2012年，服务业增加值占GDP的比重（45.5%），首次超过第二产业（45.0%），第三产业成为三次产业中增加值比重最大的部门。目前，无论是从增加值比重还是就业比重来看，第三产业即服务业已经成为三次产业中最重要的经济部门。

从2010年以来的情况看，第一产业从业人员一直在不断减少，是劳动力净流出部门；第二产业是创造就业的主要部门，但从业人员在2012年达到顶峰之后开始下降，近两年来第二产业也成为劳动力净流出部门；第三产业就业规模不断扩张，已成为三次产业中唯一就业规模扩大的部门（见图3-5）。

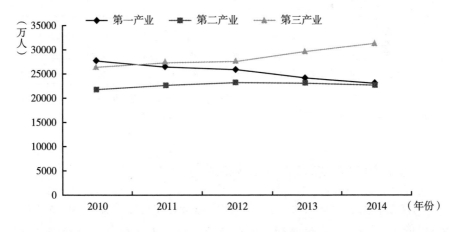

图3-5　三次产业从业人员数量变化

资料来源：笔者根据国家统计局"国家数据库"数据计算，http://data.stats.gov.cn/workspace/index? m＝hgnd，2015年3月31日。

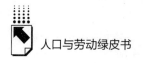
（四）充分发挥个体私营经济的就业创造效应

近年来，中国个体私营经济快速发展，成为吸纳就业的主力军。2010年以来，城镇私营企业就业人员每年增加500万~850万，城镇个体就业人员每年增加200万~800万，两者之和已经接近或超过城镇就业人员的增长量，也接近或超过每年城镇新增就业数量。同时，农村的个体就业和私营企业就业也在逐年增加，每年增加300万~800万人。城乡合并计算，则中国每年个体和私营企业就业增加1200万~1900万人，远远超出城镇就业人员的增加量和城乡就业人员的总增加量（见表3-4）。这意味着，个体私营就业不仅吸纳了从其他经济部门转移过来的劳动力，还创造了大量的新增就业岗位。

表3-4　城乡就业人员增加情况

单位：万人

年份	城镇私营就业净增	城镇个体就业净增	城镇个体私营就业净增	城镇就业净增	乡村私营就业净增	乡村个体就业净增	乡村个体私营就业净增	乡村就业净增	城乡个体私营就业净增	城乡就业净增
2010	527	222	749	1365	284	199	483	-1088	1232	277
2011	841	760	1601	1227	95	178	273	-912	1874	315
2012	645	416	1061	1188	297	267	564	-904	1625	284
2013	685	499	1184	1138	541	208	748	-865	1932	273

资料来源：笔者根据国家统计局"国家数据库"数据计算，http://data.stats.gov.cn/workspace/index? m = hgnd，2015年3月31日。

（五）简政放权激发就业创业新活力

为激发企业和市场活力，让创新创造源泉更加充分涌流，中国大力转变政府职能，改革行政审批制度，推动简政放权。2013年3月李克强总理指出，国务院各部门拥有的行政审批事项有1700多项，并承诺本届政府将削减1/3以上。一年多来，政府修订了经核准的投资项目目录，改革了工商登记制度，大力减少行政事业性收费，简政放权不断深入。随着简政放权的推进，市场活力得到巨大提升。2013 年新注册企业增加了 27.6%，其中私营企业新增 30%，个体工商户增长 16.4%。

从 2010～2013 年的情况来看，每新成立一家私营企业，可以带来约 10 个人的就业；每名投资者可以带动约 5 个人的就业；而且，私营企业的这种就业带动效应，一直保持在比较平稳的水平上（见图 3 – 6）。

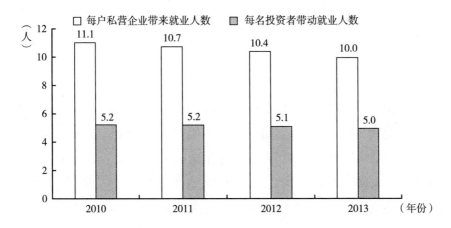

图 3 – 6　个体和私营企业的就业带动作用

资料来源：笔者根据国家统计局"国家数据库"数据计算，http：//data. stats. gov. cn/ workspace/index？m = hgnd，2015 年 3 月 31 日。

（六）积极发挥市场在劳动力资源配置中的作用

"十二五"期间，中国劳动力市场不断发育和完善，进城农村劳动力持续增加，城乡劳动力流动更加便捷、顺畅。社会保险制度建设进展顺利，跨地区统筹的基本养老保险和医疗保险的转移接续逐步实施，促进了劳动力在不同地区之间的流动。事业单位开始实施分类改革，打通了公共部门和企业部门的人力资源流动的通道。劳动力市场法制化建设进程加快，劳动力资源配置的制度环境日益优化。随着改革的逐步推进，市场逐渐成为劳动力资源配置的最主要渠道，劳动力自由流动、自主择业的格局初步形成。

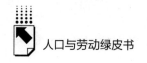

三 "十二五"时期就业工作存在的问题和不足

尽管"十二五"时期中国的就业取得显著成绩，但其中也存在明显的问题和不足，主要表现在以下方面，即劳动力市场运行机制有待完善，劳动关系的社会治理体系不够成熟，就业公平有待改进，劳动力市场运行监测体系不成熟，失业保险作用未充分发挥等。

（一）劳动力市场运行机制有待完善

"十二五"期间劳动力市场加快发育，城乡劳动力有序流动，市场在劳动力资源配置中发挥基础性作用，劳动力供求关系总体稳定。但是，劳动力市场运行中结构性矛盾突出，劳动力供给与市场需求不匹配，大学生就业难问题加剧，农民工群体中"用工荒"与就业难现象并存，城镇就业困难人员失业风险依然很大，结构性矛盾已经成为劳动力市场运行中最不稳定的因素。

劳动力市场的区域不平衡、地区分割以及制度性障碍仍然在较大程度上影响劳动力市场发育，造成劳动力资源配置效率较低。人力资源市场体系建设取得长足进步，但与就业方式变化不相适应，政府提供的人力资源服务也不能很好地满足就业人员和用工单位的需求。城乡一体化的劳动力市场体系仍然有待完善，全国统一的公共就业服务体系尚未建成，尤其是基层就业服务体系建设滞后，面临人员、编制、基础设施等障碍。

（二）劳动关系的社会治理体系不够成熟

"十二五"期间，劳动关系形势紧张，由劳资冲突引发的群体性事件频繁发生。劳动关系的社会治理体系不够成熟，存在多方面的问题，其中最为突出的是缺乏集体劳动关系治理的机制，直接导致工人表达集体诉求的渠道不通畅，政府在群体性劳资冲突中过度介入。具体问题体现在以下几个方面。

第一，缺乏调整集体劳动关系的法律法规。中国的劳动立法基本上还只是局限于个别劳动关系，而针对集体劳动关系的法律法规较为零散，不成体系，导致地方政府在处理集体劳动争议时无法可依，处理方式多以行政干预为主导。

第二，劳动标准体系建设不完善。劳动标准体系存在体系不健全、覆盖范围不全面、时效性差、对不同就业人群区别对待等问题。在劳动标准的制定和执行过程中，劳资双方的平等协商决策机制缺乏，评估机制和动态调整机制尚未建立，制约了和谐劳动关系的构建。

第三，工会的组织和代表职能缺位，导致工人表达诉求的正常渠道受阻。目前工会在实际工作中组织工人、团结工人和代表工人的职能缺失，真正由工会代表工人进行经济权益博弈的案例比较少见。在基层企业工会，工会领导人往往都是由企业管理层任命或者是由企业管理人员直接担任，缺乏民主选举过程，也缺乏工人的信任。这就导致当前大部分劳资冲突群体性事件是由工人自发组织，游离于工会体系之外，体现出典型的无序化特征。相关部门针对劳资冲突群体性事件的处理缺乏事先预警机制，事中事后的控制难度也较大，潜在风险巨大。

第四，现行的部分劳动关系治理机制运行不畅通。比如劳动关系三方机制、集体协商制度、集体合同制度、集体劳动争议处理机制和劳动监察制度等都由于缺乏立法支持、工会组织和代表职能缺失、缺乏统一的劳动关系治理原则和操作标准等原因而难以有效运行，且各地方在领导重视程度、人力资源配置、执法人员素质等方面存在差异，使得全国各地方在劳动关系治理体系上差异较大。

第五，雇主组织作用不显著。基于产业和行业的雇主组织不完善，导致企业在内部职工参与、员工沟通等机制建设上缺乏积极引导，也限制了三方协调机制在产业和行业层面的作用发挥。

第六，劳工 NGO 的作用具有双面性，存在隐患。劳工 NGO 一方面在劳资冲突群体性事件中起到引导工人合理维权的作用，而另一方面劳工 NGO 的存在也进一步激发和增强了工人进行集体维权的斗争性，更有被境外势力利用的可能。

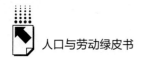

（三）就业公平有待改进

就业公平是劳动力市场发展的基础和保障。尽管我国就业公平建设已经取得长足进步，但公平问题仍然是阻碍劳动力市场效率提高、引发就业矛盾的一个突出因素。主要表现在以下方面：一是城乡之间的劳动力流动仍然受到一些制度性约束，尤其是户籍制度依然是农村转移劳动力低成本、充分自由地进入城镇就业的门槛，农民工在劳动力市场中遭受就业歧视，不公平竞争阻碍城乡劳动力资源有效配置。二是公共部门和国有部门中的就业壁垒依然突出，人员招聘体系不完善，双轨制矛盾尚未根除，体制内与体制外的劳动者同工不同酬。三是地方就业保护过度，一定程度上牺牲劳动力市场配置效率，一些城市的不少就业岗位仅限于本地劳动者，而排斥外地劳动者。四是就业歧视现象依然存在，如性别歧视、年龄歧视、残疾人歧视造成弱势群体遭受就业不公平对待。

（四）劳动力市场运行监测体系不成熟

"十二五"期间，城镇登记失业率仍然是中国公布的唯一失业率指标。但是，城镇登记失业率的统计对象仅限于城镇户籍居民，使得占城镇就业1/3以上的农民工就业情况不在统计当中。2010年以来，中国城镇登记失业率一直未变（4.1%），明显脱离劳动力市场实际。同时，每年统计公布的城镇新增就业人数这一指标，用来反映就业总量的状况，与实际的城镇就业人员增加之间的差距越来越大。

除此之外，反映劳动力市场运行健康状况与否的指标，基本缺失。例如，反映职业供求信息的指标——基于抽样调查的分行业、分部门就业岗位供求变化，而不是分行业、分单位的上报数据，现在统计公布的城镇就业总量与分行业、分单位的就业统计"分总不等"；反映职位工资及就业质量的指标——平均小时工资、平均工作时间、失业保险覆盖率、失业转向就业的比率、工薪劳动者就业比重等指标，以及反映经济周期波动和结构性就业冲击的失业预警监测体系也没有建立。

（五）失业保险作用未能充分发挥

"十二五"期间失业保险的作用机制还不完善，失业保险还没有全面覆盖农村转移劳动力。从促进积极就业的角度来说，失业保险制度的功能要求从单一保障生活向"保障生活、促进就业、预防失业"三位一体转变，但从"十二五"实际运行来看，保障生活的功能逐步完善，促进就业和预防失业的功能存在较为明显的不足，特别是预防失业功能缺失，理论内涵与范围界定也不清晰，一些地方在认识上也存在偏差。

数据表明，近年来中国每年城镇登记失业人员在900万左右，但领取到失业保险金的人数只有大约200万，领取到失业保险金者占城镇登记失业人员的比例只有22%左右（见图3－7）。在大量登记失业人员领不到失业保险金的同时，失业保险基金累计结余却在持续增加，从2010年的1750亿元，增长到2013年的3686亿元，三年内增长了1.1倍[①]。可见，失业保险

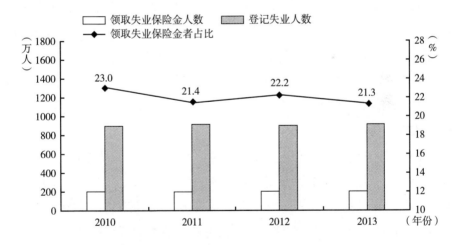

图3－7　登记失业人数、领取保险金人数及其占比

资料来源：笔者根据国家统计局"国家数据库"数据计算，http：//data. stats. gov. cn/workspace/index？m＝hgnd，2015年3月31日。

---

① 笔者根据相关年份《中国统计年鉴》整理计算。

未能充分发挥其应有作用，而且失业保险基金大量结余已成为全国普遍现象，可利用的就业保障资源被闲置。

四　"十三五"时期就业面临的挑战

2012 年，中国首现劳动年龄人口的减少，标志着人口红利的消失。中国已经跨入中等收入阶段，潜在增长率降低，经济增长放缓，但经济增长率的下降并没有造成对就业的冲击，意味着劳动力市场从二元模式逐渐转向新古典模式。相应地，就业矛盾越来越从总量问题转变为结构性和摩擦性问题。"十三五"时期是中国经济结构调整与发展方式转变的关键时期，就业形势与矛盾将更加复杂化。

（一）经济增长减速与就业总量矛盾

经济增长放缓已经成为不可逆转的长期趋势，保增长与保就业将在未来较长时期成为宏观经济的首要任务。经济增长将面临资源要素、人口环境、结构转型、均衡发展等更多挑战，经济增长速度将放缓。2014 年，中国 GDP 增速下降到 7.4%，创下 21 世纪以来的最低值，而且也是过去二十多年的低谷，接近于 1998 年亚洲金融危机和 2008 年全球金融危机时期的最低点（见图 3 - 8）。

从中长期来看，中国经济必然将从高速增长阶段进入中低速增长阶段。人口结构、劳动力供给等因素变化降低潜在经济增长率。根据笔者的研究预测，"十二五"和"十三五"时期 GDP 年平均增长率将下降到 7.2% 和 6.1%。结合供给与需求层面来看，国内外权威机构的研究预测基本达成共识，经济增长在"十二五"期间下降到 8% 左右，"十三五"期间下降到 7% 左右，2030 年下降到 6% 以下，2050 年下降到 5% 以下（见表 3 - 5）。中国经济增长放缓已成为既定事实，并将成为一个长期趋势，依靠增长确保就业的压力必然会逐渐增强。

GDP 增速下降直接带来就业需求萎缩的风险。2008 年金融危机期间，

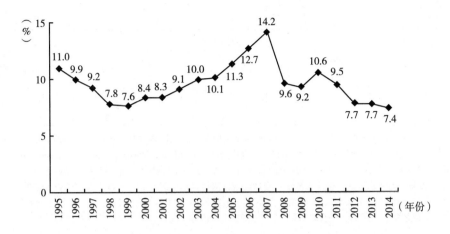

图3-8 中国国内生产总值增长率的变化

资料来源：根据国家统计局"国家数据库"数据计算，http：//data. stats. gov. cn/workspace/index？m = hgnd，2015年4月3日。

GDP增速从2008年三季度的10.6%迅速下滑到2009年一季度的6.6%，短期内对就业造成巨大冲击。按照李克强总理所说，每一个GDP增长点背后就是上百万个就业岗位，按照过去中国经济增长模式和就业弹性状况，GDP每增长1个百分点会拉动大约100万人就业，近些年服务业加快发展提升了就业弹性，GDP增长1个百分点能够拉动130万~150万人就业。因此，在增长方式、经济结构没有太大变化的情况下，增速下滑带来的就业总量矛盾依然存在。

表3-5 主要机构对中国未来经济增长的预测

单位：%

中长期预测					
世界银行(a)		世界银行(b)		中国社科院(a)	
2008~2015年	8.3	2011~2015年	8.6	2010年	9.9
2016~2025年	6.7	2016~2020年	7.0	2020年	7.7
2026~2035年	5.6	2021~2025年	5.9	2030年	5.8
2036~2045年	4.6	2026~2030年	5.0	2050年	4.3

续表

中短期预测				
	国际货币基金组织（IMF）	联合国（UN）	世界银行（c）	亚行	中国社科院（b）
2014 年	7.5	7.5	7.6	7.5	7.4
2015 年	7.0	7.3	7.5	7.4	

资料来源：世界银行（a）来源于世界银行（2007）研究报告"Rebalancing China's Economy"；世界银行（b）来源于世界银行（2011）"China 2030：Building a Modern，Harmonious，and Creative High – Income Society"；中国社科院（a）来源于中国社会科学院数量经济与技术经济研究所（2010年）预测；国际货币基金组织来源于《全球经济预测报告》（2014）；联合国来源于《2014 年世界经济形势与展望》；世界银行（c）来源于《中国经济简报》（2014 年 6 月 6 日）；亚行来源于《2014 年亚洲发展展望》（2014）；中国社科院（b）来源于《中国经济前景分析（2014 春季报告）》。

　　从供求两个方面，我们对"十三五"时期经济增长 1 个百分点拉动就业岗位数量和需要就业的人数进行了预测。由于新增岗位主要在城镇，故新增就业人数采用城镇新增就业人数。为了剔除价格因素对经济的影响，GDP 增长率采用国内生产总值指数。按照"十三五"时期经济增长率分别为7%、7.5%和8%三种情况测算第二、三产业拉动的就业岗位增加量。第二产业、第三产业对就业的拉动按照前 10 年（即 2004～2013 年）、前 5 年（即 2009～2013 年）和前 3年（即 2011～2013 年）平均计算。测算的方法为：首先将"十三五"时期经济增长率设定为7%、7.5%、8%，分别测算出当经济处于这个增长速度时2016～2020 年每年的 GDP 值；再根据历史数据推测出 2016～2020 年 GDP 中第一产业、第二产业、第三产业分别占的比重，根据 GDP 和比重算出每个产业总产值，根据年度变化得出每个产业总产值增长速度；最后用每个产业总产值的增速乘以该产业经济增长 1 个百分点增加的就业岗位数从而得出结果（见表 3 –6）。

表 3 –6　"十三五"时期经济增长拉动就业岗位数预测

单位：%，个

	GDP 增长率	年均拉动第二产业、第三产业岗位数	年均拉动城镇就业岗位数
依据前三年（2011～2013 年）经济走势	7.0	1112	1058
	7.5	1007	997
	8.0	966	836

	GDP 增长率	年均拉动第二产业、第三产业岗位数	年均拉动城镇就业岗位数
依据前五年（2009 ~ 2013 年）经济走势	7.0	1191	1134
	7.5	1079	1068
	8.0	1035	896
依据前十年（2004 ~ 2013 年）经济走势	7.0	1271	1209
	7.5	1151	1140
	8.0	1104	955

（二）就业的结构性矛盾突出

就业结构性矛盾已经逐渐成为未来就业的主要矛盾。劳动力市场与经济发展阶段密切关联，中国在跨入中等收入阶段的同时劳动力市场也在发生深刻变化，劳动力需求增长速度超过劳动力供给增长速度，供求格局调整已经成为不争的事实，供给结构性矛盾日益突出。一方面，每年超过 700 万高校毕业生进入劳动力市场，同时，每年有大约 700 万城镇下岗职工和困难就业人员（以 40、50 人员为主）需要再就业；另一方面，普通劳动者出现短缺、工资水平快速增长，"用工荒"和企业招工难现象突出，同时，农民工群体内部也出现了分化，掌握技能的农民工由于市场缺口较大就业形势更好，而刚刚进入劳动力市场、缺乏技能的青年农民工则面临就业难、就业不稳定的问题，老一代农民工则面临着人力资本折旧的就业风险。

大学生就业问题更容易通过劳动力市场发展逐步解决，未来就业环境总体趋于改善。首先，毕业生供给总量持续增长，但增量已经明显下降。最近几年毕业生的增长人数已经稳定在 20 万 ~ 30 万，2013 年毕业生增幅仅为 2.8%，2011 年为 4.8%，2009 年为 9.3%，2006 年曾经高达 24%。从增速来看，新增毕业生数量比供给总量的影响要更明显，供给因素并没有明显加剧当前大学生就业紧张形势。其次，经济结构变化明显有利于大学生。2013 年服务业增速高达 8.3%，快于第二产业增速 7.8%，服务业比重已经达到 46.1%，首次超过第二产业成为国民经济中最重要的主导产业。服务业的就

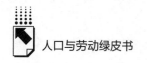
业弹性明显更高，吸纳就业能力比一般的工业和建筑业更强，经济结构变化一定程度上抵消了经济增速放缓的负面影响，需求因素不会明显冲击大学生就业。再次，结构性矛盾一直存在，但实际上趋于缓解。高等教育改革与发展也越来越重视结构性矛盾问题的解决，教育部门正在逐步放宽高校专业设置自主权限，职业教育发展加快，高校也在逐步根据市场需求调整专业，高等教育发展造成的结构性矛盾将趋于缓解。

从长期来看，农民工群体在未来劳动力市场中的竞争优势难以维持，其就业形势将比大学生更为严峻，尤其是脆弱的青年农民工面临更突出的失业冲击。首先，人力资本水平是决定长期就业竞争力的关键因素，农民工的人力资本处于明显劣势。根据国家统计局公布的数据，目前全国外出农民工总量达到1.6亿人，30岁以下的青年农民工约占60%，但是，他们的平均受教育年限为9.8年，过早地进入劳动力市场，导致其缺乏必要的职业技能。其次，青年农民工集中在经济调整冲击最突出的地带。超过70%的青年农民工流入东部沿海地区，大约50%的青年农民工从事制造业，而受经济放缓和结构调整影响最大的恰恰就是东部沿海地区的外向型、劳动密集型制造业。这些青年农民工基本没有农业经营经历，在遭受冲击下，农业"蓄水池"功能对于青年农民工不再发挥作用。相对于同龄的城市青年尤其是大学生，青年农民工的适应能力明显更弱，有可能在结构转型中加入长期失业大军。

城市本地就业困难群体在结构调整中面临严重就业冲击。首先，从劳动力流动性来看，在经济结构调整过程中，城市新增的劳动力需求可以通过全国甚至国际劳动力市场得以满足，而被淘汰的非本地劳动力可以选择转移到其他地区，但是，本地劳动力流动性就要受到明显约束，不能适应需求变化的本地劳动力则更可能遭受失业风险。其次，从人力资本结构来看，本地劳动力明显处于相对劣势，流动劳动力的人力资本水平更高。以北京市为例，根据第六次人口普查数据显示，北京市全部常住人口中，非本地户籍的流动人口受教育程度明显更高，大学专科以上的学历占到约40%，而全部常住人口中大学专科以上的比例只有32%。再次，从人口年龄结构来看，尤其是大城市本地人口和劳动力的老龄化问题明显更加严重，而流动劳动力更多处于青壮年时期（见图3-9）。

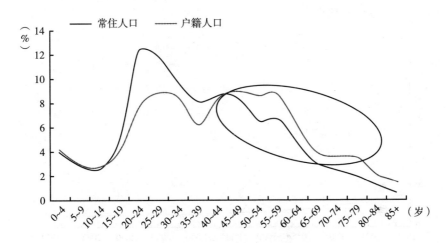

图3-9 常住人口与户籍人口的年龄结构差异（以北京市为例）

资料来源：根据2010年第六次人口普查数据计算。

（三）产业结构调整带来的就业冲击

经济结构和产业结构调整进入关键期，就业结构调整面临更大不确定性。首先，经济增长方式从基于资本和劳动积累的投资驱动型增长转向基于生产率提高的增长，投资在经济增长中的比重将随着投资回报率降低而逐渐下降。其次，产业结构从以工业为主转向以服务业为主，工业比重将趋于下降、服务业比重将提高，工业部门内部的产业升级和结构调整步伐也将加快。随着劳动力成本提高，低端的劳动密集型制造业将逐渐被淘汰。再次，需求结构将从外需逐渐转向内需，长期依赖出口的产业将加速转型。中国已经进入工业化中后期，第二产业比重已经从2005年开始出现下降，第三产业已经超过第二产业成为最主要的经济部门，预计2020年服务业比重将超过50%，2030年将达到60%，2050年将接近70%，与目前欧美发达国家经济结构基本一致（见图3-10）。中国经济将逐渐转变成为服务业主导的经济形态，依靠土地、房地产、基础设施等大规模投资的增长模式将失去动

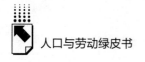
力，依靠廉价劳动力、资源等的粗放型产业将加快淘汰，经济结构和产业结构的变化也将带来就业结构的转变，在这一结构调整过程中部分劳动力将因不适应而不可避免地被淘汰。

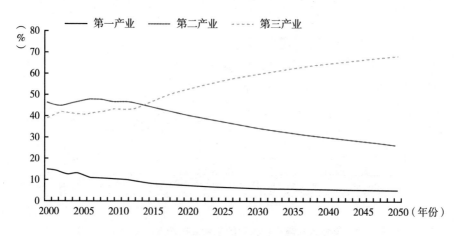

图3-10　中国经济结构变化的趋势预测

资料来源：笔者根据中国社会科学院宏观经济预测课题组预测（2012）得到。

"十三五"时期结构性失业风险将会明显增大。从世界范围来看，劳动力市场出现的结构性变化并不鲜见，发达国家由于劳动力成本的上升，导致资本和劳动相对关系发生变化，由此诱发了技术偏向型的技术变迁。这种变迁使得劳动力市场对高技能者的需求不断增加，而低技能的普通岗位则增长缓慢。接受过大学教育的劳动者在劳动力市场上更受欢迎，而且有着更高的工资水平和更快的工资增长。由人口因素推动的劳动力市场变化，所产生的效应则有很大的不同。目前，劳动力市场上普通工人工资的迅速上涨，助推了教育的机会成本。贫困的农村地区，义务教育辍学率呈上升趋势。如果政府不及时进行干预，在经济结构出现明显变化之后，将出现技能型人才供给不足的局面。如果不充分考虑目前强劲的劳动力市场所隐含的风险而未雨绸缪，"十三五"时期结构性失业的风险将会增大。

当前化解产能过剩与损失就业之间的矛盾尖锐。化解产能过剩不仅是经济结构转型调整的必然选择，也是实现经济发展方式转变的客观要求，但短期内势必会造成就业岗位损失，造成局部性失业冲击。以河北为例，按照化解产能过剩的规划要求，到2017年河北省要完成6000万吨钢铁减压任务，相当于河北省1/4的钢铁产能，这涉及60多万直接或间接的从业人员。在"钢铁大市"武安市，2014年2月当地共拆除了6家企业的8座高炉，涉及7110名职工转岗，相关上下游产业转岗人员加起来有2万多人。就业问题既是化解产能过剩的一个重要难题，也可能成为其重要阻碍。因此，在产业结构调整、化解产能过剩的过程中，若不能妥善处理实现就业转型，将会造成比较突出的就业问题，甚至引发社会矛盾。

（四）工资上涨与就业扩大的矛盾

工资持续上涨与劳动力成本上升。"十一五"和"十二五"时期，劳动力市场出现的最明显的变化，就是劳动力短缺以及普通工人工资水平的加速上涨。2001~2006年，农民工平均实际工资的年复合增长率为6.7%；而2007~2012年增长到12.7%。普通工人的工资上涨，对于以劳动密集型行业为主的经济影响明显。一旦劳动力成本的上升速度快于劳动生产率的增长速度，则意味着劳动力密集型行业的比较优势的削弱，在这种情况下，经济结构的转型与升级的压力将大大增加。"十一五"时期制造业的劳动生产率与劳动力成本，总体保持同步增长，但在"十二五"时期，劳动力成本的增长速度明显快于劳动生产率的涨幅，导致企业竞争力下降，提供更多就业岗位的空间越来越有限，导致就业损失。中国从2004年跨越刘易斯转折点后，其单位劳动力成本相对比重则由2004年的31%逐渐上升到2011年的40%。一方面，中国劳动力绝对成本高于其他中等收入国家；另一方面，创新能力没有形成，无法站在制造业微笑曲线的两端，很容易形成比较优势的真空，从而影响就业扩大和长期经济增长。

工资增长并没有实现与经济增长同步。由于国家统计局仅仅公布占全部雇员劳动者1/3左右的城镇单位职工的工资数据，中国至今尚缺乏包括全体雇员劳动者的工资数据。笔者之前的研究，通过估算中国雇员劳动者总量和劳动报酬总额，测算了包括所有雇员劳动者在内的工资水平及其变化，结果发现，改革开放以来，雇员劳动者平均工资水平经历了先下降后上升再下降的走势。使用名义货币工资与名义人均GDP之比这一指标进行观察（见图3-11），平均工资水平最高出现在2002年前后，这一比率为1.37，之后一路下降，到2012年降为0.91。如果把全部雇员劳动者区分为城镇单位雇员（城镇单位就业人员）和其他雇员（主要为私营企业就业者和乡镇企业就业者），城镇单位雇员工资增长基本上保持和GDP同步增长的趋势，2012年与人均GDP的比率为1.24；而其他雇员工资增长则大大滞后于人均GDP增长，名义人均工资与人均GDP之比则从2002年最高的1.39，下降到2012年的0.72。

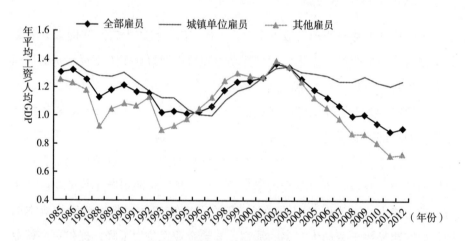

图3-11　工薪劳动者平均工资水平相对于人均GDP变化

工资水平快速上涨、技能工人和非技能工人工资趋同，教育回报率相对下降对正规教育产生负激励。在中国经济越过刘易斯转折点之后，熟练劳动者的稀缺性相对稳定，而非熟练劳动者的稀缺性显著增强，从而在劳动力市场上表现为非熟练劳动者有更快的工资增长。换句话说，普通工人与高技能工人的工资趋同。而且，教育的相对收益在下降。2001年，具有高中以上学历和高中学历的农民工，其小时工资比只有初中教育水平的农民工分别高80.4%和25.9%；而到2010年，这种教育的相对收益分别下降到57.1%和16.9%。这种情况使得受教育激励显著降低，使低收入家庭年轻劳动力辍学并提前进入劳动力市场，甚至出现从义务教育阶段辍学的现象。这显然会对未来的劳动者素质造成不良影响，使得未来劳动者不能适应产业结构升级的需要，对未来造成就业冲击和风险的可能性加剧。

（五）就业能力与产业升级的矛盾

资本和技术密集型的岗位需求快速增加，低技能普通劳动者面临日趋严峻的挑战。"十三五"时期，制造业中的资本密集型产业的岗位和服务业中资本（知识）密集型产业的岗位需求会大幅增加，制造业的产业升级必然使低端制造业向资本密集型、技术知识密集型产业为主的高新技术制造业发展，由此而产生的劳动力需求必然是以技能型和知识型以及生产技能和理论知识相结合的复合型人力资源为主。以人力资本密集程度、知识密集程度提高为特征的新型生产性服务业、商贸服务业会拓展目前受教育程度较高的大学生就业面，低技能的农民工群体、城市下岗职工、城镇4050就业困难人员将首当其冲地面临挑战，他们在短期内可能无法满足产业升级的需要，更容易陷入失业困境，甚至被迫退出劳动力市场。

农民工在产业升级中遭受的潜在风险被当前良好的就业形势所掩盖。尽管农民工工资上涨较快，社会上"用工荒"现象有愈演愈烈之势，但农民工的人力资本水平和就业结构特征决定了他们在产业升级过程中不可避免地要遭受冲击，甚至可能会出现比较严峻的失业风险。从就业结构来看，农民工就业主要集中在制造业、建筑业、交通运输业、批发零售业、住宿餐饮业及居民服务业等劳动密集型的行业，并且从事技能性比较低的工作，他们当中有超过70%的人没有接受过非农技能培训，2008～2012年外出农民工在这些行业的就业占农民工总体就业比重基本保持平稳，2008年为84.1%，2010年为88.4%，2012年占87.9%，也就是说农民工就业总量虽然在增加，但是就业结构和分布基本没有变化，农民工就业主体依然集中在上述技能和人力资本要求比较低的劳动密集型产业和工作岗位。

更为突出的是，不同年龄段农民工的平均受教育年限各异，即使在最好的年龄段——20 岁上下的农民工平均也仅仅受过 9 年的教育，基本上就是义务教育阶段。这个教育程度恰好适合今天的岗位需求，即第二产业劳动密集型的岗位、第三产业劳动密集型的岗位（见图 3 – 12）。但是中国未来的产业结构是在不断调整和升级的，尽管发展速度会慢一些，但是随着产业结构调整，岗位需求会迅速变化。那个时候中国需要什么样的人力资源呢？人力资本密集程度和知识密集程度会不断提高。从今天第二产业的资本密集型产业岗位和第三产业技术密集型岗位大家就可以看到，这些产业对人力资本的需求大幅度增加。在最好的年龄段，目前的农民工是够不上这个要求的。今天有他的岗位，但是明天这些岗位消失了，新的岗位他们没有相应的技能去接受挑战。

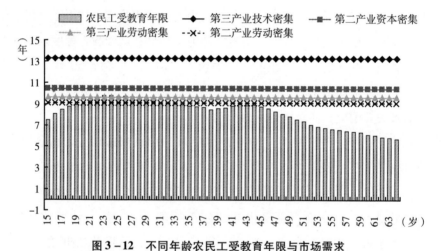

图 3 – 12　不同年龄农民工受教育年限与市场需求

资料来源：第二产业、第三产业人力资本需求数据根据 2005 年 1% 人口抽样调查微观数据 20% 样本计算；农民工分年龄受教育年限数据来自国家统计局《2012 年农民工监测调查报告》。

行业间的人力资本水平和收入差距大，劳动力和就业的转换难度加大。市场化趋向的改革提高了资本和人力资本的回报，行业间人力资本的差距也是导致行业收入差距扩大的原因。人力资本因素对收入差距的影响正在上升。动态分析表明，人力资本占到工资基尼系数指标增加的 44.4%，教育和收入的相关性以及教育回报率的增加导致教育的可解释程度的增加，从而造成工资收入不平等的增加。改革开放后，分配方式转为市场调节，按生产要素的贡献分配，人力资本变得越来越重要。

表3-7显示了中国按行业分的全国就业人员受教育程度构成，行业之间人力资本水平相差较大。在工业化过程中，新技术革命推动劳动阶层内部分化，就业出现技能偏向，职业和工资呈现两极化，高技能、高人力资本的劳动者就业增长和工资上涨速度更快，而低技能、低人力资本的劳动者就业增长缓慢，尤其是服务业，其内部分化更为突出。在行业之间，由于人力资本的密集程度不同，客观上也扩大了行业之间的收入差距。

表3-7 按行业分的全国就业人员受教育程度（2012年）

单位：年

行业	平均受教育年限	行业	平均受教育年限	行业	平均受教育年限
合计	9.69	信息传输、计算机服务和软件业	10.45	水利、环境和公共设施管理业	11.32
农林牧渔业	7.84	批发和零售业	9.93	居民服务和其他服务业	9.81
采矿业	10.39	住宿和餐饮业	11.37	教育	14.01
制造业	10.18	金融业	13.20	卫生、社会保障和社会福利业	13.46
电力燃气及水的生产和供应业	12.25	房地产业	11.70	文化、体育和娱乐业	12.42
建筑业	9.43	租赁和商务服务业	12.00	公共管理和社会组织	13.71
交通运输、仓储和邮政业	10.55	科学研究、技术服务和地质勘查业	13.72	国际组织	11.73

资料来源：笔者根据《中国劳动统计年鉴（2013）》计算。

（六）提高就业质量的挑战

劳动者就业质量有待提高，农民工的就业质量更令人担忧。从理论上来说，就业质量包括社会保障和就业保障两大维度，社会保障主要指社会保险、福利的覆盖情况，就业保障主要反映劳动合同、就业稳定性等情况。相关研究表明，中国劳动者的就业质量普遍不高，在满分为10分的情况下，城镇本地职工的就业质量指数仅为5.35，仍然有较大提升空间，而农民工的就业质量更差，就业质量指数仅为2.12，其中，社会保障指数为1.34，就业保障指数仅为0.78（见图3-13）。在当前总体就业格局比较良好的情况下，我们更应该认识到就业质量不高的事实和挑战。

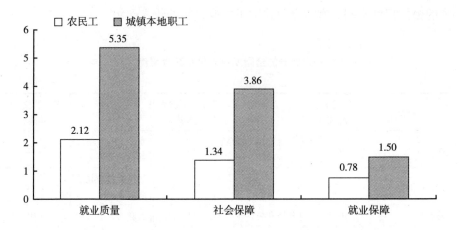

图3-13 农民工与城镇本地职工的就业质量指数比较

资料来源：蔡昉等（2013）根据劳动力市场调查数据计算得到。

非正规就业比重仍然很高，就业正规化的任务很重。城镇劳动力市场中仍然有较大部分劳动者从事非正规就业，难以得到有效的就业保障和社会保障。尤其是农民工群体从事非正规就业的现象更为普遍。根据国家统计局公布数据，目前有16.5%的农民工为自营就业，在服务业中表现尤为突出，自营就业农民工中高达82.1%从事第三产业，其中接近40%从事批发和零售业（见表3-8）。从经济发展阶段来看，非正规就业的存在有其合理性和必然性，但就业正规化是劳动力市场成熟的表现，当前大量非正规就业人员缺乏必要的劳动权益保障，就业质量较差，更容易造成就业冲击，这也成为就业问题的一大难点。

表3-8　按就业方式和行业划分的农民工人数构成（2013年）

单位：%

就业方式　　　　行　　业	受雇就业	自营就业
制造业	35.8	10.7
建筑业	25.6	5.9
批发和零售业	5.5	39.6
交通运输、仓储和邮政业	4.5	15.1
住宿和餐饮业	5.3	8.5
居民服务、修理和其他服务业	10.0	13.1
其他行业	13.3	7.1

资料来源：国家统计局《2013年全国农民工监测调查报告》。

外出农民工的社会保障覆盖率低，社会保障制度与劳动力市场之间摩擦加剧。迁移劳动者的流动性强、非正规就业比例高，他们绝大部分尚未被城镇职工社会保障体系覆盖。根据国家统计局抽样调查数据显示，2013年外出农民工参加养老保险的比例仅为15.7%，工伤保险为28.5%，医疗保险仅为17.6%，失业保险和生育保险分别仅为9.1%和6.6%（见表3-9）。当前社会保险的缴费成本高、可携带性差、制度不衔接等突出问题，导致用工单位和农民工均没有积极性参加保险，农民工被迫游离于城镇社会保障体系之外。而对于少部分已经参加城镇保险体系的农民工，他们的缴费成本被企业纳入用工成本，导致其实际的工资水平被削减，既影响农民工的实际收入，又提高了企业用工成本，加剧"用工荒"现象。城镇社会保障制度与劳动力市场之间的矛盾和摩擦逐渐加大，如何协调两者之间的关系是就业工作必须妥善解决的重要问题。

农民工的劳动强度较大，劳动权益受侵害问题仍然突出。农民工的高工资很大程度上是由于更多的劳动投入的结果。根据统计数据显示，2013年外出农民工年工作时间平均为9.9个月，月工作时间平均为25.2天，日工作时间平均为8.8个小时，农民工超时工作所占比重有上升迹象（见表3-10）。

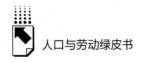

表 3 - 9 2013 年外出农民工参加社会保障的比例

单位：%

险种＼年份	2008	2009	2010	2011	2012	2013
养老保险	9.8	7.6	9.5	13.9	14.3	15.7
工伤保险	24.1	21.8	24.1	23.6	24.0	28.5
医疗保险	13.1	12.2	14.3	16.7	16.9	17.6
失业保险	3.7	3.9	4.9	8.0	8.4	9.1
生育保险	2.0	2.4	2.9	5.6	6.1	6.6

资料来源：国家统计局《2013 年全国农民工监测调查报告》。

表 3 - 10 外出农民工工作时间和强度

指标＼年份	2012	2013
全年外出工作时间（月）	9.9	9.9
平均每月工作时间（天）	25.3	25.2
平均每天工作时间（小时）	8.7	8.8
日工作超过 8 小时的农民工比重（％）	39.6	41.0
周工作超过 44 小时的农民工比重（％）	84.4	84.7

资料来源：国家统计局《2013 年全国农民工监测调查报告》。

而且，随着用工成本大幅提高，用工企业与农民工之间的工资纠纷有增加态势，2013 年外出农民工被拖欠工资的比重为 0.8%，比上年上升 0.3 个百分点（见图 3 - 14）。而且，数据还显示，2013 年与雇主或单位签订了劳动合同的农民工比重为 41.3%，也比上年下降 2.6 个百分点。

劳动关系更加复杂，劳资纠纷呈现快速增长态势。一方面，《劳动合同法》、《社会保险法》等法规出台；另一方面，劳动力市场供求形势发生改变，劳工的谈判地位和维权意识增强，劳资纠纷频发成为中国劳动关系变化的重要现象。伴随着劳动力短缺和工资水平的不断上涨，劳动者在劳动力市场上的谈判力量日益增强，对工资水平和工作条件的预期也逐步提高，劳动力市场随之进入矛盾多发期。"十二五"期间，劳动争议的数量明显提高，围绕工资收入、劳动合同、社会保险等问题出现的纠纷、罢工甚至群体性事

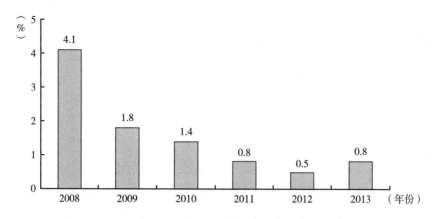

图 3 – 14　外出农民工被拖欠工资的比重（2008～2013 年）

资料来源：国家统计局《2013 年全国农民工监测调查报告》。

件频发；可以预期，"十三五"时期，维持和谐的劳动力市场将面临更加紧迫的形势。

（七）外部经济不确定性冲击的挑战

全球化和信息化加剧了技术偏向型就业，并在结构调整中加剧就业两极化。全球化进程引导生产要素在世界范围内流动，在技术转移和产业分工加快的同时，就业创造与就业损失的强度也在加大，中国不可避免地更深层次地融入全球化分工体系。技术进步偏向会改变不同劳动者的相对生产率，从而改变劳动力市场的需求结构，促使劳动力市场需求结构适应技术进步方向的转变，发展中国家的低技能劳动者在这一过程中将显得更加脆弱、更容易遭受冲击，劳动力市场中的两极化倾向将会加剧，结构性矛盾愈发突出。中国面临的这种全球化趋势只会增强不会减弱，外部环境较以往更为复杂，周期性失业与结构性失业矛盾可能交织在一起，预防失业的难度也将更大。

世界经济格局正在发生深刻变革，分化现象日趋突出。根据 IMF 最新估计，按购买力平价法计算，2013 年发展中国家 GDP 占全球的 50.4%（汇率法为 39.4%），历史上首次超过发达国家，预计 2018 年将提高到 53.9%，

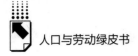

全球经济格局已经发生重大变化，势必影响各个国家的未来发展。但是，我们也应该看到，发展中国家对于世界经济增长的贡献率有所下降，2012年曾经高达91.9%，2013年上半年降至82.4%，2013年下半年降至75%左右。在这一格局变化中，主要经济体的形势也发生分化。美国经济继续温和复苏、进入持续复苏轨道，量化宽松政策迎来转折点；日本货币和财政刺激见效，经济复苏加快；欧元区艰难摆脱衰退，但全年仍为负增长；东亚和东南亚经济保持较快增长，而脆弱五国（印度、印尼、巴西、土耳其、南非）受制于内、外部经济失衡，加上资本外流的冲击，经济发展较为困难。世界经济格局调整和主要经济体内部分化，必然造成中国的外部需求和FDI形势发生变化，若不能适应这一调整，中国的经济和就业也将遭受冲击。

国际经济环境依然复杂多变，不确定性因素依然较多。当前，全球经济仍然处在从金融危机、债务危机中摆脱出来的复苏过程中，全球经济仍然存在诸多不确定性因素：首先，美国经济强势复苏，就业形势好于预期，失业率已经从危机期间的两位数下降到6%，量化宽松政策将逐步退出，全球资金有重返美国的迹象，发展中国家面临资本撤离的风险。其次，欧元区主权债务危机仍然具有较大不确定性，经济增长总体比较乏力，中国的外部需求仍然遭受牵制。再次，全球货币政策倾向于宽松，充裕的流动性可能推高全球通胀水平，国际大宗商品市场仍然有可能剧烈波动。最后，贸易保护主义有加剧的态势。诸如保障、双反、进口关税等传统贸易保护措施以及政府采购、自动配额等新型贸易保护措施有增无减，主要经济体还竞相签订排他性区域自由贸易协定并力争主导权，这些成为贸易保护的新手段，严重影响中国的进出口贸易和就业。

受外部环境影响，中国扩大内需战略和汇率升值将对就业造成明显冲击。未来我国经济发展的"动力"将主要由外需拉动转向扩大内需拉动。从国际经验来看，从外需向内需的转变并非一蹴而就，它意味着经济生产方式、国际贸易和产业关系的调整，也意味着收入分配关系、社会消费观念、消费行为的转变，以及相应的配套政策制度的转变。从长远来看，经济发展形成的内生动力对于促进就业具有根本的积极作用，但从过程来看，内需市场的形成需要一个较长时期。在这一过程中，经济生产需要从外需导向转变为内需拉动，需要进行重大结构性调整，并带来劳动力的产业转移和职业转换，也就意味着劳动力市场的阶段性调整和波动，还会带来对就业的巨大冲击。

第四章
中国劳动供求预测与缺口分析

张车伟　蔡翼飞

21 世纪初以来，中国劳动年龄人口数量开始下降，普通劳动力工资快速上涨。同时，发达国家再工业化进程加快，中国制造业面临国内成本上升和国外竞争加剧的双重压力。在复杂多变的劳动力市场中，劳动供需关系的变化是政策制定者迫切需要了解的问题。我们以人口结构预测为基础，依据教育统计数据推算新成长劳动力规模，再结合对经济结构转型和增长趋势的判断，对劳动力需求状况进行预测，最后考察劳动力供需缺口。

一　劳动供给预测与分析

劳动供给能够从存量和流量两个角度来理解。存量劳动力供给就是经济活动人口数量，而流量劳动力供给是指每年新进入劳动力市场寻找就业岗位的劳动者数量。劳动供给预测以人口预测为基础，通过适当的方法从中分离出需要找工作的人口数量得到新增劳动力供给规模。

（一）劳动年龄人口预测

劳动供给预测的基础是对人口规模和结构的预测，特别是劳动年龄人口预测是反映劳动供给规模的重要指标。国家统计局人口抽样调查显示，2011年 15～64 岁人口占总人口的比重比 2009 年下降了 0.1 个百分点，尽管缩小的幅度不大，但这可能预示着中国劳动年龄人口长期增长的趋势出现转折。联合国人口预测显示，2010 年是中国劳动年龄人口（15～59 岁）比重从上升到下降的分水岭，2010 年劳动年龄人口的绝对规模达到峰值 9.4 亿人，之后将不可逆转地下降。国家人口发展战略（2007）也得出相近的结论，2016 年 15 ~ 64 岁达到高峰 10.1 亿人，此后将逐步下降。

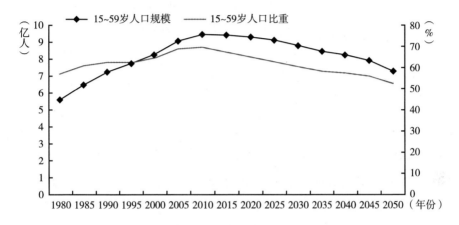

图 4 - 1　联合国预测我国劳动年龄人口比重变化

资料来源：United Nations（2014）。

尽管联合国等机构对中国人口进行过预测，但它们并未公开单岁人口年龄的数据，而本文不仅需要劳动年龄人口数据，也需要单岁年龄人口数据作为劳动供给预测的基础，故笔者采用目前比较常用的队列要素法对 2014 ~ 2030 年的人口进行预测。使用队列要素法的基本假设如下。

（1）生育水平。我国自改革开放之初就开始实施独生子女的计划生育政策，这极大地影响了人口的生育水平。第六次人口普查数据显示，中国的总和生育率不足 1.2，考虑到女性的人口漏登情况，学术界普遍认为 2000 年以来总和生育率在 1.6 左右（郭志刚，2004；朱勤，2012）。近年来，中国计划生育政策有放松迹象，2014 年以来开始全面实施"单独二孩"生育政策。未来，如果全面放开二孩政策将提高我国生育水平，改变我国总人口的发展轨迹，使人口峰值达到 15.01 亿人（翟振武等，2014）。笔者认为，随着社会的发展，人们的生育观念向着越来越低生育水平的方向转变，尽管国家的人口政策会调整，但也仅仅能够扭转生育率下降的颓势，未来总和生

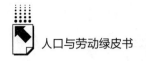

育率依然保持 1.6 的水平不变。

（2）人口平均预期寿命。第五次人口普查的死亡率数据估算结果为，2000 年我国男性人口的平均预期寿命为 69.84 岁，女性为 73.40 岁（陈卫，2006）。2010 年，中国人口平均预期寿命为 74.83 岁，其中男性为 72.38 岁，女性为 77.37 岁。2000～2010 年，男性预期寿命提高了 2.6 岁，女性提高了 3.9 岁。根据联合国在人口预测中对平均预期寿命的经验假设男性为76.63 岁，女性为 80.82 岁，结合中国的实际情况，我们设定 2010～2030年，男、女平均预期寿命将继续提高，但增长幅度将变小，到 2030 年，男性平均预期寿命为 75 岁，女性平均预期寿命为 80 岁。

根据预测，中国劳动年龄人口总量和占总人口的比重持续下降。"十三五"期间，中国劳动年龄人口总量和比例将延续"十二五"期间的趋势，双双持续下降（见表 4－1）。15～59 岁劳动年龄人口将从"十三五"时期初的 9.24 亿人左右下降至 2020 年的 9.10 亿人。15～59 岁劳动年龄人口比例将从 2016 年的 66.46% 下降至 2020 年的 64.45%。人口预测的数据全部来自国家统计局《中国 2010 年人口普查资料》，预测软件为Spectrum 4.0，参数输入及方法可参考《使用指南》：http：//futuresgroup.com/files/softwaremodels/DemmanE. pdf。

表 4－1　2013～2030 年中国 15～59 岁劳动年龄人口总量及比例变化

单位：亿人，%

年份	劳动年龄人口		年份	劳动年龄人口	
	规模	比重		规模	比重
2013	9.35	68.71	2022	9.00	63.35
2014	9.28	67.76	2023	8.93	62.74
2015	9.24	67.07	2024	8.85	62.10
2016	9.22	66.46	2025	8.77	61.45
2017	9.19	65.94	2026	8.69	60.88
2018	9.17	65.47	2027	8.61	60.31
2019	9.14	64.98	2028	8.53	59.78
2020	9.10	64.45	2029	8.47	59.41
2021	9.06	63.92	2030	8.41	59.08

（二）新成长劳动力预测

现有文献主要使用两种方法预测劳动力供给规模。第一种方法以过去劳动供给规模为基础，通过建立非参数模型或者时间序列模型预测未来的劳动力供给趋势（齐国友等，2005；王涛生，2006）。第二种方法先预测劳动年龄人口数量，建立劳动参与率变化影响因素模型预测劳动参与率，再用劳动年龄人口乘以劳动参与率得到劳动供给规模。对比来看，第一种方法本质上只是时间序列数据的趋势外推，由于外部环境的不可预测性，导致这种方法很不可靠。通过第二种方法不仅可以知道劳动供给的上限——劳动年龄人口的数量，也考虑到劳动参与情况，比第一种方法具有更科学的理论基础。现有研究考虑了收入水平、社保制度和教育等因素，笔者认为由于高年龄组参与性降低和低年龄组教育时间的延长，劳动参与率将下降（王金营等，2006；马忠东等，2010）。然而，目前关于劳动参与率的研究缺乏严密的分析框架，故难以对其进行科学的预测。有鉴于此，本文尝试从一种新的视角，利用教育统计来预测新成长劳动力的供给。

自 20 世纪 80 年代以来，中国开始全面普及九年义务教育，2000 年以来高校扩张也如火如荼，中国的年轻劳动力正在接受越来越好的教育，不接受教育而进入劳动力市场的情况几乎不存在了。新成长的劳动力基本是脱离教育或者学校后马上或者几年后就进入劳动力市场的劳动年龄人口。因此，基于相对完备的教育统计资料，这里我们尝试探索一种新的预测劳动力供给规模的方法。该方法的基本思路是：某个阶段教育的毕业生中辍学和未升学的那部分人就会进入劳动力市场，将所有阶段教育辍学人数与毕业而未升学的人数加总就得到新增需就业人员的数量。由于这种方法是使用各教育阶段从学校中脱离的学生数量作为新增劳动供给规模的度量，因此这种方法可简称为脱离教育人数法。

笔者进一步从流程上解释脱离教育人数法的原理。第一步，小学是教育阶段的起点。小学入学人数可以用 6 岁人口数量来反映。小学辍学和未升学的人员由于年龄未达到就业要求的最低年龄（16 岁），我们假定这些人员在

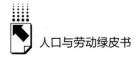
三年后进入劳动力市场。第二步，小学升学的学生成为初中生。初中入学人员在三年后毕业时也分化为辍学＋未升学人员，另一部分升学进入普通高中、职高与技术学校。第三步，受过高中（包括职业教育）教育的毕业生会产生分流。其中普通高中毕业有机会参加高考，进而接受高等教育。剩下的职业教育毕业生则直接进入劳动力市场。第四步，高等教育结束后，少部分进入研究生教育，大部分进入劳动力市场。上述计算流程更为直观地反映在图4－2中。

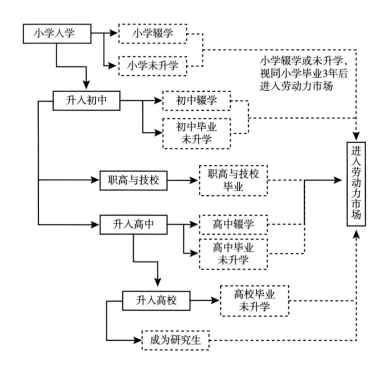

图4－2　脱离教育人数法计算流程

图4－2中涉及五个教育阶段，我们需要对各个教育阶段入学率、辍学率和毕业未升学率进行设定。参数的设定主要是依据过去的发展趋势，考虑经济、社会发展趋势，并结合各种教育规划的目标。对每个教育阶段按照入学人数、辍学人数、毕业未升学人数、升入更高教育阶段人数几个部分进行

预测①。

1. 小学阶段

小学应入学人口为 6 岁年龄组人口规模，数据来自上文人口预测结果。小学辍学人数的计算公式为：6 岁应入学人口 – 当年小学毕业人数。2013 年的小学辍学人口除以 2007 年小学入学人口得到辍学率指标，当年辍学率为 0.52%。考虑到这个辍学率已经比较低，未来继续下降的空间不大，故假定 2014～2030 年辍学率不变，将其乘以每年小学入学的人口可以得到小学相应年份的毕业人数。小学辍学人口规模并不大，每年约 8 万人。这部分人口由于年龄比较小，可能不会立即进入劳动力市场，缓冲期假定为 3 年。

2. 初中阶段

小学毕业的人数是我们预测初中教育阶段脱离学校进入市场劳动力规模的基础。小学毕业后的学生大部分升入初中，2013 年仅有 1% 的小学毕业生未升入初中。假定小学升初中的比例未来维持这个数值不变。将预测小学毕业人数乘以 99% 可以得到未来初中入学人口规模。1% 的小学毕业未升学人口在 3 年后进入劳动力市场。预测初中辍学人口还需要推算初中毕业人口。2013 年，初中辍学率为 6.4%，以其为不变参数乘以初中入学人口，就可得到预测的初中毕业人口数据。与小学辍学人口推算方法一样，初中辍学人口计算公式为：3 年前初中入学人口 – 初中毕业人口 = 初中辍学人口。

3. 高中阶段（包括中职教育）

高中阶段的脱离教育人数预测比较复杂，因为初中毕业后学生去向有三个：升入高中、升入中职（包括中专、职业高中和技术学校）以及直接进入劳动力市场。高中和中职学生这里统称为高中阶段。

根据公式：初中毕业未升学人口 = 初中毕业人口 – 高中入学人口 – 中职入学人口，可以计算 2013 年的初中毕业未升学人数，这部分人在 2005 年以前规模在 700 万人左右，2005 年后开始迅速下降，2013 年将为 160 万人，初中未升学率为 10.1%。将这个比例作为常量，用预测的初中毕业生人数乘以该

---

① 本节使用的数据全部来自国家数据，http：//data. stats. gov. cn/workspace/index? m = hgnd。

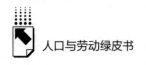
比例可得到2014～2030年的初中毕业未升学人数。接下来可进一步推算高中学生进入劳动力市场的规模和中职教育学生进入劳动力市场的规模。

首先来预测高中教育阶段形成的劳动力。2013年，初中毕业生中进入高中就读的比例达到36.1%，将其乘以预测的初中毕业人数可得到未来高中入学人数。依据此公式：高中辍学人口＝3年前高中入学人口－高中毕业人口，2012年，高中辍学人口规模为38.8万人，辍学率达到4.9%。将其作为不变的比例，乘以高中入学人口可推算未来的高中辍学人口。这部分学生将直接进入劳动力市场。

接下来需要测算职业教育阶段形成的新成长劳动力。职业中学入学人口＝初中毕业升学的人数－进入高中就读的人口。由于缺少中职教育相关指标，加上中职教育的所有学生无论是否毕业，都会进入劳动力市场。因此，这里直接预测得到的使用中职教育入学人口作为3年后该教育阶段进入劳动力市场的规模。

4. 大学阶段

高中毕业学生也分为未升学和进入大学两部分。根据测算，2012年高中毕业生人数为791万，普通高等学校招生688.8万人，高中毕业升学率达到87%[①]。将2012年高中毕业生升学率作为一个常量，乘以预测得到的高中毕业生人数，可以得到大学入学人数。考虑到大学辍学情况比较少，假定大学入学人数与大学毕业人数相等。大学毕业后有一定比例的人会攻读硕士研究生，那么大学毕业人数减去读研究生的人数。大学阶段进入劳动力市场人数为：四年前大学入学人数×（1－攻读研究生的比例）＝进入劳动力市场的毕业生人数。

5. 研究生阶段

研究生分为硕士研究生和博士研究生，由于博士研究生规模比较小，而且统计指标不全，这里不再将两者区分对待，硕士毕业后攻读博士学位的那

---

① 这里假定普通高等院校招生全部来自应届高中毕业生，不考虑复读和中职学生进入大学的情况。

部分人也会进入劳动力市场。2012 年，大学毕业生攻读硕士学位的比例为 9.4%。假定该比例到 2030 年逐步提高到 15%①，按照四年前大学入学学生规模推算可以得到研究生入学规模预测。假定硕士研究生制为 3 年，则根据 3 年前硕士招生规模可得到当前进入劳动力市场的研究生规模。

根据上述劳动力的预测方法，可以测算从小学到高等教育每个教育阶段升学和进入劳动力市场人群分化情况，如表 4－2 所示。近年来，大学生就业难问题成为社会各界关注的焦点，2013 年大学毕业生就业落实率仅为 72%，其中还不包括升学、自主创业、灵活就业的人数。大学生是高素质的劳动力，该群体如果不能实现稳定、及时的就业就是人力资源的浪费。通过以上方法也能够对将来高等教育毕业生每年进入劳动力市场的数量进行相对科学的预测，这有助于相关部门制定促进就业的政策。表 4－2 还显示，进入劳动力市场的数量在 2014 年出现高峰，接近 1700 万人，随后逐步下降，由于教育对劳动力进入市场的延迟效应，劳动力供给的最低点出现在 2025 年前后，2025 年以后趋于稳定。从劳动力受教育结构来看，高等教育毛入学率将由 2013 年的 35% 左右提高到 2020 年的 40%，到 2030 年提高到 45% 左右，受过高等教育劳动力所占比例越来越大。劳动者素质的提高有利于中国未来产业结构的调整，从供给方为产业结构升级做好准备，同时教育也减轻了社会的就业压力。

表 4－2　每年进入劳动力市场的人口规模（分教育阶段）

单位：万人

年份	小学阶段		初中阶段		高中阶段		中职毕业	大学毕业未升学	研究生毕业	合计
	辍学	毕业未升学	辍学	毕业未升学	辍学	毕业未升学				
2013	8.94	28.80	102.93	161.26	39.11	103.63	585.57	577.79	51.13	1659.15
2014	9.00	70.79	98.04	153.60	39.39	100.35	552.41	613.21	53.22	1689.99
2015	8.68	17.27	94.25	147.65	40.07	98.01	505.63	606.44	56.02	1574.02
2016	8.48	16.87	102.61	160.75	39.78	97.30	490.95	621.71	57.86	1596.31

① 中间年份的数据按照初始年份 9.4% 和结束年份 15% 的比例进行线性插值。

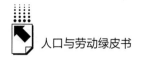

年份	小学阶段		初中阶段		高中阶段		中职毕业	大学毕业未升学	研究生毕业	合计
	辍学	毕业未升学	辍学	毕业未升学	辍学	毕业未升学				
2017	8.19	24.49	100.22	157.01	38.63	94.47	467.63	624.69	59.76	1575.09
2018	8.46	25.29	96.80	151.65	36.79	89.99	449.53	623.66	61.73	1543.90
2019	8.68	25.97	99.98	156.64	35.37	86.50	489.41	605.09	63.77	1571.42
2020	8.57	25.63	102.65	160.82	38.51	94.18	478.03	582.11	65.88	1556.37
2021	7.44	22.26	101.34	158.77	37.61	91.99	461.70	555.24	68.05	1504.42
2022	7.28	21.78	88.00	137.87	36.33	88.85	476.90	532.31	70.30	1459.61
2023	7.17	21.43	86.10	134.88	37.52	91.77	489.61	512.61	72.62	1453.71
2024	7.09	21.19	84.72	132.73	38.52	94.22	483.37	510.75	74.26	1446.86
2025	7.05	21.08	83.76	131.23	38.03	93.02	419.74	511.82	75.94	1381.67
2026	7.28	21.78	83.35	130.58	33.02	80.77	410.66	515.92	77.65	1361.01
2027	7.30	21.82	86.10	134.89	32.31	79.02	404.11	523.15	79.40	1368.10
2028	7.47	22.34	86.26	135.14	43.20	77.76	399.53	533.43	81.20	1386.32
2029	7.48	22.37	88.30	138.34	31.43	76.88	397.54	546.11	83.03	1391.49
2030	7.55	22.58	88.45	138.58	31.28	76.50	410.66	559.86	84.90	1420.37

（三）新成长农民工预测

农业转移劳动力也是城镇新增劳动力的重要组成部分，2013年，外出农民工总量1.66亿人，要想全面掌握劳动供给的趋势，必须对农民工的数量进行预测。农民工处于城乡之间的游离状态，预测起来更加困难，现有农民工规模的预测方法主要采用生长曲线模型或时间序列模型法。但正如前文所述，这种趋势外推的方法无法预知经济环境的不确定性，因而预测可靠性不足。借鉴新成长劳动力总量的测算方法，笔者试图从教育统计中分城乡数据推算新成长农民工的数量。基本假设是，各教育阶段中辍学和毕业未升学的农村户籍学生将成为新成长的农民工。预测方法主要思路依然是以脱离教育人数统计，只不过聚焦于各教育阶段中辍学和未升学人群中农村户籍的学生数量。以下，笔者分别对各教育阶段的预测方法和参数设定予以说明。

1. 小学阶段

通常小学辍学和未升入初中的现象基本发生在农村地区，城市中不能完成九年义务教育的学生数量极少，因此假定流失学生（小学辍学）全部为农村学生，考虑到小学生达不到法定的劳动年龄，再假定这部分人 3 年以后全部进入劳动力市场成为新成长的农民工。

2. 初中阶段

初中生辍学在城市和农村都有发生，但是以农村地区为主。县城和农村初中生流失率的比例在 1/6 ~ 1/4 之间（袁桂林等，2004）。因此，我们将流失学生按照农村和城市 4∶1 的比例进行分拆，得到初中教育阶段进入劳动力市场的新成长农民工数量。

3. 高中阶段

农村高中学生规模很小，而且升入大学的比例也很小，假定农村高中学生毕业后全部进入劳动力市场。县镇高中也有一定比例的学生来自农村，这些农村高中生如果没有考入大学，就会成为待转出的农村新增劳动力。参考全国高中升学率，假定县镇高中未能升入大学的比例为 40%，再以农村户籍人口比重为标准，假定县镇高中毕业未升学的学生中 70% 是农村户籍。根据这些假定可以得到县镇高中未能升学的农村高中生。

4. 中职教育

中等职业教育毕业后的学生基本进入劳动力市场，但是只有农村户籍的学生才成为新增农民工的一部分。调查数据显示[1]，2012 年，中等职业教育学校的学生大约有 82% 的人为农村户籍学生，按此比例得到可能进入劳动力市场的农村学生数量。需要说明的是，进入大学及以上教育的学生都可以根据意愿转为城镇户口，因而理论上不会从中产生农民工。我们将上述四项同样以图示的形式展现出来，以使计算过程更为直观。

根据图 4 - 3 的计算方法，我们计算了 2013 ~ 2030 年每年新成长的农民工数量，如表 4 - 3 所示。总体来看，新成长农民工规模处于不断下降的趋势，由 2013 年的 742.7 万人，下降到 2020 年的 582.6 万人。"十三五"期

---

① 据《2012 中国中等职业学校学生发展与就业报告》显示：农村户籍学生占到职业院校在校生总数的 82%，中国教育网，http：//www. teachercn. com。

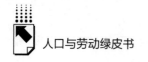
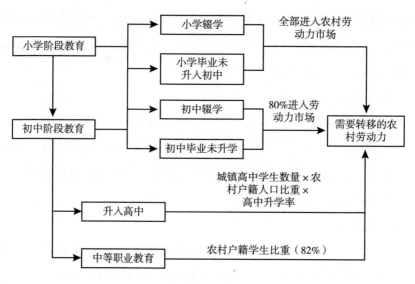

图 4 – 3　农村需转移劳动力计算方法

间，需要转移的农村新增劳动力规模近 3000 万人，每年平均需要转移约 600 万人。2030 年将降为 527.9 万人。从学历结构上看，中等职业教育产生的劳动力规模比例最大，几乎占据新成长农民工总量的一半，初中产生的劳动力比重为 23% 左右，高中和小学的贡献很小，都在 5% 以下。在新成长劳动力中，农民工的比重在不断下降，从 2013 年的 44.7%，下降到 2020 年的 37%，最终稳定在 35% 上下。这说明，随着城镇化进程的推进，新增劳动供给越来越依赖于城镇中成长起来的劳动人口。

表 4 – 3　需转移的新增农村劳动力数量预测

单位：万人

年份	小学教育阶段	初中教育阶段	高中教育阶段	中等职业教育阶段	新成长的农民工	新成长农民工占新成长劳动力比重(%)
2013	46.7	170.8	56.7	468.5	742.7	44.7
2014	40.3	160.4	36.6	441.9	679.2	41.9
2015	34.6	151.9	29.2	404.5	620.2	40.6
2016	33.8	163.7	24.6	392.8	614.9	40.0

续表

年份	小学教育阶段	初中教育阶段	高中教育阶段	中等职业教育阶段	新成长的农民工	新成长农民工占新成长劳动力比重(%)
2017	40.9	157.5	23.4	374.1	595.9	39.3
2018	42.2	149.8	22.5	359.6	574.1	38.6
2019	43.3	152.2	23.3	371.9	590.8	38.3
2020	42.8	153.8	22.8	363.3	582.6	37.2
2021	41.9	149.4	22.0	350.9	564.2	37.0
2022	41.0	143.9	22.7	362.4	570.0	38.0
2023	40.1	138.5	23.3	372.1	574.1	38.6
2024	39.3	133.3	23.0	367.4	563.0	36.8
2025	39.1	128.2	22.5	359.6	549.4	36.7
2026	40.4	125.3	22.1	352.0	539.7	36.9
2027	40.4	127.1	21.6	344.6	533.7	36.1
2028	41.4	125.0	21.1	337.3	524.8	35.2
2029	41.4	125.5	21.0	335.6	523.5	35.4
2030	36.3	123.3	21.7	346.6	527.9	36.6

二 劳动需求的变化与趋势分析

劳动需求是指在一定工资水平下，企业愿意购买的劳动力数量。理论上说，劳动需求不是一个数值，而是工资和企业劳动力购买的映射关系。这种映射关系在实际中是无法观察的，这里我们使用就业代表劳动需求。就业实际是劳动供给和需求短期均衡的结果，但在长期中可以反映经济对劳动需求的增长。就业预测需要借助两个关键参数——就业结构和就业弹性。前一个指标使我们能够从非农就业量中推测就业总规模，后者则可以结合经济增长率预测出年度就业增长率，进而得到每年的就业增量。本文参数设定采用"标杆法"：通过考察主要发达国家就业历史发展趋势，将与中国发展模式可比的发达国家历史数据作为中国

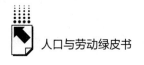

预测的参照值。这些被参照的国家就是"标杆国",本文将选择美、日、韩作为标杆国。

(一)劳动需求变化的国际经验

1. 经济发展阶段与就业结构

发展经济学家克拉克(1940)通过研究各国经济发展历史,归纳出工业化过程中就业结构变动的一般规律,被后来学者称为配第-克拉克定律。该定律被库兹涅茨(1971)和钱纳里(1986)等学者的研究证实和深化。配第-克拉克定律,是指在经济起飞之前,农业是就业分布的主要部门,但由于农业劳动生产率低下以及劳动投入的边际报酬递减规律,存在过剩劳动力。工业化进程开始后,在规模报酬递增和产业关联效应的作用下,第二产业创造越来越多的就业岗位,劳动力开始从第一产业向第二产业转移。当工业化进程基本结束时,工业部门创造就业的能力降低,第二产业就业比重维持稳定,第三产业就成为吸纳劳动力的主要领域,第三产业就业比重快速提高。

图4-4描绘了六个重要工业化国家在较长历史时期三次产业就业结构的变化,从中可以得到以下几点启示:首先,各国三次产业结构变化趋势一致,遵循着配第-克拉克定律。第一产业就业比重均在下降,第二产业呈现先升后降的趋势,而服务业就业比重持续扩大。其次,当第一产业就业比重降低到10%以下时,开始放慢下降速度。这说明农业就业转移的难度越来越大,非农产业的就业吸纳能力也越来越弱。再次,各国第一产业就业比重降至第二产业以下之后,第二产业的就业比重相对稳定或略有提高的趋势保持了较长时间。美国这一过程从1915年持续到1970年,日本从1960年持续到1990年,韩国时间比较短,为1985~1990年,德国从1910年持续到1965年,法国从1950年持续到1970年。如果我们把第一产业就业比重降至第二产业以下作为进入工业化后期的标志(钱纳里,1986),那么进入工业化后期并不代表着只依靠服务业来吸纳就业,此时第二产业引领技术进步,并具有强大的前后关联效应,该部门依然是驱动

经济增长和稳定就业的动力。最后，各国实现第二产业就业比重对第一产业超越时，即进入工业化后期时点，人均 GDP 在 5000 美元左右：美国 1910 年的人均 GDP 约为 5000 美元，日本 1960 年人均 GDP 约为 5100 美元，韩国 1983 年人均 GDP 约为 5000 美元，法国 1950 年人均 GDP 约为 5100 美元。中国刚刚跨越这一时点，至少在 2030 年以前，仍将处于工业化过程中，其他国家的发展轨迹就为预测就业结构的变化趋势提供了相对精确的预测依据。

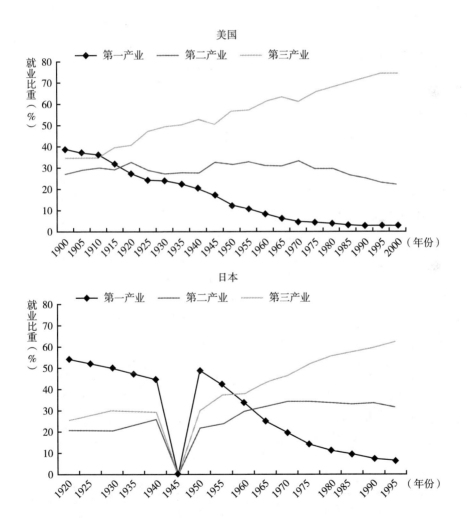

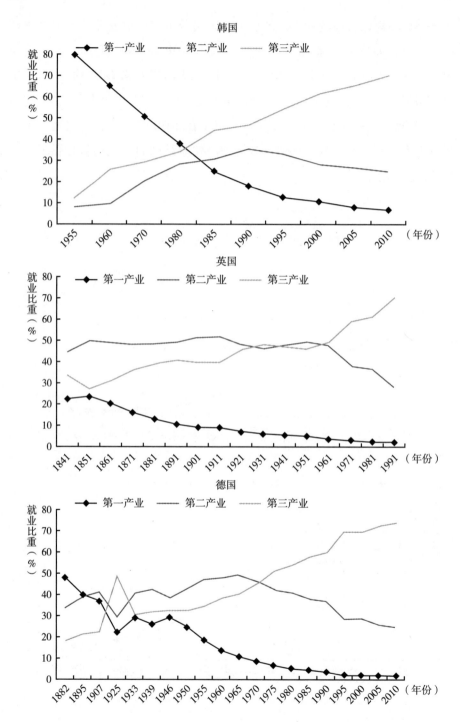

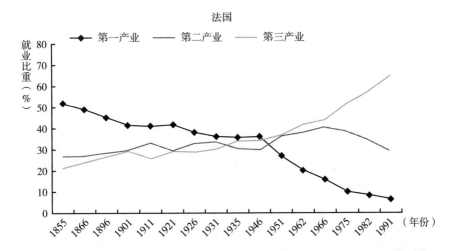

图 4 - 4　美国、日本、德国、英国、韩国及法国的三次产业变化趋势

资料来源：美国的就业数据来自《美国殖民地时期到 1950 统计》和《美国统计摘要》（1960、1990 和 2009 年）。日本就业数据来自日本统计局网站。英国和法国 1955 年以前的就业数据来自《帕尔格雷夫世界历史统计欧洲卷》（第四版），两国 1955 年以后数据来自OECD 网站。德国和韩国资料来源缺失。

　　在这六个国家中，美国和日本对中国就业结构的预测更有借鉴意义。这是因为：美国是世界上最发达的国家，市场经济制度比较完善，其发展轨迹最符经济发展规律，而且美国国土面积与中国相似，人口规模也比较大，同为大国，面临的问题比较相似，因而选择的发展道路也可能比较接近。日本是亚洲地区发展水平最高的国家，由于特殊的历史渊源和文化相似性，中日两国选择发展模式比较接近。从统计数据上看，美日两国就业结构不仅在变化趋势上高度相似，甚至在绝对量上也非常接近。两国第一产业就业比重不断下降，第二产业就业比重先升后降，第三产业就业比重不断提高。日本和美国自 20 世纪初至 2000 年三次产业的就业比重变化过程如下：美国在1910 年前后第二、三产业的就业比重超过第一产业，日本是在 1960 年前后第二、三产业就业比重超过第一产业。1910 年，美国三次产业比重分别为35.8%、29.6% 和 34.5%，而日本 1960 年三次产业结构分别为 33.4%、29.0% 和 37.8%。日本第二产业从 20 世纪 70 年代开始下降，美国大致也是

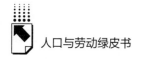
从那时开始下降。日美两国的第一产业就业比重已经降至5%以下，而且还在下降，服务业达到或超过70%。下文笔者将以这两个国家在中国相似发展阶段的就业比重作为预测的参照值。

2. 经济发展阶段与就业弹性

就业岗位增加既是经济增长的结果，也是维持经济增长的内在需要，就业弹性直观地反映了两者之间的关系。就业弹性是指经济增长一个百分点带来多少个百分点的就业增长，本文的就业弹性是以年度计算的，因而是弧弹性的概念[①]。当就业弹性为正值时，系数越高，说明产业增长对就业增长的拉动能力越大，产出一定时，创造的就业岗位数量越多。与就业结构分析一样，这里笔者也试图通过对发达国家就业历史的考察，找到就业弹性变化的一般规律。

图4-5描绘了六个主要发达国家在较长历史时期中就业弹性的变化趋势。不难发现，各国的就业弹性变化以某个时间段为分界线（如图4-5中纵虚线所示），前后呈现非常不同的形态。分界线以前，就业弹性表现出相对稳定略有降低的趋势，之后则出现无规律的波动状态。当然，有些国家在分界线以前也有剧烈波动，但这主要是两次世界大战导致经济运行被严重破

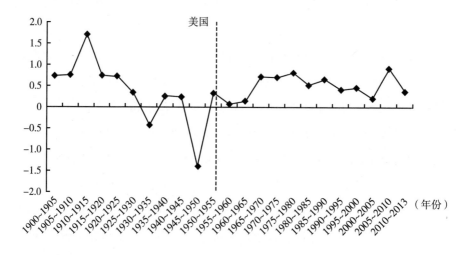

---

① 就业弹性计算可分为点弹性和弧弹性。点弹性反映产出和就业曲线上每个点的斜率，是在时间趋于0时的弹性。弧弹性反映了一段时间就业增长与就业增长之间的关系，考虑了时间的变化过程。通常经济和产出增长都以年度或5年为计时单位，因此这里所说的就业弹性是指弧弹性。

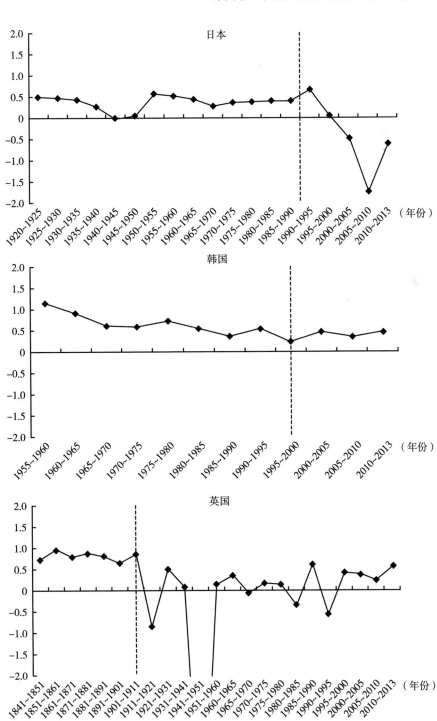

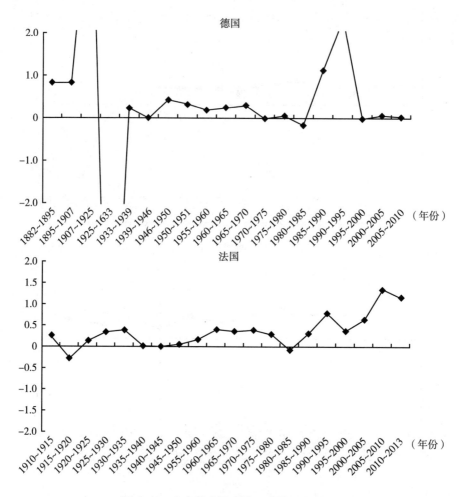

图 4 - 5　六个发达国家就业弹性历史变化

资料来源：就业数据来源同图 4 - 4。各国人均 GDP 来自 Madison（2007）。

坏所致，在考虑就业弹性长期趋势时可忽略这些特殊情况。美国 1930~1945 年就业弹性为 0.25~0.35，日本二战后就业弹性从 1950 年的 0.56 稳步下降到 1985 年的 0.38，韩国从 1955 年的 1.1 稳步下降到 2000 年的 0.34，英国 1841~1901 年就业弹性稳定在 0.7~0.85 之间，德国 1945~1970 年就业弹性稳定在 0.3 左右，法国 1950~1975 年就业弹性在 0.2~0.36 之间波动。有趣的是，当我们对这条分界线进行考察后，发现在分界线时点，各国第一产业就业比重都在10%上下。美国1955年第一产业就业比重为10.4%，日本1985年为9.3%，韩国2000年为10.7%，英国1901年为9.1%，德国1965年为10.7%，法国1975年为10.0%。

为什么就业增长弹性呈现出先稳定后波动的变化趋势？一种经济现象只有放在更宏观的历史背景下才能对其形成机制有更全面和深刻的理解。经济学家为了认识增长的类型，将从传统经济到现代经济转变过程划分为三个阶段：马尔萨斯贫困陷阱阶段、二元经济阶段或库兹涅茨结构转变阶段、新古典增长阶段（Hanson & Prescott，2002；Aoki，2012；蔡昉，2013）。不同的发展阶段，由于要素禀赋和生产技术的差异，经济发展方式也存在很大不同。由于分界线前后就业弹性变化趋势迥异，而且就业弹性恰恰是反映经济发展方式差异的重要指标，故笔者推测各国在分界线前后处于不同的发展阶段。在前一阶段，农业就业比重相对较高，产业的发展容易从农业中获得剩余劳动力，如果考察较长时间内劳动力供给，那么分界线之前比较符合二元经济结构的发展特征；后一阶段农业就业比重下降至较低水平，农业析出劳动力的难度比较大，城市劳动力市场更接近出清状态，这个阶段可能更符合新古典的发展特征。

如果上述猜测成立，那么我们的问题就转化为：为什么不同的发展阶段就业弹性表现差异如此巨大？简单来说，二元经济发展阶段，劳动力供给不受限制，就业只由产业扩张速度决定，产业快速而稳定的扩张使得经济增长和就业之间呈现一种相对稳定的关系。但当经济进入新古典增长阶段后，劳动力总量可视为给定的，经济增长和就业之间原有关联不复存在：短期经济增长会因劳动力成本上涨而停止，长期经济增长只与技术进步有关。以下，我们将以二元经济结构理论和新古典工资理论为框架对经济增长和劳动需求之间的关系进行深入分析。

（1）二元经济发展阶段。

二元经济理论考察的是劳动力剩余的国家如何从以农业为主的产业结构模式转变为一个以工业为重心的经济体。所谓劳动力剩余就是农业中有大量剩余劳动力，剩余劳动力的增加边际产出为零，他们对农业总产出增加没有贡献。农业部门释放的剩余劳动力是工业部门扩张所需劳动投入的主要来源。由于劳动力可以被视为无限供给，因而劳动力供给曲线是一个平滑的直线，也就是劳动力增加并不会带来产出的增加或工资的上涨，劳动力需求完全由需求曲线来决定（刘易斯，1954）。劳动力需求又是如何决定的呢？这里笔者通过一个简单的模型来推导出劳动力需求曲线。

假定经济由两个部门组成，农业（T）和工业（M）。工业需要两种投入要素资本 K 和劳动力 L，农业生产要素为土地 D 和劳动力（N－L），N 为劳动力总量。工业采用科布道格拉斯生产函数：$Y = AK^{\alpha}L^{1-\alpha}$，A 为生产技术。农业生产函数为：$P = BD$，B 是农业生产的技术。由于农业劳动力剩余，一方面可视为农业劳动力供给不受约束，另一方面农业产出就只由土地的数量决定[①]。如果将土地也视为一种资本，即将资金购买土地和机器设备并无本质差异，则土地也可以用货币价值来反映。均衡时，投资土地和进行物质资本积累是无差异的，这就意味着两者的边际产出相等（$\partial Y/\partial K = \partial P/\partial D$），由该等式可推导出劳均资本和劳动力需求：

$$\alpha A(K/L)^{\alpha-1} = B \tag{1}$$

$$K/L = \alpha^{1/(1-\alpha)}(A/B)^{1/(1-\alpha)} \tag{1}'$$

$$L = K/\theta，其中 \theta = \alpha^{1/(1-\alpha)}(A/B)^{1/(1-\alpha)} \tag{2}$$

（2）式反映的是工业部门的劳动力需求曲线，它由资本存量和两部门相对技术水平来决定。资本存量越高，表示产业规模越大，对劳动力的需求也越高，而且是线性关系。斜率 θ 由工业部门与农业部门之间的技术差距（A/B 越大）决定。工业技术水平越高意味着工业部门的劳动生产率越高，相同产出水平下，工业部门对劳动力的需求越小。将公式（2）代入工业部门的生产函数，对其两边取对数，再对时间求导，可得经济增长方程：

$$G_Y = G_A + G_K + (\alpha - 1)G_{\theta}$$

[①] 费景汉、拉尼斯（1967）指出，农业生产等产量线上存在一个劳动力短缺点，在农业劳动力短缺点的右边，等产量线是水平的，产出水平只由土地数量决定。

如果技术水平不变，$G_A = 0$，工农业间的相对技术差距也不变，$G_\theta = 0$，那么经济增长只由资本积累增速决定。二元经济结构中，由于劳动力无限供给，在技术不变的情况下，经济增长完全是由资本积累增加决定的。刘易斯（1954）、费景汉、拉尼斯（1964）认为，工业资本的积累主要来自农业产出的剩余，农业产出剩余又是农业劳动力转出所造成的。资本积累、劳动力转移、农业剩余增加是一种稳定的关系，因而三者增长比例关系是稳定的。就业增长和经济增长之间就以资本积累增长为桥梁，形成一种稳定的关系。此外，随着工业化推进，各国普遍加大了对农业的补贴和技术的研发投入，农业技术和装备水平也得到提高，相对技术水平参数 θ 会下降，在经济增长不变的情况下，G_K 下降，导致 G_L 下降，就业弹性也相应降低，但这种降低幅度比较小。整体来看，就业弹性总体保持稳定，但随着经济的发展会略有下降。

（2）新古典增长阶段。

当劳动力剩余被吸纳完毕即意味着经济进入新古典增长阶段，劳动力总供给可被视为固定的。新古典增长阶段，资本和劳动的替代弹性不变，劳动份额通常是稳定的（α），这一特征被总结为卡尔多事实之一。由于劳动产出份额不变，增长和就业的关系就转变为工资和就业的关系，即工资需求曲线。具体推导过程如下：

$$\varepsilon_{L/Y} = \frac{dL/L}{dY/Y} = \frac{dL/L}{d(wL/\alpha)/(wL/\alpha)} = \frac{1}{1 + \varepsilon_{w/L}} \tag{3}$$

（3）式中，就业对经济增长的弹性转变为对工资增长的弹性关键点是劳动份额不变，α 在求导时可作为常数在分子分母中被消掉。增长的就业弹性与工资对就业的弹性[①]呈现反比例关系。

工资弹性又是由什么因素决定的呢？学者主要从不完美合约理论、效率

[①]　就业对工资增长弹性（简称工资弹性）实际是就业对工资增长的弹性倒数。在（3）式中，由于就业对工资的就业弹性出现在分母中，为表述方便，将其变换为工资对就业增长的弹性，简称就业弹性。

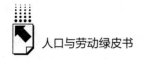

工资理论、内外人理论三个角度来分析，核心是考察工资和劳动力需求的替代关系（Mazumdar，2003）。新古典发展模式意味着企业完全竞争，在利益最大化的原则下，企业决定雇用多少劳动力，因此劳动需求曲线就是劳动边际产出曲线，即一条向下倾斜的劳动力需求曲线。然而，这种替代关系没有得到经验上的证实，Bodkin（1969）、Geary and Kennan（1982）认为预期等因素使得短期劳动需求曲线并不固定。此外，政府公共政策对就业的稳定性作用不断增强，这也导致工资影响就业的传导机制越来越不敏感，二者的波动也越来越不同步，从而导致就业弹性呈现无规律波动的状态。

（二）中国劳动力需求预测

1. 劳动力需求总量预测

通过就业弹性计算就业规模的公式可表示为：$E_t = E_{t-1}(1 + \varepsilon_t g_t)$，其中，E 表示就业总量，$\varepsilon$ 代表就业弹性，g 代表经济增长率，$\varepsilon \times g$ 表示就业增长率，劳动力需求的年度净增规模表示为：$\Delta E_t = E_t - E_{t-1}$。由就业规模公式可知，预测的关键是确定未来的 ε 和 g。

首先，根据上文各国历史经验设定可对中国就业弹性（ε）进行预测。参照值设定必须控制发展阶段的差异，即找到其他国家与中国当前相似的发展阶段。2013 年，中国人均 GDP 为 6639 美元，相当于美国 20 世纪 20 年代末期的发展水平，相当于日本 20 世纪 60 年代中期水平，相当于韩国 20 世纪 80 年代末期水平①。照此标准，中国工业化进程还未结束，经济和就业以中高速增长持续一段时间。从上文对发达国家就业弹性的特征事实和理论分析可知，未来一定时期，中国就业弹性将保持相对稳定而略有下降。如果按照 6.5% 的增长速度，2030 年中国人均 GDP 约为 1.8 万美元，分别相当于日本和韩国 1990 年和 2010 年发展水平，2030 年中国的就业弹性系数大

---

① 按照 Middison（2010）的估计，美国 1928 年的人均 GDP 为 6569 美元，日本 1966 年人均 GDP 为 6506 美元，韩国 1987 年人均 GDP 为 6916 美元，中国当前与这些国家当时的水平比较接近。

致为 0.35。1990~2013 年，中国的趋势就业弹性系数平均为 0.42，将其作为 2013 年就业弹性的初始值，假定就业弹性逐步下降到 2030 年的 0.35，2014 年为 0.4，2015 年为 0.39，2020 年为 0.37，2025 年降为 0.36，其他年份的就业弹性按不变增长趋势进行插值（见表 4-4）。

表 4-4　国内外权威机构对中国未来经济增长的预测

单位：%

世界银行		OECD		中国社科院	
2011~2015 年	8.6	2001~2011 年	10.2	2010 年	9.9
2016~2020 年	7.0	2012~2017 年	8.9	2020 年	7.7
2021~2025 年	5.9	2018~2030 年	5.5	2030 年	5.8
2026~2030 年	5.0	2031~2050 年	2.8	2050 年	4.3

数据来源：世界银行数据来源于世界银行（2011）"China 2030：Building a Modern，Harmonious，and Creative High - Income Society"；OECD 数据来自 Medium and Long - Term Scenarios For Global Growth and Imbalance；中国社科院数据来源于中国社会科学院数量经济与技术经济研究所（2010年）预测。

其次，经济趋势增长率是劳动力需求预测必需的变量（g）。中国正处于经济由高速增长向中高速增长的"换挡期"。未来经济走势不仅对我国全面建设小康社会和实现现代化目标具有重大意义，对世界经济格局也影响深远，因而受到国内外的广泛关注，很多研究机构也给出相应的预测。世界银行预测中国 2011~2015 年年均增速为 8.6%，2016~2020 年年均增速为 7.0%，2021~2025 年为 5.9%。OECD 预测中国 2012~2017 年均经济增长速度为 8.9%，2018~2030 年增速为 5.5%。中国社会科学院预测 2020 年经济增长率为 7.7%，2030 年为 5.8%。

从影响中国未来经济增长的驱动因素来看，产能过剩、政府债务等都会制约经济增长，造成经济增长率持续下降。上述机构的预测结果比较一致，2020 年经济增速约为 7%，2030 年约为 5.5%。基于这些预测结果，以及对宏观形势的把握，我们提出高、中、低三种经济增长方案：近期 2014~2015 年经济增长率为 7.6%、7.5% 和 7.4%；中远期 2021~2025 年和 2026~2030 年三种方案中经济增长率分别为 7%、6.5%、6% 和 6%、

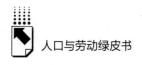

5.5%、5%。根据就业增长计算公式可以得到2013～2030年非农就业规模增长预测值,如表4-5所示。"十三五"期间,高、中、低三种方案下劳动力需求年均增长1585万、1549万和1511万,2020～2030年年均增加1602万、1489万和1374万。

表4-5 2013～2030年非农就业规模预测(采用增长弹性法)

单位:%,万人

年份	经济增长的就业弹性	就业增长率高方案	就业增长率中方案	就业增长率低方案	就业增长高方案	就业增长中方案	就业增长低方案
2013	0.42	3.2	3.2	3.2	1649	1649	1649
2014	0.40	3.0	3.0	3.0	1596	1588	1578
2015	0.39	2.9	2.9	2.8	1579	1561	1543
2016	0.39	2.8	2.8	2.7	1583	1557	1529
2017	0.38	2.8	2.7	2.6	1586	1551	1513
2018	0.38	2.7	2.6	2.5	1588	1543	1496
2019	0.37	2.6	2.5	2.4	1589	1534	1477
2020	0.37	2.6	2.5	2.4	1588	1524	1457
2021	0.37	2.5	2.4	2.3	1595	1521	1444
2022	0.37	2.4	2.3	2.2	1601	1516	1430
2023	0.36	2.4	2.3	2.1	1606	1511	1415
2024	0.36	2.3	2.2	2.1	1610	1505	1399
2025	0.36	2.3	2.2	2.0	1613	1498	1382
2026	0.35	2.2	2.1	1.9	1579	1457	1334
2027	0.35	2.2	2.0	1.8	1589	1456	1323
2028	0.35	2.1	2.0	1.8	1599	1454	1312
2029	0.35	2.1	1.9	1.8	1607	1452	1300
2030	0.35	2.1	1.9	1.8	1641	1480	1323

2. 劳动力需求结构预测

按照经济增长预测和人口预测结果,可推算出中国2030年人均GDP为1.8万美元,这一水平对应美国1980年、日本1990年的发展水平。相应地,美、日三次产业结构分别为4:30:66、7:33:60。以此为标准,中国农业就业比重将越来越低,制造业就业比重保持稳定,服务业就业比重将逐步提高。考虑到中国农业起点较低，农业部门的剩余人口比较多，而且面临着比较大的城乡迁移壁垒，即使在相同发展阶段，中国的农业就业比重要更高一些。假定 2030 年中国三次产业比重为 10∶30∶60。根据 2013 年和 2030 年预测的三次产业就业比重，可按照 2013 年和 2030 年的指数不变增长趋势对中间年份进行插值如表 4 - 6 所示。

从就业结构预测中容易计算出非农就业比重（第二、三产业就业比重之和）。根据上文对非农就业的预测，将基年（2013 年）的非农就业总规模加上 2014 年新增非农就业，可得到 2014 年非农就业总规模，以此类推就得到 2014 ~ 2030 年各年的非农就业规模。将非农就业规模除以非农就业比重可以反推出就业总规模（见表 4 - 6）。2013 ~ 2030 年，总就业规模从 76977 万人增加到 81896 万人，增加 4919 万人。第一产业由 24180 万人下降到 8190 万人，减少了 15990 万人。第二产业绝对规模变化不大，仅增加约 1200 万人。第三产业就业规模从 28584 万人提高到 49138 万人，增加了 20554 万人。综合来看，到 2030 年，中国总就业规模增量并不大，劳动需求的变化主要体现为就业在行业间的再分配，第二产业就业人数基本稳定，第三产业是就业的主要扩张领域，从农业转移出来的劳动力和新进入劳动力市场的劳动力将主要被第三产业吸纳。

表 4 - 6　2013 ~ 2030 年三次产业就业预测

单位：%，万人

年份	第一产业就业份额	第二产业就业份额	第三产业就业份额	总就业规模	第一产业就业规模	第二产业就业规模	第三产业就业规模
2013	31.4	30.3	37.1	76977	24180	23311	28584
2014	29.4	30.3	38.2	77264	22690	23385	29512
2015	27.5	30.2	39.3	77546	21290	23458	30468
2016	25.7	30.2	40.4	77829	19976	23530	31454
2017	24.0	30.2	41.6	78112	18744	23603	32473
2018	22.4	30.2	42.8	78397	17587	23676	33524
2019	21.0	30.2	44.0	78683	16502	23749	34609
2020	19.6	30.2	45.2	78970	15484	23822	35730
2021	18.3	30.1	46.5	79258	14528	23896	36887

年份	第一产业就业份额	第二产业就业份额	第三产业就业份额	总就业规模	第一产业就业规模	第二产业就业规模	第三产业就业规模
2022	17.1	30.1	47.9	79547	13632	23970	38081
2023	16.0	30.1	49.2	79837	12791	24044	39314
2024	15.0	30.1	50.7	80128	12001	24118	40587
2025	14.0	30.1	52.1	80420	11261	24193	41901
2026	13.1	30.1	53.6	80713	10566	24268	43258
2027	12.2	30.0	55.1	81007	9914	24343	44658
2028	11.4	30.0	56.7	81303	9302	24418	46104
2029	10.7	30.0	58.3	81599	8728	24493	47597
2030	10.0	30.0	60.0	81896	8190	24569	49138

三 供求缺口预测及困难群体分析

前文劳动供需预测结果，使预测失业人口和失业率成为可能，这两个指标的测算有助于我们全面把握劳动力市场的走势。需要指出的是，上文计算的劳动力供给和需求都限于非农业部门，而非农业就业可以认为全部分布在城镇中，故这里所说的失业人口和失业率实际是指城镇失业人口和城镇失业率。

（一）城镇失业人口预测

从劳动供给预测中可以得到劳动供给的增量（ΔL_t），从就业需求预测中可得到就业需求的增量（ΔE_t），两者之差就是失业人口变动（ΔU_t），即 $\Delta L_t - \Delta E_t = \Delta U_t$。下一期失业人口（$U_{t+1}$）是当期失业人口（$U_t$）加上下一期失业人口变动（$\Delta U_{t+1}$）之和，即 $U_t = U_{t-1} + \Delta U_t$。如果将期初（0 时期）到期末（$T$ 时期）的失业人口表达式进行迭代，可得期末的失业人口等于期初失业人口与各期失业人口变动量的加总。具体推导过程如下：

$$U_1 = U_0 + \Delta U_1$$
$$U_t = U_{t-1} + \Delta U_t$$
$$U_T = U_{T-1} + \Delta U_T = U_0 + \sum_{t=0}^{T} \Delta U_t \qquad (4)$$

根据（4）式，我们以 2013 年失业人口总量（2323 万人）为初始值，加上每期失业人口的增加可得到失业人口存量变化，如表 4 – 7 所示。2020 年以前，劳动力市场总体呈现供大于求的局面，失业人口由 2013 年的 2323 万提高到 2020 年的 2572 万，2020 年以后，劳动力开始供不应求，失业人口总量逐步下降，2030 年下降到 1895 万人。由此可见，虽然中国劳动年龄人口绝对规模开始下降，但劳动力供应还是相对充分的，至少在 2020 年以前是如此，而且由于教育对劳动力进入市场的延迟作用，平滑了新增长劳动力的数量，2020 年以后劳动力缺口并不大。这对经济转型中的中国具有重大的意义，国家有较大的余地通过提高劳动者素质和改进生产技术抵消劳动力数量下降的负面影响，维持中国经济的竞争力。

表 4 – 7　城镇失业人口存量预测结果

单位：万人

年份	劳动力需求	劳动力供给	失业人口增量	失业人口总量
2013	1649	1689	40	2323
2014	1588	1690	102	2425
2015	1561	1574	13	2438
2016	1557	1596	39	2477
2017	1551	1575	24	2502
2018	1543	1544	1	2502
2019	1534	1571	37	2539
2020	1524	1556	32	2572
2021	1521	1504	– 16	2555
2022	1516	1460	– 57	2499
2023	1511	1454	– 58	2441
2024	1505	1447	– 58	2383

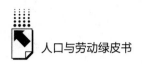

年份	劳动力需求	劳动力供给	失业人口增量	失业人口总量
2025	1498	1382	− 116	2266
2026	1457	1361	− 96	2171
2027	1456	1368	− 88	2083
2028	1454	1386	− 68	2015
2029	1452	1391	− 60	1955
2030	1480	1420	− 59	1895

（二）城镇失业率预测

失业人口反映了劳动力供需缺口的绝对量大小，但同时我们也关注这种缺口的相对大小，这就需要借助失业率指标。城镇失业率等于城镇失业人口除以城镇经济活动人口。其中，失业人口前文已经得到，未知的是城镇经济活动人口规模。经济活动人口等于就业人口加上失业人口，因此计算城镇经济活动人口就必须得到城镇就业人口数据。前文已经对劳动力需求规模进行了预测，从而得到每年增加的非农就业岗位数。如果将非农就业岗位增加视为全部发生在城镇之中，那么用2013年城镇就业规模加上每年的就业岗位增加就可得到城镇就业总量的预测序列。表4-8按照此方法得到2013~2030年城镇就业人口和城镇经济活动人口的预测值。城镇就业人口从2013年的3.82亿人提高到2030年的6.4亿人，总共增加约2.6亿人。城镇失业率呈现逐步下降的趋势，虽然城镇失业人口在2020年以前是增加的，但由于城镇就业人口更快的增加使得城镇失业率依然是下降的，从2013年的5.73%降为2020年的4.98%，降幅为0.75个百分点，年均下降0.1个百分点。2020年后，城镇失业率下降加快，从2021年的4.81%下降到2030年的2.88%，年均降幅为0.2个百分点。

（三）就业困难群体分析

劳动者素质是千差万别的，由于年龄偏大、缺乏经验或者技能水平较低

表 4 – 8　城镇失业人员推算

单位：万人，%

年份	新增就业岗位	城镇就业人员	城镇失业人员	城镇经济活动人口	城镇失业率
2013	1649	38240	2323	40563	5.73
2014	1588	39828	2425	42253	5.74
2015	1561	41389	2438	43827	5.56
2016	1557	42946	2477	45423	5.45
2017	1551	44497	2502	46998	5.32
2018	1543	46040	2502	48542	5.15
2019	1534	47574	2539	50114	5.07
2020	1524	49098	2572	51670	4.98
2021	1521	50619	2555	53175	4.81
2022	1516	52136	2499	54634	4.57
2023	1511	53647	2441	56088	4.35
2024	1505	55152	2383	57535	4.14
2025	1498	56650	2266	58916	3.85
2026	1457	58107	2171	60277	3.60
2027	1456	59563	2083	61645	3.38
2028	1454	61017	2015	63032	3.20
2029	1452	62469	1955	64423	3.03
2030	1480	63948	1895	65844	2.88

等原因，一部分劳动者在市场竞争中处于不利地位，处在失业或者濒临失业的状态，这个群体被称为就业困难群体。不同发展阶段，各国对就业困难群体的界定也是不同的。例如，欧洲国家年轻人、长期失业者被视作就业困难群体。中国最早将国企改革中的下岗失业的"4050"人员称为就业困难群体，随着就业群体的扩大，就业困难群体也在扩大，包括下岗职工、农民工（曾湘泉、李丽林，2003）。随着近年来高校大学生就业问题日益凸显，刚毕业的大学生也逐渐被人们认为是就业困难群体的一部分。无论就业困难群体范围如何变化，其核心仍然是失业或者容易失业的人群，本文就业困难群体关注的是失业人口中的"4050"人员、大学生和农民工。

　　从失业率的年龄分布来看，青年劳动力的失业率比较高，失业率按年龄呈递减趋势。相比2000年，2010年50岁以下人口的失业率整体有所下降，年龄越低劳动力的失业率降幅越大。50岁以上人口的失业率比2000年有所上升。一般来说，中青年劳动者的劳动效率更高，也更能适应生产技术革新，以上结果反映出，经济发展对劳动者需求有年轻化的倾向。从失业人口的规模分布来看（见图4-6），40岁以上劳动者所占比重在提高。根据人口普查数据，2010年40岁以上失业人口占全部失业人口比重达到34.4%，超过2000年22.1%的水平，增幅超过12个百分点。这也反映出，随着经济的发展，"4050"人员的就业形势越来越严峻。

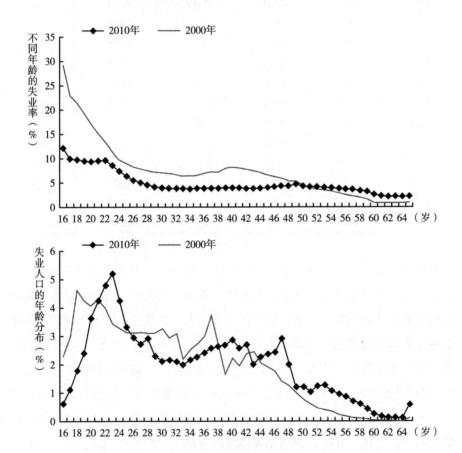

图4-6 失业率和失业人口的年龄分布

资料来源：笔者根据第五、六次人口普查资料计算。

自 1999 年实施大学扩招政策后，大学毕业生就业难的问题日益凸显。大学生是劳动力中人力资本较高的群体，他们不能被充分利用是人力资源的极大浪费。以下，我们将通过对失业人口的学历分布的测算，观察大学生失业的规模及发展趋势。由图 4 - 7 可知，初中失业人口比重最高，2000 年占全部失业人口 50.7%，2010 年降至 44%，高中学历失业人口次之，比重达到 28.2%。大学及以上学历（包括大专教育）的失业人口比例低于初中和高中的比重，但 2000 ~ 2010 年有所提升，比重从 2000 年的 11.6%，提高到 2010 年的 17.7%。

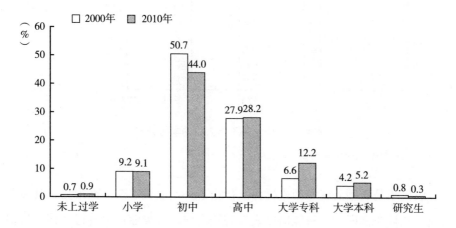

图 4 - 7　失业人口的学历分布状况

资料来源：笔者根据第五、六次人口普查资料计算。

大学学历的失业人口比重虽然不高，但这并不表示大学生失业问题不严重。实际上，通常所说的大学生就业难是指刚毕业的大学生第一次就业困难。为反映大学生毕业后一次就业之前的失业状况，我们统计了失业者中毕业未找到工作人员的学历分布（见图 4 - 8）。可以看到，大学本科、专科和研究生毕业未找到工作的比重达到 44.0%，占全部失业人员的比重为9.6%。如果不考虑以往累积下来的人数，则可以说每十个失业人员中就有一个是刚毕业的大学生。按照 2010 年 2283 万人的失业总规模，刚毕业的大学生找不到工作的规模将近 200 万人。根据上文对新成长劳动力供给的预

测，2010 年新进入劳动力市场的大学生人数为 560 万人，这就意味着
35.7% 的新毕业大学生没有实现就业。综合来看，大学生失业人员在总失业
中的比重在提高，加上未来大学生在新成长劳动力中的比重提高以及经济增
长速度放缓，这些因素都会促进大学生充分就业的难度加大。

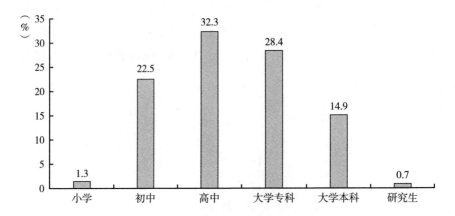

图 4 - 8 毕业未工作人员的学历分布

资料来源：笔者根据第五、六次人口普查资料计算。

农民工是典型的就业困难群体，但由于外出农民工流动性很强，其失业
规模的统计非常困难，只能借助人口普查资料对其失业规模进行考察。根据
第六次人口普查 1‰样本，外出农民工总体失业率为 2.56%，应该说这一失
业率水平较低，符合我们通常所观察到的外出农民工群体的失业率低于城镇
本地劳动力的失业率。从分年龄组、性别的迁移农民工失业率看（见表
4 - 9），越年轻的群体失业率越高。50 岁以上农民工失业率已经非常低，这
是由于这部分人很多已退出劳动力市场，劳动参与程度很低所致。同时，可
以看出，16 ~ 20 岁、21 ~ 25 岁青年迁移农民工失业率相对高于其他年龄组，
表明青年迁移农民工就业符合劳动力市场上青年劳动力失业率高的特点。根
据 2010 年农民工监测报告显示，外出农民工总量为 1.53 亿人，按此规模乘
以 2.56% 的农民工失业率，可得到失业农民工规模为 392.6 万人，占城镇
总失业人口的 17.2%。

表4-9 分年龄组、性别的迁移农民工失业率

单位：%

年龄组(岁)	失业率	男性失业率	女性失业率
16~20	7.68	7.53	7.85
21~25	6.05	5.79	6.35
26~30	3.47	3.06	3.94
31~35	2.51	2.12	2.96
36~40	2.45	1.99	2.99
41~45	2.17	1.85	2.54
46~50	2.28	2.12	2.49
51~55	1.87	2.19	1.40
56~60	1.35	1.67	0.86
61~64	0.73	0.81	0.62

资料来源：国务院人口普查办公室著《发展中的中国人口问题——2010年全国人口普查研究课题论文集》第四章《中国就业与失业问题》，中国统计出版社，2014。

根据上文对"4050"人员、大学生失业人口和农民工失业人口测算，结合上文对失业人群的预测，可以对2014~2030年的失业人口结构进行测算（见表4-10）。设定40岁以上失业人口比重为34.4%，大学生失业人口比重为17.4%，农民工失业人口比重为17.2%，假定三者比例在2014~2030年不改变。到2030年，40岁以上失业人员、大学生失业人员和农民工失业人员分别为652万、330万和326万。

表4-10 城镇失业人员中的就业困难群体组成

单位：万人

年份	城镇失业人员	40岁以上	大学生失业人员	农民工失业人员
2014	2425	834	422	417
2015	2438	839	424	419
2016	2477	852	431	426
2017	2502	861	435	430
2018	2502	861	435	430

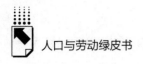

年份	城镇失业人员	40岁以上	大学生失业人员	农民工失业人员
2019	2539	874	442	437
2020	2572	885	447	442
2021	2555	879	445	440
2022	2499	859	435	430
2023	2441	840	425	420
2024	2383	820	415	410
2025	2266	780	394	390
2026	2171	747	378	373
2027	2083	717	362	358
2028	2015	693	351	347
2029	1955	672	340	336
2030	1895	652	330	326

四　结论和建议

劳动力供给和需求预测关系国家发展战略的导向，供求缺口也是制定就业政策的基本依据。本文对2014～2030年我国劳动力的供给和需求进行了系统地预测，重点考察了供给和需求的增量关系，并以此为基础测算了供求缺口。以往很多研究以劳动年龄人口为依据预测中国劳动力短缺形势将会越来越严峻。但是，随着经济进入新常态，在经济减速的同时就业需求也将随之下降，而且劳动年龄人口并不代表真实的劳动力供给，教育会延迟其进入劳动力市场的时间，平滑劳动力供给，劳动供需形势究竟如何需要更加准确可靠的证据。本文以人口预测为基础，结合教育阶段数据，使用脱离教育人数法计算进入劳动力市场的规模，提高了劳动供给预测的准确性。

本文的基本结论是，中国新增劳动力供给并未出现剧烈下降，2020年以前，每年新进入城镇劳动力市场的人员约为1600万人，至少在2020年以前，劳动力总量供给大于需求，2020～2030年，劳动供给开始略小于劳动需求。但总体上看，无论是劳动供给的增量还是存量，并不存在严重的短缺现象，甚至在未来一段时期劳动力供给还有富余。

从劳动供给的结构来看，劳动力文化素质将会提高，职业教育和大学教育所占比重不断提高。农民工增长对劳动供给增长的贡献虽然在逐年下降，但新成长农民工规模每年仍有约600万人。就业分布将向服务业集中，第一产业就业份额降低，且主要被第三产业所吸纳，第二产业就业份额维持稳定。从劳动供求缺口来看，城镇失业人员规模大约为2000万人，"十三五"期间，城镇失业率维持在5%左右，此后还将进一步下降。

上述研究结果有助于澄清当下社会对劳动力市场供需状况的误解。目前，学术界虽已接受中国经历了刘易斯转折点和人口红利消失的观点，但往往将人口转变与劳动力绝对短缺联系起来。实际上，虽然中国已经跨越刘易斯转折点，但并不意味着已经进入劳动力绝对短缺时代，周期性失业还将发生，劳动人口中的"4050"人员、高校毕业生和外出农民工等群体就业环境依然比较脆弱，未来仍然是就业政策的重点帮扶群体。中国并不缺少劳动力，缺的是"合适的"劳动力，总量充足、结构性短缺还将是中国劳动力市场的一种常态。

在就业政策制定上，政府着重考虑的问题并不是如何增加普通劳动力的供给，或者让高学历者屈就于低端的就业岗位，而是考虑应该如何适应经济形势的变化，充分利用和消化吸收现有的劳动力资源。从供给端看，既要培养更多的市场需要的高素质的技能型劳动者，也需要为已离开学校的劳动者学习新技能提供渠道。因此要推进教育体制改革，加大职业教育的投入力度，将一批二本、三本院校转变为职业教育机构。从需求端看，应关注到就业创造的模式变化，过去吸纳就业主要依靠制造业企业的规模扩张，但随着中国进入新常态，服务业中的中小企业将是就业创造的主体。扶持成长性好的中小企业发展，降低它们在社保缴费、员工招聘和培训等方面的成本，能更好地发挥这些企业吸纳劳动力的作用，提高就业质量和市场需求弹性。

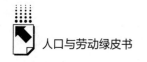

参考文献

蔡昉、王美艳：《中国城镇劳动参与率的变化及其政策含义》，《中国社会科学》2004 年第 4 期。

蔡昉、王美艳：《中国人口与劳动问题报告——从人口红利到制度红利》，社会科学文献出版社，2013。

陈卫：《中国未来人口发展趋势：2005～2050 年》，《人口研究》2006 年第 4 期。

马忠东、吕智浩、叶孔嘉：《劳动参与率与劳动力增长：1982～2050 年》，《中国人口科学》2010 年第 1 期。

门可佩、曾卫：《中国未来 50 年人口发展预测研究》，《数量经济技术经济研究》2004 年第 3 期。

齐国友、周爱萍、曾塞星：《2004～2020 年中国农村农业剩余劳动力预测及对策》，《东北农业大学学报》2005 年第 5 期。

钱纳里、鲁滨逊、赛尔奎因：《工业化和经济增长的比较研究》，上海人民出版社，1995。

田飞：《人口预测方法体系研究》，《安徽大学学报》（哲学社会科学版）2011 年第 5 期。

王金营、蔺丽莉：《中国人口劳动参与率与未来劳动供给分析》，《人口学刊》2006 年第 4 期。

王涛生：《中国农民工短缺的实证分析及其趋势预测》，《中国农村经济》2006 年第 6 期。

袁桂林、洪俊、李伯玲、秦玉友：《农村初中辍学现状调查及控制辍学对策思考》，《中国教育学刊》2004 年第 2 期。

翟振武、张现苓、靳永爱：《立即全面放开二胎政策的人口学后果分析》，《人口研究》2014 年第 2 期。

张车伟、蔡昉：《就业弹性的变化趋势研究》，《中国工业经济》2002 年第 5 期。

张车伟、吴要武：《城镇劳动供求形式及趋势分析》，《中国人口科学》2005 年第 5 期。

张昭文：《加快发展农村职业教育的研究报告》，《中国职业技术教育》2011 年第 9 期。

朱勤：《2000～2010 年中国生育水平推算——基于"六普"数据的初步研究》，《中国人口科学》2012 年第 4 期。

屈小博：《中国就业与失业问题》，载《发展中的中国人口问题——2010 年全国人口普查研究课题论文集》，中国统计出版社，2014。

第五章
"十三五"时期就业发展战略研究

都 阳

"十三五"时期是我国由中等收入国家向高收入国家迈进的冲刺阶段。以 2005 年购买力平价计算，2014 年我国的人均 GDP 超过 8400 美元。如果在"十二五"后期及"十三五"时期，人均 GDP 能够保持年均 7% 的增速，那么 2020 年以 2005 年不变价计算的人均 GDP 将达到 13500 美元（PPP）。按照世界银行公布的标准，中国届时将加入高收入国家的行列。

然而，劳动力市场的变化使今后一段时期的发展条件与快速增长时期迥然不同。妥善应对劳动力市场变化所引发的挑战，是"十三五"时期保持经济持续健康发展的重要条件。

一 "十二五"时期就业落实情况

就业是民生之本，维持稳定的就业形势，是保障民生的首要任务。"十二五"规划纲要要求，"实施更加积极的就业政策、加强公共就业服务、构建和谐劳动关系"。为此，提出了两个预期性指标："十二五"期间的城镇登记失业率和城镇新增就业人数，要求城镇登记失业率控制在 5% 以下，新增就业 4500 万人，即相当于每年新增就业 900 万人。

从实际完成情况看，2011～2013 年，每年年末的城镇登记失业率均保持在 4.1% 以下，2014 年第三季度的城镇登记失业率为 4.07%。截至目前，登记失业率远远低于"十二五"规划所提出的 5% 的预期目标。虽然国家统计局没有系统公布调查失业率，但根据一些正式发布的信息，调查失业率也处于低位。国家统计局对 31 个大中城市的住户抽样调查资料显示，调查失业率水平总体稳定，略有下降。2014 年 3～6 月，月度调查失业率分别为 5.17%、5.15%、5.07% 和 5.05%。

城镇新增就业指标，完成得也很顺利，2011～2013 年，城镇新增就业分别为 1221 万人、1266 万人和 1310 万人。2014 年前三个季度，累计新增城镇就业 1082 万人。因此，截至 2014 年第三季度，已经累计新增城镇就业 4879 万人，完成"十二五"规划提出的要求。总体上看，"十二五"期间，预期性指标完成情况良好，就业形势总体保持稳定。

图 5－1 反映了劳动力市场形势与经济增长的变化情况，我们可以看到进入"十二五"时期，求人倍率①一直维持在 1 以上，劳动力稀缺的特征越来越明显。尤其需要指出的是，劳动力市场形势基本稳定，是在经济增长率明显下降的情况下发生的，这种情况在改革开放以来还是第一次出现。自

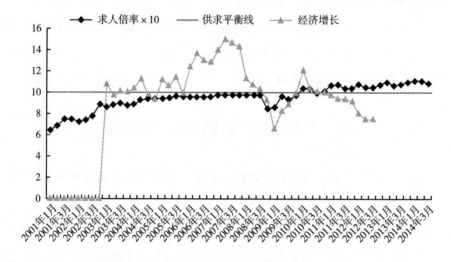

图 5－1　分季度求人倍率与经济增长率变化情况

资料来源：国家统计局网站，www. stats. gov. cn；中国就业网，www. chinajob. gov. cn。

---

① 求人倍率是劳动力市场上岗位空缺的数量与求职者人数的比，它反映劳动力市场上供求关系的对比情况。求人倍率大于 1，意味着从总体上看，劳动力市场的岗位数量大于求职的人数。

2012年第二季度以来，各个季度经济增长的速度一直处于8%以下的低位水平，而求人倍率却呈现上升趋势。2014年前三个季度，GDP的增长幅度分别为7.7%、7.4%和7.4%，而求人倍率则稳步增长，分别为1.11、1.11和1.09，达到了历史最高水平。

"十二五"期间，外出农民工的数量稳步增加，2011～2013年，外出农民工数量分别为15863万人、16336万人和16610万人。外出农民工数量的逐年增加一方面反映了非农就业市场的稳定形势；另一方面，也体现出劳动力市场总体特征发生了根本转变。这种情况也是改革开放以来的其他时期未曾出现过的。

因此，实际的就业完成情况已经大大超出《"十二五"规划纲要》提出的预期目标。不过，在评估劳动力市场形势及政府所应完成的预期目标方面，以下问题更值得关注。

首先，两个预期指标本身，并不能恰当、全面地反映劳动力市场形势的变化，因此，指标的实际完成情况难以用来评估就业状况。在考察失业情况时，使用的登记失业率[①]，其定义与国际通用的失业率定义有较为明显的差别，而且，登记失业制度仅覆盖具有城镇户籍的人员，不适用于1.6亿外出农民工，农民工的就业状态及其变化难以得到有效反映。此外，登记失业是以"登记"为基础，往往不能真实地反映实际是否就业。

同时，随着劳动力市场形势的变化以及人口转变进程的加速，以"城镇新增就业"来指导就业问题也缺乏针对性。该指标难以反映劳动力市场上就业数量的净变化，指标的采集依赖于报表系统逐级上报，数据的可靠性堪忧。

其次，即便是以登记失业率和城镇新增就业作为预期指标，具体目标的设置宽松，对就业工作的指导意义不强。例如，在过去30年内，无论就业形势多么严峻，登记失业率从未高于5%，最近十年也一直低于4.3%。显

---

① 是指城镇登记失业人数同城镇从业人数与城镇登记失业人数之和的比。而登记失业人员是指有非农业户口，在一定的劳动年龄内，有劳动能力，无业而要求就业，并在当地就业服务机构进行求职登记的人员。

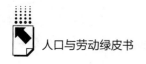

然，以5%的登记失业率作为预期目标，其实际的指导意义有限。

再次，在"十二五"后期以及"十三五"期间，劳动力市场政策及就业优先战略应该着力面对劳动力市场出现的新变化所带来的挑战，防范可能出现的结构性失业。

以不变价格计算，农民工平均工资水平在2011年和2012年分别增长了15.1%和8.9%，劳动力成本上升的趋势非常明显，劳动密集型行业面临前所未有的挑战，也加剧了稳定劳动力市场的压力。

同时，由于经济结构向资本、技术和知识密集型行业的转型尚未实现，加之高校扩张后毕业生人数的逐年增加，大学生就业形势在"十二五"后期将更加严峻。这些结构性的就业问题，难以通过劳动力市场政策的调整得到根本解决，而需要依靠经济结构的转型升级和增长方式的转变。因此，在"十二五"后期，加强经济政策与劳动力市场政策的配合非常必要。

二 "十二五"以来劳动力市场的主要变化

"十一五"和"十二五"时期，劳动力市场出现的最明显的变化，就是劳动力短缺的频繁出现以及普通工人工资水平的加速上扬。2001～2006年，农民工平均实际工资的年复合增长率为6.7%；而2007～2012年增长到12.7%。同时，非农劳动力市场上对农业劳动力逐渐增加的需求，不仅从数量上导致劳动力短缺，也在价格上推动了不同行业和地区的工资趋同。根据国家发改委"农产品成本监测"资料，笔者以农业中三种主要粮食作物——稻谷、小麦、玉米的平均雇工工价反映农业劳动力投入的平均成本，以国家统计局"农民工监测调查"提供的农民工工资信息反映非农劳动力市场上的工资水平，可以发现二者呈现明显的趋同。2001年，农民工平均日工资水平高出农业中雇工日工资35.8%，到2003年二者的差距达到峰值42.5%，随后，二者开始趋同。2013年，农民工平均日工资水平仅比农业雇工日工资高出4.5%（见图5-2）。

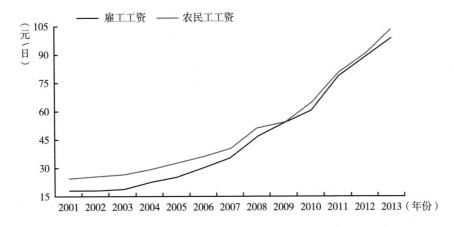

图5-2 农业雇工工资和农民工工资变化

资料来源：笔者根据相关统计资料计算。

普通工人的工资上涨，对于以劳动密集型行业为主的经济影响明显。一旦劳动力成本的上升速度快于劳动生产率的增长速度，则意味着劳动力密集型行业的比较优势被削弱，在这种情况下，经济结构的转换与升级的压力将大大增加，转变经济增长方式刻不容缓。

图5-3展示了近年来我国制造业单位劳动力成本（即人均劳动力成本与劳均产出之比）的变化情况以及与一些主要的制造业大国的比较。图5-3的上半部分显示，"十一五"时期制造业的劳动生产率与劳动力成本，总体保持同步增长，但在"十二五"时期，劳动力成本的增长速度明显快于劳动生产率的涨幅，导致单位劳动力成本明显上升。图5-3的下半部分显示了主要制造业国家的单位劳动力成本与美国的比较（以美国为100，而且美国的单位劳动力成本水平在近年来基本保持稳定）。可以看出，日本和韩国的制造业单位劳动力成本在近年来处于下降的趋势，而中国自2004年跨越刘易斯转折点后，其单位劳动力成本相对比重则由2004年的31%逐渐上升到2011年的40%。如果不加快劳动密集型行业的转型升级，一方面，劳动力绝对成本高于其他中等收入国家；另一方面，系统的创新能力与创新机制尚未形成，无法站在制造业微笑曲线的两端，很容易形成比较优势的真空，并影响经济增长的能力。

在"十三五"时期，是否能够稳妥应对单位劳动力成本上升对劳动力

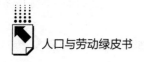

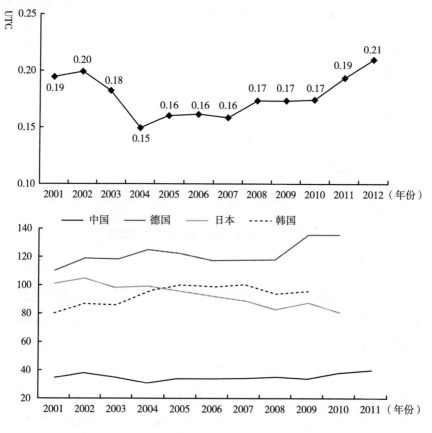

图5-3　全球主要制造业单位劳动力成本及国际比较

资料来源：笔者根据相关统计资料计算。

市场和经济发展带来的挑战，将是关乎我国顺利地从中等收入国家迈向高收入国家的关键问题。

首先，在推动我国劳动力市场变化的因素中，人口因素发挥了基础性的作用。由于人口结构的变化具有稳定性，其变化趋势也容易掌握，我们可以预期，在"十三五"期间人口结构变化将持续发生作用，并导致劳动力供给偏紧的形势延续。

图5-4描绘了21世纪头50年我国劳动年龄人口的变化情况。从2012年开始，我国劳动力年龄人口的总量开始呈下降趋势，2013年16~59岁的

劳动年龄人口较前一年减少了 244 万。由于人口因素是短期内不可改变的稳定因素，我们可以明确地看到，劳动年龄人口总量减少的趋势仍将维持。根据人口预测数据，2015 年 16～59 岁的劳动年龄人口仍较 2014 年减少 275 万。如果以劳动年龄人口中，劳动参与率较高的 20～59 岁年龄组来观察，有效劳动供给减少的趋势将更为明显，"十二五"时期是我国劳动力人口变化最迅速的时期，由以前每年超过 1000 万人的增量，迅速下降到非常低的水平，而该年龄组 2015 年将比 2014 年减少 99 万人，而 2014 年该组别的人口较前一年减少了 65 万人。"十三五"时期的大部分年份，20～59 岁的劳动力年龄人口处于零增加或略有下降，其中，新进入劳动力市场的年轻劳动力的数量将呈减少的趋势。

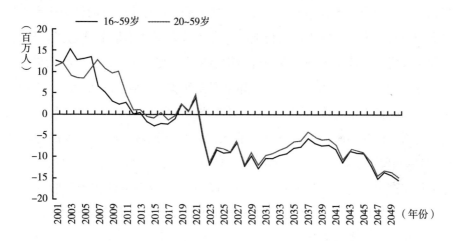

图 5－4　2001～2050 年劳动年龄人口的变化

资料来源：笔者根据相关统计资料计算。

根据笔者的测算，最近五年非农部门的平均就业弹性为 0.27（即非农部门的 GDP 每增长一个百分点，就业增加 0.27 个百分点），且波动很小。以此为依据，如果经济增长速度保持在 7%，可以产生潜在的就业岗位在 950 万个左右。可以预期，在就业弹性保持稳定的情况下，由于劳动力供给格局总体偏紧，目前出现的工资上涨和劳动力短缺的局面在"十三五"期间仍将延续。

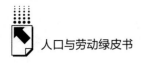

其次，在"十三五"时期经济政策和劳动力市场政策要注意防范可能加大的结构性失业的风险。从世界范围看，劳动力市场出现的结构性变化并不鲜见。从20世纪80年代开始，美国等发达国家由于劳动力成本的上升，导致资本和劳动相对关系发生变化，并由此诱发了技术偏向型的技术变迁。而这种技术变化，使得劳动力市场对高技能者的需求不断增加，而低技能的普通岗位则增长缓慢。这时，就不难看到接受过大学教育的劳动者在劳动力市场上更受欢迎：他们的失业率较低，而且有着更高的工资水平和更快的工资增长。同时，接受更高教育的劳动者由于其人力资本投资获得更高的回报，形成对个人人力资本投资的激励。

而由人口因素推动的劳动力市场变化，所产生的效应则有很大的不同。目前，劳动力市场上普通工人工资的迅速上涨，增加了教育的机会成本。笔者的研究已经发现，贫困的农村地区，义务教育辍学率呈上升趋势。显然，如果不及时进行政策干预，在经济结构出现明显变化之后，我们将面临技能型人才供给不足的局面。换言之，如果不充分考虑目前强劲的劳动力市场所隐含的风险而未雨绸缪，"十三五"时期结构性失业的风险将会增大。

再次，国际经验表明，从中等收入阶段成功跃入高收入行列的经济体（如日本、韩国、新加坡和中国台湾）与陷入"中等收入陷阱"的国家（如部分拉美国家和南亚国家）的本质区别在于，东亚经济体在中等收入阶段的后期更多地依靠全要素生产率推动经济增长，而陷入中等收入陷阱的国家则只依赖生产要素投入。

在改革开放的前20余年，由于农业中存在大量剩余劳动力，其边际劳动生产率低下，通过促进农业剩余劳动力向生产率更高的部门转移和流动，就会通过提高劳动生产率促进经济增长。笔者发现，由于"十一五"和"十二五"时期劳动力市场出现的转折性变化，农业剩余劳动力逐渐枯竭，农业部门和非农部门的工资（边际劳动生产率）趋同，通过劳动力再配置提升全要素生产率、推动经济增长越来越困难。如表5-1所示，在"十五"期间，劳动力再配置对经济增长的平均贡献率为13.1%，到"十一五"期间下降到3.4%，"十二五"期间进一步下降到2.2%。随着劳动力市场变化的加剧,在"十三五"时期通过劳动力再配置获取 TFP 将更加艰难,经济增长将越来越依赖于提高已经转移的劳动力在新岗位上的生产效率。

表 5 - 1 2001～2013 年劳动力再配置对经济增长的贡献

单位:%

年份	经济增长率	再配置贡献	再配置贡献占增长比重
2001	8.3	1.13	13.6
2002	9.1	1.64	18.0
2003	10	1.53	15.3
2004	10.1	0.95	9.4
2005	11.3	1.06	9.4
2006	12.7	0.84	6.6
2007	14.2	0.52	3.6
2008	9.6	0.35	3.7
2009	9.2	0.05	0.6
2010	10.4	0.27	2.6
2011	9.2	0.11	1.2
2012	7.7	0.09	1.2
2013	7.7	0.31	4.0

资料来源:笔者根据相关数据计算。

最后,随着劳动力市场供求关系的转化,我国逐渐进入劳动力市场矛盾多发期,在"十三五"期间维持和谐劳动力市场的任务更加艰巨。伴随着劳动力短缺和工资水平的不断上涨,劳动者在劳动力市场上的谈判力量日益增强,对工资水平和工作条件的预期也逐步提高,劳动力市场也随之进入矛盾多发期。"十二五"期间,劳动争议的数量明显提高,可以预期,"十三五"时期,维持和谐的劳动力市场将面临更加紧迫的形势。

三 建立适应新常态的劳动力市场规划与调控体系

伴随着经济进入新的发展阶段,劳动力市场也进入新常态。劳动力市场新常态的突出特点就是,从劳动力总体供求关系上,告别了劳动无限供给的

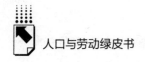

时代，新古典机制在就业决定和劳动力资源配置中将发挥越来越大的作用。为了顺应劳动力市场出现的转折性变化，在制定和落实"十三五"规划时，需要改革目前的劳动力市场监测与调控体系。这就需要对计划经济时期形成的就业统计与监测体系以及就业调控目标进行彻底的改革，同时，建立起与新古典特征相适应的指标监测与调控体系。

（一）实现规划与市场经济的兼容

在"十三五"规划中，改革规划目标，放弃从计划经济时期一直沿用至今的规划指标，代之以在市场经济国家广泛使用的就业调控与检测体系和指标。如前所述，在五年规划和年度计划中，"新增就业"和"登记失业率"一直是主要调控目标。这两个指标，已经严重脱离了市场经济体系的实际需要，不能真实反映社会经济发展和劳动力市场运行的情况。相比之下，发达的市场经济国家，在长期的经济发展过程中，已经摸索出一整套监测和调控劳动力市场的方法和指标体系，我们在今后的规划工作中应该积极予以吸收和借鉴。

目前的劳动力市场与就业规划，除了指标的设计不合理外，指标统计和采集的方法也缺乏科学性，难以适应经济发展的需要和满足瞬息万变的劳动力市场所产生的信息需求，以此作为调控与治理基础，必然会产生不必要的信息失真或信号扭曲。具体来说，劳动力市场指标和信息统计、采集，应该以科学的抽样调查为基础，而不宜沿用计划经济时期采用的报表系统。

（二）加强就业规划与其他宏观经济指标的关联

就业规划不仅要监测和调控劳动力市场，更要注重就业与其他劳动力市场指标以及宏观经济运行指标的关联。因此，除了就业总量和失业率外，我们还需要掌握工作时间、失业时间、失业与就业转换、企业雇用与解聘等一系列信息，只有这样才能进一步分析劳动力市场与宏观经济运行态势之间的相互关系，找准调控的目标和方向。

同时，劳动力市场指标作为宏观调控体系的重要组成部分，应该缩短信息采集的周期，加大信息发布的频率，更及时地反映劳动力市场与宏观经济运行发生的变化。目前，经济增长、投资、价格水平等主要宏观经济指标已经实现季度乃至月度的采集与公布，而劳动力市场指标采集周期则相对较长。在"十三五"期间应该努力改变这一状况。

（三）借鉴国际经验建立符合劳动力市场运行规律的监测体系

积极借鉴市场经济先行国家的经验，努力在"十三五"期间，建立起与新常态相适应的就业和劳动力市场监测与调控体系。该体系需要以抽样调查为基础，以就业与失业监测为核心，全面及时地反映劳动力市场的动态变化。

1. 失业

基于科学的抽样方案的住户调查，是获取调查失业率信息的基础。绝大多数市场经济国家以调查失业率作为劳动力市场监测和宏观经济运行的基础性指标。国家统计局已经持续多年开展劳动力市场调查，近年来还在 31 个大中城市开展了月度失业率调查。应该说，以调查失业率作为就业规划和监测的基础条件已经成熟。通过扩大调查范围、完善调查制度、优化抽样方案、加强质量控制、提高调查频率，目前的失业监测体系完全有可能达到发达市场经济国家的监测水平。

需要指出的是，虽然失业率是反映劳动力市场动态最重要的指标，但仅仅以失业状况来考察劳动力市场的活跃程度是不够的。通过以下几个指标，我们可以更全面地了解劳动力市场上失业以及潜在失业的状况与性质。

关于失业，我们不仅需要掌握失业数量的多少（失业率），还需要了解失业的性质，尤其是失业了多长时间。一般来说，在劳动力市场萧条的时期，长期失业会增加。因此，一旦长期失业率显著提升，就意味着经济结构性转换所导致的结构性失业在提高。治理失业的政策手段也应该以此为目标。

劳动参与率也是一个非常重要的补充性指标，是指包括失业和就业的经

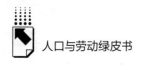

济活动人口占劳动年龄人口的比重。换言之，劳动参与率反映了有多少劳动年龄人口退出劳动力市场。"十三五"期间，我国的劳动年龄人口将持续减少，提高劳动参与率就显得尤其重要。

兼职率，反映了潜在失业的程度。因为，由于经济原因的兼职，反映就业不充分，该比例的上升，意味着未来失业率存在上升的潜在风险。

2. 就业

就业监测最主要观察经济中就业岗位的变化。需要指出的是，目前规划中使用的"城镇新增就业"，只统计了增加的岗位，而没有考虑损失的岗位，其实并不能反映劳动力市场上就业岗位的动态变化。建议在"十三五"期间，通过建立覆盖城乡的住户调查体系，以科学的抽样方法，有效监测包括广大农民工在内的就业群体，以全面真实地反映就业总量的变化。

除了就业总量关系以外，我们还需要知道就业岗位变化的构成。因此，需要在就业指标里观察企业部门和公共部门就业的变化情况。同时，对于发展中国家而言，非正规就业往往占就业较大比重。非正规就业比重的变化也是劳动力市场和经济运行状况的重要反映。一般而言，当经济增长放缓、劳动力需求开始减少时，非正规就业的比重会开始上升，当经济扩张、企业雇佣需求增加，非正规就业的比重会趋于下降。

3. 工作时间

观察劳动者工作时间的变化，不仅可以更准确地度量劳动力投入的程度，也可以更细致地观察劳动力市场就业变化的方向。一般而言，由于劳动力市场规制的存在，就业需求的减少，并不一定通过岗位减少来反映，雇主可能首先缩减劳动时间，来应对需求的下降。因此，劳动时间的变化，可以成为就业需求监测以及宏观景气变化的先行指标。

同时，区分生产型部门和其他经济部门也是必要的，前者可能对经济的周期性波动有更直接的反映，因此，也有利于政策制定者提前预判劳动力市场的变化方向。

4. 劳动力供求

作为反映劳动力市场供求变化的先行指标，以求职者人数和招聘岗位数的比率计算的求人倍率，已经得到使用。在"十三五"期间，需要进一步优化该指标的信息采集体系，加强既有数据的开发利用，提高数据发布的频率。具体来说，对目前的人力资源和社会保障部收集并公布求人倍率数据可以在以下几个方面加以改进。

首先，需要进一步拓宽数据的采集渠道。目前，职业供求数据主要来源于政府举办的职业中介机构，考虑到就业中介的市场化程度越来越高，新型媒体也在就业中介中发挥越来越重要的作用，在"十三五"期间，可以扩大就业供求信息的收集范围，以更全面地反映劳动力市场供求的实际状况。

其次，就业供求变动是判断就业/失业状况的先行指标，因此，有必要加大采集与公布的频率。目前，人力资源和社会保障部门每季度公布一次劳动力市场供求信息。在条件成熟的情况下，可以提高到月度公布。

再次，利用就业中介提供的就业供求信息的一个缺陷是样本具有较强的选择性，即只有在职业介绍机构登记的个人和岗位信息才被统计，因此，有必要辅之以企业和个人调查信息，完善该指标。

5. 雇用与解雇

通过雇用与解雇的信息可以直接地观察不同周期之间劳动力市场的岗位变化。尤其是有多少劳动者由失业状态转化为就业状态，以及在最近的观察周期内失去岗位的人占就业的比重。同时，我们也需要掌握失去岗位是因为主动离职，还是因为被动解雇。

6. 企业用工计划

企业用工计划是反映未来劳动力市场变化的前瞻性指标，对于失业预警和宏观经济调控的相机决策具有重大的参考价值。由于该指标具有及时性、短期性，因此，需要以较快的频率获取数据，并及时公布。目前，国家统计局的企业景气调查已经具备收集该类信息的基础。

（四）统计信息的开发利用

建立符合劳动力市场新常态的规划与监测体系，需要整合现有统计资源，通过对现有的统计体系全面改革，加强顶层设计来实现。

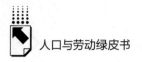

首先，需要加强部门间的合作，避免信息收集渠道的碎片化。目前，统计体系已经有能力收集如表5-2所示的有关统计信息。但对于就业与劳动力市场统计的规划和监测，尚缺乏系统性，需要通过全面改革，对现有资源进行整合。甚至是在统计体系内部，不同的专项调查也需要相互协作。

表5-2　就业规划与监测体系

类别	指标名称	单位	定　义	数据来源
失　业	调查失业率	%	失业者占劳动力的比重	住户调查
	劳动参与率	%	经济活动人口占劳动年龄人口比重	住户调查
	兼职率	%	兼职者占劳动年龄人口的比重	住户调查
	失业时间	月	连续失业的时间	住户调查
就　业	企业就业人口占总就业人数比例	%	在企业部门就业的人数占劳动年龄人口比重	住户调查
	公共部门就业人口占总就业人数比例	%	在公共部门就业的人数占劳动年龄人口比重	住户调查
	非正规就业比例	%	在非正规部门或正规部门的非正规岗位就业者占全部就业人数的比例	住户调查
工作时间	生产部门周工作小时	小时	生产部门就业人员平均每周工作的小时数	住户调查
	全部从业人员周工作小时	小时	全部就业人员平均每周工作的小时数	住户调查
工　资	平均每小时劳动报酬	元/小时	全部就业人员平均每小时获得的劳动报酬	住户调查
	生产部门平均每小时劳动报酬	元/小时	生产部门的就业人员平均每小时获得的劳动报酬	住户调查
供　求	求人倍率	指数	求职者人数和招聘岗位数的比率	市场中介调查
雇用与解雇	雇佣率	%	招聘人数占总就业的比重	住户调查
	失业—就业转换比率	%	失业后再就业人数占全部失业者的比重	住户调查
	五周内失业比例	%	五周内失去工作的人数占就业人数的比重	住户调查
	离职率	%	五周内离职者占就业人数的比重	住户调查
企业用工计划	企业雇佣计划	%	有新雇佣计划的企业占全部企业的比重	企业调查

其次，要加强就业规划的顶层设计，使就业和劳动力市场信息系统地开发利用，不仅服务于就业和劳动力市场的规划设计，也要加强对就业、失业以及其他劳动力市场指标与宏观经济相互关系的分析。

再次，要避免过去信息封锁、封闭使用的局面，加强信息的开发、开放与利用，及时向社会公布加总信息，向相关决策机构、国家级智库开放微观数据，以利于提高决策的科学性和时效性。

四 "十三五"时期就业发展的重点领域

"十三五"时期是经济发展进入新常态的关键阶段。就业发展应该关注以下几个重点领域。首先，通过全面深化户籍制度改革，进一步提高劳动参与率，为经济结构调整和转变经济增长方式赢得时间；其次，要积极应对结构调整所提出的挑战，做出相应的规划和政策调整；再次，进一步加强人力资本积累，迎接中国经济的新一轮变革；最后，抓紧时间，完善中国的劳动力市场制度。

（一）努力提高劳动参与率

在劳动年龄人口数量开始下降的背景下，通过对劳动力市场相关的制度改革，提高劳动参与率，是保持中国经济竞争优势的重要手段。实际上，劳动参与率的变化已经成为决定中国劳动供给的主要因素。

根据 2010 年中国第六次人口普查数据的 1% 样本，如果仅仅考虑非农劳动参与率，16 岁以上劳动年龄人口为 56.3%，其中，16～64 岁的劳动年龄人口的非农劳动参与率为 65.0%。我们看到，近年来劳动力短缺所引发的普通劳动力工资上涨，对非农劳动参与率的提升起到推动作用，与 2005 年相比，16～64 岁的劳动年龄人口的非农劳动参与率提升了 2.74 个百分点。2005 年 16～64 岁的劳动年龄人口总量为 9.17 亿，也就是说，即便没有劳动年龄人口总量的增加，通过劳动参与率的提高就能使劳动力供给在这五年里有所增加。而从人口统计的数据看，2005～2010 年，16～64 岁的劳

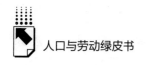
动年龄人口数量增加了 4491 万。

如果我们把劳动参与（经济活动）人口的数量看作中国非农劳动供给总量的话，我们可以根据上述参数的变化，将 2005～2010 年劳动供给变化（LS）按照来源进行分解，即劳动参与率（LFP）的提高以及劳动年龄（WP）人口数量的变化。

$$\Delta LS = LS_{10} - LS_{05} = LFP_{10} \times WP_{10} - LFP_{05} \times WP_{05}$$
$$= (LFP_{05} + \Delta LFP) \times (WP_{05} + \Delta WP) - LFP_{05} \times WP_{05} \qquad (1)$$
$$= \Delta WP \times LFP_{05} + \Delta L \times WP_{10}$$

（1）式对非农劳动供给来源进行了简单的分解，其中的第一项是劳动参与率保持不变的情况下，劳动年龄人口数量的变化所引起的劳动供给变化；第二项是劳动参与率变化所引起的劳动供给变化。按照 2005 年抽样调查资料和 2006 年人口普查资料推算，2005～2010 年非农劳动供给增加了 5431 万，其中 2794 万（占 48.5%）来自劳动年龄人口数量的增加，2637 万（占 51.5%）来自劳动参与率的提升。这一观察对于未来的劳动力市场形势变化具有重大的政策含义：从 2012 年开始，中国 16～59 岁年龄组的人口数量已经开始下降，这意味着，在经济结构转型尚未实现的情况下，保持劳动力供给的优势应该主要着眼于劳动参与率的提升。

笔者发现在农业的劳动参与率中，按地区划分：西部地区的劳动参与率高于东部地区和中部地区；但是，如果将农业排除在外，非农劳动参与率最高的地区是东部，其次是中部和西部。16～64 岁劳动年龄人口中（不含农业），东部地区的劳动参与率是 69.8%、中部地区的劳动参与率是 59.5%、西部地区的劳动参与率是 60.9%。非农经济活动集中于东部地区的趋势仍然明显。

城镇地区是非农活动集中区域。如果我们将总样本划分为城市、镇和乡村，就很容易发现非农劳动参与率从高到低分别是：城市、镇和乡村，如表 5-3 所示。进一步观察东、中、西部地区不同类型区域（城市、镇、乡村）的劳动参与率，结果与总体情况很类似。分区域看，东部城镇地区的劳动参与率高于西部地区的劳动参与率，中部地区的城镇劳动参与率最低；如果不考虑务农的情况，东部地区的农村劳动参与率也高于中西部地区。这个结果反映了不同地区的经济活跃程度存在差异。

表5-3 非农劳动参与率及地区分布

单位：%

	16～64岁样本				16岁以上样本			
	全国	东部	中部	西部	全国	东部	中部	西部
全国	65.0	69.8	59.5	60.9	56.3	61.7	51.1	51.0
城市	67.2	70.5	61.1	64.6	61.1	64.4	55.3	58.2
镇	65.7	70.3	61.7	63.2	58.7	63.1	55.0	56.1
乡村	60.5	67.8	55.7	53.9	47.5	55.2	43.9	39.7

资料来源：笔者根据2010年人口普查资料计算。

（二）促进就业结构的转型与升级

如果说中国在改革开放以后30余年的发展实现了工业化，基本完成就业结构从农业为主向非农业为主的转变，那么，在"十三五"时期，非农产业内部的结构细分和产业升级将进入关键时期，并推动中国经济的进一步发展。

根据对不同经济体在不同的发展阶段就业结构变化的经验观察，在经济发展的初级阶段，伴随着就业向工业部门的集中，经济结构的专业化程度逐步提高，但到了中等收入阶段后期，经济结构又重新开始出现多元化趋势，并对经济增长方式和人力资本水平提出更高要求。

我们以2005年"1%人口抽样调查"和2010年"第六次人口普查"的长表资料为基础，观察在劳动力市场经历迅速变化的时期，中国就业结构的变动情况。笔者将按两位码的行业分类和按两位码的职业分类的岗位矩阵，得到反映中国非农行业岗位情况的4000多种岗位，把岗位按工资十等分，观察从低端到高端岗位在五年中的变化情况。如图5-5的上半部分所示，从2005年到2010年，在最低端的岗位就业的人数减少了600万，而中高端岗位就业的人数均有增加。这意味着中国的就业结构在五年中有较为明显的升级。

为了进一步观察经济结构和就业结构是否呈现出多元化的趋势，我们计算了每个等份内各个岗位就业数量的基尼系数，基尼系数的值越大，意味着就业结构的专业化程度越高，反之，基尼系数越小，则就业结构多元化趋势越明显，结果如图 5 - 5 的下半部分所示。该图有两个特点值得关注。首先，从 2005～2010 年从高端到低端岗位，就业的集中度都有所下降，这也符合中等收入后期的就业结构变化特点，即就业结构开始向多元化方向发展。其次，越是高端的岗位，多元化趋势越明显，而就业增加最明显的中等岗位，也呈现出较明显的多元化。

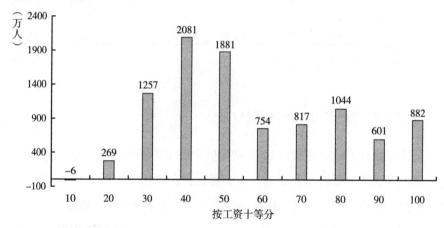

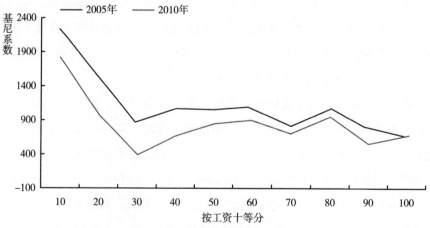

图 5 - 5 2005～2010 年就业结构的变化

资料来源：笔者根据相关资料计算得到。

在"十三五"期间，经济结构和就业结构的多元化趋势将进一步加强，并将成为推动经济发展的力量。要促进经济结构向多元化方向转变，必须充分发挥市场在资源配置中的决定性作用。首先，要继续全面深化生产要素市场的改革，通过更加健康、有效、充分竞争的资本市场、劳动力市场和土地市场，为生产要素更合理的配置提供及时、正确的价格信号。其次，要推动和完善企业微观机制的改革，让不同所有制的企业都能成为微观经济的主体，对要素市场的价格信号做出积极的反应。再次，要造就一批训练有素的劳动者，增加人力资本存量、提高人力资本质量，从而使劳动者能够适应经济结构转变的需要。

（三）加大并优化人力资本投资

"十三五"期间的经济发展，在中华民族伟大复兴的道路上具有里程碑的意义。虽然决定经济绩效的因素非常复杂，但对成功的跨越者与陷入中等收入陷阱国家的比较发现，是否在中等收入阶段有效地积累人力资本，并通过人力资本的提升促进全要素生产率的提高，进而推动经济增长，是其中非常重要的环节。

在过去三十年时间里，中国的人力资本积累是卓有成效的。快速、全面地普及九年义务教育为中国的工业化进程积累了大量合格的产业工人，已成为不争的事实。正是由于这一时期的人力资本积累，确保了中国制造业的长足发展和劳动密集型经济的国际竞争力的提升。最近十年来，高等教育的超常规扩张，也对提高劳动者的总体素质发挥了积极的作用。虽然一些大学毕业生在短期内面临就业困难，但是，劳动者素质的提升也必将为未来经济结构的全面转型与升级打下人力资源的基础。在中国经济发展面临重大挑战的"十三五"时期，继续保持人力资本积累的趋势，对于经济的持续发展既有重大的意义，也面临更加严峻的挑战。

随着综合国力的不断增强，教育公共财政支出的大幅度增长，教育的持续发展已经具备坚实的物质基础。在顺利完成"普九"以及高等教育扩张之后，在"十三五"期间实现义务教育的延伸是可行的。特别是人口结构

的变化，使得高中阶段适龄人口的总量在未来继续维持下降趋势，因而，延伸义务教育并不会对公共财政带来多大的增量压力。

图5-6展示的是高中适龄人口（15~17岁）占总人口比重的变化情况。从2004年高中适龄人口占总人口的比重达到5.8%的顶峰以后，呈逐年下降的趋势，"十二五"初期为4.1%，到"十二五"末期将下降到3.8%左右。在"十三五"期间，虽然该比重的变化将相对平稳，但仍然有逐年的小幅下降，到"十三五"末期，将不足3.5%。

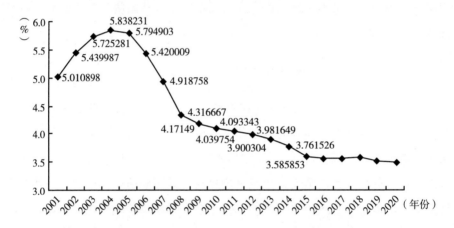

图5-6　2001~2020年高中适龄人口（15~17岁）占总人口的比重

资料来源：笔者根据人口普查资料计算得到。

根据人口预测的结果，到"十三五"末期，高中阶段适龄人口的总规模约为4812万人。我们假设"十二五"期间高中教育阶段的学生规模保持在2013年的水平，即4370万人，如果在"十三五"期间逐步推行高中阶段的义务教育，并在"十三五"末期使高中阶段适龄人口的毛入学率达到100%，则整个"十三五"期间新增的高中在校学生数约为442万人。如果对新增高中阶段公共教育投入保持在2012年的水平，即生均公共财政教育事业费投入7776元，则在"十三五"期间实现毛入学率100%的目标，累计所需的公共财政投入约为344亿元（以2002年价格计算）。这意味着，整个"十三五"时期的公共财政投入水平大约相当于2012年国家财政性教育经费投入的 1.5%。可见，即便考虑义务教育化，也需要更多的资源投入，增量也非常有限。

实际上，由于没有将高中教育纳入义务教育体系，高中教育萎缩的情况已经非常明显。这必然造成既有的教育基础设施、师资等教育资源的浪费。

（四）进一步完善劳动力市场制度

中国自改革开放以来，劳动力市场制度经历了较为剧烈的调整和改革。1992 年中国正式确立市场经济制度以后，1994 年颁布实施的《劳动法》是劳动力市场制度建设中具有里程碑意义的一部法律，标志着在就业决定和工资形成这两个环节，正式被引入劳动力市场机制。自 20 世纪 90 年代末期，一系列针对劳动力市场规制的措施相继出台，并逐步形成中国劳动力市场制度的基本框架。"十五"和"十一五"时期，是中国劳动力市场制度密集出台的时期，经过"十二五"时期的实践，有必要在"十三五"时期进一步完善这些制度。

总体上看，中国的劳动力市场制度由法律制度和劳动力市场政策两个支柱组成。前者包括在最近十余年相继颁布的与劳动相关的法律、法规；后者则主要是积极的就业政策和其他一些影响劳动力市场结果的政策。从对劳动力市场干预的手段来看，根据劳动力市场制度安排的方式不同，司法手段、行政手段和经济手段交替使用，以不同的方式对市场机制的作用产生影响。在劳动力市场制度框架中，以下几个法律、法规发挥着越来越重要的作用。

《劳动合同法》于 2008 年 1 月开始颁布实施，该法对劳动者的利益提供了广泛的保障。与以前的《劳动法》相比较，《劳动合同法》在以下两个方面提出新的规制，即雇主为工人提供合同的性质以及解雇工人的条件。根据《劳动合同法》的规定，在两个固定期限合同或十年的就业关系后，雇主必须提供无固定期限合同。试用期被限定在 1～3 个月，对劳务派遣行为也做出了相关的规定，而且新近又做出更为严格的修订。对于解雇的赔偿条件也做出了明确的规定。从总体上看，《劳动合同法》具有明确的就业保护倾向。

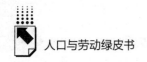

《劳动争议调解与仲裁法》同样于 2008 年 1 月颁布实施，旨在配合《劳动合同法》执行，改善劳动争议的解决机制。它规定了劳动争议调解、仲裁、受理、听证等的程序和方式。而其突出的特征是降低了劳动者应用司法手段解决劳动争议的难度，从而具有突出的保护劳动者的倾向。

2004 年劳动和社会保障部颁布实施了《最低工资条例》。该《条例》规定了最低工资制度实施的条件、最低工资制度的定义，最低工资标准形成和调整的原则等。但与其他很多国家的最低工资制度不同，该《条例》并没有规定全国统一的最低工资标准，而将确定最低工资标准的权力赋予地方。伴随着劳动力市场形势的变化，《最低工资条例》越来越成为政府干预市场工资率的一个重要手段，一个突出的特征就是，近年来各地纷纷快速地提高最低工资标准。

《就业促进法》也于 2008 年 1 月开始颁布实施，并成为中国政府实施积极的就业政策的法律依据。《就业促进法》明确了各级政府在就业创造、就业服务、职业教育和培训、就业援助、就业监察和监管等方面的责任。同时也明确了反对任何形式的就业歧视、倡导不同群体就业平等的司法取向。

市场经济先行国家由于劳动力市场制度发展较早、比较成熟，因此，对劳动力市场制度的度量也已经形成较为完整的体系。我们可以从就业保护严格程度、产业和集体谈判关系、社会保护的程度等几个维度，衡量劳动力市场制度的严格性。在这几个维度中，就业保护具有核心地位，OECD（2004）提出了度量劳动力市场上就业保护严格性的具体方法。遵循这一方法，我们也可以对中国目前的劳动力市场制度做出相应的评价，并将中国劳动力市场制度的严格性与 OECD 国家进行比较。具体来说，对劳动力市场制度的严格性包括就业保护、临时合同和集体谈判等三个方面的内容。

对上述三类指标进行加权平均，就可以得到对劳动力市场总体严格性的评估数值。通过借鉴 OECD 的标准，对中国劳动力的相关规定进行评估，发现从总体上看，现行的劳动力市场制度在就业保护上处于较高的水平。如表 5-4 所示，如果以同样的标准评价 OECD 国家和中国的就业保护严格程度，中国目前的劳动力市场规制的总体严格程度仅仅低于荷兰和比利时，而高于其他发达国家的水平。我们在表 5 - 4 中还列出中国颁布实施《劳动合同法》时，OECD 国家的人均 GDP 水平。我们看到，当时发达国家的平均人均 GDP 水平为 33940 美元，平均的劳动力市场严格程度为 2.34；相形之下，中国当时的人均 GDP 水平为 3271 美元，即便以 2012 年的人均 GDP 水平计算，也仅为 6100 美元，与发达国家仍然有较为明显的差异，而中国劳动力市场严格程度综合评分为 3.33 分。考虑到与发达国家在经济发展阶段上的巨大差异，目前的劳动力市场制度所提供的就业保护水平无疑是相当高的。

表 5 - 4 中国与 OECD 国家劳动力市场制度严格程度比较

单位：美元

国名	2008 年人均 GDP	劳动力市场严格程度	国名	2008 年人均 GDP	劳动力市场严格程度
墨西哥	15267	1.1	波兰	18025	2.4
挪威	61331	1.1	德国	37114	2.5
土耳其	15021	1.5	法国	34166	2.7
加拿大	35648	1.5	捷克	25872	2.7
斯洛伐克	29037	1.6	匈牙利	20429	2.8
丹麦	39841	1.7	英国	35877	2.8
美国	46690	1.8	芬兰	38080	3.0
爱尔兰	41813	2.0	韩国	26688	3.0
瑞士	47551	2.0	瑞典	39613	3.0
澳大利亚	39028	2.0	希腊	29603	3.1
西班牙	33130	2.1	葡萄牙	24938	3.1
意大利	33372	2.1	荷兰	42929	3.4
奥地利	39784	2.2	比利时	37031	3.5
日本	33499	2.3	OECD 平均	33940	2.34
新西兰	28925	2.4	中国	3271	3.33

注：人均 GDP 为当年价格。
资料来源：stats. oecd. org。

在劳动力市场的各项制度安排中，发达国家之间的态度与判断并不一致。其中，我们需要对那些在市场经济成熟国家间已经取得较大共识的制度安排，予以优先考虑。例如，对于就业保护、临时合同的规制程度等在各个

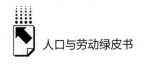

国家间分歧较大，但集体谈判则取得相对一致的看法。因此，对这样已经取得共识的制度积极推进，有助于我们在制度建设过程中少走弯路。在"十三五"时期，如何借鉴国际经验、寻求劳动力市场安全性与灵活性的统一、完善我们的劳动力市场制度，仍然有很多路要走。

五 "十三五"时期就业发展战略的推进路径

结合劳动力市场在"十二五"期间出现的明显变化，以及中国经济发展进入新常态的事实，"十三五"时期就业发展规划应该突出抓好以下几个方面的工作。

（一）全面推进就业规划与监测体系改革

以往的五年规划和年度就业监测所一直沿用的指标，已经与市场经济发展的形势和中国劳动力市场的实际运行状况严重脱节。在经济发展进入新常态，劳动力市场运行具有越来越明显的新古典特征的情况下，亟须在"十三五"规划期间，对这一领域进行全面系统的改革。

首先，我们建议在"十三五"规划中，放弃使用计划经济时期形成并一直沿用至今的规划指标：城镇登记失业率和城镇新增就业。在"十三五"规划中，代之以"调查失业率"和"非农总就业"，作为规划目标。在数据信息获取方式上，改变以往以报表系统为主的模式，代之以抽样调查为主。

其次，在"十三五"期间，建立起完善的就业监测体系，其内容包括就业与失业、工作时间、工资与劳动力成本、劳动力市场供求、企业用工计划等。在"十三五"规划中，对就业与劳动力市场监测体系进行系统设计，整合现有的各个调查资源，统一就业信息的采集和发布。提高监测信息采集和发布的频率，对主要指标按月度公布。

再次，在就业监测中，将农民工系统地纳入监测范围，实现就业与劳动力市场信息采集、发布的一体化。以非农就业作为规划和监测的主要目标，而不以特定群体作为监测对象。

（二）全面推进户籍制度改革

在"十三五"时期，全面、彻底地推进户籍制度改革，将是提高劳动参与率最有效的手段。根据已有的研究，在劳动力市场自发机制推进的劳动力流动已经非常充分的基础上，进一步促进劳动力要素的再配置将依赖于户籍制度的全面、彻底改革。

改革户籍制度的呼声由来已久，全面深化户籍制度改革已经刻不容缓。不仅是由于户籍制度改革的条件已经成熟，更重要的是，中国经济发展进入关键阶段，改革的停滞将阻碍我们获取新的增长源泉。

一直以来户籍制度改革都是以地方实践的渐进方式开展的。由于户籍制度的长期存在，已经形成庞大的利益群体，使得每一步改革都成为利益关系调整的博弈，并直接影响户籍制度改革的进程。然而，采取顶层设计、全面改革户籍制度的时机已经成熟。

全面推进户籍制度改革的核心与终极目标，是使与户籍相关的社会福利与人口登记功能分离。在"十三五"时期推进户籍制度改革的进程也应该按照这一目标加以设计。

首先，在"十三五"初期实现基本社会保障体系的一体化，完善并统一基本养老制度、基本医疗制度，实现全国范围的统筹，到"十三五"末期实现全国统筹的社会保障制度。

其次，在已经着手实施的"居住证"管理制度的基础上，在"十三五"时期，逐步实现不同地域和规模的城市在户籍管理上的一体化。日前，《居住证管理办法》（征求意见稿）已经向全社会颁发。该《办法》强调了常住人口与户籍人口在公共服务和社会保障方面的一体化，并提出居住证管理和积分入户的相关办法。建议在"十三五"规划的具体实施过程中，加快公共服务和社会保障一体化的进程，通过具体的实践措施，加快户籍制度改革的步伐。

再次，在"十三五"末期，努力实现户籍制度改革的全面突破，从目前仍然坚持的分类改革的方案，过渡到全面改革。

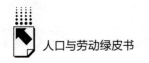

（三）延长义务教育年限

义务教育是国家依法统一实施、所有适龄人口必须接受的教育，具有强制性、免费性和普及性，是教育工作的重中之重。虽然高中阶段的教育在过去十年也有较大的发展，但由于没有纳入义务教育体系，接受高中阶段的教育不具有强制性。因此，在普通工人工资迅速上涨、教育机会成本不断提高的情况下，即便在教育公共财政资源相对宽松的时期，由于缺乏明确的制度干预，高中阶段教育的萎缩也不可避免。从这个意义上说，高中教育义务化既是对"普及高中教育"的战略目标的深化与延伸，也是通过制度建设，加强人力资本投资、干预市场失灵的有效手段。

秉承渐进改革的一贯思路，并确保"十三五"期间在义务教育制度的改革与完善上有所突破，义务教育延伸至高中阶段可以遵循以下总体思路。

1. 实现高中阶段的强制教育

义务教育的首要特征就是其强制性。从这个意义上说，制度建设应优先。通过将高中阶段的教育纳入义务教育体系，可以进一步强化国家、学校、家庭与个人在高中教育中的作用，引起全社会对高中阶段教育的关注，遏制高中教育逐年萎缩的局面。同时，将高中教育纳入义务教育的范畴，可以进一步明确各级政府及公共财政在高中教育中应该发挥的作用，更有效地督促各级政府积极地抓好高中教育。

2. 力争到"十三五"末期高中毛入学率达100％

2013 年，高中阶段毛入学率为 86％，其中，普通高中为 48％，成人高中、中等职业教育等占 38％。由于高中适龄人口正逐年减少，《国家中长期教育改革和发展规划纲要（2010～2020 年）》提出的到 2020 年高中阶段毛入学率 90％的战略目标有望在"十二五"末期即告实现。以此为基础，在"十三五"期间高中适龄人口继续减少的情况下，提高五年规划的水平和努力目标，实现高中教育的全面普及是完全可行的。即便假定"十三五"开始时高中在校生人数保持现有水平，则每年增加高中在校生数约 88 万人（占高中在校生规模的比重不足 2％）即可实现高中教育的普及。

3. 增加对高中教育的公共资源投入

在"十三五"期间，适当增加对高中教育的公共财政投入是非常必要的。公共资源的增加可以分步推进。首先，确保全面普及高中教育的资源投入，即实现"十三五"期末高中毛入学率达到100%的目标所需的增量公共财政资源。根据前文的静态测算，在"十三五"期间，累计投入344亿元即可实现这一目标。其次，增加高中教育的生均经费投入。目前，由于没有纳入义务教育，对高中教育的生均公共资源投入水平甚至低于初中教育。如果静态地计算，在"十三五"初期达到目前初中教育的投入水平，公共财政需要累计增加约158亿元。再次，逐步提高高中教育阶段的公共资源投入水平，确保对高中教育的公共财政投入增长幅度与其他义务教育阶段的公共投入持平。借鉴推进九年义务教育免费的成功经验，从中西部和农村地区开始，逐步推进高中阶段义务教育免费的进程。

4. 整合职业教育与普通教育资源

高中阶段教育的特殊性在于普通高中与中等职业教育混合。在"十二五"期间，国家加大了对职业教育的公共资源投入力度。但资源在不同地区、不同部门和不同类型的学校间分割的现象非常明显。通过高中教育义务化，整合国家对高中阶段的职业教育以及普通高中的教育资源投入，提高资源的使用效率，将有助于推进高中教育义务化。

5. 提升普通高中的毛入学率

较之于其他阶段的教育以及中等职业教育的大发展，普通高中在"十一五"后期以及"十二五"期间处于停滞状态。2008年以来普通高中的毛入学率几乎没有提高，近年来甚至出现萎缩的苗头。高中阶段毛入学率的增长则主要来自中等职业教育的扩张。实际上，相对于在普通高中实施的通识教育而言，公共资源投资于职业教育面临更多的风险和不确定性，从而容易造成投资低效甚至失败。

首先，职业教育所形成的人力资本较之普通高中具有更大的专用性，从劳动力市场匹配的角度看，人力资本的专用性越强，工人与岗位的匹配难度也越大，造成结构性失业的风险也越高；其次，如前所述，从中等收入阶段

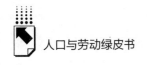

向高收入阶段过渡必将伴随着经济结构的剧烈变动。相应地，就业的岗位、职业与行业特征都将发生明显的变化。在经济结构变化的方向并不明确的情况下，大力发展职业教育在办学方向、课程设置、招生规模与结构等方面都面临更大的风险；再次，随着产业结构的升级，普通高中与通识教育所积累的一般性知识对于提高工人的创新性会产生更大的帮助，而且会在更长的时期里对人力资本积累产生作用。

因此，笔者建议在"十三五"期间将高中阶段教育的增量资源主要配置于普通高中。在目前普通高中毛入学率达到48%的基础上，力争到"十三五"末期，普通高中的毛入学率达到60%。并在随后的时间里结合经济发展的实际需要与劳动力市场的变化情况，调整中等职业教育与普通高中的比例关系，逐步提高普通高中的比重。

6. 通过改革职业教育增加通识课程

虽然职业教育的投入有显著增加，但职业教育的效果，尤其是职业教育与劳动力市场是否实现有效联系有待审慎评估。可以预期的是，在"十三五"及其以后的时期内，中国经济将经历较为明显的结构转换。为了降低对职业教育既有投资造成的潜在风险，笔者建议在"十三五"期间加大职业教育的改革力度，尤其是增加职业教育中通识课程的比重，提高接受职业教育的学生学习一般知识的能力。同时，借鉴国际有效经验，在"十三五"期间逐步调整和规范高中教育的课程设置。

7. 加强城乡统筹促进农村地区的高中教育

随着城镇化的推进，越来越多的农村人口将聚集到城市。由于城乡之间人口转变进程的差异，城市户籍人口中高中适龄人口的减少也更为迅速。深化户籍制度改革、统筹城乡教育资源，将有助于推进高中教育义务化的进程。同时，将高中教育纳入义务教育，也有助于在不同地区之间协调高中教育的责任，从而促进户籍制度改革的深化。

（四）使灵活安全的劳动力市场制度初步定型

党的十八届三中全会通过的《中共中央关于全面深化改革若干重大问

题的决定》提出，到 2020 年实现各项制度基本定型。因此，"十三五"时期也是劳动力市场制度改革和完善的关键时期。对于中国这样具有发展和转型双重特征的国家而言，其制度建设的阶段性特征必须予以考虑。中国正面临着经济发展的刘易斯转折点，也就是说，从劳动力无限供给的二元经济社会，向具有新古典特征的市场经济模式转变。相应地，劳动力市场制度的建设也要适应这种转变。

在二元经济时代，由于存在大量的农业剩余劳动力，劳动力无限供给是经济发展中面临的最主要的特征。在这样的发展阶段，经济发展的主要目标是创造尽可能多的就业机会，为农村的剩余劳动力转移创造条件。而劳动力市场政策的主要目标则是最大限度地促进劳动力流动，破除制约劳动力流动的制度性障碍。换言之，在这样的发展阶段，劳动力市场以放松规制为主要取向，制度选择的任务和难度不大。

一旦经济发展越过刘易斯转折点，劳动力市场上的供求力量对比就开始发生根本性转变，也就是说，供求双方的力量都对就业关系发生作用，而不像二元经济时代只是需求的单边力量起支配性作用。在这一发展阶段，劳动力市场会随着供求格局的变化产生一系列新现象，劳动力市场的制度选择也变得更加复杂和必要。

首先，劳动力市场制度要致力于保持和谐的劳动关系。在经济发展跨越刘易斯转折点后，劳动力短缺提升了劳动者在供求关系中的谈判地位。同时，不断上升的工资水平（以及工作条件）使工人对雇主的预期不断提升。在这种情况下，一旦实际的劳动力市场结果与工人预期的水平有差距，劳动争议就有可能出现。于是，我们会观察到，伴随着劳动条件的改善和工资水平的上涨，劳动争议的数量不是下降，而是上升了。从政策制定者的角度而言，应该充分地认识到劳动争议在此时的出现是一种正常、必然的情况。而应对的关键是，顺应这种形势的变化，确立相应的制度措施，使劳动争议得到有效的解决。

其次，劳动力市场制度要满足工人不断提升的社会保障需求。在"刘易斯转折"阶段，对于从农业中转移出的劳动力而言，他们最迫切的需求

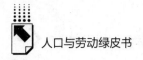

是获得就业机会和非农收入。但随着刘易斯转折点的来临，工资水平的不断上扬使得劳动者的需求日益丰富，特别是对社会保障的需求随之上升。在这样的阶段，清晰界定社会保障中企业、政府和社会的责任，将是劳动力市场制度建设面临的主要挑战之一。

再次，随着经济结构的转变和劳动力市场的转变，农村转移劳动力越来越成为专业的产业工人。这也意味着，他们返回农业、农村的可能性也越来越小。对于新生代的农民工更是如此。因此，劳动者所面临的劳动力市场风险和不确定性，越来越接近于成熟的市场经济国家的情形。特别是随着收入水平的提升，我们不能再寄希望于农业成为保护的最后安全网，不能希望经济发生波动时以农村劳动力返乡的形式来平抑经济冲击的影响。

最后，鉴于人口因素是推动劳动力市场转变的主要动力，目前中国的劳动力市场变化所产生的效应与发生于发达国家的技能偏向型的转变有着明显的差别。在欧美等发达经济体，随着劳动力成本的不断上升，经济发展的比较优势越来越转向资本、技术和知识密集型的行业，随之出现了所谓技能偏向的技术变迁，这种变化使得劳动力市场对高技能者的需求不断增加，而低技能的普通岗位则增长缓慢。于是，接受过大学教育的劳动者在劳动力市场上更受欢迎：他们的失业率较低，而且有着更高的工资水平和更快的工资增长。但目前我国出现的劳动力市场变化主要体现为普通工人工资的上涨，非但不能对人力资本投资形成激励，还增加了受教育的机会成本，导致基础教育辍学率的提高。在这种情况下，农民工等普通劳动力的短期行为，会导致未来熟练工人供给不足，并制约中国由中等收入阶段向高收入阶段迈进。

中国劳动力市场目标模式建设除了要注重考虑刘易斯转折带来的制度需求变化，还应该注意中等收入阶段特殊的发展阶段特征所引致的制度需求。毕竟对于一个处于中等收入阶段的经济体而言，向高收入阶段迈进仍然是社会经济发展的主要目标。劳动力市场制度也需要为这一发展目标服务。

最近的劳动力市场变化及经济发展新特点越来越表明，进入中等收入阶段以后的经济增长将取决于制度是否能刺激生产要素的有效供给，包括劳动力要素的供给。因此，劳动力市场制度设计要更加注意对其劳动供给的影响，鼓励个人积极地参与劳动力市场，同时，提高劳动力供给的质量和有效性。因此，对个人人力资本投资的激励、工作时间的激励、劳动参与的激励等都将成为比以前更加重要的政策领域。

一方面，随着劳动力短缺的出现，劳动力投入的数量，可能成为经济发展中越来越明显的制约。劳动力市场制度要及时调整，刺激有效劳动供给的增加，尽可能延长劳动力的数量优势期。特别是从目前的劳动力市场状况看，在劳动力短缺的同时，城镇劳动力市场的参与率却趋于下降。这就意味着，通过政策调整，促进就业、增加劳动供给的余地仍然存在。

另一方面，随着劳动密集型产业竞争优势的下降，劳动力市场制度也要着眼于经济结构的调整和升级，注重与人力资本投资制度的衔接，以利于提升劳动者的素质。例如，当普通工人工资上升时，接受教育的机会成本增加，将导致辍学率的上升。从人力资本积累的角度而言，补贴教育的机会成本将有助于降低辍学率；同时，从劳动力市场制度而言，规范用工制度和劳动力市场准入条件，也有利于为未来的经济发展积累人力资本。

G.6

第六章

我国劳动报酬水平变化与工资改革

张车伟　赵 文

劳动报酬水平变化不仅关系劳动力资源优势发挥，也关系中等收入陷阱的成功跨越。中国劳动力市场过去长期供大于求的格局导致工资增长偏慢，但进入"十二五"时期以来，劳动力市场供求形势的根本性转变使劳动报酬出现了较快增长。劳动报酬增长一方面会提高劳动者消费能力，促进内需市场的形成，为劳动者素质改善提供基础，但同时也会增加企业用工成本，抑制社会生产和扩大再生产能力，导致企业用工需求减弱。中国当前总体劳动报酬水平如何？呈现怎样的变化趋势？与世界其他国家相比，中国的劳动报酬增长状况如何？劳动报酬增长是否会带来劳动力资源优势的丧失？中国当前在劳动报酬领域有怎样的改革措施？这些都是本文试图回答的问题。

一　我国劳动报酬水平及其变化

（一）全部工薪劳动者的报酬水平

中国当前仍然缺乏反映工资水平变化的完整和系统数据。国家统计局仅仅发布城镇单位就业人员的工资数据，要了解包括全部工薪劳动者在内的工资状况，需要我们根据国家统计局公布的数据进行归纳和核算。

首先，需要估算中国全部工薪劳动者的数量。国家统计局公布了按照就业单位分类的就业情况，将国有单位、城镇集体单位、股份合作单位、联营单位、有限责任公司、股份有限公司、港澳台商投资单位、外商投资单位、私营企业和乡镇企业等单位的就业加在一起就可以得到全部工薪劳动者或者说全部雇员的数量。以 2013 年为例，在城镇就业中，国有单位为 6365 万人，城镇集体单位为 566 万人，股份合作单位、联营单位、有限责任公司和股份有限公司为 7923 万人，港澳台商投资单位和外商投资单位分别为 1397 万人和 1566 万人，私营企业为 8242 万人。2013 年城镇雇员总数为 26059 万人。在农村就业中，私营企业为 4279 万人，乡镇企业约为 15199 万人，因此，2013 年中国雇员总数为 45537 万人，占全部就业总数的 59.2%，占非农就业总数的 86.2%。1978 年，我国雇员总数为 12326 万人，占全部就业总数的 31%，2013 年的雇员就业人数比 1978 年提高了 3.7 倍。

需要说明的是，2013 年经济普查之后，一些原属于乡镇企业的规模以上法人单位纳入劳动工资统计范围，导致部分经济类型单位和部分行业的就业人员数、工资总额变动较大。体现在工薪劳动者数量上，主要是城镇国有单位、集体单位之外的"其他单位"的就业人员数较 2013 年增加了 3453 万人，相当于 2007~2012 年所增加的数量总和。如果不加调整地使用这一统计数据，必然会影响我们对基本事实的判断，因此需要调整数据。笔者认为，这些 2013 年被纳入统计范围的企业，不可能是突然出现的。如果假设这些企业 2007 年就已经存在，那么，我们可以将 2013 年多增加的就业人数分摊到 2007~2013 年每一年份上。这样做的好处是年度数据的增长较为平滑缓和，也比较符合现实情况。

估算工薪劳动者数量之后，还需要估算工薪劳动报酬总额。关于劳动报酬总额，我们可以使用国家统计局每年公布的城乡居民收入调查数据来估算。国家统计局城乡居民收入数据比较完整，从这一途径可以得到目前来说时间序列最长、连续性最好的雇员劳动报酬总额数据。笔者估计的雇员劳动报酬总额，主要包括两部分。一是居民工资及工资性收入总额，主要是工资，还有各种扣款，如工作单位代扣的应由个人承担的养老金、住房公积金、医疗保险等。具体方法是国家统计局城乡居民

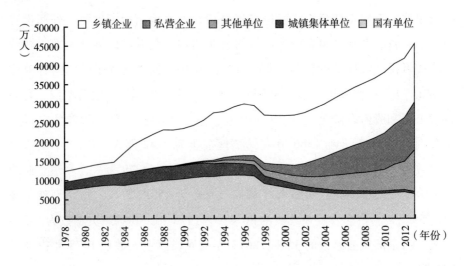

图 6-1 1978~2012 年中国工薪劳动者的就业结构

收入调查中的工薪收入乘以相应的居民人数。二是单位社会保障付款，如养老金、住房公积金、医疗基金和失业基金等。对于单位社会保障付款，目前并没有全口径的统计。基本养老保险、失业保险、城镇基本医疗保险、工伤保险、生育保险的年收入可以从国家统计局获得，但住房公积金缴存总额，住房和城乡建设部自 2009 年之后再未公布。从这些数据，我们可以估计单位社会保障付款总额。具体方法是首先区分社会保险中"居民—财政"贡献和"职工—单位"贡献，然后在职工保险基金收入中，按照各类社会保险的个人和单位缴费的比率，计算各类保险基金收入中单位缴费部分。住房公积金收入按照每年 20% 的增长率递推。由此得到，2013 年住房公积金缴存总额为 1.11 万亿元，社会保障基金收入中单位贡献为 2.33 亿元，单位社会保障付款总额为 2.89 亿元。其他年份的具体数额参见表 6-1。

另外一个获得工薪劳动者劳动报酬总额数据的途径是国家统计局公布的《资金流量表》。在《资金流量表》中，金融机构部门、非金融机构部门和政府部门是工资劳动者或者说雇员的就业部门。这些部门的劳动报酬总额如表 6-2 所示。可以发现，与本文估计的雇员劳动报酬总额相比，差别不大。

表 6 - 1　1986～2013 年我国雇员劳动报酬总额的估算

单位：亿元

年份	雇员劳动报酬总额	居民工资性收入总额		单位社会保障付款	年份	雇员劳动报酬总额	居民工资性收入总额		单位社会保障付款
		城镇	农村				城镇	农村	
1986	2640	1941	699	—	2000	28685	20568	5677	2440
1987	3079	2315	764	—	2001	32258	23214	6141	2902
1988	3566	2658	908	—	2002	39110	28821	6574	3714
1989	4286	3127	1012	147	2003	45082	33574	7058	4450
1990	4863	3518	1168	177	2004	51620	38827	7559	5233
1991	5566	4080	1286	200	2005	58822	43832	8755	6235
1992	7168	5274	1567	327	2006	68892	51101	10058	7733
1993	8851	6760	1660	432	2007	83060	62056	11412	9592
1994	12236	9402	2253	581	2008	95636	70509	13050	12077
1995	15643	11814	3040	788	2009	108303	79879	14210	14214
1996	18891	14083	3836	972	2010	124774	91811	16316	16648
1997	21224	15501	4517	1207	2011	146860	106464	19457	20940
1998	23020	16799	4769	1451	2012	170596	123398	22140	25057
1999	25806	18635	5170	2001	2013	192642	138398	25344	28900

资料来源：《中国统计年鉴（2014）》。

表 6 - 2　1986～2013 年雇员劳动报酬总额

年份	雇员人数（万人）	劳动报酬总额 1（亿元）	劳动报酬总额 2（亿元）	工资 1（元/年）	工资 2（元/年）
1986	20747	2640	—	1272	—
1987	22018	3079	—	1398	—
1988	23150	3566	—	1540	—
1989	23106	4286	—	1791	—
1990	23492	4863	—	1995	—
1991	24299	5566	—	2208	—
1992	25644	7168	8959	2668	3366
1993	27549	8851	11226	3056	3918
1994	27914	12236	15356	4175	5293
1995	29109	15643	19851	5103	6549
1996	29891	18891	22811	5995	7306
1997	29419	21224	25620	6804	8298
1998	26933	23020	26469	8008	9289

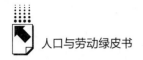

续表

年份	雇员人数 （万人）	劳动报酬总额1 （亿元）	劳动报酬总额2 （亿元）	工资1 （元/年）	工资2 （元/年）
1999	26834	25806	27891	8871	9648
2000	26812	28685	33106	9789	11438
2001	26923	32258	36829	10903	12601
2002	27567	39110	41478	12840	13699
2003	28681	45082	46010	14167	14490
2004	29821	51620	51303	15555	15449
2005	31321	58822	58928	16790	16823
2006	32752	68892	67215	18674	18161
2007	34144	83060	81310	21259	20753
2008	35327	95636	95789	23111	23153
2009	36519	108303	106771	24916	24510
2010	38077	124774	122338	27212	26599
2011	40341	146860	142038	29689	28552
2012	41695	170596	162896	32940	31198
2013	45537	192642	—	35958	—

注：劳动报酬总额1是本文估计的中国雇员部门的劳动报酬总额，劳动报酬总额2是《资金流量表》中的中国雇员部门的劳动报酬总额。相应地，工资1是本文估计的中国雇员平均工资，工资2是根据《资金流量表》估计的中国雇员平均工资。劳动报酬总额中，包括单位社会保障付款，在计算工资时，应予扣除。

在前期《资金流量表》的数据较大，后期两者数据非常接近。这种差别的产生和我国的工资制度沿革及统计数据的可获性有关。前期，国有企业和集体企业的职工福利较多，这些统计数据没有向社会公布，也难以被城乡居民住户调查所覆盖。这就造成《资金流量表》数据比本文估计的数据大一些。随着国企改革和民营经济规模壮大，传统的职工福利相对规模越来越小，因此，本文估计的数据与《资金流量表》数据就越来越接近。

有了劳动报酬总额和雇员就业人数，就可以得到全体雇员平均工资水平。2003年，雇员平均工资为14167元/年，2013年达到35958元/年。2003~2013年，雇员工资名义增长率年均为9.8%，实际增长率年均为6.5%。实际工资的增长速度主要受到两个因素影响，一是经济增长速度，二是物价水平。如图 6-2 所示，雇员平均工资的增长较为稳定，但受到经济增长速度和物价水平变动的影响，实际工资增长波动较大。2010 年以来，经济增长速度有所下降，因此，实际工资的平均增长速度低于前一个时期的平均增长速度。还有，2008 年和 2011 年，居民消费价格指数分别较上年上涨了 5.9% 和 5.4%，是 2003 年以来仅有的增速超过 5% 的年份，相应地，两个年份的实际工资增长速度都较低，2008 年为 2.7%，2011 年为 3.5%。

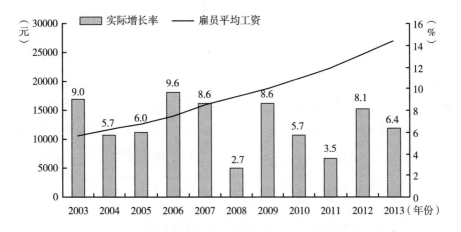

图 6-2　2003～2013 年全部工薪劳动者平均工资及增长率

资料来源：《中国统计年鉴（2014）》。

（二）两类群体的工资水平及其变化

总体工资水平的变化也许并不能完全反映劳动力市场的实际状况。这里再来观察两个特点显著群体的工资水平及其变化。一个是城镇单位就业人员，这部分人是劳动力市场上收入和保障水平都较高、就业相对稳定的群体；另一个是农民工群体，这一群体则是劳动力市场上收入和保障水平较低、就业也不太稳定的群体。

1. 城镇单位雇员工资水平

城镇单位就业人员是指在城镇国有单位、集体单位、股份合作单位、联营单位、有限责任公司、股份有限公司、港澳台商投资单位、外商投资单位等从事"付薪工作"的劳动者，我们也把这类就业人员称为城镇单位雇员。2013 年城镇单位就业数量为 1.78 亿人，占城镇就业的 46.6%。城镇单位就业人员是我国统计体系最为完善、统计数据最为可靠的就业群体，是监测劳动经济基本情况的主要资料来源。

近年来，城镇单位雇员的名义工资水平呈现持续上涨趋势。2013 年城镇单位雇员的工资水平为 52233 元，2014 年为 56339 元。受到国际经济危机的影响，2009 年以来，城镇单位雇员的名义工资增幅较前一时期有所降低。经过 2010 年和 2011 年短暂的恢复后，2012 年和 2013 年城镇单位雇员的名义工资增幅降到了 2001 年以来的最低水平，2013 年只有 9.5%。

城镇单位雇员实际工资的上涨速度比较快。2010 年以来，尽管城镇单位雇员实际工资的上涨速度低于前一个时期，但仍然保持 8.7% 的年均增速。值得注意的是，2013 年城镇单位雇员实际工资的上涨速度为 6.7%，2014 年为 7.1%，增长幅度是十年来最低水平，这与经济增长速度下降有关。

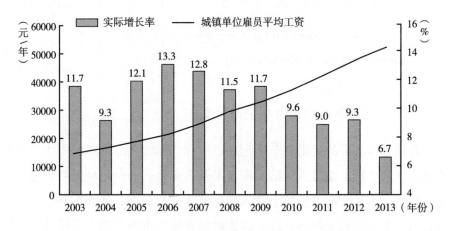

图 6-3 2003～2013 年城镇单位雇员工资增长情况

资料来源：《中国统计年鉴（2014）》。

2. 农民工工薪报酬水平

农民工群体是劳动力市场上市场化就业最充分的群体，其薪酬水平与劳动供求关系变化密切相关。根据《中国第一次全国农业普查资料》，1996年全国共有农民工1.39亿人，其中外出农民工0.72亿人，本地农民工0.67亿人。到2014年全国农民工总量为27395万人，比上年增加501万人，增长1.9%。其中，外出农民工16821万人，比上年增加211万人，增长1.3%；本地农民工10574万人，增加290万人，增长2.8%。

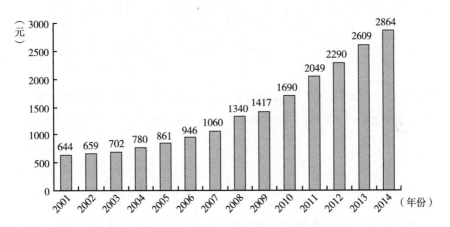

图6-4　2001～2014年外出农民工月收入情况

资料来源：《全国农民工监测调查报告》和《农村住户调查年鉴》。

外出农民工月收入水平持续增长。2001年农民工月收入为644元，2014年达到2864元。去除物价上涨因素（CPI）后，实际年均增长9.5%。那么，农民工的月收入与城镇单位雇员的工资水平相比如何呢？如图6-5所示，2007年之前，城镇单位雇员工资的增长幅度大于外出农民工月收入的增长幅度，这一时期两个群体的工资水平差距拉大。2008年，外出农民工的月收入增幅开始较大幅度提高，但受到2009年经济收缩的影响，增幅大幅度下降，而城镇单位雇员工资增幅下降相对较小，这说明农民工更容易受到就业冲击。2010年开始，随着经济形势好转，外出农民工月收入水平再次大幅度提高，并且超过城镇单位雇员工资的增长幅度。去除物价上涨因素，2013年，外出农民工月收入实际增幅为11%，高出城镇单位雇员工资增幅（6.7%）4.3个百分点。

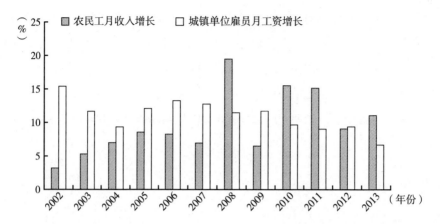

图 6 - 5　2002 ～ 2013 年外出农民工月收入与城镇单位雇员月工资增长比较

资料来源:《全国农民工监测调查报告》、《农村住户调查年鉴》和《中国统计年鉴(2014)》。

(三)小结

随着劳动力市场供求关系的变化,中国工资水平出现了较快增长,以至于很多人开始担心工资增长是否会损害经济增长。通过前文的分析,我们这里可以对中国工资水平的变化进行一下简单总结。

工薪劳动者总体工资水平,无论是名义工资还是实际工资,都继续呈现不断提高的态势。2010 年以来,实际工资的增长受到经济降速的影响有所放缓,但物价水平(居民消费价格指数,CPI)从 2012 年开始持续走低,客观上抵消了一些经济降速的影响。综合各种效应,2012 年中国全部工薪劳动者平均工资增长了 6.2%,2013 年增长了 4.5%。

城镇单位雇员工资水平是各类工薪劳动者中最高的,工资增长稳定,较少受到经济波动的影响。农民工群体的工资变化则与之相反,不仅工资水平较低,而且受到经济波动的影响更大。从工资水平来看,2013 年城镇单位雇员平均工资为 52233 元,农民工年收入为 31308 元,前者是后者的 1.7倍。从增长率来看,2010 ～ 2013 年,城镇单位雇员平均工资实际增长了1.27 倍,农民工月收入实际增长了 1.39 倍,两者之间的差距在缩小。

城镇单位雇员群体与农民工群体工资差距缩小的原因，我们可以从"结构效应"的角度进行一些合理推测。随着中国经济转型，第三产业在国民经济中的比重快速提高，就业增长较快。2013 年，第三产业就业人数为29636 万人，较 2010 年增长了 1.13 倍。同期，第二产业就业人数仅增长了1.06 倍。相对于城镇单位雇员来说，农民工从事第二产业的比重较高，第二产业新进非熟练员工的相对减少，提高了农民工群体平均工资的增长速度；城镇单位雇员群体从事第三产业的比重较高，第三产业新进非熟练员工的相对增加，降低了城镇单位雇员平均工资提高的速度，由此造成城镇单位雇员群体与农民工群体工资差距缩小。

二 国际视野下中国的工资增长

2006 年以来，以中国为代表的由新兴经济体推动的全球工资持续增长趋势没有发生变化。如图 6－6 所示，2006～2013 年，中国工资实际年均增幅为 6.7%，其中，2006 年、2007 年和 2009 年，中国工资的实际增幅都高于 8.5%。2012 年和 2013 年，中国工资的实际增长率分别为 8.1% 和6.4%。与经济增长率相比，中国工资增长仍显缓慢。

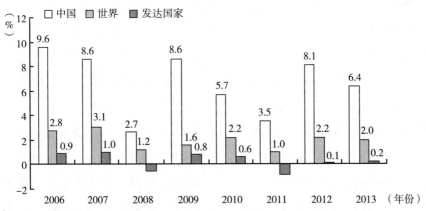

图 6－6 2006～2013 年中国和世界其他地区实际工资增长比较

资料来源：中国数据为本文笔者整理计算，世界其他地区数据来自国际劳工组织《2014/15 全球工资报告》。参见 www.ilo.org/gwr－figures。

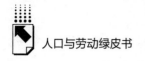

中国庞大的经济规模和较高的实际工资增长率使得中国在全球工资增长中占有较大比重，拉动世界平均工资水平上涨。根据国际劳工组织（2015）的报告，世界平均的实际工资增长率，2012年和2013年为2.2%和2.0%。其中，发达国家的工资增长停滞。2006~2013年，发达经济体的工资增幅一直在低水平小范围地波动，平均增幅为0.4%，2008年和2011年还出现了负增长。2013年发达经济体工资增长总体上仍然保持停滞，一些发达国家的工资仍旧低于其2007年的水平。只有澳大利亚和加拿大的平均工资出现正增长，部分原因可能是自然资源的出口。中国与这些国家相比，工资的增长是相当可观的。

发展中国家的工资上涨较快，尤其是新兴经济体。巴西、俄罗斯、乌克兰、南非、沙特阿拉伯的实际工资在2012年和2013年上涨速度较快。这些经济体的工资走势也基本代表了所在地区的工资走势。东欧和中亚地区的工资在乌克兰、俄罗斯的影响下较快增长，2013年实际工资增长率为5.8%；亚洲在中国的影响下，2013年实际工资增长率为6.0%。这两个地区是目前工资上涨最快的地区。

值得注意和需要说明的是，鉴于中国仍然缺少包括各类劳动者工资的数据，有关中国工资增长的形势会有不同认识。例如，国际劳工组织（2015）认为中国实际工资增长率，2012年为9.0%，2013年为7.3%，大大高于本文的估算值（2012年8.1%，2013年6.4%）。究其原因，主要在于国际劳工组织（2015）使用了"城镇单位就业人员平均工资"作为中国平均工资。实际上，"城镇单位就业人员平均工资"不能代表中国工资水平，因为"城镇单位就业人员"不到中国雇员总数的40%。在"城镇单位就业人员"之外，还有乡镇企业雇员（约占雇员总数的33%）、城乡私营企业雇员（约占雇员总数的28%）。这两个群体的工资水平都要低于城镇单位就业人员，工资增长幅度也低于城镇单位就业人员。2012年这两个群体的实际工资增幅为6.5%，2013年为-2.4%。2013年，中国一些就业群体的实际工资不仅没有上涨，甚至还出现了下降。相对于经济增长速度来说，中国雇员工资增速仍显缓慢，而且，雇员之间的工资差距在不断扩大。

（一）工资增长的基础：劳动生产率变化

劳动报酬增长要求有劳动生产率提高的支撑。劳动生产率提高，不仅是中国工资水平提高的基础，更是劳动力资源优势得以保持的源泉。要了解全部工薪劳动者的劳动报酬增长是否合理，需要看一看与之相对应的劳动者的劳动生产率是如何变化的。不幸的是，中国仍然缺少这方面的官方统计。

要了解这一信息，我们必须再做进一步的估算。生产法国内生产总值核算是按照三次产业来统计的。工薪劳动者或者说雇员创造的增加值是指国民经济生产总值中减去第一产业增加值和第二、三产业中个体经济增加值的剩余部分。估计雇员部门增加值，需要估计第一产业和城乡个体经济的增加值，还需要估计居民住房增加值。城乡个体经济的增加值是通过城乡住户调查中的家庭经营性收入和居民数量推算的。居民住房增加值是通过人均住宅面积和商品房价格推算的。具体数据参见表6-3。

表6-3　1986～2013年雇员部门增加值

单位：亿元

年份	序列1	序列2	年份	序列1	序列2
1986	—	5274	2000	67298	72541
1987	—	4953	2001	76156	80709
1988	—	6203	2002	85969	90434
1989	—	8524	2003	96016	99683
1990	—	10209	2004	115201	116807
1991	—	12111	2005	133325	136317
1992	18852	12741	2006	156226	161581
1993	25682	18190	2007	192680	207012
1994	34249	28750	2008	230503	234081
1995	43772	41097	2009	248391	260435
1996	49939	43327	2010	289242	309671
1997	55307	49955	2011	340163	366320
1998	58431	53966	2012	373995	412463
1999	61603	63627	2013	—	452996

资料来源：序列1数据来自《资金流量表》，序列2数据是笔者估算的。

另外一个获得雇员部门增加值的途径是国家统计局公布的《资金流量表》。《资金流量表》中，以金融机构部门、非金融企业部门和政府部门作为雇员部门。其雇员部门增加值的计算方法是首先计算生产法国内生产总值，减去其中统计资料较为翔实可靠的金融机构部门和政府部门的增加值，得到非金融企业部门和住户的增加值，然后在非金融企业部门和住户之间进行分摊，最后得到金融机构部门、非金融企业部门、政府部门和住户的增加值。表 6－3 显示了两个序列的差别。可以发现，两者的趋势是一致的，而且在 1995 年之后，两者的差别不大。由于本文估计的雇员部门增加值在时间上序列更长，所以下文使用这一序列进行分析。

雇员劳动生产率是雇员创造的增加值除以雇员就业人数得到的。如表 6－4 所示，1986～2013 年，雇员部门劳动生产率的年均增长速度为 8.4%，正是这一大幅的效率提高带动了中国产业结构不断优化：从农业经济和个体经济向城镇化、工业化迈进。与发达国家相比较，1999～2013 年，发达国家劳动生产率年均提高速度为 1.1%（国际劳工组织，2015），同期中国雇员部门劳动生产率年均提高速度为 13.6%。

表 6－4　雇员部门工资与劳动生产率

年份	雇员人数（万人）	劳动报酬总额（亿元）	雇员部门增加值（亿元）	工资（元/年）	劳动生产率（元/人）	实际工资增长率（%）	劳动生产率增长率（%）
1986	20747	2640	5274	1272	2542	6.6	-2.9
1987	22018	3079	4953	1398	2250	2.4	-15.9
1988	23150	3566	6203	1540	2680	-7.3	6.3
1989	23106	4286	8524	1791	3689	-1.4	26.8
1990	23492	4863	10209	1995	4346	8.0	11.3
1991	24299	5566	12111	2208	4984	7.1	7.3
1992	25644	7168	12741	2668	4968	13.5	-7.9
1993	27549	8851	18190	3056	6603	-0.1	15.4
1994	27914	12236	28750	4175	10299	10.1	29.3
1995	29109	15643	41097	5103	14118	4.4	20.6
1996	29891	18891	43327	5995	14495	8.5	-3.5
1997	29419	21224	49955	6804	16981	10.4	15.4
1998	26933	23020	53966	8008	20037	18.6	19.1

续表

年份	雇员人数（万人）	劳动报酬总额（亿元）	雇员部门增加值（亿元）	工资（元/年）	劳动生产率（元/人）	实际工资增长率（%）	劳动生产率增长率（%）
1999	26834	25806	63627	8871	23711	12.4	19.9
2000	26812	28685	72541	9789	27056	9.9	11.8
2001	26923	32258	80709	10903	29977	10.6	8.6
2002	27567	39110	90434	12840	32805	18.7	8.8
2003	28681	45082	99683	14167	34756	9.0	3.3
2004	29821	51620	116807	15555	39170	5.7	5.4
2005	31321	58822	136317	16790	43522	6.0	6.9
2006	32752	68892	161581	18674	49335	9.6	9.2
2007	34559	83060	207012	21517	59902	8.6	12.8
2008	36156	95636	234081	23653	64742	2.7	0.3
2009	37762	108303	260435	25765	68967	8.6	7.2
2010	39735	124774	309671	28397	77934	5.7	6.0
2011	42413	146860	366320	31214	86369	3.5	2.8
2012	44182	170596	412463	34905	93355	8.1	6.0
2013	45537	192642	452996	35958	99479	6.4	4.8

　　中国雇员劳动生产率持续提高，大致呈现出先上升后下降的态势，而且波动幅度比较大。改革初期，劳动生产率加快提高，尤其在国有企业改革期间，大量职工下岗客观上起到提高劳动生产率的作用。但这种政策性的生产率提高不可以长期持续，因此，从1999年开始，劳动生产率的提高速度出现了连续下滑，这是下岗人员再就业在劳动生产率方面的反映。在2003年到达一个周期性低点3.3%后，中国劳动生产率增速又经过连续4年快速提高，2007年到达周期性高点12.8%。2008年开始受国际经济危机影响，劳动生产率的提高速度有所下降。但真正产生重大影响的是2011年开始的国内经济减速。2011年，中国劳动生产率的变化进入一个新的周期，2011～2013年劳动生产率的年均增速为4.5%，低于前一个时期的增长水平。

　　在2007年之前，和工资相比，雇员劳动生产率的提高速度是较快的。1993～2007年，工资年均增长率为9.5%，劳动生产率年均增长率为12.2%。2008～2013年，工资年均增长率为5.8%，劳动生产率年均增长率为4.5%。总体来看，工资增长速度超过劳动生产率的增长速度。分产业来看，主要是劳动密集型产业的工资增长速度超过劳动生产率的增长速度，非劳动密集型产业则仍然保持生产率跑赢工资的增长格局。曲玥和都阳（2014）认为，2000～2008年，制造业中劳动密集型产业的工资年均增长率为1.56%，劳动生产率的年均增长率为1.57%，而非劳动密集型产业的工资年均增长率为1.58%，劳动生产率的年均增长率为2.35%。这说明，要提高产业竞争力，需要依靠产业结构的转型和升级来带动。

劳动生产率提高的背后，是生产要素重新配置带来的巨大效率改进。过去，中国的劳动力主要集中在农业和城乡个体经济中，在正规化、公司化经济部门的就业只占很小一部分。改革开放以后，尤其是加入WTO以后，农业就业人员和城乡个体就业人员大规模地转移到雇员经济部门，这极大地提升了整个经济的劳动生产率。如图6-7所示，在就业雇员化方面，中国与其他经济体的显著不同之处在于雇员化程度迅速提高，由1999年的37.6%，提高到了2013年的59.2%。就业雇员化是中国经济未来在就业方面的主要特征之一。发达国家雇员就业的比例一般在80%以上，这表明，中国在就业雇员化及其带来的经济效率改进方面的潜力仍然巨大。

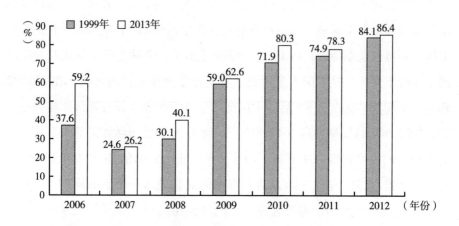

图6-7 中国和其他经济体就业雇员化率比较

资料来源：中国数据为笔者整理计算，其他经济体数据来自国际劳工组织《2014/15全球工资报告》，参见 www.ilo.org/gwr-figures。

前一个时期中国劳动生产率提高的速度非常快，给工资上涨留出了很大空间。使用名义雇员货币工资与劳动生产率之比这一指标进行观察，可以清楚地反映工资与劳动生产率同步的程度。改革开放以来，雇员劳动者平均工资水平经历了先下降后上升再下降的走势，工资增长和劳动生产率提高并不同步。从图6-8可以发现，21世纪以后雇员工资水平与雇员劳动生产率的比率最高出现在2003年前后，这一比率为41%，到2013年为36%。如果从工资和生产率的比率来看，2003年以来，雇员的工资水平的确出现了下降。但如果将社会保障考虑进来，中国工资劳动者的报酬水平从2012年开始已经出现回升。这意味着中国雇员部门的劳动报酬份额出现了回升。近年来，有两种看似矛盾的观点颇受关注，一方面是工薪劳动者抱怨工资水平提高缓慢，另一方面是企业家抱怨劳动成本上升太快。从本文的分析来看，这实际上是企业社会保障负担上升同时工资水平相对下降的结果。

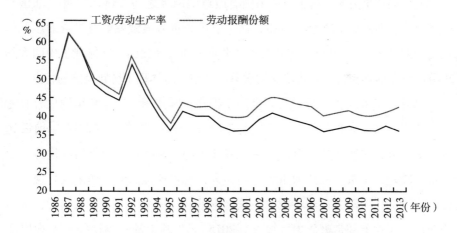

图6-8 雇员平均工资相对于雇员劳动生产率的变化

资料来源：笔者根据《中国统计年鉴（2014）》计算得到。

工资增长落后于劳动生产率提高的时期，往往是投资过热的时期。一般来说，如果国民收入不变，那么投资和消费就是此消彼长的关系。中国的经济增长主要依靠投资驱动，经济增长较快的年份，说明投资增长更快，雇员工资与劳动生产率之比下降。因此，工资增长落后于劳动生产率提高，和投

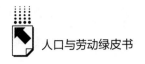

资驱动的经济发展方式有着密切的联系。

工资增长落后于劳动生产率提高，还和再分配中转移性收入比重较高有关。我国转移性收入占居民收入的比重较高，增长较快。1992 年我国转移性收入占居民收入的比重为 9%，2013 年提高到 22%。从国际比较来看，美国这一比重长期保持在 13% 左右，日本仅为 6%。转移性收入来自政府税收，在目前初次分配倾向于企业部门、再分配倾向于政府部门的分配格局下，转移性收入快速提高势必挤压工资上涨的空间，加剧了工资增长落后于劳动生产率提高的趋势。

工资增长落后于劳动生产率提高，还和工资制度不完善有关。我国工资调整并不及时，具有滞后性。1995 年前正处于改革开放初期，市场机制尚未形成，价格双轨制以及国有企业享受的预算软约束使得分配过多向劳动倾斜，高工资严重侵蚀利润，从而造成企业经营困难（戴园晨、黎汉明，1988），收入分配格局严重失衡。这也是后来国企改革的原因之一。到 2002 年，非国有经济就业已经占雇员就业的 74%，加上农民工进入城镇就业对工资的压低作用（冯毅、李实，2013），雇员工资水平向合理水平回归。这体现了中国大陆再分配体系尚不完善，主要依靠初次分配调节，也体现了转轨经济的特点。

另外，工资增长落后于劳动生产率提高，和我国人口年龄结构也有着密切的联系。我国人口抚养比从 20 世纪 70 年代持续下降，在 2011 年前后达到历史最低，之后缓慢上升。人口抚养比下降会带来劳动力供给的优势，社会负担较轻，工资上涨压力不大。而当人口抚养比提高时，如果人口规模大致不变，那么劳动力供给将减少。这会推动居民家庭的养老育儿消费，从而给全社会工薪上涨带来压力（赵文，2015）。工薪上涨在国民经济宏观层面表现为积累率下降和消费率上升，这就要求转变投资驱动的经济发展方式，未来以内需拉动经济增长，从而为工资上涨带来内生的动力。

（二）中国劳动力资源竞争优势丧失了吗？

党的十八大报告提出劳动报酬增长和劳动生产率提高同步。劳动报酬水平关乎经济运行的成本，是影响产业竞争力的重要因素。一般认为，2007

年以前劳动生产率增长速度快于工资的增长速度，至少制造业的竞争力没有因为工资上涨而明显被削弱。但是，2008年以后中国工业的单位劳动成本急剧提高，再加上2009年以后，世界其他地区工资增长缓慢，因此，引起了一些人对中国制造业的竞争力的担忧（曲玥、都阳，2014）。

中国经济整体竞争力的评价，一方面需要比较国内外实际工资的变化情况，另一方面还需要和劳动生产率进行比较。在实际工资上涨的同时，如果劳动生产率提高更快，则中国经济竞争力至少比过去有所提升；如果中国劳动生产率相对于工资提高的速度，高于世界其他国家劳动生产率相对于工资提高的速度，从劳动力资源优势来说，中国经济的竞争力是提高的。劳动成本的单位产出（Unit Labor Cost，ULC）是国际通行的指标，可以反映工资变化和劳动生产率变化对竞争力的综合影响。

如表6-5所示，以2005年为起点，中国劳动成本单位产出指数有所降低，从100下降到2013年的91。这说明中国劳动力的竞争优势有所下降。美国、韩国和欧元区的劳动成本单位产出指数持续提高，2013年分别为111、108和113。日本劳动成本单位产出指数持续下降，2013年为90。

表6-5 2005～2013年劳动成本单位产出指数的国际比较

地区＼年份	2005	2006	2007	2008	2009	2010	2011	2012	2013
中国	100	100	101	101	98	98	97	93	91
美国	100	103	106	109	108	107	109	111	111
日本	100	98	95	96	96	92	92	91	90
韩国	100	100	102	103	103	102	105	107	108
欧元区	100	101	102	105	110	109	110	111	113

数据来源：《中国统计年鉴（2014）》，OECD数据库stats. oecd. org。

综合来看，尽管中国劳动力的竞争优势略有下降，但还是具有竞争优势的。首先，中国经济正在进行深入的结构性调整，低效率产业正在逐渐退出。这在劳动力市场上表现为不同就业群体工资分化：城镇单位就业人员的工资水平快速提高，其他就业群体的工资水平相对下降。

其次，近期中国工资水平的上涨具有补偿性质。由于过去十多年中，大量农村劳动力进入城镇就业，压低了中国的工资水平，工薪阶层的工资水平远远低于实际的劳动生产率。近期的工资上涨是工资向着正常的水平回归，只是在特定的阶段表现为劳动成本单位产出指数的下降。如果将时间起点推移到更早期，我们可以发现中国劳动成本单位产出指数仍然处于一个大幅上升期。

再次，中国劳动密集型产业的竞争力由于工资提高而下降，但资本、技术密集型产业的竞争优势正在提高。如图6-9所示，非劳动密集型产业的单位劳动力成本始终在下降，也就是其劳动成本上涨的速度始终低于边际劳动生产率提高的速度，单位劳动力成本从43%下降到28%。而劳动密集型产业，在2003年之前，其单位劳动力成本也是下降的，但是在2004年之后则开始逐年提高，在2004年达到44%左右。中国完全可以顺应国内要素禀赋的变化，通过产业转型升级提升竞争优势。

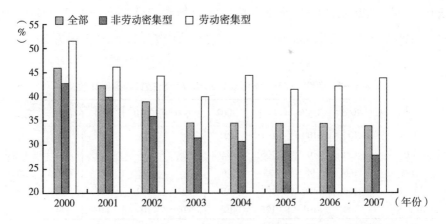

图6-9　2000~2007年制造业单位劳动力成本：劳动密集型与非劳动密集型

资料来源：转引自曲玥、都阳《中国制造业竞争优势与产业结构的转型升级研究》，《改革与战略》2014年第10期。

最后，中国劳动力资源的竞争优势具有软实力。这主要体现在就业雇员化水平上。与中国发展水平类似的东南亚和南亚国家，他们与中国的竞争，主要是制造业的竞争。提高制造业的竞争力，需要厂商的组织形式适应工业化大生产的要求，只有公司化的正规经济部门才能适应这种要求。就业雇员化率是国民经济公司化、正规化的主要指标。中国 2013 年就业雇员化率为 59%，而印度为 20%，越南为 35%，印度尼西亚为 37%。雇员化水平低，意味着大量劳动力从事的是低效率的农业经济和个体经济，而从事更高收入的制造业需要相应的教育水平和技术储备，这显然是这些国家的弱项，其直接结果就是第二产业和第三产业占国民经济的比重较低（杨天宇和刘贺贺，2012）。因此，以印度、印度尼西亚和越南为代表的与中国在制造业上具有竞争关系的国家，有的尽管劳动生产率提高的速度超过中国，工资水平也相对较低，但是其组织化、公司化的正规经济部门规模偏小，劳动力低成本的优势无法充分发挥。从这个意义上说，中国劳动力资源还是具有竞争优势的。

三　收入分配改革中的工资调整

作为居民收入最主要的来源，劳动报酬一直是收入分配领域最重要的问题之一。改革开放以来，我国确立了社会主义初级阶段的基本经济制度和分配制度，具体来讲，就是以按劳分配为主体、多种分配方式并存的分配制度。这种制度推动经济更有效率地发展，但也出现了一些收入分配不合理的问题。这些问题主要表现在分配关系不合理、分配秩序较为混乱和分配行为不规范三个方面。具体来看，分配关系不合理主要表现在城乡区域发展差距和居民收入分配差距较大，居民收入在国民收入分配中的比重下降，劳动报酬在初次分配中的比重下降，要素价格扭曲带来分配不公，行业之间、职位群体之间工资差距较大，机关事业单位和企业之间的分配关系尚未理顺。分配秩序较为混乱和分配行为不规范主要表现在拖欠、克扣工资，同工不同酬，工资制度外收入多。

这些问题都或多或少与劳动报酬相联系，带来的影响十分恶劣。究其原因，主要是初次分配机制不健全，再分配机制有缺陷，管理基础薄弱、法制观念淡薄。对经济社会中新出现的分配关系不能及时有效地进行监管和规

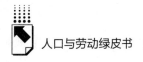

范，同时，对已有分配关系的监管不到位，对不合理的分配关系缺少有效的调节调控手段。

针对这些问题，党的十八大提出必须深化收入分配制度改革，深化企业和机关事业单位工资制度改革，规范收入分配秩序，调节过高收入，取缔非法收入等一系列改革措施。2013年2月国务院公布的《关于深化收入分配制度改革的若干意见》，全面论述了收入分配改革的意义、目标和具体任务，提出深化工资制度改革，完善企业、机关、事业单位工资决定和增长机制的改革方向，并就国企高管薪酬改革的具体任务进行了部署。主要是加强国有企业高管薪酬管理。对部分过高收入行业的国有及国有控股企业，严格实行企业工资总额和工资水平双重调控政策，逐步缩小行业工资收入差距。建立与企业领导人分类管理相适应、选任方式相匹配的企业高管人员差异化薪酬分配制度，综合考虑当期业绩和持续发展，建立健全根据经营管理绩效、风险和责任确定薪酬的制度，对行政任命的国有企业高管人员薪酬水平实行限高，推广薪酬延期支付和追索扣回制度。缩小国有企业内部分配差距，高管人员薪酬增幅应低于企业职工平均工资增幅。党的十八届三中全会《中共中央关于全面深化改革若干重大问题的决定》，明确提出了健全工资决定和正常增长机制，改革机关事业单位工资和津贴补贴制度，合理确定并严格规范国有企业管理人员薪酬水平、职务待遇、职务消费、业务消费。作为收入分配领域改革的一部分，两类群体的薪酬改革被提到议事日程。一类是央企高管的薪酬改革，另一类是公务员的薪酬改革。

（一）央企高管薪酬制度改革

目前，央企高管薪酬问题为社会各界所关注。央企的全民所有制属性，要求其不仅要承担国有资产保值增值的责任、企业的一般性社会责任，客观上还要承担和帮助承担一些政府职能，比如帮助优化调整产业布局结构、帮助实施国家宏观调控、发挥自主创新主体作用、维护社会和谐稳定。而且，央企主要在关系国家安全和国民经济命脉的重要行业和关键领域发挥举足轻重的作用。因此，中央企业对社会有着很强的示范和引导作用，社会对中央企业履行责任的期望很高。包括薪酬制度在内的央企改革的内容和方向，无一不是围绕着央企所承担的责任进行的。

央企高管薪酬制度能不能促使央企更好地履行职责，是一个非常重要的问题。随着我国市场经济体制的逐步建立和国有企业改革的深入，政府在国有企业薪酬制度方面颁布了大量法规。2004 年颁布的《中央企业负责人经营业绩考核暂行办法》，对央企高管开始实行年薪激励考核，并逐步引入长期激励机制。但是，由于制度不完善，高管薪酬由什么决定的问题并未彻底解决，薪酬过高现象时有发生，一些高管薪酬增长高于公司利润增长，甚至出现某些公司利润负增长而高管薪酬正增长的"倒挂"现象。

有研究发现，从高管薪酬与员工薪酬的差距来看，上市公司高管与员工的薪酬变动存在非对称性。业绩上升时，公司高管获得相比普通员工更大的薪酬增幅，而在业绩下滑时高管的薪酬增幅并没有显著低于普通员工（方军雄，2011）。国企内部薪酬差距较小的时候更多地激励了员工，且企业生产率较高，薪酬差距较大的时候对员工无正向激励效应，企业生产率提高不明显（黎文靖、胡玉明，2012）。

国企高管薪酬与经营绩效弱相关性问题，有着复杂的背景和深刻的原因。面对众多国企，代表所有者的国有资产管理部门难以实施有效的监督。加之在我国现行体制下，国企高管由政府任命，同时具有官员和企业家双重身份，国家机关式的控制方式加上企业资源，给高管提供了巨大且难以监督的决策权力和寻租空间。在这种制度背景下，通过职位权力获得私有收益的途径更加隐蔽，使看似合理的薪酬制度难以有效实施。

针对这种现象，一些改革措施和方案正在酝酿中。例如，在2012 年业绩大幅下滑的背景下，中船集团主要负责人带头降薪30%，并且领导降薪幅度大于中层干部，干部降薪幅度大于一般员工。然而，尽管高管降薪具有正面意义，但是这一由国资委推动的降薪举动并未得到社会认可，无论是普通民众还是学界都不买账。那么，社会对央企高管薪酬的诟病源于哪里？

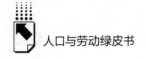

1. 央企高管薪酬现状及问题

通过分析 2001~2013 年上市公司数据，可以发现我国高管薪酬的基本特征：一是与社会雇员平均工资差距大；二是这种差距还在加大，尤其是央企高管薪酬还在大幅增长。

首先来看一下上市公司平均薪酬与社会雇员平均工资的差距。2001~2013 年，上市公司高管平均薪酬的年均增幅为 12.6%，前三名高管平均薪酬的年均增幅为 20.5%，上市公司员工平均薪酬的年均增幅为 12.9%。2013 年，上市公司高管平均薪酬约为 32.5 万元，前三名高管平均薪酬约为 60.7 万元，员工平均薪酬约为 12.6 万元。与社会雇员平均工资相比，上市公司高管及员工薪酬提高速度很快。如图 6-10 所示，上市公司高管和员工薪酬与社会雇员平均工资的比率，2001 年分别为 7.2 和 2.7，2013 年达到 9 和 3.5，即 2013 年上市公司高管和员工的薪酬分别为社会雇员平均工资的 9 倍和 3.5 倍。

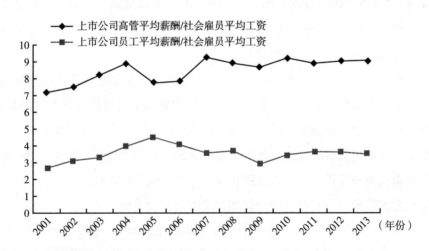

图 6-10　2001~2013 年上市公司高管和员工薪酬与社会雇员平均工资比率比较

资料来源：笔者根据上市公司数据和相关年份《中国统计年鉴》数据整理。

上市公司中，金融业高管薪酬与社会雇员平均工资的差距非常大，金融业高管薪酬与金融业员工薪酬差距也在加大。2001~2013 年，金融业上市

公司高管平均薪酬的年均增幅为 25.3%，员工平均薪酬的年均增幅为
8.1%。2013 年，金融业上市公司高管平均薪酬约为 128 万元，前三名高管
平均薪酬约为 275 万元，员工平均薪酬约为 24 万元。金融业上市公司高管
薪酬与员工薪酬的比率从 2005 年的 2 上升到 2013 年的 5.3，前三名高管平
均薪酬与员工薪酬的比率从 2005 年的 3 上升到 2013 年的 11。与社会雇员平
均工资相比，金融业上市公司高管薪酬快速提高。金融业上市公司高管薪酬
与社会雇员平均工资的比率，2001 年为 7.8，2013 年达到 35.6（见图 6 – 11）。

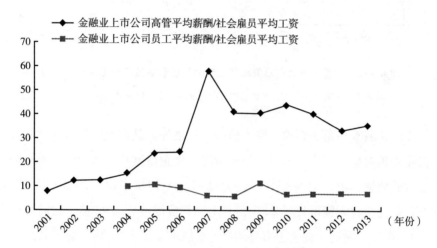

图 6 – 11　2001 ~ 2013 年金融业上市公司高管和员工薪酬
与社会雇员平均工资比较

注：图中 2007 年凸起部分是来自中国平安薪酬事件的影响。
资料来源：根据上市公司数据和相关年份《中国统计年鉴》数据整理。

　　央企上市公司高管薪酬增长快，与社会雇员平均工资的差距越来越大。
2013 年，央企高管平均薪酬为 42.1 万元，前三名高管平均薪酬为 75.9 万元。
如图 6 – 12 所示，央企上市公司高管薪酬与社会雇员平均工资的比率，2001
年为 8，2013 年达到了 12。央企高管的薪酬不仅与社会雇员平均工资差距越
来越大，而且与央企上市公司员工薪酬的差距也越来越大。2001 年，央企员
工平均薪酬为 3.5 万元，2013 年为 17 万元，与社会雇员平均工资的增长基本
上是同步的。这说明，同期的央企高管薪酬与之相比，差距越来越大。

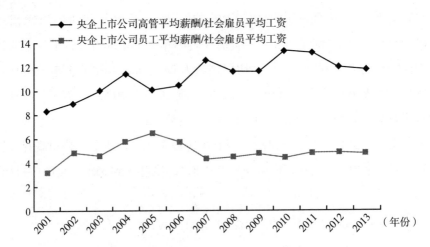

图6-12 央企上市公司高管和员工薪酬与社会雇员平均工资比率比较

资料来源：笔者根据上市公司数据和《中国统计年鉴》数据整理。

评价薪酬水平是否合理，除了横向比较之外，最重要的是看薪酬能否与经营业绩相联系。那么，相对于经营情况，央企薪酬水平如何呢？通过国资委发布的数据，可以对央企的经营业绩有一个初步了解。2008～2013年，中央企业营业收入额增长了2.03倍，上交税费额增长1.92倍，利润总额增长了1.86倍。同期，央企上市公司高管薪酬增长了1.53倍，前三名高管薪酬增长了1.54倍，普通员工薪酬增长了1.62倍。国资委统计数据中并不包括金融业企业。因此，央企的经营业绩与上市公司的薪酬并不完全对应。央企上市公司包括金融央企，金融央企薪酬水平是远高于央企上市公司平均水平的。这说明，相对于业绩增长来说，央企薪酬增长幅度应该说并不大，但绝对水平偏高。不可否认的是，央企经营业绩部分来源于行政性垄断地位，并且，央企员工的实际收入并不能简单以薪酬来代表。针对这些问题，应该进行专门的改革加以解决。

2. 央企高管薪酬制度改革

央企高管薪酬水平之所以引起社会质疑，主要在于央企高管薪酬制度本身存在先天不足。首先，大多数央企高管是由组织部门或者财政部门任命的，而不是通过人才市场选拔，高管们更多地按照行政规则而不是市场规则来承担职责（魏明海、柳建华，2007；曹春方等，2014）。尽管也建立了以业绩为导向的薪酬制度，但企业盈利仅是其职责目标之一，不是首要职责（Richardso，2006；杨瑞龙等，2013）。央企承担的职责中，很重要的一条是为退休政府官员提供兑现福利的场所，与经营业绩相挂钩的薪酬制度显然与此相矛盾。

其次，央企高管薪酬制度不透明，缺少社会监督。国企具有全民所有制属性，社会关注度高，这决定了其必须在薪酬方面公开透明。但是，民众对央企高管薪酬调整具体制度如何运行、是否有配套措施、职务性消费有没有相应监管等问题并不清楚。很多央企薪酬制度调整都是内部传达，细节并不向社会公开。最近一个时期，央企负面事件比较多，民众对央企的质疑比较强烈，认为央企高管薪酬只是其经济收入的很小一部分。央企高管薪酬问题正成为社会各界关注的热点问题。

针对央企高管薪酬制度，尤其是高管薪酬水平过高的问题，国家已经出台相关的政策措施。改革的基本方向是，建立与经营业绩决定的薪酬管理体系，规范央企收入分配秩序，保护合法收入，调节过高收入，取缔非法收入。应根据副职承担的不同经营管理责任、风险等分别确定其薪酬，合理拉开差距。加大央企薪酬制度改革的宣传力度，让社会舆论参与监督，让与业绩挂钩的薪酬制度理念深入央企职工内心。将国企薪酬制度改革置于国企整体改革的大方向下，与国企人事制度改革等紧密相连。

（二）公务员工资改革

公务员工资水平也是近期社会高度关注的分配问题。一方面"国考"热度持续提高，映射出公务员似乎普遍享有的高福利；另一方面，"红色工资不够花"，基层公务员生活拮据的呼声不断。在中央八项规定及相关措施出台之前，看得见抓不着的公务员隐性福利一直是大众关注的焦点。关于国民收入中大量灰色收入的讨论，以及公务员队伍中不断被揪出的腐败分子，加大了社会对公务员实际收入水平的想象空间。公务员数量尚无社会广泛认可的科学定员标准，许多人认为公务员数量偏多，在此基础上还要加薪没有道理。老百姓对公务员待遇不满意，公务员也对自己的待遇不满意。这一怪现象的产生有着深刻的原因。要回答公务员工资相关问题，首先，我们需要了解公务员实际工资水平，进而比较公务员和其他具有类似人力资本就业群体的工资水平，例如国有单位就业人员或者城镇单位就业人员；其次，我们需要分析产生这一怪现象的原因是什么，最后，才能对问题有一个明确的回答。

国家统计局出版的《中国统计年鉴》和《中国劳动统计年鉴》提供了党政机关工作人员的平均工资数据，这部分人实际上也就是所谓的公务员。整理这些数据可以发现，在 1998 年之前，公务员工资与国有单位、城镇单位平均工资基本处于同一水平，有些时候还略低。当时，外资单位、港澳台投资单位的工资水平是公务员的 1.5 倍左右。其结果，20 世纪 90 年代出现了知识分子和公务员的下海潮。公务员流失直接导致政府人员缺少，工作效能相对低下，这实际上是工资过低导致的结果。针对这一情况，1999 年政府果断地为公务员提高了工资，并在 2002 年达到高点，之后持续下降，2010 年后下降有所加速（见图 6-13），2013 年公务员平均工资为49371 元。

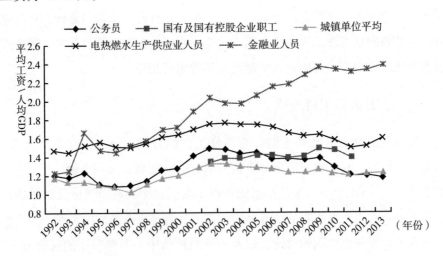

图 6-13 公务员工资水平变化及对比

资料来源：《中国统计年鉴（2014）》。

就目前的工资水平来看，公务员工资已经略低于城镇单位的平均工资水平。图 6-14 显示了城镇单位就业中，公务员工资与其他行业工资的对比情况。与公务员人力资本水平类似的教育、卫生、文化、社会组织等行业中，公务员工资属于偏下水平，远远低于金融业、信息业。在国有单位中，也远远低于国有及国有控股企业，如电力、热力、煤气和水的生产和供应业。据统计，公务员目前平均接受教育年数为 13.4 年，与这一水平接近的是电力、热力、燃气及水的生产和供应业（12.06 年），信息传输、软件和信息技术服务业（13.37 年），金融业（13.86 年），科学研究和技术服务业（14.18 年），教育（14.32 年），公共管理、社会保障和社会组织（13.37 年），文化、体育和娱乐业（12.11 年）。总体来看，与同等人力资本水平的其他人群比较，公务员工资处于较低水平。

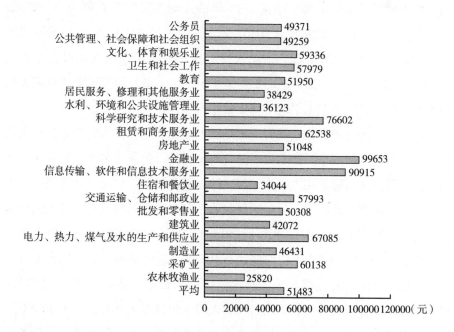

图 6-14　2013 年公务员工资与其他行业工资对比

资料来源：《中国统计年鉴（2014）》。

那么，低于城镇职工平均水平的公务员工资，是否过低了呢？本质上，公务员是一个服务业群体，他们服务的内容是"公务"和"政务"，服务的

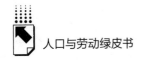

对象是全体国民。因此，公务员工资首要决定于两个方面，一是这个国家国民的平均收入水平；二是公务员服务的质量。笔者借用经济学理论中的巴拉萨－萨缪尔森效应的思路来解释公务员工资的决定机制。当国民经济生产效率迅速提高时，非政府部门的工资增长率也会提高。国内无论哪个产业，工资水平都有平均化的趋势，所以尽管政府部门（本质上是一个服务业）生产效率提高幅度并不大，但是其他行业工资也会以大致相同的比例上涨。这会引起公共服务产品对一般商品的相对价格上升。这就好比理发匠自始至终一天只能打理十个顾客，但随着顾客的收入提高，理发匠的收入自然也就高了。

因此，公务员工资实际上决定于被服务对象的收入水平。那么，近年来国民收入情况是怎样的呢？中国 2014 年的人均国民生产总值为 46798 元，全年全国居民人均可支配收入 20167 元，其中，占总人口 55% 的城镇居民的人均可支配收入 28844 元，占总人口 45% 的农村居民的人均可支配收入 10489 元。2014 年，公务员平均工资为 47392 元，和人均国民生产总值大致相当，也和城镇单位职工平均工资大致相当。

那么，未来公务员工资是否应该继续上涨呢？笔者认为，公务员名义工资和实际工资提高的空间都不大。随着物价提高，公务员名义工资应该随之调整，以保持其实际购买力不变，但实际工资上涨并不应该超越居民平均收入的增速。改革开放以来，我国居民收入尽管取得不错的增长成绩，但增速仍然落后于经济增速。从 1978 年到 2014 年，城乡居民实际收入的年均增速达到 8.5%。然而，GDP 年均增速达到 9.7%，超过城乡居民收入增长 1.2 个百分点。总体来看，城乡居民收入的快速增长并没有跑赢 GDP 的增长。目前，经济下行压力加大，如果居民收入增速仍像过去那样低于 GDP 增速，那么，实现居民收入翻番的目标将会变得非常困难。在这种形势下，公务员工资不应该超出居民平均收入的增速。而且，在经济下行期，物价压力不大，居民消费价格指数已经连续 3 年低于 3%，因此，公务员名义工资提高的空间也非常有限。

公务员工资整体上涨的空间虽然有限，但是也应该考虑到公务员群体的合理诉求和人员结构的现实，对公务员工资进行结构性的调整（赵驹，2013）。众所周知，我国的公务员队伍经过层层选拔，是社会精英的集聚。精英化的公务员队伍有助于政府效率的提升和形象的改善，但是，他们服务的对象分布于全国各个地区，东部和西部、城市和乡村、高层和基层、中心和边远，情况相差很大。在公务员队伍内部，工资与职务高低并不是与贡献大小挂钩，其晋升空间有限，这使得很多资深公务员的收入难以随着工作绩效提高而提高。而且，即便在东部大城市，尽管工资水平较高，但由于生活成本高企，尤其是房价高企，在政策性住房体系还未完全建立的情况下，依靠工资在市场买房成为没有参加过福利分房的新进公务员提高生活质量需要爬越的鸿沟天堑。

2015 年，公务员工资改革提速。国务院正式发布《关于机关事业单位工作人员养老保险制度改革的决定》，废除饱受争议的养老金双轨制，确定近 3900 万名公务员和事业单位人员要缴纳养老保险，与企业雇员相比，在形式上实现了公平。并且，国家随即调整了机关事业单位工作人员基本工资标准，工资小幅度上涨。笔者认为，这次公务员工资调整主要是配合养老保险制度改革，更为深入的公务员工资制度改革还在酝酿中。

针对这些问题，公务员工资改革需要明确改革任务，积极稳妥地向前推进。具体来看，一是要调整工资结构，提高基本工资比重，降低津贴补贴的比重，这是公务员工资规范化、透明化的必要步骤。有研究（苏海南，2014）认为，全国公务员职务工资、级别工资之和（俗称基本工资）只占公务员全部工资的近 30%，其余 70% 多为各种津贴。因此，需要调整工资结构，进一步清理整顿津补贴，规范分配秩序。二是要完善工资合理增长机制。建立职务与职级并行的制度，让无职务但资深且贡献大的公务员收入得到提高。同时，拉开等级工资差距，增强工作激励。三是要理顺公务员内部分配关系。包括地区间、部门间、职位间、在职人员和离退休人员间的工资待遇关系。四是要考虑到公务员工资改革敏感度高、政策性强，要把公务员工资改革的目的、意义、步骤、结果讲明讲透，让社会全面认识和把握公务员工资改革，避免片面性、情绪化意见误导公众。

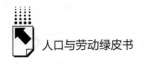

四　结论与建议

"十三五"期间，我国劳动力市场将由过去的供大于求转向供求基本平衡的格局，劳动年龄人口数量下降，农村可转移劳动力的潜力发掘殆尽，劳动力供给后劲不足，同时，经济保持中高速增长，就业需求不断增加，劳动力供给成为经济发展的瓶颈，这将带来工资上涨的压力。

那么，工资增长会不会造成行业竞争力的下降？与世界其他国家相比，由于中国劳动生产率提高的速度超过工资上涨的速度，中国劳动力资源的竞争优势不但没有下降反而上升了。以印度、印度尼西亚和越南为代表的与中国在制造业上具有竞争关系的国家，有的尽管劳动生产率提高的速度超过中国，工资水平也相对较低，但是其组织化、公司化的正规经济部门规模偏小，劳动力低成本的优势无法充分发挥。从这个意义上说，中国劳动力资源还是具有竞争优势的。

工资水平应该增长吗？过去，中国雇员劳动者工资增长相对缓慢的问题和劳动力市场供求关系的变化有一定关系。在过去相当长时期内，劳动力市场面对的一直是近乎无限的劳动力供给，在这样的条件下，劳动要素价格低于其边际产出其实就是刘易斯模型的基本结论，这意味着工资很难实现增长。

然而，随着劳动供求关系的改变，无限的劳动力供给局面已经结束，劳动者工资应该随着劳动供求关系的变化而变化。从国民收入初次分配来看，与工薪劳动者总体工资水平相对应的是劳动生产率和企业利润迅速上升，这表明总体工资水平上升是企业利润上升的结果，更表明工薪劳动者工资增长不仅是合理的，而且也具有可行性（张车伟、赵文，2014）。综合来看，中国总体工资水平确实到了该进一步增长的时候了，而且越是低收入群体的工资越应该增长，从部门来看，当前工资增长偏慢问题主要存在于非国有部门，从行业来看主要来自竞争性行业，"民工荒"和"招工难"等似乎并没有体现为工资的合理增长，这意味着中国市场化的工资决定机制尚不健全，解决这一问题的关键就是形成市场条件下工资合理增长机制。

要建立工资正常增长体制机制，需要考虑这样几方面的措施：一是加强劳动保障，严格执行劳动合同法，进一步完善劳动合同制度和劳动保障制度，加大劳动监督力度，完善保障工资增长的三方协调机制。二是推行工资集体谈判制度，增强劳动者在工资决定中的话语权。三是慎重使用最低工资制度，应该更多地让作为市场主体的劳动者和企业自己去决定工资，而不应该使用最低工资制度来决定工资。最低工资制度在劳动力市场严重供大于求的条件下，可以在一定程度上起到保护劳动者的作用，但是当出现劳动力供不应求局面时，最低工资制度反而会成为阻碍工资合理增长的障碍。现在很多企业就是依据最低工资来为工人支付工资，而工人要想提高收入必须通过加班加点，其结果，劳动力市场供求关系变化后形成的"招工难"并没有带来工资的合理增长。

参考文献

曹春方、马连福、沈小秀：《财政压力、晋升压力、官员任期与地方国企过度投资》，《经济学》（季刊）2014 年第 4 期。

戴园晨、黎汉明：《工资侵蚀利润——中国经济体制改革中的潜在危险》，《经济研究》1988 年第 6 期。

冯毅、李实：《农民工的工资差距及其变动》，《中国经济问题》2013 年第 2 期。

方军雄：《高管权力与企业薪酬变动的非对称性》，《经济研究》2011 年第 4 期。

国际劳工组织：《2014/15 全球工资报告》，http：//www. ilo. org/beijing/what-we-do/publications/WCMS_ 359568/lang—zh/index. htm。

国家统计局：《2014 年全国农民工监测调查报告》，http：//www. lwzb. cn/pub/gjtjlwzb/sjyfx/201505/t20150506_ 2638. html。

黎文靖、胡玉明：《国企内部薪酬差距激励了谁》，《经济研究》2012 年第 12 期。

罗知、赵奇伟：《为什么中国高投资与低劳动收入占比并存？——劳动生产率与工资增速差距的视角》，《世界经济文汇》2013 年第 6 期。

曲玥、都阳：《中国制造业竞争优势与产业结构的转型升级研究》，《改革与战略》2014 年第 10 期。

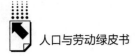

苏海南：《正确认识稳妥推进公务员工资改革》，《中国党政干部论坛》2014 年第 8 期。

魏明海、柳建华：《国企分红、治理因素与过度投资》，《管理世界》2007 年第 4 期。

杨天宇、刘贺贺：《产业结构变迁与中印两国的劳动生产率增长差异》，《世界经济》2015 年第 5 期。

杨瑞龙、王元、聂辉华：《"准官员"的晋升机制：来自中国央企的证据》，《管理世界》2013 年第 3 期。

张车伟：《中国劳动报酬份额变动与总体工资水平估算及分析》，《经济学动态》2012 年第 9 期。

张车伟、赵文：《我国收入分配存在的问题及对策建议》，《中国经贸导刊》2011 年第 5 期。

张车伟、赵文：《工资应该上涨吗？——对我国工薪劳动者工资水平变化的观察与分析》，载《中国经济前景分析》（2014 年春季报告），社会科学文献出版社，2014。

张展新、赵文、王桥：《农民工收入水平与变化：基于不同来源数据的估计》，载《2011 人口与劳动绿皮书》，社会科学文献出版社，2011。

赵驹：《我国公务员激励机制存在的问题与对策研究》，《管理世界》2013 年第 4 期。

赵文：《经济增长中的人口转变效应：跨国比较和中国经验》，工作论文。

Richardson, S. (2006). Over-investment of Free Cash Flow. *Review of Accounting Studies*, 11 (2–3), 159–189.

第七章
最低工资制度：标准与执行

都阳 贾朋

随着最低工资制度在世界各国的广泛使用，它已经成为劳动力市场制度的重要组成部分。由于最低工资制度的设计初衷就是对市场上均衡的工资率水平进行干预，因此，其制度本身就具有很强的规制色彩。然而，就最低工资制度的执行而言，绝大多数国家存在覆盖遗漏的情形。这一方面使其成为对最低工资制度质疑的基础；另一方面，也使最低工资的制度设计和标准，成为一个更为精巧的政策工具。

中国的劳动力市场上引入最低工资制度已经有近二十年的历史。然而，最低工资制度对劳动力市场产生越来越重大的影响只是最近十余年的事。已有的研究关注了中国最低工资制度所引发的就业效应（丁守海，2010；马双等，2012）、工时效应（贾朋、张世伟，2013a）、溢出效应（罗小兰、丛树海，2009；贾朋、张世伟，2013b）和收入分配效应（罗小兰，2011）等。然而，就最低工资制度本身而言，制度本身的执行是否有效，以及影响制度执行的因素有哪些，应该是决策者首先关注的事情。

与其他制度相类似，就最低工资制度的执行而言，我们首先关注的是在劳动力市场上有多少人应该获得最低工资标准以上的工资，而实际收入却低于最低工资标准。基于所使用的微观调查数据，我们发现2010年所调查城市有13.26%的工人其工资水平在当地的最低工资标准之下，而2005年和2001年分别为17.26%和9.84%。国际比较表明，最低工资在发达国家的覆盖情况较好：根据美国 Bureau of Labor Statistics（2013）报告，2012年美国以小时计工资的劳动力中仅有2.6%低于联邦最低工资，Machin 等

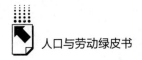

(2003) 针对英国的研究也表明仅有 1% 的劳动力工资低于最低工资标准。然而，在存在大量非正规就业的发展中国家，最低工资的覆盖问题值得特别关注：在巴西，正规部门和非正规部门中低于最低工资标准的劳动力比例分别在 5% ~10% 和 15% ~30% 之间（Lemos, 2004；2009），洪都拉斯的这一比例在 30% 左右（Gindling & Terrell, 2010），墨西哥为 16%（Bell, 1997），秘鲁为 24%（Baanante, 2004）。

此外，对于劳动力市场的监管者而言，在执行最低工资制度时，什么样的人未能被制度覆盖也非常重要。因此，观察劳动力市场上具有不同个人特征群体的最低工资覆盖情况，了解岗位特征与最低工资覆盖之间的关系，对于瞄准最低工资制度执行的人群，完善最低工资制度执行的措施具有直接的政策含义。

虽然最低工资的覆盖程度是最低工资执行结果的一个体现，但我们不能简单地将二者等同起来，因为，随着劳动力市场的不断变化，影响执行和覆盖的因素纷繁复杂。首先，最低工资标准的高低，直接决定了制度执行的难易。显然，最低工资标准高于市场均衡工资水平的比例越大，最低工资所应该覆盖的范围也越大，制度执行的难度也越大。有鉴于此，我们需要对近年来中国最低工资标准的变化趋势进行深入的讨论。

其次，劳动力市场供求关系的变化趋势，也影响着最低工资执行的难易程度。尤其是近年来，由于人口转变的影响和劳动力市场的强劲需求，普通劳动力的短缺日益频繁，其工资水平也迅速上扬。根据国家统计局公布的数据，2012 年以当年价格计算的农民工月平均工资水平已达到 2290 元。农民工与城市本地劳动力的工资趋同趋势也日益明显（Cai & Du, 2011）。在这样的背景下，即便对最低工资制度的执行不作监管，劳动力市场的自发效应也会改善最低工资的覆盖情况。

再次，最低工资的执行也与经济结构的动态变化、产业组织方式的变化以及其他劳动力市场制度的完善程度息息相关。例如，制造业大多以工厂化的方式组织生产，雇主与雇员之间更容易形成明确的劳动关系，监管者对雇主是否履行最低工资制度也更容易监督。其他劳动力市场制度的完善，也会直接影响最低工资制度的执行。例如，《劳动合同法》执行的力度越大，执行最低工资标准的可能性也越大；集体谈判在合约形成中所占的比例越高，对最低工资监管的难度也会越低。

最后，在失业与低工资水平之间的选择可能有自愿的成分，因此，最低工资的执行与否并不必然表明劳动者效用恶化与否。尤其随着社会保障水平的提高，劳动者的保障来源趋于多元化，社会保障也会部分地替代工作收入给工人带来的效用。在这种情况下，就有可能出现对低工资水平的自愿选择。

为了更加全面地观察和评估中国最低工资制度的执行情况，我们使用多个数据来源，考察中国最低工资标准变化，以国际视角比较最低工资的标准，并分析最低工资覆盖及其决定因素。这些来源既包括我们所搜集的区域劳动力市场上最低工资标准的资料，也包括收集整理的跨国数据。对于最低工资覆盖的研究，则主要基于中国社会科学院人口与劳动经济研究所于2001、2005 和 2010 年实施的"中国城市劳动力市场调查"（China Urban Labor Survey，CULS）数据。城市劳动力市场调查在上海、武汉、福州、沈阳和西安实施，既调查了城市本地住户也调查了外来劳动力。调查以比例概率抽样，对城市具有代表性。同时，我们在描述统计和回归过程中按抽样概率给样本加权，避免统计参数的偏差。由于本文主要考察最低工资的执行情况，因此仅考虑工资性就业的样本。

本章的第一部分利用不同的数据来源考察了最低工资标准的变动情况及其对最低工资制度执行的潜在影响；第二部分利用微观数据分析了不同人群最低工资的覆盖情况；第三部分分析了最低工资执行的决定因素；最后是总结及政策建议。

一　最低工资制度

如前所述，最低工资标准不仅是最低工资制度设计的核心内容，也与该制度的执行及其成效息息相关。然而，尽管中国实施最低工资制度已经有近

20 年的时间，但对最低工资标准的设定方式、设立水平和调整依据等基本问题，仍然缺乏明确的规范。这不仅导致了最低工资标准设立的随意性，也增加了最低工资制度的执行难度。本文我们将首先回顾中国最低工资制度的演变历程，然后，讨论和比较最低工资标准的水平和调整，及其与最低工资制度执行的关系。

（一）最低工资制度的演变

中国政府尽管在 1984 年就签署了《制定最低工资确定办法公约》①，但在相当长的一段时期内中国并没有一个官方的最低工资标准。直到 1993 年，原劳动部才发布了一个《企业最低工资规定》。在这个规定中，最低工资的调整频率被设定为每年不超过一次。这个规定要求中国境内的所有企业应遵守《企业最低工资规定》，各省级政府要根据最低生活费用、平均工资、劳动生产率、城镇就业状况和经济发展水平等因素确定合理的最低工资标准。这使得省级政府在调整最低工资方面具有很大的灵活性，一些省份为了吸引外商投资以发展经济很少调整最低工资标准（Wang & Gunderson，2011）。中国在 1995 年的《劳动法》中正式确立了最低工资制度，大部分省份在1995 年前后正式公布了第一个月最低工资标准。

2004 年，原劳动和社会保障部公布了一个更加一般化的《最低工资规定》，以取代 1993 年的《企业最低工资规定》。在这个新的《最低工资规定》中，最低工资的调整频率被设定为每两年不少于一次，这与 1993 年的《企业最低工资规定》有明显不同。同时，企业在支付最低工资时应该剔除加班工资、特殊工作环境补贴和其他福利待遇等，企业违反最低工资规定的处罚也由所欠工资的 20% ~ 100% 增加到了 100% ~ 500%。新的《最低工资规定》同时确立了适用于非全日制用工形式的小时最低工资制度。

2008 年 5 月 1 日生效的《劳动合同法》也包含多个关于最低工资的条

---

① 《制定最低工资确定办法公约》（Minimum Wage Fixing Convention）由国际劳工组织（International Labor Organization，ILO）于 1928 年制定。

款。但在 2008 年底，为了应对国际金融危机的挑战，人力资源和社会保障部下发通知要求各省级政府在 2009 年暂缓上调最低工资标准。但随着金融危机影响的退去，各省市在 2010 年又开始了新一轮最低工资调整。2010年，31 个省市中有 30 个省市上调了最低工资标准，平均调整幅度为 23%；2011 年，24 个省市上调了最低工资标准，平均调整幅度为 22%；2012 年，24 个省市上调了最低工资标准，平均调整幅度为 20%；2013 年，26 个省市上调了最低工资标准，平均调整幅度为 18%；2014 年，18 个省市调整了最低工资标准，平均调整幅度为 14%。发改委等部门在《关于深化收入分配制度改革的若干意见》中提出要"根据经济发展、物价变动等因素，适时调整最低工资标准，到 2015 年绝大多数地区最低工资标准达到当地城镇从业人员平均工资的 40% 以上"。可见，中国已经进入一个最低工资标准的频繁调整时期。

（二）最低工资标准

与大多数发达国家不同，中国没有设立一个全国统一的最低工资标准，而是由各省级政府自行确定本行政区域内的最低工资标准，《最低工资规定》还允许各省根据省内不同区域的经济发展情况实行差异化的最低工资标准。为了计算全国历年最低工资标准，本文首先根据各省市历次最低工资标准的调整情况计算了历次调整的平均最低工资；然后，对于未调整最低工资标准的年份，以上一次最低工资标准调整的平均值作为本年度实行的平均最低工资标准；对于一年内有多个最低工资标准执行的情况，以各个最低工资标准的实际执行天数为权重计算该年度内的加权平均最低工资标准；最后，以各省市历年城镇从业人员数量为权重计算全国历年最低工资标准。

图 7 - 1 给出了 1995～2015 年中国最低工资标准的变动趋势。可以发现，自 1995 年以来，中国名义最低工资与实际最低工资均呈现不断上升的趋势。但如果以相对工资来衡量最低工资标准（最低工资与平均工资的比值，下文简称最低工资占比），中国的最低工资标准却呈现持续下降的趋

势，且与 OECD 国家相比还处于一个比较低的水平。以 2013 年为例，OECD 国家的最低工资占比达到了 39%，而中国的这一比例仅为 26% 左右①。

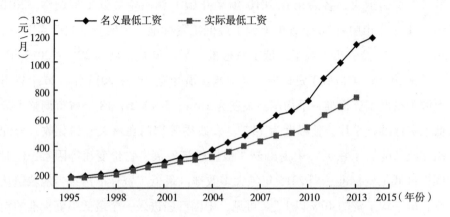

图 7 - 1 1995～2015 年中国最低工资标准的变动情况

注："实际最低工资"使用 CPI 进行了调整，以 1995 年为基期。
资料来源：中国最低工资数据库。

由于缺乏较长时间段的劳动力工资调查数据，这里在计算最低工资占比时使用了国家统计局官方公布的平均工资数据。但都阳和王美艳（2008）认为国家统计局公布的平均工资是基于城镇劳动力调查制度计算得到，而该报表制度不能准确反映外来劳动力和非正规部门的状况。在劳动力市场供求关系没有实现根本转变之前，农民工和非正规部门的工资水平，要明显低于城市单位就业的平均工资。因此，基于此数据，就业人员的平均工资被高估了，最低工资占比则可能被低估。

实际上，如果我们使用 CULS 三轮数据中的平均工资来计算最低工资占比，就会发现中国的最低工资占比已经处在一个比较高的水平，已经达到甚至超过《关于深化收入分配制度改革的若干意见》提出的"到 2015 年达到

① 根据"中国最低工资数据库"，2013 年中国年平均最低工资为 13512 元；根据《中国统计年鉴（2014）》，2013 年中国城镇单位就业人员年平均工资为 51483 元，据此计算最低工资占比为 26%；OECD 国家最低工资占比数据来自 OECD 统计数据库。

城镇从业人员平均工资的 40%"的目标水平（见图 7 - 2）。这一指标也达到 OECD 国家的平均水平。

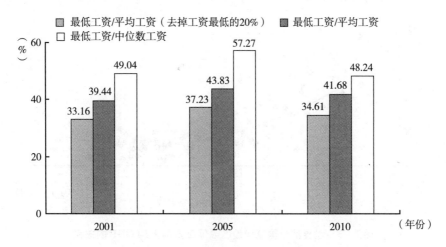

图 7 - 2　中国最低工资占比变动情况

资料来源：最低工资数据来自"中国最低工资数据库"；平均工资、中位数工资来自 CULS。

为了进行最低工资标准的国际比较，我们收集整理了世界 150 个国家和地区最新的一次最低工资标准，并计算了最低工资占人均 GDP 的百分比，如表 7 - 1 和图 7 - 3 所示。从国际经验来看，相对最低工资与人均 GDP 呈现比较明显的负向关系：人均 GDP 比较低的国家，最低工资标准需要设置在一个比较高的水平上才能保障劳动力的基本生活水平，因此最低工资占比也较高；相反，在人均 GDP 比较高的国家，生活必需品支出仅占到工资的较小部分，因此最低工资占比相对较低。

表 7 - 1　不同收入水平国家和地区的相对最低工资标准

单位：%

收入分组	相对最低工资	收入分组	相对最低工资
低收入国家	104.76	中等收入国家:高端	39.83
中等收入国家:低端	64.78	高收入国家:非 OECD 国家	28.19
中国(不含港澳台)	38.90	高收入国家:OECD 国家	39.31

注："相对最低工资"为最低工资占人均 GDP 的百分比；中国属于"中等收入国家：高端"一组。

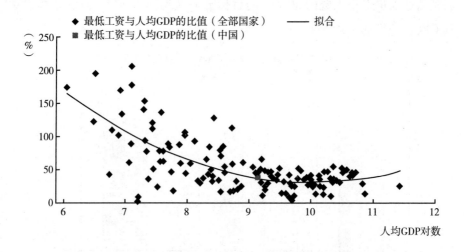

图7-3 世界部分国家和地区最低工资与人均 GDP 的关系

数据来源：人均 GDP 数据来自世界银行 World Development Indicator（WDI）数据库，这里使用 2012 年的数值；各国最低工资数据来自维基百科条目 List of Minimum Wages by Country，这里使用能收集到的最新年份的数据；最低工资和人均 GDP 均使用世界银行购买力平价（PPP）指数进行了调整。

从图 7-3 可以发现，中国正好处于这条拟合的曲线之上。如果最低工资和经济发展水平之间的这种关系有内在合理性的话，那么很显然，随着中国的经济增长，最低工资增长速度至少应该不高于人均 GDP 的增长速度。然而，实际情况却是近几年中国最低工资的增长率明显高于人均 GDP 的增长率，如图 7-4 所示。

从以上的分析可以发现，无论是从最低工资的绝对标准还是从国际经验来看，就中国目前的经济发展阶段和经济发展水平而言，最低工资标准已经处在一个比较高的水平。在中国经济增长放缓的背景之下，尤其是当各级政府纷纷将最低工资制度用作改善收入分配的手段时，最低工资标准将有可能成为推动劳动力成本上升的因素。如果中国的最低工资水平仍然保持前几年每年 20% 左右的增长速度，那么很有可能超越当前的经济发展水平，从而对经济增长产生压力。

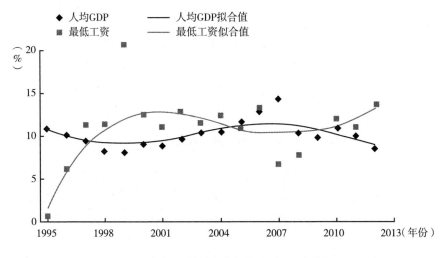

图 7－4 中国最低工资与人均 GDP 的增长

资料来源：最低工资增长率数据来自"中国最低工资数据库"，这里的增长率为实际增长率，使用 GDP Deflator 对最低工资名义增长率进行调整得到；人均 GDP 增长率数据来自《中国统计年鉴（2013）》。

（三）月最低工资与小时最低工资

从国际经验来看，大部分发达国家如美国、英国和加拿大等国家均只规定了小时最低工资标准，而没有规定月最低工资。在中国，按照《最低工资规定》，"最低工资标准一般采取月最低工资标准和小时最低工资标准的形式。月最低工资标准适用于全日制就业劳动者，小时最低工资标准适用于非全日制就业劳动者"。同时公布月最低工资标准和小时最低工资标准考虑了中国的工资支付习惯和对非全日制就业劳动者进行保护。尽管《最低工资规定》对月最低工资及小时最低工资标准的转换关系有比较明确的说明，但是最低工资制度在实际执行时仍然存在一些问题。

首先，从政府的角度来看，部分省市没有给予小时最低工资制度足够的重视。以 CULS 涉及的五个城市为例，上海、武汉、沈阳、福州和西安在2001～2005 年以及 2005～2010 年之间均对月最低工资标准进行了比较大幅度的调整，如表 7－2 所示。然而，尽管 2004 年《最低工资规定》已经要求建立小时最低工资制度，但一些城市如西安在 2005 年仍未正式公布小时最低工资标准①。此外，在实施月最低工资标准时需要同时考虑工作时间和月工资，在实施小时最低工资标准时则需要区分全日制用工和非全日制用工等用工形式，这些都增加了政府监管的难度和复杂性。

表 7-2   CULS 三轮调查期间的最低工资标准

单位：元

城 市	月最低工资			小时最低工资		
	2001 年	2005 年	2010 年	2001 年	2005 年	2010 年
上 海	490	690	1120	4.00	6.00	9.00
武 汉	260	460	900	—	5.00	9.00
沈 阳	380	450	900	—	4.00	8.50
福 州	380	470	800	—	4.54	8.50
西 安	320	490	760	—	—	7.60

注："月最低工资"适用于全日制用工，"小时最低工资"适用于非全日制用工。"—"表示该城市在该年份尚未实施小时最低工资制度。

其次，从企业的角度来看，实施月最低工资会增加企业滥用最低工资制度的动机。提升最低工资标准之后，企业为了降低因最低工资提升带来的成本，可能会要求劳动者延长工作时间。贾朋和张世伟（2013）的研究发现，提升最低工资标准增加了男性的周工作时间。

再次，从最低工资应该保护的对象来看，适用最低工资标准的劳动力人力资本水平较低，在劳动力市场上的议价能力也较低，这部分群体通常需要比非最低工资劳动力工作更长的时间。以 CULS 数据为例，不同类型劳动力的周工作时间有明显的差别，如表 7-3 所示。在各个年份，迁移劳动力的周工作小时数均明显高于本地劳动力；受教育程度较低劳动力的周工作小时

① 一些省市在 1995 年刚实行最低工资制度时就开始公布"小时最低工资标准"，但该"小时最低工资标准"是根据"月最低工资标准"经过简单计算得到的（一般按每月工作 4 周、每周工作 20.92 小时进行折算），与这里适用于非全日制用工形式的"小时最低工资标准"有很大不同。2004 年《最低工资规定》实施后，大部分省市不再公布折算得到的"小时最低工资标准"。

数也明显高于受教育程度较高的劳动力。如果政府对工作时间的监管不严格，实施月最低工资制度恰恰容易牺牲最低工资制度应该首先予以保护的这部分群体的利益，对这部分群体实施小时最低工资是很有必要的。

表7－3　不同类型劳动力周工作小时数

单位：小时

年份	迁移 vs. 本地		受教育程度			
	迁移	本地	小学以下	初中	高中	大专以上
2001	46.69	41.12	46.51	42.43	41.44	40.67
2005	45.02	41.11	43.91	43.14	41.11	40.04
2010	43.21	40.91	44.20	42.49	41.11	40.31

资料来源：笔者依据 CULS 数据计算。

最后，从最低工资制度的实际执行情况来看，适用小时最低工资的非全日用工形式仅占全部就业人员的很小比例。根据《劳动合同法》的规定，非全日制用工是指"劳动者在同一用人单位一般平均每日工作时间不超过 4小时，每周工作时间累计不超过 24 小时的用工形式"。根据这个定义，我们通过 CULS 三轮数据计算得到，适用小时最低工资制度的劳动力仅占全部从业人员的 2% 左右。

从以上的分析可以发现，为了瞄准最低工资的覆盖群体，减少政府监管的难度，中国政府应该尝试只公布小时最低工资标准，该最低工资标准同时适用于非全日制从业人员和全日制从业人员。

二　最低工资标准的覆盖

要了解最低工资制度的执行情况，我们首先需要了解在既定的最低工资制度下，哪些人仍然未能获得最低工资标准以上的工资，即未能被最低工资制度有效地覆盖。根据 2004 年《最低工资规定》，最低工资标准一般采取月最低工资标准和小时最低工资标准的形式，其中月最低工资标准适用于全日制就业劳动者，小时最低工资标准适用于非全日制就业劳动者。根据

《劳动合同法》关于非全日制用工的定义（见第一节），我们使用 CULS 三轮数据，根据个人的岗位属性以及实际工作情况，观察不同人群是否为最低工资制度有效地覆盖。

1. 人口统计特征

人口统计特征是决定工资的重要因素，因此，从最低工资制度执行的角度来看，观察人口统计特征与工资水平及最低工资覆盖之间的关系，可以最直接地识别哪一类人群的工资水平更容易低于最低工资水平。根据 CULS 三轮调查数据，表 7－4 列出了按照性别、受教育程度和年龄分组的不同群体最低工资执行情况。如前所述，我们的样本既包括城市本地户籍的劳动者，也包括农民工等迁移劳动力。表 7－4 及以下各表的结果都按抽样比加权。

表 7－4　不同人群的最低工资覆盖

单位：元，%

	月工资			小时工资			最低工资覆盖		
	2001 年	2005 年	2010 年	2001 年	2005 年	2010 年	2001 年	2005 年	2010 年
性别									
男性	1078	1411	2488	6.42	8.39	14.83	93.1	89.1	91.2
	(874)	(1192)	(2049)	(5.83)	(7.74)	(12.8)	(25.4)	(31.1)	(28.3)
女性	844	1109	2012	5.13	6.88	12.29	87.4	81.3	85.1
	(576)	(943)	(1463)	(3.91)	(6.21)	(9.97)	(33.2)	(39.0)	(35.6)
受教育程度									
小学及以下	664	721	1414	3.40	4.02	7.46	75.9	54.9	67.5
	(452)	(344)	(782)	(2.26)	(2.50)	(4.32)	(42.9)	(49.8)	(46.9)
初中	760	900	1620	4.41	5.21	9.12	85.3	74.0	76.2
	(413)	(591)	(920)	(2.71)	(3.94)	(5.46)	(35.4)	(43.9)	(42.6)
高中	943	1184	2000	5.63	7.09	11.99	92.5	88.0	88.0
	(761)	(815)	(1872)	(4.75)	(5.27)	(11.8)	(26.3)	(32.5)	(32.5)
大专及以上	1404	1875	2954	8.77	11.69	18.21	97.9	96.0	96.9
	(1006)	(1613)	(1984)	(7.14)	(10.4)	(12.9)	(14.2)	(19.5)	(17.3)

	月工资			小时工资			最低工资覆盖		
	2001 年	2005 年	2010 年	2001 年	2005 年	2010 年	2001 年	2005 年	2010 年
年龄									
16 ~ 20	673	898	1378	3.18	5.09	6.82	83.6	87.0	81.2
	(347)	(369)	(629)	(2.17)	(2.85)	(3.45)	(37.2)	(33.7)	(39.2)
21 ~ 30	1080	1484	2401	6.13	8.88	14.61	94.6	93.3	93.9
	(806)	(1181)	(1841)	(5.14)	(7.67)	(12.6)	(22.6)	(25.0)	(24.0)
31 ~ 40	957	1175	2525	5.67	6.93	15.11	92.3	83.7	93.2
	(683)	(1104)	(1836)	(4.59)	(7.20)	(11.4)	(26.7)	(36.9)	(25.3)
41 ~ 50	910	1203	1967	5.52	7.24	11.63	89.6	82.1	83.2
	(661)	(1060)	(1364)	(4.14)	(6.71)	(8.37)	(30.5)	(38.4)	(37.4)
50 以上	1070	1389	2304	6.83	8.79	14.18	87.3	87.0	82.8
	(1012)	(1107)	(2394)	(7.23)	(7.49)	(15.1)	(33.3)	(33.7)	(37.7)

资料来源：笔者依据 CULS 数据计算，括号内为标准差。

我们看到，尽管没有控制其他因素，女性的平均工资水平明显低于男性。以月平均工资度量，2001 年女性平均工资水平为男性的 78.3%，随后略有上升，2010 年达到 80.9%。若以小时工资率来度量，则女性工资占男性的比重在我们所观察的三个年份分别为 79.9%、82.0% 和 82.9%。由于女性的工资水平更低，因此她们的工资低于最低工资标准的可能性也更高。根据我们的样本观察，2001 年在最低工资标准以下的女性工人较之男性高出 5.7 个百分点，2005 和 2010 年则分别高出 7.8 个和 6.1 个百分点。两性之间在工资水平和最低工资覆盖上的明显差异，既反映了劳动力市场性别歧视存在的可能性，也为最低工资制度执行提供了明确的目标群体。

个人的人力资本水平是生产率（工资）的最主要的决定因素，因此，受教育程度低的工人是最低工资制度所关注的主要目标群体。根据我们的调查资料，不同受教育程度的工人在工资水平上有着较为明显的差异。三轮调查数据皆显示，随着受教育程度的增加，工资水平也不断提高。而且，更高教育水平者相对于低教育水平者的小时工资率优势更为明显。例如，2010年仅受过小学及以下教育的工人月工资水平是受过大学及以上教育者的47.9%，而前者的小时工资率为后者的41.0%。很显然，人力资本水平低的劳动者更容易获得在最低工资水平以下的工资。表7-4表明，虽然随着最低工资标准的调整，三轮调查时最低工资覆盖的程度有所不同，但受教育程度最低组别的覆盖率一直最低。2010年，在我们的调查样本中有32.5%的小学及以下教育程度的工人其工资水平在当地的最低工资标准之下。接受初中教育的工人（也是大部分农民工的教育水平）也有23.8%的人工资水平在当地的最低工资标准之下。

工资随生命周期变化的特征也与最低工资的执行相关。如表7-4所示，三轮调查数据表明，随着年龄的上升，最低工资的覆盖程度呈倒U形曲线变化。有两个年龄组的工资水平及最低工资覆盖情况值得关注。其一，16~20岁组是刚刚进入劳动力市场的群体，他们的平均工资水平及平均小时工资率都最低，最低工资的覆盖情况也最差。2010年，在我们的样本中，该年龄组有18.8%的工人其工资水平在最低工资标准之下。其二，50岁以上的工人，个体之间的差异明显。虽然以平均工资水平和小时工资率度量，该组别并不处于最低水平，但该组别的工资水平和小时工资率的标准差也最大，这就意味着工资水平的分布不均等程度也最高。这就不难理解为什么该组别的平均工资水平高于一些中年组别，但低于最低工资标准的比例却很高的原因。2010年50岁以上组的高于最低工资标准的比例，较最年轻组仅高出1.6个百分点，而低于其他所有年龄组。

2. 户籍

当前城市劳动力市场的一个显著特征是大量迁移劳动力，尤其是农民工正成为越来越重要的组成部分。2012年，农民工总量达到1.63亿人，占城市劳动力就业的比重接近40%。随着劳动力市场的逐步发育，户籍在就业决定和工资形成中的作用已经逐步被削弱，其角色主要体现于诸多社会保障项目仍然与户籍挂钩。因此，不同户籍工人的最低工资覆盖情况也值得关注。

表7-5列出了样本中城市本地职工与不具有城市本地户籍（其中主要

是农民工）的工人在工资水平和最低工资覆盖上的情况。2001 年和2005 年本地工人的平均工资水平均高于外来劳动力，然而，随着近年来劳动力短缺的日益加剧，农民工的工资水平开始迅速上涨。根据国家统计局的资料，2006～2011 年农民工实际工资的年均增长速度达到12.4%，快于同期城市职工的工资增长幅度。从我们的样本看，2010 年外来劳动力的平均工资水平已略高于城市本地劳动力。这表明，如果仅以工资水平的变化来看城市劳动力的一体化程度，市场机制已经成为决定不同群体工资率的主要因素。

由于劳动力市场供求关系有利于普通劳动者的工资上涨（Cai and Du，2011），因此，劳动力市场的自发力量就有利于最低工资制度的执行。换言之，即便不设立最低工资制度，市场对普通劳动力的强劲需求所导致的劳动力短缺，也会推动工资的持续上涨，并使大部分普通劳动力获得高于最低工资的收入。

表 7 - 5　最低工资覆盖：本地劳动力与外来劳动力

	本地劳动者	外来劳动者
月工资(元)		
2001 年	986(775)	934(745)
2005 年	1298(1120)	1086(844)
2010 年	2280(1858)	2304(1605)
小时工资(元)		
2001 年	6.05(5.17)	4.57(4.78)
2005 年	7.91(7.27)	5.66(5.26)
2010 年	13.86(11.90)	12.61(10.10)
最低工资覆盖(%)		
2001 年	91.1(28.5)	87.7(32.8)
2005 年	86.3(34.4)	79.1(40.7)
2010 年	88.5(32.0)	89.4(30.8)

资料来源：笔者依据 CULS 数据计算，括号内为标准差。

表 7 - 5 中的结果表明，就最低工资的覆盖而言，2001 年和2005 年本地劳动力的最低工资覆盖率均高于外来劳动力，但2010 年本地职工工资位

于当地最低工资标准以下的比例较之外来劳动力高出 1.2 个百分点。这固然与前述劳动力市场出现动态变化有关，也与外来劳动力的社会保障相对不足有关。我们比较了处于最低工资标准以下的外来劳动力和本地劳动力的社会保障覆盖情况，发现二者之间存在着明显的差距。图 7-5 描绘了 2010 年城市本地劳动力和外来劳动力的最低工资覆盖与社会保障覆盖情况。图上半部分反映的是处于最低工资标准以下的劳动力情况，图下半部分则反映了收入高于最低工资标准的劳动力情况。该图体现了两个重要的特征：首先，无论最低工资的覆盖情况如何，城市本地劳动力的社会保障覆盖率要远远高于外

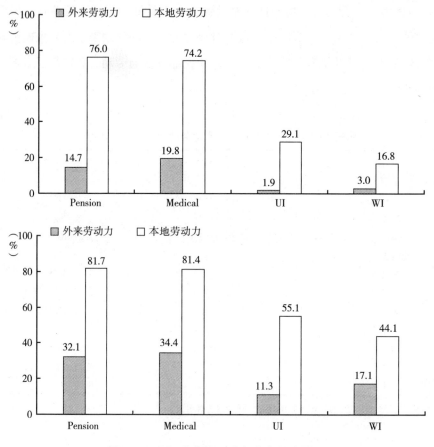

图 7-5　2010 年最低工资与社会保障覆盖

资料来源：笔者依据 CULS 数据计算。

来劳动力；其次，就工资水平低于当地最低工资标准的群体而言，外来劳动力与本地劳动力的社会保障覆盖有着更明显的差距。换言之，由于社会保障的不足，外来劳动力必须付出更多的劳动，以换取尽可能多的现金收入。这一点，从表7－3所展示的二者工作时间差异可以得到体现。

3. 行业、职业与所有制特征

从最低工资的执行来看，行业与所有制特征是否与最低工资的覆盖程度相关联，是具有可操作性的指标。行业、职业和所有制类型反映岗位的属性，而执行最低工资标准的难易程度又与这些属性相联系。以下我们按照这三类指标分别观察劳动力的工资水平和最低工资覆盖在不同年份间的变化情况（见表7－6）。

表7－6　行业、职业与所有制特征

单位：元，%

年份	月工资			小时工资			最低工资覆盖		
	2001	2005	2010	2001	2005	2010	2001	2005	2010
行业									
生活型服务业	978	1126	2016	5.68	6.73	12.19	89.3	81.4	81.4
	(688)	(818)	(1518)	(4.86)	(5.31)	(10.6)	(31.0)	(38.9)	(38.9)
生产型服务业	1142	1677	2694	6.85	10.17	16.09	95.9	94.0	95.0
	(1077)	(1509)	(2381)	(7.14)	(9.85)	(14.8)	(19.8)	(23.8)	(21.9)
制造业	847	1190	2093	5.16	7.10	12.59	88.9	90.0	91.2
	(617)	(932)	(1321)	(3.92)	(5.91)	(7.94)	(31.4)	(30.0)	(28.4)
其他	987	1312	2458	6.18	8.27	15.01	89.4	80.6	93.9
	(659)	(1249)	(1649)	(4.30)	(8.24)	(9.70)	(31.0)	(39.6)	(24.1)
所有制									
公共管理部门	1066	1454	2693	6.64	9.01	16.96	89.4	89.8	91.2
	(878)	(1133)	(2244)	(6.20)	(7.20)	(14.9)	(30.8)	(30.2)	(28.4)
国有经济部门	898	1264	2147	5.50	7.65	13.09	91.2	90.2	91.0
	(614)	(972)	(1528)	(3.92)	(6.27)	(9.57)	(28.4)	(29.7)	(28.7)
私营经济部门	1058	1178	2167	5.77	6.90	12.44	91.3	78.9	84.8
	(919)	(1176)	(1799)	(6.01)	(7.63)	(11.1)	(28.3)	(40.8)	(36.0)

续表

年份	月工资			小时工资			最低工资覆盖		
	2001	2005	2010	2001	2005	2010	2001	2005	2010
职业									
负责人	—	2010	3623	—	12.42	21.52	—	98.1	96.5
	—	(1598)	(3217)	—	(10.2)	(20.3)	—	(13.6)	(18.4)
专业人员	—	1769	2924	—	11.13	18.22	—	97.4	97.0
	—	(1449)	(1864)	—	(9.50)	(12.3)	—	(15.8)	(17.1)
办事员	—	1251	2688	—	7.92	16.58	—	85.7	94.1
	—	(998)	(2444)	—	(6.85)	(15.3)	—	(35.1)	(23.6)
服务员	—	1000	1770	—	5.83	10.24	—	73.8	75.9
	—	(888)	(1520)	—	(5.63)	(9.64)	—	(44.0)	(42.8)
操作工人	—	1153	1935	—	6.66	11.46	—	92.3	90.2
	—	(712)	(1093)	—	(4.40)	(6.86)	—	(26.6)	(29.8)

注：本表对部分职业大类使用了简称，其中"负责人"代表"国家机关、党群组织、企业、事业单位负责人"，"专业人员"代表"专业技术人员"，"办事员"代表"办事人员和有关人员"，"服务员"，代表"商业、服务业人员"，"操作工人"代表"生产、运输设备操作人员及有关人员"；由于"农、林、牧、渔、水利业生产人员"和"不便分类的其他从业人员"的样本很少，因此本表没有列出。

资料来源：笔者依据 CULS 数据计算，括号内为标准差。

我们将行业大类加总为四类，生活型服务业、生产型服务业、制造业以及其他第二产业。其中，"生活型服务业"包括批发和零售业，居民服务、修理和其他服务业，教育、卫生和社会工作，文化、体育和娱乐业；"生产型服务业"包括电力、热力、燃气及水的生产和供应业，交通运输、仓储和邮政业，信息传输、软件和信息技术服务业，金融业，建筑业，房地产业、租赁和商务服务业，科学研究和技术服务业。生活型服务业与制造业都具有劳动密集的特征，因此，与其他行业相比工资水平和小时工资率低。然而，生活型服务业内部的工资分布差异更大。例如，2010 年生活型服务业的工资水平和小时工资率的变异系数分别为 0.75 和 0.87；而制造业的工资水平和小时工资率的变异系数均为 0.63。因此，尽管二者的平均工资水平相差不大，但从事生活型服务业的工人其工资水平落入最低工资标准之下的比例高出近 10 个百分点。由此可见，最低工资的执行及其效果，与产业组织方式相关。如果某地的经济结构以制造业为主，而另一地的经济结构以生活型服务业为主，即便政府在执行最低工资标准时的力度相当，前者也更容易取得成效。

不同所有制类型的单位，对最低工资标准的反应也有差别。我们将雇主按所有制类型划分为三类，公共管理部门、国有经济部门以及私营经济部门。国有经济部门和私营经济部门的工资水平大致相当，但相对而言，私营部门的最低工资覆盖程度最差，2010 年该部门与国有经济部门相差了 6.2个百分点。

职业特征与最低工资覆盖的关联，与我们对行业特征的观察相一致。"服务人员"工资覆盖程度最低，而"生产性工人"次之。

4. 非正规性

从事非正规就业者历来是执行最低工资制度的难点所在和重点领域。我们将非正规就业者定义为"单位或个体雇员，且没有签订劳动合同或所在单位或工作场所的人数为 7 人以下"。通过三轮调查数据的比较，我们看到以下几个特点（见表 7－7）。首先，非正规部门的确在最低工资的覆盖上与正规部门有着较为明显的差异。2010 年正规部门的最低工资覆盖率高出非正规部门 17.7 个百分点。其次，非正规部门的最低工资覆盖状况随着时间的推移和最低工资标准的提升，呈恶化的趋势。2010 年非正规部门的覆盖率较之 2001 年下降了 3.9 个百分点。再次，非正规部门内部的分化也日益明显。例如，月工资水平的变异系数逐步上升，由 2001 年的 0.64 上升到 2010 年的 0.82。伴随着经济发展和劳动力市场发育，非正规性呈多元化特征与对其他国家的观察结果也一致（Andrews et al.，2011）。非正规就业内部差异性的扩大对最低工资制度执行必要性和执行的难度都提出挑战。一方面，一部分劳动者自愿选择非正规部门就业，因此，是否有必要对其进行最低工资制度的干预值得讨论；另一方面，非正规就业在岗位属性和就业质量上的差异性，也使得执行最低工资标准时识别的难度提高，增加了执行的成本。

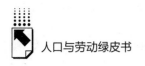

表 7 - 7 非正规部门的最低工资覆盖

单位：元，%

项目	月工资			小时工资			最低工资覆盖		
年份	2001	2005	2010	2001	2005	2010	2001	2005	2010
正规部门	1010	1465	2358	6.09	8.97	14.3	92.1	91.7	90.2
	(790)	(1218)	(1865)	(5.17)	(7.87)	(12.0)	(27.0)	(27.6)	(29.8)
变异系数	0.78	0.83	0.79	0.85	0.88	0.84	0.29	0.30	0.33
非正规部门	667	885	1526	3.58	5.09	8.06	76.4	72.8	72.5
	(427)	(636)	(1250)	(4.34)	(4.24)	(6.98)	(42.5)	(44.5)	(44.7)
变异系数	0.64	0.72	0.82	1.21	0.83	0.87	0.56	0.61	0.62

资料来源：笔者依据 CULS 数据计算，括号内为标准差。

三 最低工资制度执行的决定

从本章第二节的分析可以发现，最低工资在不同特征劳动力之间的覆盖情况存在明显的差别。本节使用 CULS 三轮数据，通过建立回归模型，进一步分析最低工资执行效果的决定因素。

（一）数据与模型设定

本文使用的关于最低工资的数据来自"中国最低工资数据库"（网址为：http：//www. chinaminimumwage. org）。该数据库由中国社会科学院人口与劳动经济研究所贾朋博士建立并维护，数据库中包含了中国近 3000 个县级行政区域（县、市、区）历年（1993～2014）关于最低工资标准调整的信息以及与最低工资相关的劳动力市场指标。

本文使用的微观数据来自中国社会科学院人口与劳动经济研究所分别于 2001 年、2005 年和 2010 年进行的中国城市劳动力调查（CULS）。2001 年调查在上海、武汉、沈阳、福州和西安 5 个城市进行（简称 CULS1）。在每个城市，我们根据分阶段随机抽样的原则，分别抽取并调查了 70 个社区的 700 户城市家庭以及 600 个农村进城务工者。2005 年，我们又在 CULS 1 涉及的 5 个城市以及另外的 7 个城市（无锡、宜昌、本溪、珠海、深圳、宝鸡和大庆）进行了调查（简称 CULS 2）。在 CULS 1 涉及的 5 个城市中，我们根据分阶段随机抽样的原则，分别抽取并调查了 500 户城市家庭和 500 户外来家庭。2010 年，在上海、武汉、沈阳、福州、西安和广州 6 个城市再次进行了调查（简称 CULS 3）。在每个城市，我们根据分阶段随机抽样的原则，分别抽取并调查了 700 户城市家庭和 600 户外来家庭。

为了保证结果的一致性，我们在研究中仅使用了 CULS 三轮调查均涉及的上海、武汉、沈阳、福州和西安 5 个城市。同时，由于最低工资制度只适用于在企事业单位工作的劳动力，因此我们在样本中进一步删除了工作身份为"雇主"或"自营劳动者"的样本。此外，我们还按照《劳动合同法》中关于"非全日制用工"的定义对于适用月最低工资和小时最低工资的劳动力进行了区分。

在模型中，被解释变量是 0～1 变量，即劳动力的工资是否低于最低工资标准（1 为低于或等于最低工资，0 为高于最低工资）。由于被解释变量的实质是工资水平的高低，因此解释变量包含了一个典型的工资方程中应该包含的变量。解释变量主要包括三类，分别为个体特征及人力资本变量、家庭特征变量、区域及企业特征变量。

个体特征及人力资本变量包含个体的性别（0～1 变量，以女性为基准组）、年龄、年龄平方、受教育年限、是否接受过培训（0～1 变量，以未接受培训为基准组）、身体健康状况（离散变量，1～4 分别代表身体状况差、一般、好和非常好，以身体状况差为基准组）等。

家庭特征变量包含个体婚姻状况（0～1 变量，以未婚为基准组）、家庭人口数、家庭中是否有年龄小于 6 岁的儿童（0～1 变量，以没有小于 6 岁的儿童为基准组）等。

区域及企业特征变量包含是否为本地劳动力（0～1 变量，以迁移劳动力为基准组）、城市（离散变量，以上海为基准组）、行业类型（离散变量，以制造业为基准组，其中生产型服务业和生活型服务业与本文第二部分的定义一致）、所有制类型（虚拟变量，以公共部门为基准组）以及部分变量之

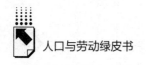

间的交叉项等。

由于被解释变量为 0 ~ 1 变量，因此要使模型的预测值落在 ［0，1］ 区间之内，从理论上讲应该使用 Probit 模型进行估计。但是，Wooldridge (2010) 指出，如果研究的主要目的是考察解释变量的边际效应并且解释变量中大部分是离散变量或者仅取有限的几个值（正如本文的情形一样），那么这时直接使用线形概率模型 （Linear Probability Model，LPM） 可能会更好，此时模型预测值落在 ［0，1］ 区间之外并不是一个值得关注的问题。此外，与 Probit 模型相比，线形概率模型在对系数的解释上更加直接。因此，本文在估计过程中直接使用了线形概率模型。

（二）估计结果

表 7 - 8 给出了三种不同设定下最低工资执行效果决定因素的回归结果。在设定 （1） 中，模型包含了城市、行业和所有制虚拟变量，但不包含三者的交叉项；在设定 （2） 中，模型包含了城市、行业和所有制三者的交叉项，但不包含各自的虚拟变量；在设定 （3） 中，模型既包含城市、行业和所有制虚拟变量，也包含三者的交叉项。

从估计结果可以发现，在各种设定下，即便控制了其他因素，各个年份女性的最低工资覆盖情况仍然差于男性。这一方面反映了女性的平均工资水平略低于男性的事实，另一方面也反映了女性在劳动力市场上所遭受的歧视性待遇，最低工资对于女性群体的保护程度还不够。从 "年龄" 和 "年龄平方" 的系数可以发现，2005 年，最低工资覆盖情况与年龄呈现倒 U 形的关系，即年轻和年老个体的最低工资覆盖情况稍差于中年个体，这与本文第二部分的分析是一致的。

从 "受教育年限" 的系数可以发现，在各个年份，较高的受教育程度均降低了个体工资低于最低工资水平的概率。受教育年限代表了个体的通用技能水平，而培训则代表了个体的专业技能水平。从 "培训" 的系数可以发现，近些年专业技能水平对于个体工资的贡献越来越大。在各个年份，身体状况对于工资的贡献随着健康状况的好转而呈现增加的趋势。教育、培训

表7-8　最低工资覆盖的决定因子

解释变量	设定(1)			设定(2)			设定(3)		
	2001	2005	2010	2001	2005	2010	2001	2005	2010
性别	-0.05***	-0.07***	-0.06***	-0.05***	-0.06***	-0.06***	-0.05***	-0.06***	-0.06***
年龄	-0.00	0.01**	-0.00	-0.00	0.01**	-0.00	-0.00	0.01**	-0.00
年龄平方	0.00	-0.01*	0.01*	0.00	-0.01*	0.01*	0.00	-0.01*	0.01*
受教育年限	-0.02***	-0.03***	-0.02***	-0.02***	-0.03***	-0.02***	-0.02***	-0.03***	-0.02***
培训	-0.01	0.06**	-0.05***	-0.01	0.04	-0.05***	-0.01	0.04	-0.05***
身体状况一般	-0.11***	-0.27***	-0.17***	-0.11***	-0.27***	-0.16*	-0.11***	-0.27***	-0.16***
身体状况良好	-0.12***	-0.32***	-0.24***	-0.12***	-0.30***	-0.23***	-0.12***	-0.30***	-0.23***
身体状况非常好	-0.13***	-0.35***	-0.25***	-0.14***	-0.33***	-0.23***	-0.14***	-0.33***	-0.23***
婚姻状况	-0.01	-0.02	-0.01	-0.01	-0.01	-0.02	-0.01	-0.01	-0.02
家庭人口数量	0.01	-0.01	0.01	0.01	-0.01	0.01	0.01	-0.01	0.01
家中有6岁以下儿童	-0.00	-0.01	-0.00	-0.00	-0.00	-0.00	-0.00	-0.00	-0.00
本地劳动力	-0.04*	-0.02	0.04***	-0.04**	-0.05*	0.03**	-0.04**	-0.05*	0.03**
武汉	-0.05***	0.15***	0.06***				-0.04	0.08**	-0.01
沈阳	0.04**	0.12**	0.08***				0.11***	0.17***	0.05
福州	0.00	-0.02	0.01				0.13***	0.16***	-0.02
西安	0.03**	0.05***	-0.00				0.02	0.06***	-0.00
生产服务业	-0.04***	0.00	-0.01				-0.07***	0.04	-0.02
生活服务业	0.00	0.07***	0.09***				0.04	0.08***	0.08**
其他行业	0.01	0.10***	-0.01				0.02	0.06*	0.03
私有部门	-0.03*	0.07***	0.04***				-0.02	0.04	0.05
常数项	0.47***	0.53***	0.58***	0.47***	0.54***	0.58***	0.47***	0.54***	0.58***
R^2	0.08	0.18	0.14	0.09	0.23	0.16	0.09	0.23	0.16
观测数	4602	4324	6445	4602	4324	6445	4602	4324	6445

注：限于篇幅，这里省略了部分交叉项。

资料来源：笔者根据中国城市劳动力调查数据计算得到。

243

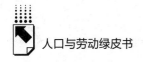

和健康状况作为个体人力资本水平的重要组成部分，对于提高个体工资水平发挥了重要作用，这与人力资本理论的预期是一致的。

在各种设定下，各年份家庭特征变量对于个体工资的影响均不显著。但从家庭特征变量的系数可以发现，已婚和有小孩的个体通常需要承担更大的家庭责任，他们通常需要更加努力的工作，工作因而也更加稳定，工资水平也更高。

2001 年和 2005 年，本地劳动力的工资水平高于迁移劳动力，但在 2010 年，迁移劳动力的工资水平开始略高于本地劳动力。正如本文分析的那样，这一方面说明了由于迁移劳动力的短缺，市场力量在工资决定中发挥的作用越来越大；另一方面，尽管本地劳动力的平均即期货币收入稍低于迁移劳动力，但如果考虑到本地劳动力和迁移劳动力在社会保障等非即期货币收入方面的差别，实际上迁移劳动力所得到的实际收入仍低于本地劳动力。笔者使用 CULS 数据计算了本地和迁移劳动力在社会保障覆盖方面的差别，如表 7 -9 所示。

表 7 -9 本地劳动力与迁移劳动力社会保障覆盖情况

单位：%

社会保障	CULS 1（2001 年）		CULS 2（2005 年）		CULS 3（2010 年）	
	迁移劳动力	本地劳动力	迁移劳动力	本地劳动力	迁移劳动力	本地劳动力
整体						
养老保险	6.27	37.45	14.03	73.94	30.03	80.75
医疗保险	6.63	37.34	14.96	65.26	32.66	80.30
失业保险	—	—	6.84	32.80	10.40	51.82
工伤保险	—	—	12.23	28.42	15.62	40.76
最低工资劳动力						
养老保险	5.92	21.23	6.33	63.53	14.65	76.04
医疗保险	5.09	18.03	6.84	45.76	19.75	74.15
失业保险	—	—	5.94	17.14	1.93	29.12
工伤保险	—	—	6.82	9.09	2.97	16.82

续表

社会保障	CULS 1（2001 年）		CULS 2（2005 年）		CULS 3（2010 年）	
	迁移劳动力	本地劳动力	迁移劳动力	本地劳动力	迁移劳动力	本地劳动力
非最低工资劳动力						
养老保险	6.28	39.05	16.12	75.85	32.05	81.74
医疗保险	6.74	39.23	17.25	68.73	34.42	81.39
失业保险	—	—	7.20	35.60	11.28	55.14
工伤保险	—	—	13.87	31.83	17.05	44.14

注："最低工资劳动力"指工资水平低于当地最低工资标准的劳动力，"非最低工资劳动力"指工资水平高于当地最低工资标准的个体；在 CULS 1 中，未调查个体是否有失业保险和工伤保险，以"—"表示。

整体来看，尽管随着时间的推移，迁移劳动力在各种社会保险上的覆盖情况均有所好转，但被覆盖的比例仍远远低于本地劳动力。另外，迁移劳动力社会保障覆盖情况的好转主要是由迁移劳动力中的非最低工资劳动力贡献的，最低工资劳动力的社会保障覆盖比例仍然很低。实际上，与 2005 年相比，2010 年迁移劳动力中的最低工资劳动力在失业保险和工伤保险上的覆盖比例甚至有所下降。

由各个城市虚拟变量的系数可以发现，与上海相比，大部分城市的最低工资覆盖情况均稍差于上海。较高的最低工资覆盖比例一方面可能反映了劳动监察部门在最低工资执行方面的努力，另一方面由于最低工资与当地的物价水平相关，一个看起来比较高的最低工资标准并不能反映政府对劳动力市场较强的干预，因而最低工资制度的执行难度与名义最低工资水平并没有直接的关系。以 CULS 涉及的 5 个城市为例，如果观察名义最低工资标准，无论是月最低工资标准还是小时最低工资标准，上海市均为最高（见表 7 - 2）。但如果我们使用 Brandt and Holz（2006）提出的空间价格指数（Spatial Price Indices，SPI）对名义最低工资进行调整，从而计算一个在各个城市之间可以进行比较的最低工资标准，则上海市的最低工资标准不再为最高，如表 7 - 10 所示。以 2010 年为例，沈阳和武汉具有较高的月最低工资标准，因而最低工资标准的执行难度较大，覆盖情况也较差。

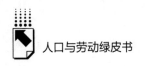

表 7 – 10 CULS 三轮调查期间的最低工资标准（调整后）

单位：元

城市	月最低工资			小时最低工资		
	2001 年	2005 年	2010 年	2001 年	2005 年	2010 年
上海	490	665	952	4.00	5.78	7.65
武汉	346	560	959	—	6.09	9.59
沈阳	501	572	1008	—	5.09	9.52
福州	466	545	825	—	5.27	8.77
西安	420	626	821	—	—	8.21

注："月最低工资"适用于全日制用工，"小时最低工资"适用于非全日制用工；"—"表示该城市在该年份尚未实施小时最低工资标准；本表数据使用（Brandt and Holz, 2006）提出的 Spatial Price Indices（SPI）进行了调整，这里以 2001 年上海为基准。

为了进一步观察最低工资制度的执行情况，笔者还考察了各省市历年最低工资标准与劳动争议的关系，如图 7 – 6 所示。在图 7 – 6 中，横轴为经过 SPI 调整的对数可比最低工资标准，纵轴为因工资报酬发生的劳动争议案件数量在总的劳动争议案件中所占的比例。通过观察我们可以发现，较高的最低工资标准通常伴随着较高的工资报酬劳动争议比例。这说明，较高的可比最低工资标准通常也意味着较大的执行难度。

分行业来看，与制造业相比，由于生产性服务业包含金融业、信息产业和科学研究等高端服务业，因此最低工资的覆盖情况也稍好；而生活性服务业大多数是劳动密集型行业，工资水平稍低，因此最低工资的覆盖情况也稍差。与公共部门相比，私有部门在 2001 年的最低工资覆盖情况稍好于公共部门，但在 2005 年和 2010 年的覆盖情况有所恶化。这一方面说明私有部门的工资水平稍低于公共部门，另一方面也说明了最低工资制度在私有部门的执行难度要大于公共部门。为了进一步检验行业和所有制类型对于最低工资覆盖产生的影响，我们加入了城市、行业和所有制类型交叉项，发现在 2010 年的样本与此前的数据有明显的不同，城市虚拟变量不再显著。这意味着最低工资制度的执行在早期存在着较为明显的地域因素。因此，以上海

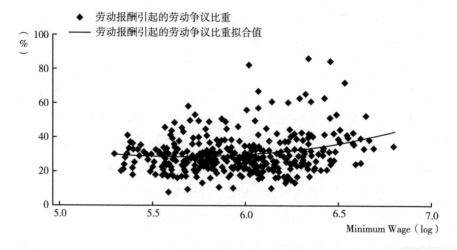

图 7 - 6　最低工资与劳动争议

资料来源：最低工资数据来自"中国最低工资数据库"，最低工资标准经过 SPI 调整，以 1995 年北京最低工资标准为基准；劳动争议数据来自历年《中国劳动统计年鉴》。

这样最先引入最低工资制度的城市为参照，其他城市的执行效果更差。但随着时间的推移，一旦我们考虑特定行业和所有制等因素，地方政府执行的差异就已经不复存在。这也就意味着各个地方经济发展阶段和经济结构是决定最低工资执行差异的主要原因。

四　主要结论及政策建议

利用不同来源的资料，本文系统分析了中国最低工资标准以及最低工资制度的执行情况。我们的研究结果表明，2010 年的调查样本中，有 13% 的工人的工资收入，没有达到当地最低工资标准所规定的水平。这一结果虽然低于大部分发达国家的执行水平，但好于很多中等收入国家。

最低工资标准的执行效果不仅取决于政府的执法努力程度，也与很多其他因素有紧密的关联。在劳动力需求相对旺盛，劳动供给由于受人口结构因素影响而受到越来越明显制约的情况下，普通工人的工资开始进入快速增长的时期。在这种情况下，执行最低工资标准的难度由于市场的自发力量而有

所减小。同时,《劳动合同法》以及其他一系列劳动力市场规制措施的出台,也有利于最低工资制度的实施。

利用微观资料,笔者仔细分析了最低工资覆盖的人群特征。描述性统计和回归结果均表明,执行最低工资制度时要注重瞄准目标人群,女性和低教育程度的劳动者最低工资的覆盖程度最低,是城市劳动力市场上最低工资制度覆盖所应该关注的主要人群。同时,人力资本回报的显著差异也表明,执行最低工资制度标准不仅仅是一个简单的劳动执法问题,从长期看提高低收入群体的就业能力,并提升其就业质量,是更为根本的手段。

笔者的分析还表明,最低工资的执行效果差异并不可简单地归结为各地劳动监管部门努力程度的不同。在控制个人特征后,我们的确观察到在早期,更早使用最低工资制度的沿海城市较之其他地区有着更为积极的执行措施。但新近的样本则显示,如果对所有制类型和经济结构更仔细地识别,则区域差异已经不复存在。这就意味着,正如世界各国由于处于不同的经济发展阶段,而在最低工资制度执行上存在差异一样,在中国的各个地区之间,由于存在着发展阶段和经济结构的差异,也会导致各地最低工资制度执行的差别。因此,最低工资标准的执行也是发展中的问题。

根据本文分析,笔者建议在"十三五"期间在以下方面对最低工资制度进行完善。

1. 正确认识最低工资制度的功能

2010 年以来,各地方政府持续大幅度地提升最低工资标准,似乎已经把最低工资制度作为一种调节收入分配的手段。然而,大量的经验研究表明,最低工资制度本身并不是一种调节收入分配和反贫困的有效手段。最低工资制度设计的初衷,也并不是调节收入分配,而是实现相对公平的就业,杜绝劳动力市场上因为信息不对称,雇主恶意用工、压低工资的极端现象。从这个角度来讲,最低工资标准的确立应该坚持"托底"的原则。

2. 确定合理的最低工资水平

根据各国的实践,最低工资的调整通常要考虑两方面的因素:劳动者的生活需求以及整体经济状况。生活需求主要包括：社会平均工资、生活成本、社会保险、其他社会成员的生活标准等；整体经济状况包括：经济发展、生产率、就业等。过去几年，各地政府在调整最低工资时，过多强调要与社会平均工资和生活成本变化保持一致，而较少考虑经济发展阶段以及生产率的变化，这一做法应该加以改变。同时，建议完善最低工资标准基础信息库，包括各种形式和群体的就业与工资等基础信息，尤其是科学计算社会平均工资水平，提高标准设计的科学性。

3. 改善最低工资的调整频率

从国际经验来看，在设立最低工资制度的国家中，有66%没有规定最低工资的调整频率，有19%规定的频率为一年，有15%规定的频率为2年以上。设定一个明确的最低工资标准调整频率容易固化工资调整预期，频繁地调整最低工资标准也不利于建立稳定的劳动关系。鉴于经济发展形势已发生较为明显的变化，最低工资标准历经多次较大幅度调整已经处于较高水平，故不宜对最低工资的调整周期作硬性规定。在调整最低工资标准之前，政府应对其在劳动力市场和经济发展中产生的各种影响作全面的分析，预判可能出现的负面影响。

4. 用小时最低工资替代月最低工资和小时最低工资混合的做法

从国际经验来看，大部分发达国家如美国、英国和加拿大等国家均只规定了小时最低工资标准，而没有规定月最低工资。根据我国《最低工资规定》，"最低工资标准一般采取月最低工资标准和小时最低工资标准的形式。月最低工资标准适用于全日制就业劳动者，小时最低工资标准适用于非全日制就业劳动者"。尽管《最低工资规定》对月最低工资及小时最低工资标准的转换关系有比较明确的说明，但是最低工资制度在实际执行时仍然存在一些问题，如实施月最低工资会增加企业滥用最低工资制度的动机。提升最低工资标准之后，企业为了降低因最低工资提升带来的成本增加，可能会要求劳动者延长工作时间。同时，在实施小时最低工资标准时需要区分全日制用工和非全日制用工等用工形式，这增加了政府监管的难度和复杂性，提高了行政成本。

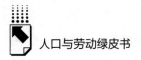
参考文献

Andrews, D. , A. C. Sánchez and Å. Johansson (2011), "Towards a Better Understanding of the Informal Economy", OECD Economics Department Working Papers, No. 873, OECD Publishing.

Baanante, M. J. (2004). "Minimum Wage Effects under Endogenous Compliance: Evidence from Peru". *Económica*, 50 (1 – 2): 85 – 123.

Bell, L. A. (1997). The Impact of Minimum Wages in Mexico and Colombia. *Journal of Labor Economics*, 15 (S3): S102 – S135.

Blinder, A. S. (1973). "Wage Discrimination: Reduced Form and Structural Estimates". *Journal of Human Resources*, 8 (4): 436 – 455.

Brandt, L. and C. A. Holz (2006). "Spatial Price Differences in China: Estimates and Implications". *Economic Development and Cultural Change*, 55 (1): 43 – 86.

Bureau of Labor Statistics (2013). "Characteristics of Minimum Wage Workers: 2012. U. S. Department of Labor".

Cai, F. and Y. Du (2011). "Wage Increases, Wage Convergence, and the Lewis Turning Point in China". *China Economic Review*, 22 (4): 601 – 610.

Gindling, T. H. and K. Terrell (2010). "Minimum Wages, Globalization, and Poverty in Honduras". *World Development*, 38 (6): 908 – 918.

Lemos, S. (2004). "The Effects of the Minimum Wage in the Formal and Informal Sectors in Brazil". IZA Discussion Paper, No. 1089.

Lemos, S. (2009). Minimum Wage Effects in a Developing Country. *Labour Economics*, 16 (2): 224 – 237.

Machin, S. , A. Manning and L. Rahman (2003). "Where the Minimum Wage Bites Hard: Introduction of Minimum Wages to a Low Wage Sector". *Journal of the European Economic Association*, 1 (1): 154 – 180.

Oaxaca, R. (1973). "Male-Female Wage Differentials in Urban Labor Markets". *International Economic Review*, 14 (3): 693 – 709.

Wang, J. and M. Gunderson (2011). Minimum Wage Impacts in China: Estimates from a Prespecified Research Design, 2000 – 2007. *Contemporary Economic Policy*, 29 (3): 392 – 406.

Wooldridge, J. M. (2010). Econometric Analysis of Cross Section and Panel Data, 2nd. Cambridge, Massachusetts: The MIT Press.

丁守海：《最低工资管制的就业效应分析——兼论〈劳动合同法〉的交互影响》，

《中国社会科学》2010 年第 1 期。

都阳、王美艳：《中国最低工资制度的实施状况及其效果》，《中国社会科学院研究生院学报》2008 年第 6 期。

贾朋、张世伟：《最低工资提升的劳动供给效应：一个基于自然实验的经验研究》，《南方经济》2013 年第 1 期。

贾朋、张世伟：《最低工资标准提升的溢出效应》，《统计研究》2013 年第 4 期。

罗小兰：《最低工资对农村贫困的影响：基于中国农民工的实证分析》，《经济科学》2011 年第 3 期。

罗小兰、丛树海：《基于攀比效应的中国企业最低工资标准对其他工资水平的影响》，《统计研究》2009 年第 6 期。

马双、张劼、朱喜：《最低工资对中国就业和工资水平的影响》，《经济研究》2012 年第 5 期。

G.8

第八章
养老保险制度改革进展与展望

程杰　高文书

经过改革开放几十年的探索发展，中国已经建立以城乡居民养老保险制度和城镇职工基本养老保险制度为主体的社会养老保险体系。"十二五"时期养老保险制度改革加快，新型农村居民养老保险与城镇居民养老保险制度统一合并，城镇职工基本养老保险制度与机关事业单位退休制度并轨，基本养老保险制度基本实现省级统筹，城乡之间、地区之间、部门之间逐步实现制度可衔接，养老保险覆盖面逐步扩大，养老待遇水平逐步提高。但是，人口结构变化和经济增长放缓对于现收现付制的养老保险体系产生重大挑战，制度的可持续性、公平性与效率损失问题将在"十三五"期间愈发凸显。

基金收支失衡是养老保险制度的表象问题，制度分割与流动性不足是更深层次的矛盾。养老保险体系暴露出的复杂问题既有中国体制转型不彻底的原因，也有经济发展不平衡的矛盾，还有保险制度设计自身的缺陷，改革的顶层设计不能仅仅局限于制度本身或系统内部的政策调整，而应该置于劳动力市场和经济改革整体框架之中加以考虑。一个良好的社会保险体系可以发挥类似于"生产要素"的功能，既能够保障居民基本生活，也有利于促进劳动力市场和经济稳定发展，而中国养老保险体系正与市场经济发展产生严重的摩擦。不管采取何种养老保险模式，未来制度长期稳定运行始终要依靠经济持续发展和生产效率提升，改革的基本方向是建立与劳动力市场相协调、统一多层次的养老保险体系，通过完善相关制度规则，理顺养老保险与劳动力市场的关系，消除制度对于资源配置和市场机制造成的扭曲，既从根本上解决保险体系的内在矛盾，又释放出中国经济新阶段的"改革红利"，从而实现养老保障与经济增长的双赢。

一　养老保险制度改革进展

（一）改革历程

建立养老保障体系是经济社会发展的内在要求和结果，也是经济社会持续发展的重要保障。经过几十年的探索和发展，目前中国已经初步建立以养老保险为核心，包括老年人社会救助、老年福利等覆盖城乡的养老保障体系，逐步建立以城镇职工基本养老保险制度、城乡居民养老保险制度为主体的养老保险体系。在市场经济改革和社会保障体系改革背景下，养老保险体系的改革发展大致经历以下四个阶段。

第一阶段（1978～1992年）：养老保险体系的恢复与探索。1978年，《国务院关于工人退休、退职的暂行办法》与《国务院关于安置老弱病残干部的暂行办法》颁布，对企业职工和机关事业单位工作人员的退休条件和待遇水平做出统一规定，标志着从法规和政策角度让养老保险工作重新回到原有轨道，养老保险体系开始恢复和改革探索。20世纪80年代中期开始，为了配合国有企业改革，城镇社会保障体制改革率先从养老保险制度入手。1984年启动退休费用社会统筹试点，实行保险费的统一收缴、养老金的统一发放，试点范围从国有企业逐步扩大到城镇各类企业。1991年，国务院发布《关于企业职工养老保险制度改革的决定》，规定实行基本养老保险、企业补充养老保险和职工个人储蓄性养老保险相结合的养老保险制度，费用由国家、企业和个人共同负担。这一时期围绕养老保险体系的筹资模式、费用分担等重要议题展开了热烈探讨和积极探索，但是，改革的出发点局限在为国有企业改革提供配套服务，"甩包袱"的思路占据主导地位，没有从整体社会经济发展的高度通盘设计。

农村养老保险也刚刚起步探索。1986年，国家"七五"计划要求有条

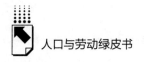

件的地区进行农村社会保险的试点探索。随后，民政部启动了近5年的农村养老保险制度改革试点，1991年国务院明确农村养老保险改革由民政部负责，民政部成立了农村社会养老保险管理机构，并选择了山东烟台市等20个县开展试点。

第二阶段（1993~2000年）：城镇养老保险制度的基本框架确立。1993年，中共十四届三中全会通过《关于建立社会主义市场经济体制若干问题的决定》，对社会保障制度改革提出明确要求和原则规范，要求建立一套社会统筹与个人账户相结合的城镇社会保险体系。1995年，国务院发布《关于深化企业职工养老保险制度改革的通知》，明确规定基本养老保险制度适用于城镇各类企业职工和个体劳动者，鼓励全国各地开展试点。1997年，国务院颁布《关于建立统一的企业职工基本养老保险制度的决定》，提出建立统一的社会统筹和个人账户相结合的养老保险体系，全国统一按职工工资的11%建立个人账户，其中个人缴费逐步从4%提高到8%，其余部分由企业划入，社会统筹部分由企业负担，企业缴费率一般不超过20%。1998年，基本养老保险行业统筹移交地方管理。2000年，国务院出台《关于完善城镇社会保障体系的试点方案》，决定在辽宁全省和其他省份的部分城市试点，旨在解决养老保险制度改革的转轨成本问题，重点是缩小个人账户规模，从工资的11%下降为8%，个人缴费比例提高到8%，个人账户完全由个人缴费形成，企业的20%缴费率不变，全部形成社会统筹基金。这一时期关于中国养老保险模式的讨论和争论一度非常激烈，决策层在权衡现收现付制和基金积累制的利弊之后，选择了社会统筹与个人账户相结合的独特模式，寄希望于吸收两者优势、弥补各自缺陷，同时考虑到现实压力，在过渡期内允许个人账户空账运行。从一定意义上来说，这一独特模式选择是一个大胆创新，但若不能妥善处理矛盾关系，也可能存在风险并遗留问题，之后的现实也正是如此。

农村养老保险改革初见成效并陷入全面停滞状态。1992年，民政部制定了《县级农村社会养老保险基本方案（试行）》，采取个人缴纳为主、集体补助为辅、国家予以政策扶持的筹资模式，建立个人账户积累式的养老保险，被称为"老农保"。到 1997 年底，全国 2008 个县、285 个地市开展了这项工作，超过 57% 的乡镇、绝大多数的县、约 75% 的地市和 87% 的省份建立了管理机构，全国农村养老保险参保人数一度达到 8000 万人。但是，由于政府投入不足，农村集体经济弱化，再加上政府机构调整、基金管理混乱等问题，1998 年国务院开始对该项目进行治理和整顿，农村养老保险管理工作从民政部转移到劳动和社会保障部，自此"老农保"运行基本处于停滞状态，2000 年前后参保人数下降到 5000 多万。尽管"老农保"制度以失败告终，但为探索与中国农村经济社会发展相适应的新型农村养老保险制度积累了有益经验。

第三阶段（2001～2010 年）：覆盖城乡的养老保险体系改革。进入 21 世纪之后，社会保障体系作为构建和谐社会的重要内容，改革步伐明显加快，2007 年中共十七大提出加快建立覆盖城乡居民的社会保障体系。在辽宁、吉林和黑龙江三省改革试点的基础上，2005 年国务院出台《关于完善企业职工基本养老保险制度的决定》，要求扩大基本养老保险范围，逐步做实个人账户，提高养老金筹资和支付能力，针对城镇个体劳动者和灵活就业人员制定参保政策，2006 年开始个人账户规模统一由个人缴费工资的 11% 调整为 8%，单位缴费不再划入个人账户。农民工参保办法被单独提出，2009 年人力资源和社会保障部曾经出台《农民工参加基本养老保险办法》，规定城镇就业并与用人单位建立劳动关系的农民工应该参保，单位缴费比例为 12%，农民工个人缴费比例为 4%～8%。随后，将农民工统一纳入城镇职工养老保险体系的呼声逐渐占据上风，以避免造成新的制度分割，加剧碎片化现象。为保证参保人员跨省流动时基本养老保险关系的转移接续，国务院决定从 2010 年开始实行《城镇企业职工基本养老保险关系转移接续暂行办法》，包括农民工在内的所有参保人员可以在跨省就业时随同转移养老保险关系，个人账户的全部以及部分统筹基金可以转移。养老保险"双轨制"改革呼声加大，但基本格局没有变化。2008 年，国务院发布《事业单位养老保险制度改革试点方案》，确定山西、上海、浙江、广东、重庆 5 个试点省市进行事业单位养老保险制度改革试点，但改革阻力较大、进展

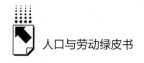

缓慢。

农村养老保险体制改革也迎来新的发展阶段。2002 年，中共十六大明确提出在有条件的地方探索建立农村社会养老保险制度，2007 年提出要建立以个人账户为主、保障水平适度、缴费方式灵活、账户可随人转移的新型农村养老保险制度和参保补贴机制，当年全国有 1905 个县（市）不同程度地开展新型农村养老保险试点，各地在探索实践过程中总结出一些有代表性的模式。经验表明，政府应该在农村养老保险制度建设中承担重大责任。2008 年，十七届三中全会提出要贯彻广覆盖、保基本、多层次、可持续原则，健全农村社会保障体系，明确了全国"新农保"制度的基本原则和方向。2009 年，国务院发布《国务院关于开展新型农村社会养老保险试点的指导意见》，建立个人缴费、集体补助、政府补贴相结合的"新农保"制度，中央财政对中西部地区按中央确定的基础养老金标准给予全额补助，对东部地区给予 50% 的补助（另外 50% 由地方政府负担），地方政府对参保人缴费给予补贴，补贴标准不低于每人每年 30 元。随后，与"新农保"制度框架一致的城镇居民养老保险制度也在全国范围内实施，覆盖城乡居民的养老保险体系框架基本建立。

第四阶段（2011 年至今）：建立全国统一的社会保险体系。2013 年，党的十八届三中全会《关于全面深化改革若干重大问题的决定》提出，建立更加公平可持续的社会保障制度，坚持社会统筹和个人账户相结合的基本养老保险制度，整合城乡居民养老保险制度，推进机关事业单位养老保险制度改革，完善社会保险关系转移接续政策，适时适当降低社会保险费率，研究制定渐进式延迟退休年龄政策。2011 年 7 月正式施行的《社会保险法》标志着中国社会保险进入法制化阶段，对包括养老保险在内的一些重大问题予以明确。"十二五"期间，城乡养老保险制度进一步深入发展，"新农保"制度于 2013 年提前完成制度全覆盖目标，"城居保"在 2011 年启动试点，在短短两年时间内完成制度全覆盖目标，到 2013 年底两类保险的参保人数已经接近 5 亿。2014 年，国务院决定将"新农保"和"城居保"两项制度合并实施，在全国范围内建立统一的城乡居民基本养老保险制度。随后，为进一步推动城乡之间养老保险制度的衔接，《城乡养老保险制度衔接暂行办法》出台，城镇职工养老保险与城乡居民养老保险，只要满足一定条件即可自由衔接转换，个人账户全部储存额随同转移，累计权益。

养老保险"双轨制"改革取得重大突破，企业职工与机关事业单位人员将适用统一的养老保险制度。2015 年，国务院发布《机关事业单位工作人员养老保险制度改革的决定》，机关事业单位与企业等城镇从业人员统一实行社会统筹和个人账户相结合的基本养老保险制度，实行单位和个人缴费，实行与缴费相挂钩的养老金待遇计发办法，从制度和机制上化解"双轨制"矛盾。改革将遵循"五个同步"：一是机关与事业单位同步改革，避免单独对事业单位退休制度改革引起不平衡。二是职业年金与基本养老保险制度同步建立，单位按本单位工资总额的 8% 缴费，个人按本人缴费工资的 4% 缴费建立职业年金，在优化保障体系结构的同时保持待遇水平总体不降低。三是养老保险制度改革与完善工资制度同步推进，在增加工资的同时实行个人缴费。四是待遇确定机制与调整机制同步完善，退休待遇计发办法突出体现多缴多得，待遇调整要综合考虑经济发展、物价水平、工资增长等因素。五是改革在全国范围内同步实施，防止地区之间出现先改与后改的矛盾。同时，养老保险制度相关的重大政策改革也正在加快研究，渐进式延迟退休年龄政策的基本方向已经确定，逐渐延长缴费年限，相应缩短领取养老金的年限，具体方案有望 2017 年推出，2020 年之后正式实施。

（二）发展状况与趋势

进入 21 世纪之后，中国社会保障事业进入新阶段，城镇职工基本养老保险制度加快发展，参保人数持续增长，覆盖范围逐步扩大。21 世纪的第一个十年（2000～2010 年），城镇职工养老保险参保人数从 1.4 亿人增加到约 2.6 亿人，将近翻了一倍，其中，参保职工从 1 亿人增长到 1.9 亿人，享受待遇的离退休人员从 3100 万人增加到 6300 万人。"十二五"时期养老保险体系延续平稳较快的发展势头，到 2014 年末参保总人数已经突破 3.4 亿人，较"十一五"期末增长 8400 万人，其中，参保职工已经接近 2.5 亿人，离退休人员也超过 8000 万人（见图 8-1）。

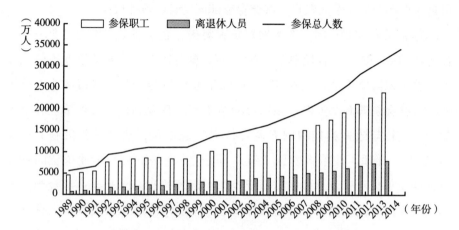

图 8-1 城镇职工基本养老保险的参保状况

资料来源：相关年份《中国统计年鉴》。

企业参保人员是参保职工中最重要的主体，约占参保职工的七成。以 2012 年为例，参保职工总数为 2.3 亿人，其中，企业参保人数 1.6 亿人，占参保职工总人数的 69.6%；以个体身份参保的人数为 5088 万人，占参保职工总人数的 22.1%；机关和事业单位（包括中国人民银行和中国农业发展银行）的参保人数为 1620 万人，占比为 7.0%（郑秉文，2013）。在养老保险制度并轨改革探索过程中，已经有一部分机关事业单位人员参加城镇职工基本养老保险，在并轨完成之后，全部的 720 万名公务员、3153 万名事业单位人员将被纳入这一体系中。同时，职业年金制度也将建立实施，与企业年金制度一起构成较为完整的年金制度。截至 2013 年末，全国有 6.6 万户企业建立了企业年金制度，比上年增长 20.8%，参加职工人数为 2056 万人，比上年增长 11.4%，企业年金基金累计结存 6035 亿元。

从阶段性的动态趋势来看，伴随着中国经济增长放缓，"十二五"时期养老保险也进入相对平稳增长阶段。"十五"时期参保总人数的年均增速为 4.3%，"十一五"时期年均增速提高到 6.5%，到"十二五"时期年均增速下降到 4.7%。参保职工的绝对规模逐步扩大，增长速度有所下降，"十五"时期和"十一五"时期的年均增速分别为 4.0% 和 6.5%，"十二五"时期下降到 3.9%。离退休人员数量"十五"时期和"十一五"时期的年均增速分别为 5.3% 和 6.3%，"十二五"时期下降到 5.6%，对比来看，离退休人员增长速度已经超过在职人员增速。

城镇职工养老保险的覆盖率逐步提高，从而维持相对稳定的制度赡养率。受到国有企业改革的影响，1998 年前后出现集中下岗分流现象，城镇职工养老保险总体覆盖率一段时期内在 40% 左右波动，1998 年曾经一度下降到 39.2%，随后养老保险制度稳定并加快发展，"十五"期末覆盖率达到 46.2%，"十一五"期末提高到 55.9%，2011 年覆盖率已经突破 60%。正是由于覆盖率保持稳步提高，在离退休人员增长速度已经超过在职人员的情况下，制度赡养率才得以稳定。2000 年之前，城镇职工养老保险制度在较大程度上服务于当时的国有企业改制，解决下岗分流职工的生活保障问题，短期内享受养老待遇的离退休人员大幅增加，而新增参保职工增长相对缓慢，导致制度赡养率快速提高，从 1990 年代初不到 20% 快速提高到 1998 年的 32.2%。2000 年之后，养老保险制度进入平稳快速发展阶段，在职参保人员大幅增加，覆盖面稳步扩大，制度赡养率始终稳定在 33% 左右，这意味着平均每 3 个在职人员供养一个离退休人员（见图 8-2）。

城镇职工基本养老保险基金规模迅速扩大。参保人数快速增长，缴费基数也伴随经济增长和工资上涨而逐步提高，养老保险基金收入呈现增速加快的趋势。随着离退休人员规模逐渐扩大，养老金标准逐步提高，基金支出也在较快增长，但支出规模仍然低于基金收入，当期保持一定结余，而且基金累计结余规模不断扩大。2014 年，养老保险基金收入突破 2.5 万亿元，基金支出也达到 2.2 万亿元，基金收支规模均相当于 2000 年的 10 倍之多，相当于 2010 年的 2 倍左右。2014 年基金当期结余约 3500 亿元，基金累计结余已经突破 3 万亿元（达到 3.2 万亿元），较 2000 年增长 30 倍之多，较 2010 年也翻了一倍（见图 8-3）。企业是城镇职工养老保险制度的主体，2014 年企业职工养老保险收入为 2.3 万亿元，养老金支出接近 2.0 万亿元，当期

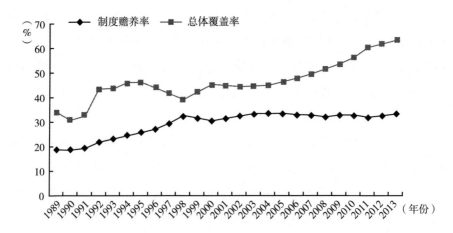

图8-2 城镇职工基本养老保险覆盖率与制度赡养率

注：总体覆盖率＝参保职工人数/城镇就业人数，如果剔除掉适用于退休制度的机关事业单位工作人员，实际覆盖率应该更高一些。制度赡养率＝离退休人数/参保职工人数，表示每一个在职人员平均供养的退休人数。

资料来源：笔者根据相关年份《中国统计年鉴》相关数据计算得到。

结余3458亿元，累计结余为3.0万亿元。养老保险基金主要来源于面向用人单位和个人的保险费征缴收入，各级财政给予一定财政补贴，2013年2.3万亿元的基金收入中，征缴收入为1.9万亿元，占比为82.6%，各级财政补贴3019亿元，占比为13.1%，其他来自利息等收入。

从动态变化趋势来看，随着基金规模不断扩大，基金增长速度趋于下降，尤其是基金支出增速开始超越基金收入增长，当期结余规模已显拐点。"十五"期间基金收入和基金支出的年均增速分别为15.4%和11.7%，"十一五"期间分别提高到16.3%和16.6%，基金收入和支出的增速基本相当，到"十二五"期间，基金收入年均增速下降到10.6%，基金支出年均增速下降到14.3%，基金支出增速已经超越基金收入增速。正因为如此，基金当期结余从"十五"初期的100多亿元迅速扩大到"十二五"期间的4400多亿元，在2012年达到高峰之后出现拐点，2014年下降到3500亿元。基金累计结余达到相当规模，但增速趋于下降，"十五"期间高达30.8%，"十一五"期间保持在20%以上，年均为22.9%，到"十二五"期间下降到13.0%。

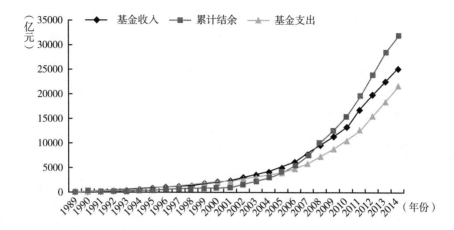

图 8 - 3　城镇职工基本养老保险的基金收支状况

资料来源：相关年份《中国统计年鉴》。

表 8 - 1　城镇职工基本养老保险的发展增速

单位：%

	"十五"期间	"十一五"期间	"十二五"期间
参保总人数	4.3	6.5	4.7
参保职工	4.0	6.5	3.9
离退休人员	5.3	6.3	5.6
基金收入	15.4	16.3	10.6
基金支出	11.7	16.6	14.3
基金当期结余	44.4	15.2	-4.1
基金累计结余	30.8	22.9	13.0

注："十五"期间指 2001～2005 年，"十一五"期间指 2006～2010 年，由于 2015 年数据无法获得，"十二五"期间指 2011～2014 年。

资料来源：笔者根据相关年份《中国统计年鉴》相关数据计算得到。

农民工参加城镇职工养老保险的规模逐步扩大，但总体覆盖率仍然比较低。农民工是城镇劳动力市场的重要主体，也是新增劳动力的重要组成部分。截至 2014 年，全国农民工总量已经达到 2.7 亿人，其中，在本乡镇以外就业的外出农民工达到 1.7 亿人。经过一些地方探索和激烈争论，农民工社会保险问题最终选择纳入城镇职工保障体系，而放弃了单独为其建立保障体系的方式。农民工参加城镇养老保险的人数从"十五"期末的 1000 万人左右增长到"十一五"期末的 3000 万人,"十二五"期间继续保持平稳增长,2013 年参保人数接近 5000 万人。但是,相对于城镇本地职工来看,农民工养老保险的参保率仍然比较低,按照农民工总量估算的参保率仅为18.2%,按照国家统计局农民工监测调查的参保率更低,仅为 15.7%。农民工参保率低既有其就业方式的因素,也有养老保险制度的原因。

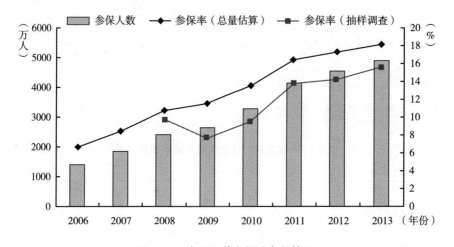

图 8-4 农民工养老保险参保情况

注:参保率(总量估算)根据人力资源和社会保障部发布的参保人数与国家统计局公报的农民工总数计算得到,参保率(抽样调查)反映外出农民工的参保情况,由国家统计局《农民工监测报告》得到。

资料来源:笔者根据相关年份人力资源和社会保障部《人力资源与社会保障事业发展统计公报》与国家统计局《农民工监测报告》整理得到。

"十二五"时期城乡居民养老保险实现了突破性发展。2009 年,"新农保"试点制度覆盖面为全国 10% 的县,2010 年扩大到 23% 的县,2011 年覆盖 40% 的县,2012 年提前实现制度全覆盖。实际参保人数增加,覆盖率迅速提升,参保人数从 2009 年的 8700 万人增加到 2011 年末的约 3.3 亿人,覆盖率相应地从 11% 大幅提升到 65% 左右。随着 2011 年城镇居民养老保险制度在全国范围实施,覆盖范围迅速扩大,"新农保"与"城居保"合并,截至 2014 年末,城乡居民养老保险参保人数突破 5 亿,享受养老金待遇的城乡老年人达到 1.4 亿。基金收支状况良好，2014 年城乡居民养老保险总收入为 2315 亿元，总支出为 1572 亿元，当期结余为 743 亿元，累计结余达到 3843 亿元。养老金待遇也进行了调整，城乡居民养老保险制度试点实施初期，国家制定的基础养老金为每月 55 元，城乡居民的标准一致，从 2015 年开始，基础养老金标准将统一提高到 70 元/月。

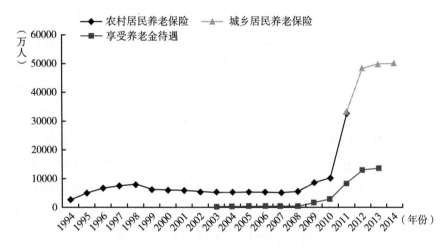

图 8-5　城乡居民养老保险的参保情况

资料来源：相关年份《中国统计年鉴》。

二　养老保险制度的关键问题与挑战

（一）可持续性

养老保险制度面临越来越严峻的财务可持续性挑战。中国正在经历人口结构快速变化与经济发展阶段转变的双重考验，人口老龄化进程加快，人口抚养比发生逆转并将快速提高，持续两位数的经济高速增长时代已经结束，经济增长放缓和结构调整成为新常态。现收现付制的养老保险体系遭遇人口与经济结构调整的深刻影响，制度可持续性的挑战将是不可避免的，其影响程度也是前所未有的。

养老保险基金收入增长明显放缓。基金收入主要受到两个方面因素影响。一是参保职工人数或覆盖率，劳动年龄人口已经开始绝对减少，新增参保人数主要依靠养老保险覆盖面扩大，目前城镇正规部门就业人员基本纳入保险体系，非正规部门灵活就业人员和一些中小企业的就业人员成为扩面的主要对象，但受到缴费负担过重、制度可携带性较差等约束，进一步扩大覆盖面的难度很大，逃避社保和中断缴费的现象突出①，参保人数难以保持较快增长，"十二五"时期年均增速已经下降到3.9%。二是缴费基数或工资水平，工资增速伴随着经济增长放缓也趋于下降，2014年中国GDP增速下降到7.4%，全员劳动生产率增长7.0%，扣除价格因素后城镇居民人均可支配收入增长率下降到6.8%，城镇单位就业人员的工资水平增速也持续下降，与工资水平直接挂钩的缴费基数增长同步减缓。养老保险的参保人数和缴费基数均呈现出增速放缓，基金收入可持续快速增长的局面也难以维持。

养老保险基金支出呈现快速增长。基金支出同样受到两个方面的因素影响：一是离退休人数或制度赡养率提升，人口老龄化速度明显加快，2014年60岁及以上老年人口比例已经提高到15.5%，到2020年预计接近20%，人口结构变化短期内无法改变，享受养老金待遇的离退休人员将快速增长，"十二五"期间年均增速达到5.6%，超过同期参保职工的增速，在较长时期内相对稳定的制度赡养率格局将被打破，赡养率将会逐步提高。二是养老金水平，2005年以来城镇企业职工养老金标准连续数年以10%的增速上涨，企业退休人员的平均养老金已经从2005年的每月700元左右增长到2014年的2000多元，2015年仍将保持10%的增速，养老金待遇调整缺乏规范机制，脱离实际经济发展和工资水平状况，目前养老金刚性的增长速度甚至已经超越同期GDP、劳动生产率、城镇居民可支配收入以及实际工资水平的增速。离退休人数和养老金待遇均保持快速增长，在乘数效应下基金支出必将出现递增的态势。

---

① 根据人力资源和社会保障部公布的相关数据显示，最近年份养老保险的征缴率（即缴费人员占参保人员比例）出现明显下降，从2006年的90.0%逐年下降到2010年的86.5%，2012年上半年仅为83.6%，即大约有3600万人中断缴费。

基金收支平衡将持续恶化，"十三五"期间养老保险很可能出现当期收不抵支的情况。2012 年前后，养老保险基金当期结余达到 4500 亿元、当期结余率接近 25% 的顶峰，随后基金支出增速持续快于基金收入增速，当期结余呈现持续下降态势，收支平衡状况开始出现逆转。2014 年当期结余下降到 3500 亿元，当期结余率下降到 13.9%。按照"十二五"时期的变动趋势，到 2019 年基金收支平衡状态就会被打破，当期结余下降到 −618 亿元，当期结余率为 −1.5%（见图 8−6）。实际上这还是保守估计，未来基金支出的增速很有可能继续提高，而基金收入的增速有可能继续放缓，当期收不抵支的现象可能会更早出现。而且，在这种基金平衡格局中政府财政还发挥了重大作用，若不考虑各级财政补贴，仅仅观察养老保险体系自身运转状况，2013 年 2.3 万亿元基金收入还包含了财政补贴 3019 亿元①，

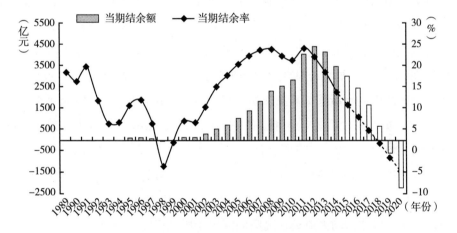

图 8−6　城镇职工基本养老保险基金收支平衡状况

注：当期结余率＝当期结余额÷当期基金收入。2015 年之后为预测值，假定基金收入和基金支出按照"十二五"期间年均增速增长，即分别为 10.6% 和 14.3%，据此估算出当前基金结余以及当期结余率。

资料来源：笔者根据相关年份《中国统计年鉴》相关数据计算得到。

---

① 人力资源和社会保障部公布的数据显示，2003~2013 年全国企业职工基本养老保险基金收入中，财政补助额从 544 亿元逐年增加到接近 3000 亿元，累计财政补贴达到 1.6 万亿元，相当于企业职工养老保险基金累计结余（2.7 万亿元）的 60%。

扣除之后当期基金结余仅为 1200 亿元，当期结余率从 18.6% 下降到 5.3%。按照目前趋势 2016 年就会出现当期收不抵支的情况。李扬等（2013）研究编制的中国资产负债表显示，在目前制度模式和基本格局下，到 2023 年城镇职工基本养老保险将出现收不抵支现象，2029 年累计结余将耗尽。可以预见，"十三五"期间养老保险体系将面临可持续性问题的重大挑战，基金收支平衡将出现根本性转折，养老保险体系将不得不依靠历史累计结余支撑下去。

较之于总体基金收支失衡的挑战，养老保险基金地区之间失衡的问题更为棘手。养老保险制度尚未实现全国统筹，甚至省级层面上也没有达到完全意义上的统筹水平①，在制度的地区分割状态下，经济发展水平差距直接反映为养老保险的地区不平衡。经济发展水平较高、人口高度集聚的地区养老保险大量结余，而经济发展水平相对滞后、人口净流出的地区面临严重的基金缺口。不同地区的基金平衡状况可以说是"冰火两重天"。例如，沿海发达地区的广东省，2012 年养老保险当期结余达到 780 亿元，累计结余已经超过 3800 亿元，而东北老工业基地的黑龙江省，养老保险当期结余仅为 2.9 亿元，若没有财政补贴维持，当期缺口已经超过 200 亿元。实际上，不考虑补贴的当期收不抵支现象长期存在，制度实施初期曾经出现近乎全面亏损，2002 年当期收不抵支的省份有 28 个，之后逐年减少，2011 年曾经一度下降到 13 个，2012 年又有所恶化，增加到 19 个，而且，两极化倾向明显，部分困难省份的缺口规模呈现扩大趋势，东北三省的缺口均已经超过百亿元（郑秉文，2012）。养老保险地区失衡背后反映出制度分割、养老保险可携带性差与人口和劳动力流动性之间的突出矛盾，流动人口规模大、比重高的省份，人口与经济高度集聚，养老保险的制度赡养率越低，基金当期结余越多，累计结余也越多，财务可持续性就越强。

---

① 尽管全国各省份已经建立养老保险省级统筹制度，但真正意义上只有北京、上海、天津、陕西等少数地区实现基本养老保险基金省级统收统支，绝大多数省份仍然分散在县市一级。2012 年审计署的审计报告显示，依据 2007 年《关于推进企业职工基本养老保险省级统筹有关问题的通知》提出的省级统筹六个条件，包括统一费率、统一待遇、统一调度使用基金、统一编制基金预算、统一全省经办业务流程等，全国仍然有 17 个省份没有实现这六条标准，没有真正实现省级统筹。

表8-2　各省份城镇职工基本养老保险基本状况（2012年）

单位：亿元，%

省　份	当期结余	当期结余(不含补贴)	累计结余	制度赡养率
北　京	354.9	322.9	1224.8	21.2
天　津	55.5	-61.7	279.2	47.1
河　北	69.5	-85.5	755.1	38.4
山　西	171.5	58.0	963.3	35.2
内蒙古	62.2	-37.4	405.9	48.0
辽　宁	159.7	-204.2	1054.9	46.5
吉　林	13.0	-107.6	407.1	59.0
黑龙江	2.9	-209.3	469.9	65.7
上　海	263.9	145.2	821.5	42.7
江　苏	487.8	349.0	2145.8	29.1
浙　江	443.7	339.7	1963.9	19.0
安　徽	109.0	-8.1	594.0	35.5
福　建	48.7	31.7	226.2	19.9
江　西	85.9	-13.9	332.2	36.5
山　东	257.6	165.5	1639.5	25.3
河　南	116.7	-65.7	717.7	31.7
湖　北	116.5	-77.5	754.6	45.7
湖　南	105.1	-75.7	685.9	40.2
广　东	780.1	652.1	3879.6	10.7
广　西	29.1	-52.1	443.1	46.9
海　南	8.7	-36.2	94.1	32.5
重　庆	123.2	-11.8	458.1	52.6
四　川	204.3	-26.3	1464.3	50.5
贵　州	63.9	16.0	293.4	33.5
云　南	87.2	15.8	423.0	43.2
西　藏	6.2	1.1	24.6	35.0
陕　西	79.5	-23.9	338.9	38.0
甘　肃	40.7	-13.4	288.3	51.1
青　海	6.8	-9.9	78.8	43.7
宁　夏	4.5	-14.1	158.5	43.6
新　疆	74.7	14.3	520.4	36.4

资料来源：根据全国第六次人口普查以及国家统计局《中国统计年鉴》各年相关数据计算得到。

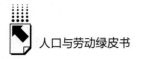

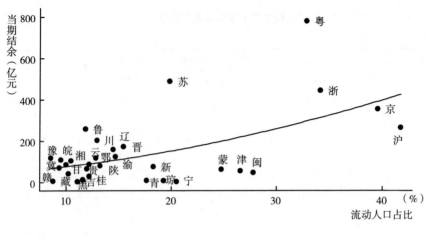

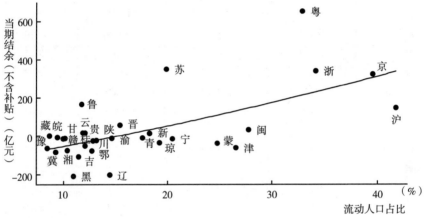

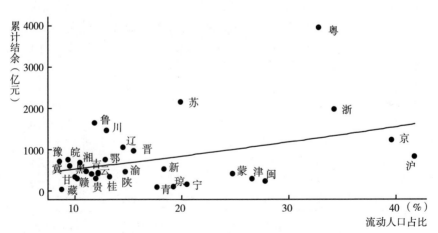

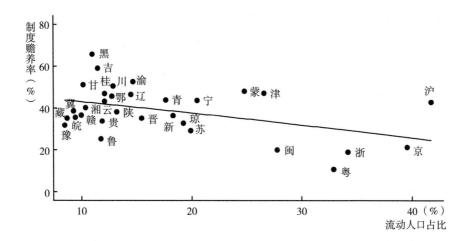

图8－7 城镇职工基本养老保险与流动人口关系

注：流动人口占比指该省份流动人口数量占总人口比重，数据为2010年全国人口普查结果。各省份城镇职工养老保险相关指标为2012年数据。

资料来源：笔者根据全国第六次人口普查以及相关年份《中国统计年鉴》相关数据计算得到。

基金平衡并不仅仅是"钱"的问题，制度设计本身需要承担责任。关于基金缺口是否存在以及究竟有多大规模，一直是社会各界争议的热点。官方多次用当期结余来回应社会上关于养老金缺口的问题，2013年当期收入2.3万亿元，当期支出1.8万亿元，结余4000多亿元。从数据层面上来说，养老金缺口的确不存在。但是，完整的"故事"并未说完，养老保险基金中哪些钱是可以当期使用的？哪些钱是不能够随意动用的？基金的权属关系并没有明确界定，养老保险基本制度也在名义与现实之间游离。直白地说，养老基金当期之所以有结余，本质上是动用了本属于老百姓个人的钱。养老保险制度采取个人账户和统筹账户相结合的方式，个人账户中的资金权属归个人，政府管理部门可以监管，但不能随意动用去给退休的人发养老金。按照一般规定，个人账户缴费按工资的8%，统筹账户由用人单位按工资的20%缴纳，即个人账户缴费大约占到全部养老保险缴费的30%，按此粗略估算，2013年养老基金当期收入中6400多亿元属于个人账户。从制度设计来说，统筹账户可以用于当期基金支付，但个人账户基金属于参保个人，类似于基金积累制，没有

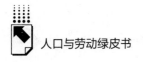

义务用于当期基金支付。若严格按照现行制度实施，不拿个人账户的资金去给退休人员发养老金，不仅结余荡然无存，而且当期亏损就已经达到2000多亿元，入不敷出既成事实、养老金缺口即刻显现。若追溯到20世纪90年代，养老保险制度建立之初就采取这种过渡操作办法，通过挪用个人账户的历史欠债已经累计达到2万亿元之多，这就是通常所说的"空账"。若无视"空账"问题，即默认现收现付制度的合法性，可以勉强地说目前养老保险制度运行总体平稳，若严格按照统账结合制正视"空账"问题，即做实"个人账户"，目前约3万亿元的累计结余恰好所剩无几，即刻面临制度破产问题，这也正是做实"个人账户"任务艰难的直接原因。因此，基金平衡问题仍然是养老保险制度的表象，制度设计本身所涉及的基金权利归属问题是更需要深入探讨和解决的。

（二）公平性

养老保险制度的公平性问题被视为一大顽疾，双轨制下养老金差距更是长期遭受责难。城镇职工基本养老保险制度伴随着国有企业改革应运而生，企业部门需要负担较高的保险缴费，又需要承担改革的历史包袱和成本，享受的养老金待遇比较低。机关事业单位大多沿用离退休制度，不需要负担社会保险费，养老待遇完全由财政承担，养老金替代率几乎接近100%。2000年，企业离退休人员的平均养老金水平仅为每月544元，机关事业单位的人均离退休费达到829元，约为企业的1.5倍。随后几年机关事业单位离退休费继续增长，而企业部门承受较重的历史负担，养老金水平增长缓慢，到2005年前者的养老金待遇是后者的近2倍，分别为每月1415元和727元。即便是纳入城镇职工养老保险体系的部分机关事业单位人员，平均养老金水平也达到1254元，与享受离退休待遇的机关事业单位人员养老金水平比较接近，相当于企业养老水平的1.7倍。

养老金差距扩大加剧了民众对双轨制的不满，正是迫于公平性问题的压力，决策部门一方面尝试推动养老制度并轨改革，另一方面通过提高企业养老金待遇以缩小差距。2005年开始逐年以10%的增幅上调企业离退休人员养老金，到2013年，企业平均养老金水平已经增长到1864元，2014年突破 2000 元，2015 年也确定将继续提高 10%。与此同时，机关事业单位离退休费也有所提高，2005 年以来年均增速为 7.4%，"十二五"时期年均增速下降到 4.7%，到 2013 年人均离退休费接近 2700 元，纳入城镇职工养老保险制度的机关事业单位离退休人员平均养老金水平也接近 2600 元。经过连续十多年以较快的速度提高企业养老金水平，双轨制下的养老金待遇差距有所缩小，从 2005 年前后的相差 100% 下降到 2013 年的相差 40%，相当于回到了 2000 年前后的状态。但是，目前这种差距仍然是不能让人完全接受的。假定继续按照目前这种幅度连续调整企业养老金水平，而机关事业单位离退休费继续保持"十二五"时期相对低速增长，到"十三五"期末（2020年）养老金待遇才能基本拉平，即养老金待遇的公平性问题才能基本解决。

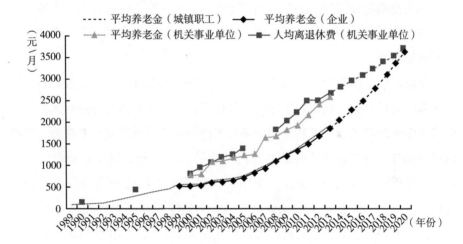

图 8 - 8　城镇职工与机关事业单位的养老金水平

　　注：平均养老金是指城镇职工基本养老保险中平均每个离退休人员的养老金水平，即养老基金支出总额/离退休人员数量，部分机关事业单位人员已经纳入城镇职工养老保险体系，可以相应计算出平均养老金水平。人均离退休费是指机关事业单位平均每个离退休人员的养老金水平，即离退休费用总额/离退休人员数量，2006 年之前数据可以直接通过《中国劳动统计年鉴》获得，之后年份不再公布，根据《全国公共财政支出决算表》中"行政事业单位离退休费"估算得到，假定离退休人员保持 2000～2005 年速度增长，事业单位和机关单位的年均增速分别为 4.4% 和 3.7%。2014～2020 年为预测值，假定企业养老金继续按照年均 10% 的速度增长，机关事业单位离退休费按照"十二五"期间的速度（4.7%）增长。

　　资料来源：根据国家统计局《中国统计年鉴》、《中国劳动统计年鉴》以及财政部公布的《全国公共财政支出决算表》相关年份数据计算得到。

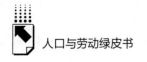

但是，公平不一定完全合理。尽管以较高的固定增速连续提高企业养老金水平，有效地遏制了双轨制下的养老金差距扩大，但待遇调整规则已经脱离养老保险制度设计，既没有与宏观经济指标（如 GDP 增速、城镇居民收入或工资水平增长）挂钩，也没有充分反映微观个体的参保缴费情况，"多缴多得，长缴多得"的制度设计原则并没有体现，"普调"的方式产生了逆向选择，甚至导致晚退休反而养老金待遇更低的"倒挂"现象，大量的早退行为也正是受此激励。中国经济已经进入中高速增长时期，2014 年 GDP 增速已经下降到近 20 年来最低水平，预计"十三五"期间潜在经济增长率只有 6.2%（Cai & Lu，2013），劳动生产率和城镇居民实际收入增长也明显放缓，继续保持以 10% 的幅度提高企业养老金待遇，在支付能力与合理性方面都将面临很大挑战。如果继续将缩小养老金差距、缓解社会矛盾放在优先位置，养老保险制度又将面临独立性的丧失，制度再次沦为为国企改制埋单的从属角色。

市场部门长期在为公共或准公共部门的养老问题埋单。国企改制将大量职工养老负担甩给了城镇职工养老保险体系，国有和集体企业退休人员从保险基金中领取养老金，而新兴的市场经济部门则主要承担其缴费任务，逐渐形成市场部门供养公共或准公共部门的格局。2012 年，城镇企业职工养老保险的参保职工构成中，民营企业职工占到 50%，港澳台及外资企业职工占到 12.6%；而离退休人员构成中，国有和集体企业离退休人员占到 75% 以上，港澳台及外资企业离退休人员占比仅为 1.3%。尽管城镇职工养老保险总体制度赡养率保持在 33% 的相对稳定水平，但是不同类型企业之间的差异很大，国有和集体企业制度赡养率非常高，2012 年均已接近 70%，而民营企业、港澳台及外资企业的制度赡养率很低，分别仅为 15.3% 和 3.4%。在体制转轨过程中，不同类型经济部门的内部差异巨大，加剧做实"个人账户"的难度，统账结合的保险模式实际上名存实亡，现收现付制本质上仍然是继续发挥分担转轨成本的职能。然而，现收现付制的最大特征就是代际转移，目前市场部门的"新人"尚未进入退休阶段，没有养老金支付需求，未来当一批批"新人"陆续退休，养老金支付出现困难，待遇水平不仅难以像今天这样持续大幅提高，甚至可能被迫削减，养老保险制度的代际公平性问题将会凸显。因此，若以未来的公平性为代价维持今天的公平性，这并非一个良好的解决方案。

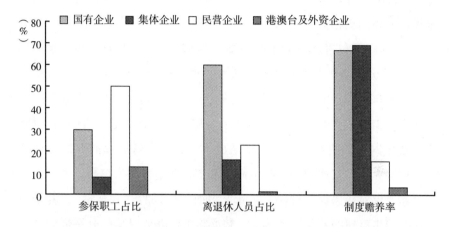

图8-9　不同类型企业城镇职工基本养老保险结构差异（2012年）

注：民营企业泛指包括私营、个体、联营、股份制等其他各种经济类型企业。
资料来源：郑秉文主编《中国养老金发展报告2013》，经济管理出版社，2013。

养老保险发展的地区差异不亚于经济发展水平地区差异。在制度分割体系下，地区之间的经济发展水平、基金收支平衡、人口结构以及制度赡养率等差异直接反映到养老金待遇上。从城镇职工基本养老保险来看，人均GDP与平均养老金总体上呈现出高度正相关，经济发展水平越高的省份养老金待遇越高，2012年北京平均养老金水平达到每年3万元，约是平均养老金水平最低的江西省的2倍。养老金收入替代率与经济发展水平似乎并不直接相关，但是，替代率的地区差异同样很大，替代率最高的山东（66.8%）与替代率最低的重庆（41.8%）两者相差25个百分点。地区之间的实际缴费负担差异也是公平性问题的重要表现，实际缴费率与人均GDP呈现一个U形特征，即经济发展水平很高或很低的省份，养老保险制度的实际缴费负担都比较重，人均GDP水平中等偏上的省份实际缴费负担更轻，尤其浙、闽、粤等沿海地区省份实际缴费率基本在15%以下，广东

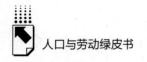
的实际缴费率更是不到10%①，而甘肃的实际缴费率已经高达30%。

城乡居民养老保险的待遇差异同样很大。尽管国家层面规定的基础养老金各地统一，但地方财政的支持力度不同，直接拉大了地区之间实际养老金的差距。以农村养老保险来看，平均养老金水平与人均GDP或者人均纯收入呈现出递增的正相关性，2012年上海和北京的平均养老金水平已经分别达到每年6500元和5000元，而大多数中西部地区的平均养老金水平每年只有600~700元，全国总体平均养老金水平也只有860元/年，最高与最低的差距达到1000%多，以基尼系数衡量地区不平等程度，农村养老金的基尼系数达到0.38，高于农民人均纯收入的基尼系数0.20，也高于人均GDP的基尼系数0.24。即便考虑到地区生活成本差异，农村居民的养老金地区差异也严重偏大。在京津沪和一些沿海大都市，本地户籍人口排他性享有的城乡居民养老保险待遇提升过快，实际上增加了户口的"含金量"，若不能遏制目前已初步显现的差距扩大势头，势必将加剧养老保障的公平性问题（张展新，2014）。然而，按照制度设计原则，城乡居民养老保险相对于城镇职工养老保险本应该体现出更强的公平性，发挥更大的收入分配调节功能。

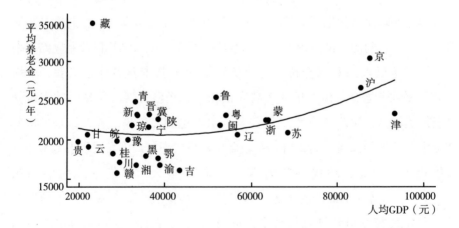

---

① 尽管国家层面对于养老保险缴费率有一个原则性指导，即职工工资水平的28%（单位20%、职工8%），但地方在制度安排上拥有一定自主权，导致实际缴费率差异较大，一些地方将社会保险缴费优惠政策作为招商引资、推动经济发展的手段。

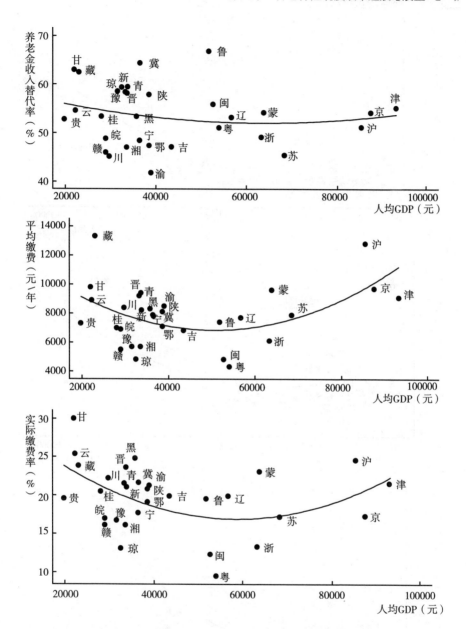

图 8 - 10　城镇职工基本养老保险缴费负担、待遇水平与经济发展的关系（2012 年）

注：养老金收入替代率 = 平均养老金/城镇单位在岗职工平均工资，实际缴费率 = 平均缴费/城镇单位在岗职工工资水平。各省份城镇职工养老保险和经济发展相关指标为 2012 年数据。

资料来源：笔者根据相关年份《中国统计年鉴》相关数据计算得到。

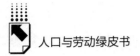

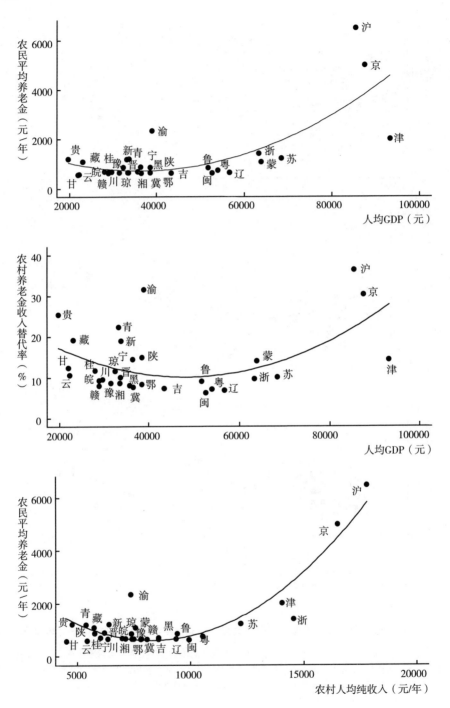

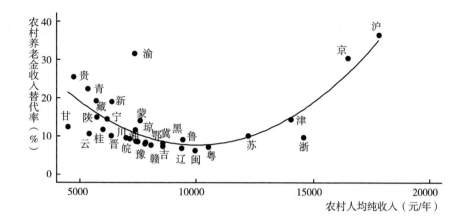

图 8 – 11　农村居民养老保险待遇与经济发展水平的关系（2012 年）

注：农村养老金收入替代率 = 农村平均养老金/农村居民人均纯收入。各省份农村养老
保险和经济发展相关指标为 2012 年数据。

资料来源：笔者根据相关年份《中国统计年鉴》相关数据计算得到。

表 8 – 3　各省份基本养老保险制度的待遇水平（2012 年）

省份	城镇职工基本养老保险			农村居民养老保险	
	人均养老金 （元/年）	收入替代率 （%）	实际缴费率 （%）	人均养老金 （元/年）	收入替代率 （%）
北　京	30400	54.2	17.3	4997	30.3
天　津	23300	55.2	21.6	2005	14.3
河　北	23200	64.4	21.7	622	7.7
山　西	23200	58.1	23.6	642	10.1
内 蒙 古	22500	54.2	23.1	1065	14.0
辽　宁	20600	53.2	19.9	643	6.8
吉　林	16100	47.1	19.9	632	7.3
黑 龙 江	17900	53.4	24.8	696	8.1
上　海	26600	51.2	24.6	6484	36.4
江　苏	20900	45.4	17.2	1228	10.1
浙　江	22500	49.1	13.3	1402	9.6
安　徽	19800	48.8	17.0	659	9.2
福　建	21800	55.9	12.3	617	6.2
江　西	15700	46.0	16.1	623	8.0
山　东	25400	66.8	19.5	849	9.0
河　南	20000	58.5	16.7	644	8.6
湖　北	17600	47.4	19.1	650	8.3

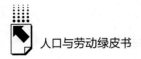

续表

省份	城镇职工基本养老保险			农村居民养老保险	
	人均养老金 （元/年）	收入替代率 （%）	实际缴费率 （%）	人均养老金 （元/年）	收入替代率 （%）
湖　南	16700	47.0	16.1	637	8.6
广　东	23100	51.1	9.5	753	7.1
广　西	18200	53.4	20.5	702	11.7
海　南	21800	59.4	13.1	858	11.6
重　庆	16700	41.8	21.3	2328	31.5
四　川	17100	45.1	22.2	671	9.6
贵　州	19700	52.8	19.6	1209	25.4
云　南	19100	54.6	25.4	576	10.6
西　藏	34900	62.5	23.8	1093	19.1
陕　西	22600	57.9	20.8	858	14.9
甘　肃	20600	63.0	30.0	560	12.4
青　海	24800	58.4	21.6	1195	22.3
宁　夏	21600	48.4	17.7	890	14.4
新　疆	23100	59.5	21.1	1212	19.0

资料来源：笔者根据相关年份《中国统计年鉴》相关数据计算得到。

　　养老保险地区不平衡在制度分割状态下陷入恶性循环。养老保险体系的统筹层次较低，制度赡养率高的地区倾向于选择更高的保险缴费率、更低的养老待遇水平，高缴费率加重企业经营负担，削弱其市场竞争力，挤出参保缴费的劳动力，影响地方经济活力和增长动力，进一步制约养老基金收入的提高和平衡能力的发挥，最终不得不依赖高缴费率、低养老待遇来维持养老体系运转，从而陷入缴费负担重、经济激励不足、基金平衡能力差的恶性循环。对于制度赡养率较低的地区，情况恰恰相反，倾向于进入一种内部良性循环之中，有条件选择更低的保险缴费水平、更高的养老待遇水平，缴费负担低有助于增强企业竞争力，吸引新参保劳动力流入，推动地方经济快速发展，养老基金的"造血"能力也就更强。在基金大量结余的情况下，地方有条件也有动力进一步降低缴费率、提高养老待遇水平。现实也的确如此，城镇职工养老保险的制度赡养率与平均缴费水平（或实际缴费率）呈现出明显的正相关，而与平均养老金水平（或养老金收入替代率）呈现明显的负相关，结合前文的观察，更高的缴费率倾向于拖累落后地区的经济发展。

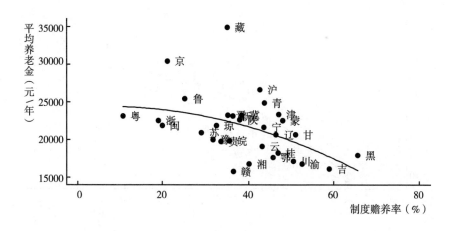

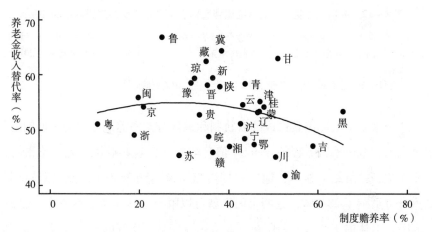

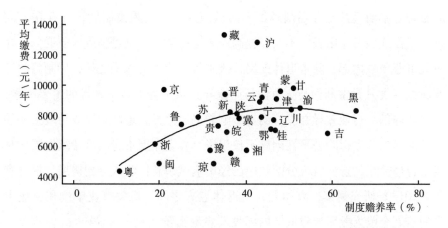

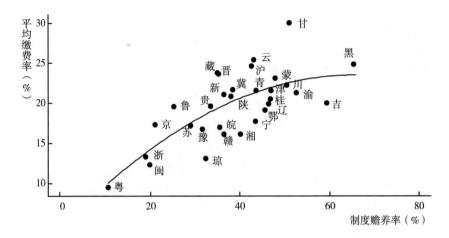

图 8 - 12 城镇职工基本养老保险缴费负担、待遇水平与制度赡养率的关系

注：养老金收入替代率 = 平均养老金/城镇单位在岗职工平均工资，实际缴费率 = 平均缴费/城镇单位在岗职工工资水平。各省份城镇职工养老保险和经济发展相关指标为 2012 年数据。

资料来源：笔者根据相关年份《中国统计年鉴》相关数据计算得到。

综合来看，制度因素造成的双轨制和地区分割是养老保险公平性问题的主要成因。基于回归方程的 Shapley 值分解方法，观察城镇养老金不平等的主要来源，分解结果显示，地区差异贡献份额达到 36.0%，反映双轨制的退休身份贡献了 28.7%，这两个因素就可以解释城镇养老金不平等将近 2/3 的成因，退休前工资水平和所在行业也是养老金不平等的影响因素，而工龄的影响并不明显甚至存在削减不平等效应，这也反映出制度设计存在的问题，工作或缴费年限长并不明显提高养老金待遇，激励更早或提前退休。在机关事业单位内部，除了退休前岗位级别等决定工资水平之外，体制内的行业属性（尤其是垄断性与竞争性行业差异）成为养老金不平等的主要因素；在企业内部，行业差异并没有明显影响养老金差异，地区差异成为最主要的贡献因素。养老保险公平性问题不仅仅影响养老制度本身的可持续发展，制度不合理造成的逆向收入分配效应已经影响城镇总体收入分配格局，根据李实（2013）研究观察，离休老人与退休老人之间、机关事业单位和企业人员的养老金收入差距导致城镇内部收入差距显著。

表8－4　城镇养老金不平等贡献分解

单位：%

影响因素	总　体		机关事业单位		企　业	
	夏普利值 Shapley value	不平等贡献	夏普利值 Shapley value	不平等贡献	夏普利值 Shapley value	不平等贡献
退休前工资	47.6	18.8	14.8	30.5	24.7	20.0
工龄	－8.6	－3.4	0.9	1.8	－1.8	－1.4
退休年数	10.3	4.1	3.4	7.0	5.2	4.3
身份	72.5	28.7	—	—	—	—
行业	40.2	15.9	18.2	37.7	5.4	4.4
地区（城市）	90.9	36.0	11.1	22.9	89.6	72.8
合计	252.8	100.0	48.3	100.0	123.2	100.0

注：调查区域包括上海、武汉、沈阳、福州、西安和广州6个城市，根据分阶段随机抽样原则每个城市拟抽取700户城市本地家庭，实际调查有效样本4273户12335人。

资料来源：根据2010年中国社科院人口与劳动经济研究所第三轮城镇劳动力市场调查（CULS3）数据计算得到。

（三）效率损失

养老保险制度不仅具有社会福利保障的功能，还应该发挥协调经济发展的作用。但是，养老保险制度改革过程中长期忽视经济效率问题，制度分割阻碍劳动力资源配置，不规范的制度规则造成劳动力资源浪费，干扰正常的劳动力市场机制和劳动力市场统一，从而最终阻碍经济增长。在经济体制转型初期，分割的社会保障制度表现为劳动力市场分割的结果，而时至今日，它又成为劳动力市场难以统一的原因（朱玲，2014）。

不规范的退休制度存在明显的就业挤出效应，造成大量宝贵劳动力资源浪费。转轨过程中养老保险制度从属于市场经济改革，允许一大批职工提前办理退休享受养老金，养老金发挥了一种经济补偿功能，激励他们更早退出劳动力市场。城镇住户调查数据研究显示（程杰，2015），享受养老金的群体劳动参与率明显要低于未享受养老金人员，特别在40～60岁之间，两个群体的劳动参与率差异明显，随着年龄增加劳动参与率的差距逐渐收敛。2010年第六次全国人口普查数据也显示，城镇女性从45岁开始劳动参与率

（即经济活动人口与总人口之比）突然猛烈下降，男性从 50 岁开始劳动参与率持续大幅度下降，现行退休制度在其中发挥不可替代的作用。从地级城市层面的养老金覆盖率与劳动参与率的散点图来看，两者呈现出明显的负相关关系，40～59 岁之间养老金覆盖率越高，城市层面的劳动参与率越低，反映当前中国养老制度存在明显的抑制就业的效应。根据经典的劳动参与模型估计显示，在控制市场工资水平、个体人力资本水平、性别等因素之后，被养老金覆盖将导致劳动参与率下降 51.0 个百分点，女性和男性的劳动参与率分别下降 44.3 个百分点和 55.4 个百分点，养老金制度激励 40 岁及以上人员更早地退出劳动力市场。程杰（2014a）利用 2011～2012 年中国健康与养老追踪调查（CHARLS）数据测算也得到类似结论，被养老金覆盖后城镇劳动年龄人员的劳动参与率将下降 45.7%，Giles 等（2012）利用 2008～2009 年 CHARLS 调查数据发现，享受养老金的人倾向于更早退休，中国城镇本地大龄劳动力的参与率呈现出一个长期下降趋势，甚至已经低于英国、美国、印度尼西亚以及韩国。碎片化的养老保险制度已经产生明显的劳动供给效应，城镇职工养老保险、农村居民养老保险、失地农民保险以及农民工综合保险等不同制度对于参保者的劳动决策影响具有显著差异，制度产生的劳动力市场扭曲也是显而易见的（程杰，2014b）。

养老保险制度催生出一大批"退而不休"的劳动者，严重干扰正常的劳动力市场机制，倾向于抑制保留工资水平。制度转轨过程中存在大量不规范退休行为，按照人社部门公布的数据，目前平均的实际退休年龄只有 53 岁，远远低于法定退休年龄。利用 2011～2012 年 CHARLS 数据研究发现，城镇 45 岁及以上就业人员中有接近 30% 属于典型的"退而不休"劳动者，他们一边领着养老金一边继续工作，其中又有一半的人年龄不到 60 岁。结合第六次全国人口普查数据估算，这些仍然处于劳动年龄阶段，在享受养老金的同时继续活跃在劳动力市场的群体规模达到 650 万人之多。城镇住户调查数据研究显示，享受养老金的劳动者平均工资水平仅相当于正常劳动者的 33%～38%，从工资分布曲线来看，享受养老金的劳动者工资水平分布曲线呈现出明显的左偏，相对于未享受养老金的劳动者，其工资水平整体上

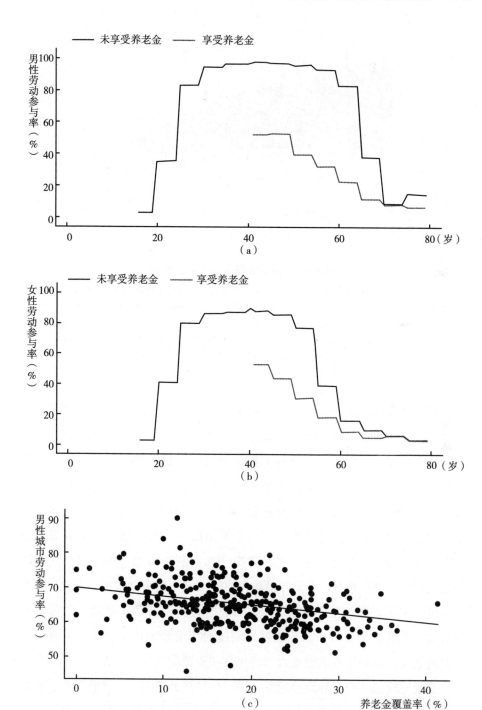

（a）

（b）

（c）

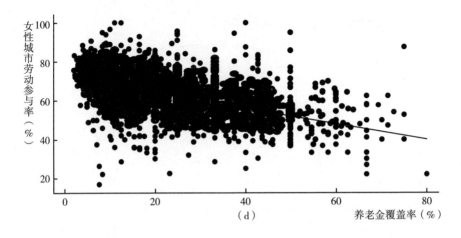

图 8 - 13　养老金覆盖与劳动参与率

注：按年龄和性别分类的劳动参与率曲线表示每5岁年龄组的平均劳动参与率。养老金覆盖率与劳动参与率散点图中，图（c）数据为2003～2009年地级城市层面男性总体平均水平，图（d）数据为2003～2009年地级城市层面的女性平均水平。养老金覆盖率为城市40～59岁之间群体中享受养老金人员所占比例。劳动参与率为城市16～59岁劳动年龄人口的劳动参与率，若用40～59岁人员的劳动参与率进行拟合，斜率将更大。

资料来源：根据2003～2009年国家统计局城镇住户调查数据计算得到。

要更低。从城市层面来观察，养老金覆盖率与城市工资水平呈现出高度的负相关关系，40～59岁之间养老金覆盖率越高，城市平均工资水平越低，反映当前中国养老制度存在明显的工资抑制效应。基于 Mincer 工资方程的模型估计，在控制人力资本（教育水平与工作经验）、性别、行业、职业、单位类型等因素之后，养老金对于劳动力市场的工资水平产生了显著的负面影响，被养老金覆盖将使劳动者的工资水平下降47.2%，使女性劳动者工资水平下降39.0%，男性工资水平下降59.5%。利用2011～2012年 CHARLS数据也观察出类似情况，劳动年龄阶段享受养老金的劳动者平均工资比正常劳动者低35%，模型估计结果显示，养老金覆盖使劳动年龄阶段的劳动者工资水平下降33.7%。当前养老保险制度对于劳动力市场产生了显著的工资抑制效应，这必然造成劳动力市场扭曲和资源配置效率损失。

不规范的退休制度导致养老金发挥一种经济补偿功能，尽管压低了劳动者的保留工资水平，但并不因此影响"退而不休"人员的实际总收入，养

老金收入足以补偿相对较低的工资水平。CHARLS 数据显示（程杰，
2014a），尽管"退而不休"劳动者的工资水平要比正常劳动者低 35%，但
其包含养老金在内的总收入并不低，反而比正常劳动者高 30%。利用基于
回归方程的 Shapley 值分解显示，除了教育、健康反映的人力资本所决定的
工资差距之外，养老金覆盖对于工资差距的贡献份额也比较"可观"，可以
解释工资差异的 6%~7%。采用分项收入 Gini 系数分解方法显示，城镇劳
动者总收入不平等的构成中，养老金收入贡献了 38.1%，甚至超过工资性
收入成为不平等的最主要来源。即便对于劳动年龄阶段的劳动者，养老金收
入对于总收入不平等的贡献份额也达到 10%。不规范的养老制度造成大量
提前退休现象，在造成劳动力市场工资扭曲的同时，也带来了收入分配的不
公平，养老保险制度的效率与公平问题是相互交织的。

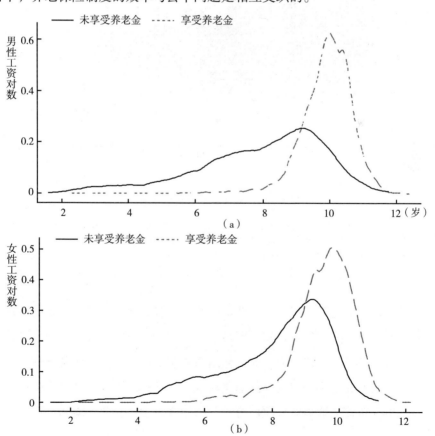

（a）

（b）

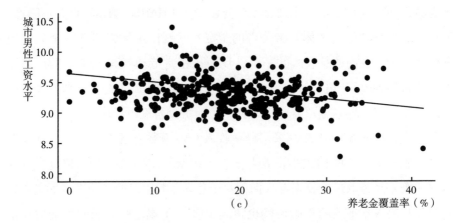

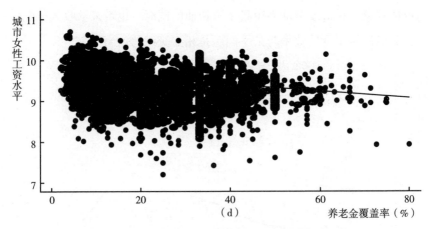

图8-14 养老金覆盖与工资水平

注：养老金覆盖率与工资水平散点图中，图（c）数据为2003~2009年地级城市层面男性的总体平均水平，图（d）数据为2003~2009年地级城市层面女性的总体平均水平。工资水平为城市16岁及以上全部就业人员的工资水平对数。

资料来源：笔者根据2003~2009年国家统计局城镇住户调查数据计算得到。

养老保险制度不适应人口与劳动力流动形势，造成越来越严重的劳动力资源错配。劳动力在城乡之间、区域之间和部门之间的流动是中国经济快速发展和效率提升的关键动力，养老保险双轨制造成体制内与体制外的人才流动性差，城乡养老保险制度分割加剧城乡人口迁移成本，养老保险的可携带性差、地区转移接续难度大阻碍劳动力跨地区流动，养老保险制度不仅没有充分发挥其福利保障效应，反而成为劳动力流动阻碍和企业经营负担。更为突出的问题是，在养老保险缴费负担过重、制度操作不规范的情况下，一些中小企业采取违规逃避社保行为，而正规企业按照规定参加社保，需要承担更大的人员负担，从而造成高效率、高技能的企业实际工资水平反而更低的"工资倒挂"现象，高素质、有技能的劳动力本应该进入生产率较高的企业，但由于社保成本压制了实际工资收入，反而缺乏技术、设备的效率低下的中小企业，通过规避社保吸引劳动力。这种不合理、不规范的制度影响经济效率提升，阻碍技术进步以及产业结构升级，养老保险制度改革已经超越社会福利范畴，关系经济社会持续稳定发展。按照朱玲（2014）的理解，支撑社会保障体系的资源通过税收或缴费进入企业一般成本或劳动成本，从而使社会保障制度由此"切入"经济运行，成本增加既会削弱就业岗位的创造力，又会降低企业竞争力，对经济增长产生消极影响，并最终减少流向社会保障体系的资源量。然而，当前养老保险制度分割加深了多元利益相关群体的分化，他们对制度安排缺少认同，对整个养老体系公平性充满质疑，而养老保险制度究竟对就业市场和经济增长有何影响，包括决策者在内的绝大多数利益相关者并不了解（中国社会科学院经济研究所课题组，2013）。

三　养老保险制度改革方向与政策建议

养老保险体系既是中国市场经济体制改革的重要组成部分，又承担着稳定改革进程、负担转型成本的历史重任，中国的转型特征在养老保险体系改革与发展中尽显无遗。中国当前正处在人口、经济与社会加快转变阶段，尤其是人口结构变化和经济增长放缓对于现行养老保险体系带来前所未有的挑战，制度的可持续性与公平性矛盾愈发突出，也正基于此，中共十八届三中全会提出"建立更加公平可持续的社会保障制度"的改革目标。但是，基金收支失衡反映的可持续矛盾仍然是养老保险制度的表象问题，养老金待遇差反映的公平性矛盾主要是制度分割的直接后果，扩大基金规模、统一养老金标准有利于暂时缓解可持续和公平性的矛盾，但仍然难以保证在人口与经

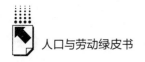

济新形势下养老保险体系的长期稳定发展。一个良好的社会保险制度应该能够与劳动力市场和经济增长相互协调，而当前中国养老保险制度更为突出的问题正是日益严重的效率损失，扭曲劳动力市场和资源配置效率，直接导致经济增长损失，这一被我们忽视的关键矛盾将从根本上影响养老保险体系长期发展。

我们需要警惕陷入"养老保障与经济激励"的恶性循环之中。养老保险制度从设计之初就需要承担国企改革的转轨成本，形成起步阶段过高的缴费率而过于宽松的退休条件，企业经营和国民经济需要承受养老保障负担，劳动力市场和整体经济的竞争力受到拖累，化解高额负担、降低缴费率的根本途径唯有以更快的速度推进改革。但是，养老保险制度长期处于分割状态，统筹层次低，退休制度不规范，严重干扰劳动力市场机制，扭曲资源配置效率和均衡工资水平，牺牲经济效率和潜在增长动力，依靠效率提升和经济增长来缓解基金失衡、实现保险体系可持续性发展的阻碍越来越大。在人口老龄化加快、制度赡养率提高以及养老金水平刚性增长的压力下，政府将不得不继续通过稳定甚至提高保险缴费率的方式维持现有体系运转，在经济结构加快转型、传统增长动力不足的形势下，这势必又将进一步加重企业经营和国民经济负担，约束劳动力市场和整体经济的效率改进，基金入不敷出的格局可能进一步恶化，从而陷入"养老负担重—经济激励不足—基金平衡能力差—继续提高缴费率"的恶性循环。实际上，目前地区之间的养老保险失衡已经反映在制度赡养率以及劳动力市场和经济活力差异方面，"养老保障与经济激励"的恶性循环将加剧中国掉入"中等收入陷阱"风险，因此，改革必须打破这一困境。

养老保险体系改革应该放置于整体经济社会系统之中，根本之道仍然是要依靠持续的经济发展和经济效率提升。养老保险制度暴露的问题既有中国体制转型不彻底的原因，也有经济发展不平衡的矛盾，还有保险制度设计自身的缺陷，改革的顶层设计自然不能局限于制度本身或系统内部，若仅仅着眼于选择何种制度模式、如何扩大基金渠道、是否延长退休年龄等内部政策调整，将难以从根本上实现养老保险体系的稳定发展。改革的首要任务是摆正位置，将养老保险体系放在经济社会系统中不可替代的位置，与市场经济体系密不可分、相互协调，但又具有自身必要的独立性，体系的长期可持续运行并非完全取决于系统内部的政策调整，归根结底要依靠长期的经济增长和效率改进。如果未来一代人的生产率无法持续提升，那么无论人口结构如何变化，不管选择现收现付制、基金积累制还是名义账户制，养老保障系统都将难以为继。都阳（2015）提出的养老保险体系可持续的基本条件，就是必须保证新进入者的边际产出与退休者的边际产出之间差额足够大，以满足养老金支付需求，代与代之间的生产率差异尤为关键。

养老保险体系改革的关键目标既要实现全体国民的体面生活，也要实现国民经济社会的可持续发展，改革的基本原则是既要体现公平，也要保证效率。若能妥善处理好两个目标、两个原则之间的关系，我们则完全可以将社会保障体系发展成为一个重要的"生产要素"，在经济社会发展中发挥不可替代的作用，在促进劳动力市场发展和经济增长中公平地保障全体居民的福利；反之，若不能协调两者之间的矛盾，试图通过简单的再分配的手段实现名义的公平和福利增长，由此带来的市场扭曲和效率损失，很可能将导致我们陷入社会保障体系与经济发展相互掣肘的陷阱之中。实际上，早在20世纪90年代社会保障体系基本框架构建之初，理论上就明确阐释，社会保障制度是社会和经济的"稳定器"，良好的制度能够促进劳动生产率提高，是经济发展的"激励器"，是不同群体收入分配的"调节器"[①]。

建立与劳动力市场相协调、统一多层次的养老保险体系是中国养老保险体系改革发展的基本方向。通过完善养老保险制度规则，理顺养老保险与劳动力市场之间的关系，消除养老保险制度对于人力资源配置和劳动力市场效率造成的扭曲，促进经济效率（尤其是劳动生产率）提升和经济持续增长，进而从根源上解决基金收支平衡、养老待遇增长等表象问题。这一改革路径是能够实现"保障与增长双赢"的必然选择，一方面从根本上解决养老保

---

① 1995年李铁映在《建立具有中国特色的社会保障制度》一文中系统地阐述社会保障制度改革的方向，明确了社会保障制度的重大作用和地位，提出了社会保障制度改革的目标、原则以及基本框架。

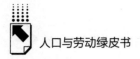

险体系可持续性等内在矛盾，另一方面也为中国经济转型发展新阶段挖掘出新的增长潜力或"改革红利"。

统一的养老保险体系是实现效率与公平的重要前提，也是作为一种"生产要素"所追求的流动性的基本条件。养老保险制度分割导致的保障层次低、流动性和可携带性差，正是目前基金结余与缺口并存、地区严重失衡、养老待遇差距大等矛盾现象背后的症结，其在本质上与劳动力、资本、土地等生产要素一样，若要素不能保证充分自由流动，必然在资源配置效率上达不到最佳状态，不平衡与不平等往往伴随着流动性不足。现行分割的养老保险制度正是缺乏与市场相适应的充分自由流动，建立全国统一的养老保险体系不宜作为中长期改革目标，而应该果断地加快推进、尽快完成，养老保险制度并轨、基础养老金全国统筹、城乡以及区域之间自由转移衔接有必要以更快的速度有效实现，与此同时，旨在保证养老保险体系更加公平、更有效率、更可持续的相关政策也应该逐步完善。

（一）建立与劳动力市场协调的养老保险制度

坚持改革与发展同步，依靠改革推动发展，在发展中攻克改革难题。养老保险制度改革的关键目标和任务就是要建立与市场相适应（尤其与劳动力市场相协调）的养老保险制度，积极探索构建鼓励就业的养老保险体系[①]，切实消除保险制度造成的劳动力市场扭曲和整体经济效率损失，赋予个人更多地进入和退出劳动力市场的机会，将养老保障制度发展成为一个积极的"生产要素"。20 世纪 90 年代以来，促进就业已经成为欧洲社会保障改革的主要方向，更为灵活的保障制度旨在提高劳动力市场弹性和劳动参与率。朱玲（2014）强调，与市场经济正常运行相匹配的社会保障制度安排，

---

① 欧盟在 1997 年发表的研究报告中正式提出"社保制度现代化"的口号（European Commission, 1997），其思路是指在社保制度中将义务和机会结合起来，通过削减社保待遇水平的方式，赋予个人更多地进入和退出劳动力市场的机会。欧盟对此明确提出"社保制度本身就是一个生产要素"。就业状况与经济表现之间的关系日益密切，"就业导向型"的积极劳动力市场政策便成为社保制度的核心目标。

应该兼容优化资源配置和促进就业的目标。都阳（2015）提出，养老保险制度设计的核心就是要鼓励高生产率的人进入劳动力市场，允许低生产率的人退出劳动力市场，养老保险制度改革有必要纳入劳动力市场制度全面改革的体系之中。基于这一战略方向和思路，改革的当务之急是要破解制度性障碍、流动性不足以及经济激励缺失的问题，以下几个方面直接关系养老保险体系与劳动力市场的协调性，对其应该优先予以考虑。

一是严格规范退休制度，避免过早地提前退休。较之于延长法定退休年龄的政策调整，更为紧迫的工作是要严格法定退休年龄，禁止不合理地提前办理退休，避免在劳动年龄阶段过早地享受养老金，让不该退休的人成为公平竞争的正常劳动者。一个富有弹性的政策，可以考虑规定一个养老金最低申领年龄，但必须在养老金待遇上给予适当约束，更早申领必须按照一定比例削减养老金待遇，尽可能地消除对于劳动力市场的影响，激发大量闲置的"4050"人员劳动参与积极性，既能够缓解养老金支付压力，也有利于扩大劳动力供给、提高潜在经济增长。假定在达到60岁法定退休年龄之前禁止提前享受养老金待遇，利用国家统计局城镇住户调查数据模拟显示（程杰，2015），规范退休制度将能够提高40~59岁人员劳动参与率5.4个百分点，提高16~59岁全社会劳动参与率2.6个百分点，按照通常认可的劳动产出弹性为0.4，仅此一项政策调整就能带来约1%的经济增长[①]，改革将能够实现养老保险可持续与经济增长的双赢。

二是城乡与区域之间养老保险自由转移接续，避免阻碍劳动力流动和匹配。流动性是养老保险体系效率和公平的基本条件，缺乏流动性的养老保险将使其福利效应大打折扣，甚至成为一种负担。应该遵循养老保险制度不阻碍劳动力自由流动、不牺牲经济效率的基本原则，尽早实现部门之间、城乡之间以及地区之间的制度并轨和统一，养老保险账户可以伴随着人口与劳动力的流动实现无缝衔接。具体地来看，加快完善和落实双轨制改革，实现机

[①]　若按照 Cai & Lu（2013）对于中国未来潜在经济增长率研究，假定每年劳动参与率提高1个百分点，2016~2020年平均潜在产出增长能够提高0.86个百分点，据此估算规范退休制度就能够带来2.2%的潜在产出增长率，政策调整的经济效应非常可观。

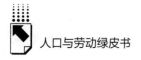

关事业单位与城镇企业之间的养老保险制度统一，尽早实现从基金封闭运行转向基金统筹运行，降低公共部门与市场部门之间的人力资源流动成本，提高资源配置效率。完善城镇职工基本养老保险与城乡居民养老保险之间的转移接续政策，确保保险账户可以双向自由流动，保障参保者的养老保障权利在城乡之间流动的过程中不受损失。养老保险制度的全国统筹应该尽早提上日程，"十三五"期间争取取得实质性突破。在全国统筹尚未实现之前，应该进一步完善养老保险关系跨区转移的政策措施，取消不合理规定，降低转移门槛，确保养老保险关系与劳动力能够有序、合理流动。

三是切实减轻养老保险负担，探索有利于就业的最优缴费率。实践已经证明，目前畸高的养老缴费负担已经显著地影响企业正常经营，挤出就业并且抑制工资水平，尤其在受到经济危机冲击的情况下影响更为突出。遵循"拉弗曲线"的规律原则，决策部门应该积极探索一个符合中国经济发展阶段的社会保险最优缴费标准，建立一个有利于就业扩大、企业生产效率和劳动生产效率提升，也有利于促进扩大参保覆盖面和基金收支平衡的缴费标准。党的十八届三中全会也明确提出"适时适当降低社会保险费率"，失业保险费率已经先行下调。养老保险负担约占社会保险总负担的七成，应该尽早研究制定调整方案，建议将企业负担的20%的费率逐步下降到10% ~ 15%，个人负担的8%的费率应该不再提高或适当下调到5% ~ 6%。同时，可以考虑设计相对灵活的缴费制度，对于中小企业或小微企业适用优惠的低费率，对于以个体身份参加保险需要负担的20%的费率可以适当降低，或者财政给予一定比例补贴。

四是尽快完成养老保险"费改税"工作。养老保险费转变为养老保险税不仅有利于降低征收管理成本，更重要的优势在于能够提高制度的统筹层次，有利于养老保险关系和劳动力更加充分地流动。从就业和经济增长视角来看，显然社会保障税是一个更好的选择。而且，当前制度设计中的个人账户并没有做实，本质上更接近于现收现付制，社会保障税的改革并不存在实质性的障碍。蔡昉、王美艳（2014）建议在建立普惠制公民养老金和完善城镇职工养老保险个人账户基础上，按照以税收为基础的全国统筹基本养老金方向，逐渐形成两支柱（普惠制和个人账户）的社会养老保险制度。实际上，社会保障筹资究竟应该采用社保费还是社保税方式，理论上的解答在20世纪90年代就已经完成①，目前争论的焦点主要出于社保部门与税务部门之间的利益纠葛。应该恢复并加快"费改税"改革方案的研究，推动建立一个权属关系明确、制定规则严肃、保证效率与公平的养老保险制度。

五是适时逐步延长法定退休年龄。延长退休年龄的确能够缓解养老金支付压力，按照相关研究测算，退休年龄每延迟一年养老统筹基金可增长40亿元，减少支出160亿元，减缓基金缺口200亿元，但仅仅依靠延长退休年龄并不能从根本上解决现行制度的深层次矛盾，调整退休年龄的主要出发点显然不能使养老基金平衡，关键立足点应该是顺应预期寿命增长、就业能力提升的经济社会发展大趋势，着眼于促进劳动力市场发展和经济持续增长。从人口结构现状来看，尽管老龄化进程加速，但人口抚养比仍然处于低谷阶段，人口结构尚处在黄金时期，这意味着我们尚有时间去仔细研究探索如何调整退休年龄。从人口、经济与社会结构转变的客观趋势来看，逐步延长退休年龄是不应回避的选择，针对渐进式延迟退休年龄的基本思路已经形成共识②，具体方案应该尽快研究制定，并向全社会公布以形成稳定预期，可以考虑从2018年开始，女性退休年龄每3年延迟1岁，男性退休年龄每6年延迟1岁，至2045年男性、女性退休年龄同步达

---

① 张湘祥早在1987年就提出了社会保障改革三个阶段：第一阶段是建立统一的社会保障机构，开征社会保障税则是第二阶段"发展时期"的中心任务，并建立社会保障预算制度，到第三阶段重点任务就是城乡统一社会保障制度。但是，直到2013年社保基金才首次纳入政府预算报告，而"社保费改税"的讨论仍然处于无休止的僵持中。

② 2013～2014年，国内和国际多家机构开展了关于养老保险顶层设计的平行研究，针对延迟退休提出了若干建议：世界银行建议每年上调6个月，男女退休年龄均逐步延到65岁，女性用时更久；国际劳工组织建议用若干年时间统一男女退休年龄，2015年公告决定从2025年开始执行延迟退休，2045年完成；国际社会保障协会提出调整退休年龄过程中要考虑国民预期寿命、劳动条件和就业目标；国务院发展研究中心提出尽快实施、平滑过渡、弹性选择以及机关事业单位先行的原则；中国社科院世界社保研究中心建议2015～2017年规范退休制度，2018年开始每年延迟3个月直到65岁；中国人民大学课题组建议2020年开始每年延长一定月数，女快男慢，2040年男女统一为65岁；浙江大学课题组建议2016年全面实施，每6年延长1岁，2050年男女统一为65岁。

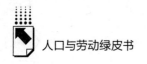

到 65 岁，在此之前完成并轨改革，取消女干部和女工人的身份区别，将女性退休年龄统一规定为 55 岁。

（二）建立完善统一、多层次的养老保险体系

在妥善处理养老保险体系与劳动力市场和经济发展之间的关系，有效解决养老保险制度的激励相容问题的基础上，对于如何调整养老保险体系框架、如何选择制度模式等长期争论的焦点问题，并非只有唯一的解决路径，更不是完全无解，改革仍然具有一定的弹性空间。养老保险体系的基本框架应该遵循"全覆盖、保基本、多层次、可持续"原则，构建一个统一的制度框架和政策工具，明确政府、市场与个人的职责定位，保证人人公平地享有基本的养老保障以及可选择的更高保障水平。

养老保险体系的基本框架应该至少包含三个支柱。按照户籍（城市人或农村人）、地域（本地人与外地人）、身份（体制内与体制外）等标准划分设计的养老保险制度显然不能与经济社会发展相适应，保障的对象应该是一个拥有平等权利的人。人首先是一个公民，应该保障其公民权利和国民待遇。因此，养老保障的第一支柱也是最基础的支柱，应该是享受最基本的生存权利，为此建立一个非缴费、保基本、全国统筹的社会养老金（也可以称之为"国民养老金"）是无可厚非的。第二支柱旨在提供一个风险共济、增强保障能力的机会，不仅需要缴费，而且遵循收益与贡献对等原则，最大程度上避免扭曲劳动供给和经济行为，政府的责任首先是建立一个全社会分散风险的平台，其次才是提供辅助的保障资源，缴费来自个人和雇主，考虑到非就业人员、非正规就业人员以及自我经营者等群体的保障权利，第二支柱有必要设计两个相对公平、可转移衔接的制度，一个针对有雇主、以工资性收入为主的劳动者，即职工养老保险；另一个针对非就业或无雇主的人员，即居民养老保险。第三支柱旨在提供一个更为多样化、差异化的更高保障水平的机会，也可以称之为补充支柱，政府责任主要是监管责任，但可以为其配套适当的激励或鼓励政策（如税收优惠），制度设计上不仅要求缴费确定，而且实行完全积累，收益直接与缴费贡献、运营状况挂钩，政策工具

一般为职业年金或企业年金。

一个不低于城市最低生活保障标准的国民养老金计划是第一支柱的可行选择。作为第一支柱的国民养老金更主要体现"全覆盖、保基本"的基本原则，国民待遇自然应该是全民共享且近乎绝对公平的，而维护这一基本的公民权利的责任理应由政府完全承担。2014 年全国 60 岁及以上老年人规模为 2.12 亿人，按照城市平均低保标准和补助水平，每人每年的养老金标准为 3180 元，财政每年负担约为 6700 亿元，仅相当于当年 GDP 的 1.1%，全国财政总收入的 4.8%；若以全国居民人均可支配收入（20167 元/年）的一定比例（如 20%）作为养老金替代率标准，则每人每年的养老金标准为 4033 元，财政每年负担约为 8500 亿元，仅相当于当年 GDP 的 1.3%，全国财政总收入的 6.1%。国民养老金完全由财政负担，保证 10%~20% 的养老金替代率，这也在一定程度上为第二支柱的缴费率下调提供了空间。因此，这一国民养老金方案既是合理的，也是可行的。

转向名义账户制的第二支柱是可行的但并非唯一的选择。第二支柱改革是目前转轨成本最高、矛盾最突出，也是争议最大的部分，独特的统账结合模式设计之初的美好愿景是吸收基金积累制和现收现付制的各自优势，遗憾的是优势都没发挥、弊端全部凸显，目前正在趋近共识的"名义账户制"（Notional Defined Contributions，NDC）似乎成为力挽狂澜的抉择①，但实际上是转轨成本过高、过渡窗口期已经关闭的被迫之举。郑秉文（2014）也认为，向名义账户制转型就是转轨成本的压力直接导致的，巨大的财政压力迫使"空账"运行成为一个难以避免的常态。从这个逻辑上来看，究竟选择何种制度模式，是否从近似的现收现付制转变为名义账户制，争论和讨论的出发点仍然将基金平衡放在首要位置，而将激励机制放在次要位置。一些关于名义账户制的精算大多假定劳动力市场和经济环境不变，而一旦制度调整冲击了劳动参与率、劳动生产率以及经济效率等重要因素，基金平衡的模

---

① 世界银行、国务院发展研究中心、中国社科院世界社保研究中心、中国人民大学、浙江大学等多个课题组都支持采用"名义账户制"，决策部门也倾向于接受这一转变，"做实个人账户"的提法已经消失，取而代之的是党的十八届三中全会提出的"完善个人账户制度"。

拟意义也就大打折扣。理论上来说，名义账户制在筹资方式上保留现付现收制，而在待遇确定上采取缴费确定型，即在缴费与待遇之间建立更直接的关联，这一折中方案目前来看的确是务实的。但究竟是否能够挽救中国养老保险体系，关键还要看新的制度是否能够有效解决劳动力市场的扭曲问题、是否能够实现制度与市场经济融合，如若不能，名义账户制也终将陷入现行统账结合的"制度困境"。换一个角度来说，如果这一关键矛盾得以妥善解决，通过财政转移支付、划拨国有资产或者启用社保储备基金等方式继续做实个人账户、实现部分积累，统筹基金也继续采取现收现付制，养老保险体系并非不能走向良性发展之路；类似地，即便是放弃做实个人账户，彻底地走向现收现付制，通过完善制度规则，在实现代际风险分担、代内再分配基础上增强劳动参与激励，代际的待遇差异主要体现在相对边际产出和经济社会发展水平上，努力兼顾公平与效率，养老保险体系也完全有可能稳定运行。Holzmann（2013）也认为只要能够较好地激励个人保持健康、提高技能、延迟退休和提高生产率，通过比较来看，运行良好的完全积累的缴费确定型（如智利）和名义缴费确定型（如瑞典）都可以成为良好的选择。

第二支柱至少需要两个相对公平、相互衔接的政策工具。在现有城镇职工基本养老保险制度基础上，改革职工养老保险制度，覆盖所有的有雇主、工资性收入的劳动者，由个人和用人单位按照工资水平的一定比例缴费，不再区分劳动者所在的部门、区域、所有制性质，自然也将机关事业单位人员纳入其中，双轨制改革与其同步推进。改革后的缴费率有较大下降空间，尤其是用人单位的缴费率可以有较大幅度下降，按照世界银行研究团队Dorfman et. al.（2013a）的建议，假定改革后采取名义账户制，退休年龄逐渐提高到65岁，未来只需要16%的缴费率就能够提供退休前收入45%的替代率水平。考虑到中国仍然是一个发展中国家，城镇化和就业正规化仍将需要较长时间完成，同时非就业人员也将永远存在。从公平性角度来说，为其提供一个与普通职工相似的更高保障机会也是不可或缺的，即居民养老保险制度，包括缴费标准、待遇确定等制度设计应该与职工养老保险一致，只不过参保决策是自愿性而非强制性，用人单位缴费部分由个人承担，个人负担较重是可以预见的，但并不能因此而给予普遍性的补贴，否则会带来公平性问题，也会对职工养老保险产生负激励。可以采取弹性政策，为其提供与能力相适应的缴费标准以及待遇水平，对于特殊困难群体可以考虑由财政给予缴费补贴[①]。居民养老保险制度有必要与职工养老保险制度无障碍衔接，以保证劳动者在就业方式转化、进出劳动力市场过程中顺利携带养老保险关系，促进劳动力自由流动和经济效率提升，这就要求对现有的"新农保"或城乡居民养老保险制度进行较大调整，现行的制度更倾向于一种福利制度，政府财政负担更多责任，可以考虑将目前城乡居民养老保险中的基础养老金转入第一支柱，即划入国民养老金[②]，将低水平的个人账户转入改革后的居民养老保险的个人账户之中，这意味着目前的城乡居民养老保险制度基本上被一拆为二，尽管动作比较大，但改革的难度和成本相对于职工养老保险仍然较小。而且，目前将近5亿人的居民养老保险参保规模的确不符合长期发展形势，更多的人被纳入职工养老保险制度应该是一个长期趋势。

以职业年金或企业年金为基础的第三支柱有待加快发展。尽管目前企业年金覆盖面较小，公共部门的职业年金也伴随着养老并轨改革刚刚起步，但这一补充支柱是适应经济社会发展、养老保障需求多样化的重要选择。年金的制度设计遵循自愿性原则，由个人和单位缴费，无雇主或未就业的人同样有机会加入年金体系，只不过完全由个人承担缴费，接近于储蓄性养老保险，年金采取完全积累制、市场化运营，个人有自由选择投资运营机构和基金组合方案。政府需要在鼓励年金发展、规范市场化运营体系、分散系统性风险等方面发挥应有的职能，尤其是年金制度的税收优惠政策对于促进年金发展具有重大意义，在目前政策基础上继续完善"延迟征税"模式，即免税-免税-缴税（EET），年金缴费环节和投资环节实行税收免征，年金给付环节针对年金

---

① 相对于退休后的养老金补贴，退休前的缴费补贴可以提高更强的参保激励，而且具有长期作用，有助于提高与缴费对应的养老金待遇充足性（Dorfman et. al.，2013b）。

② 中国社科院经济研究所课题组（2013）也建议直接合并乡居民社会养老保险，将其扩展为覆盖全体国民的非缴费型普惠制公共养老金，既有利于劳动力流动，也可以缩小城乡差别、削减不平等。

待遇征收个人所得税，政策部门也在考虑将这一政策扩展到商业储蓄性养老保险范畴。当然，在政策操作中也要考虑避免通过年金恶意避税或逃税的行为。

（三）完善养老保险相关制度和政策

坚持与劳动力市场和经济发展相适应的养老保险制度改革方向，稳固搭建统一、多层次的养老保险体系框架，在此基础上应该继续完善相关制度和政策，积极推动养老保险体系顺利运行。

一是积极正面应对历史债务或转轨成本。无论如何改变制度模式，体制转轨遗留的历史债务迟早也是要还的，过渡期拖得越长越不利于养老保险体系正常运行①。国企改制留给社保体系的历史负担，自然应该首先由摆脱包袱的国企来偿还，通过国有资产划拨补充社保基金也就顺理成章。在操作上至少可以考虑三个选择：其一，逐步扩大和提高国有企业收益上缴比例，新增部分优先用于养老保险基金②。其二，国有企业资产变现或划转给养老保险基金，国有资本可以通过产权交易市场或公开拍卖转让给非国有资本，将国有资本变现的部分资金直接划拨进入养老保险基金，同时逐步增大养老保险基金转持国有股的比重以及转持企业的范围。其三，启用国家社会保障储备基金，国有资本划转是储备基金的来源渠道，开启储备基金用于填补历史债务亏空具有逻辑合理性。

---

① 吴敬琏早在20世纪90年代初由其牵头的"中国经济体制改革总体设计"课题组（1993）明确提出，改革方向是从现收现付制转向资金预筹积累制，但不能过分依赖有严重缺陷的"老人老办法、新人新办法"，需要从国有资产中划出一部分作为养老和医疗基金资产。几乎同时，周小川主要负责的"中国社会保障的体制选择与经济分析"课题组（1994）也提出，这种奇特的混合制在政治上和社会上缺乏合理性，"老人老办法、新人新办法"是一种凑合的办法，老人也应该用新办法来解决，回避这个问题反而会越来越被动。2002年前后朱镕基总理也曾邀请世界银行团队（刘遵义教授牵头）研究并提出1.8万亿元的划拨方案，但遗憾的是该方案最终被叫停。

② 目前国有企业上缴红利用于社会保障的微乎其微。2013年中央国有资本经营预算支出安排1083.11亿元，其中调入公共财政预算用于社保等民生支出为65亿元，国有股减持收入补充社保基金支出11.34亿元，宽口径用于社会保障支出（包括调入公共财政预算、补充社保基金、困难企业职工补助）仅有96.34亿元，仅占中央国有资本预算支出的8.89%，仅占中央企业净利润的0.87%。

　　二是规范和拓展养老基金投资运营。必须改变养老基金长期处于隐性亏损状态的局面①，建立更加市场化的运营机制，可以考虑以目前全国社保储备基金的投资模式和收益为基本参考②，分散风险，扩展投资运营渠道和范围，按照目前政策调整方向，充分利用资本市场和货币市场的投资空间，逐步扩大和提高债券、股权、信托贷款的范围和比例。同时，允许和鼓励市场化的国内外专业投资机构参与养老保险基金运营，通过引入规范的市场竞争机制增强基金增值保值能力。

　　三是建立合理、正常的养老待遇动态调整机制。养老待遇的调整既要做到公平也要确保合理；既要保证养老金水平正常增长，也要避免不合理的福利竞赛，福利增长原则上不能超越经济增长、劳动生产率增长或居民人均收入增长，应充分考虑经济发展水平、生活成本水平等因素，尽可能地使用全国统一的参数或指数，设计一套科学、合理的养老保障水平调整机制，保障退休老年人生活水平随着经济社会发展不断提升，同时避免对经济社会发展带来明显的负面效应。

　　四是加强养老保险与社会救助等制度的协调。在确保养老保险制度的统一性和公平性基础上，完善制度的包容性，针对低收入者或困难群体配套相关的政策措施，加强养老保险与社会救助体系之间的协调性，尽可能地将全体居民有效地纳入保障体系。尤其作为第一支柱的国民养老金需要与最低生活保障、计划生育老年补助、高龄生活补贴等政策衔接，确保基本福利制度既能够有效减贫，又能避免不公平的重复保障。针对低收入家庭参加第二支柱或第三支柱养老保险，可以依据其家庭收入状况、供养负担等情况制定支持政策，给予适当的保险缴费减免。养老服务需求迅速增长，应该将养老服

---

① 基金收益率长期低于CPI，处于贬值风险中。2008年国家审计署曾公布全国五项社会保险基金收益率不到2%。2013年基本养老保险基金利息收入为573亿元，按照2.6万亿元的累计余额推算收益率仅为2.2%（郑秉文，2013）。

② 截至2014年底，全国社保基金会管理的基金资产总额达到15290亿元，其中，全国社会保障基金12350亿元，9个试点省（区、市）做实个人账户资金1106亿元，广东省委托资金1054亿元。2014年社保基金投资收益总额为1392亿元，收益率达到11.43%，成立以来累计投资收益5580亿元，年均投资收益率为8.36%。

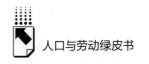
务纳入养老保险体系之中，探索建立老年人护理保险并与养老保险有效协调，使老年人能够同时得到足够的养老资金和养老服务保障。

五是完善养老保障法制。社会保险体系从建立之初就承担着服务于市场化改革的特殊功能和处于从属地位，在较大程度上丧失了自身独立性，所以有必要将社会保障制度与财政税收制度放在同等重要的位置，在法律上明确个人、单位和政府的权责关系，严肃相关制度和政策规定，严禁将养老保险作为地方竞争的政策工具或改变养老保险资源的用途，对于随意调整缴费、挪用养老基金、违规办理退休、冒领养老金等行为要依法处理。在进一步完善《社会保险法》基础上，研究制定专门的《养老保险法》，加快推进落实税收法定原则，尽快将社会保险费或税纳入其中，相关费率或税率调整由全国人大审议确定。

参考文献

Cai Fang，Yang Lu（2013）．"Population Change and Resulting Slowdown in Potential GDP Growth in China"．*China & World Economy*，21（2）：1–14.

European Commission（1997）．"Modernising and Improving Social Protection in the European Union：Communication from the Commission".

John Giles，Dewen Wang & Wei Cai（2012）．"The Labor Supply and Retirement Behavior of China's Older Workers and Elderly in Comparative Perspective"．*Aging in Asia：Finding from New and Emerging Data Initiatives.* Edited by James P. Smith and Malay Majmundar. The National Academies Press，Washington，D. C.

Mark Dorfman，Philip O'Keefe，Dewen Wang and Jie Cheng（2013b）．"China's Pension Schemes for Rural and Urban Residents，Matching Contributions for Pensions"，Edited by Richard Hinz，Robert Holzmann，David Tuesta，and Noriyuki Takayama. The World Bank，Washington D. C.

Mark Dorfman，Robert Holzmann，Philip O'Keefe，Dewen Wang & Yvonne Sin（2013a）．"A Vision for China Pension Reform". The World Bank，Washington D. C.

Robert Holzmann（2013）．"A Provocative Perspective on Population Aging and Old-Age Financial Protection"，IZA Discussion Papers7571，Institute for the Study of Labor（IZA）.

蔡昉、高文书：《中国劳动与社会保障体制完善与发展道路》，经济管理出版社，

2013。

　　蔡昉、王美艳：《城乡养老和医疗保障体系：状况、挑战与对策》，载蔡昉主编《中国人口与劳动问题报告：面向全面建成小康社会的政策调整》，社会科学文献出版社，2014。

　　蔡昉：《中国劳动与社会保障体制改革 30 年研究》，经济管理出版社，2009。

　　程杰：《"退而不休"的劳动者——转型中国的一个典型现象》，《劳动经济研究》2014 年第 5 期。

　　程杰：《养老保障的劳动供给效应》，《经济研究》2014 年第 10 期。

　　程杰：《养老保险的劳动力市场扭曲》，中国社会科学院人口与劳动经济研究所工作论文，2015。

　　都阳：《关于延长退休年龄的几个疑问》，中国社会科学院人口与劳动经济研究所工作论文，2015。

　　李实：《中国离退休人员收入分配中的横向与纵向失衡分析》，《金融研究》2013 年第 2 期。

　　李铁映：《建立具有中国特色的社会保障制度》，《求是》1995 年第 19 期。

　　李扬、张晓晶、常欣等：《中国主权资产负债表及其风险评估》，《经济研究》2012 年第 6 期。

　　张湘祥：《试论我国社会保障制度的整体改革》，《求索》1987 年第 4 期。

　　张展新：《居民养老保险改革的城乡整合成效与区域分割问题》，《劳动经济研究》2014 年第 4 期。

　　郑秉文：《中国养老金发展报告 2012》，经济管理出版社，2012。

　　郑秉文：《中国养老金发展报告 2013——社保经办服务体系改革》，经济管理出版社，2013。

　　郑秉文：《中国养老金发展报告 2014——向名义账户制转型》，经济管理出版社，2014。

　　中国经济体制改革总体设计课题组：《企业社会保障职能的独立化》，《经济研究》1993 年第 11 期。

　　中国社会保障的体制选择与经济分析课题组：《社会保障：经济分析与体制建议》，《改革》1994 年第 5 期。

　　中国社会科学院经济研究所社会保障课题组：《多轨制社会养老保障体系的转型路径》，《经济研究》2013 年第 12 期。

　　朱玲：《建立与市场相适应的社会保障体系》，《劳动经济研究》2014 年第 4 期。

G.9

第九章
我国基本医疗保险制度的
发展与主要成就

陈秋霖

一 我国基本医疗保险制度的发展与主要成就

新中国成立以后，中国政府建立了与计划经济相适应的医疗保障制度。在城镇，中国政府分别于 1951 年、1952 年开始建立劳保医疗和公费医疗制度。在农村，随着农村集体化的推进，农村合作医疗制度开始逐步推广。合作医疗是农村居民在自愿互利、互助共济的基础上，依靠集体经济和农民集资，以解决农村居民基本医疗保障问题为目的的医疗保障制度。三大医疗保障制度（公费医疗制度、劳保医疗制度以及农村合作医疗制度）对改善国民健康发挥了巨大的作用①。改革开放以后，随着市场经济改革，农村合作医疗和劳保医疗都经历了巨大的变革。由于集体经济解体和思想意识形态等原因，我国农村合作医疗的覆盖率大幅度下降。覆盖率从鼎盛时期的90%以上下降到 1984 年的不到 10%②。根据 1989 年的统计，继续坚持合作医疗的行政村仅占全国的 4.8%。到 20 世纪 90 年代初期，仅存的合作医疗主要在上海和苏南地区。由于缺乏医疗保障，全国大多数农民医疗费用的支出靠自费。看不起病和"因病致贫、因病返贫"的现象比较严重。在城市，由于国有企业经营出现普遍性困难，劳保医疗的覆盖率与保障水平也出现显著

---

① 李玲：《建国六十年健康结果与卫生政策相关性研究》，卫生部法制司招标课题。
② 卫生部：《建国三十五年卫生资料统计汇编》，内部资料，1984。

性下降。在这样的历史背景下，我国医疗保险的覆盖人口显著降低，群众自费比例大幅度提高。根据 1998 年的统计，全国自费医疗比例在 1998 年达到 87.3%[①]。"看病难、看病贵"成为我国医疗卫生体系的突出问题。

（一）我国三大基本医疗保险的重新建立

在"看病难、看病贵"问题日益严重的情况下，政府开始着手重建我国基本医疗保险制度。1998 年，国务院发布了《关于建立城镇职工基本医疗保险制度的决定》（国发〔1998〕44 号），在全国范围内开始建立城镇职工医疗保险制度（以下简称"城镇职工医保"）。"城镇职工医保"主要针对城镇地区就业的居民。2003 年，针对农村地区的医疗卫生问题，国务院办公厅转发卫生部等部门《关于建立新型农村合作医疗制度意见的通知》（国办发〔2003〕号），确立建立大病统筹为主的新型农村合作医疗制度（以下简称"新农合"）。"新农合"主要面向广大农村居民。2007 年，国务院下发了《关于开展城镇居民基本医疗保险试点的指导意见》（国发〔2007〕20 号），提出建立城镇居民基本医疗保险制度（以下简称"城居保"）。"城居保"的覆盖对象是城市未就业的成年人以及没有医疗保险覆盖的儿童、老年人。在过去的十年，我国基本医疗保险制度（"城镇职工医保""城居保""新农合"）快速发展。无论从覆盖率、筹资水平还是保障内容方面都取得较为显著的进展。目前，三大基本医疗保险在医疗保障体系中处于主导地位。

表 9 - 1　社会医疗保险在我国医疗保障体系中的地位

补充层 个人、社会	补充医疗保险 商业健康保险		
主干层 个人、政府	城镇职工基本医疗保险	城镇居民基本医疗保险	新型农村合作医疗保险
托底层 政府	城乡医疗救助 公共卫生服务项目		

---

① 数据来源：卫生部"第二次全国卫生服务调查"，1998。

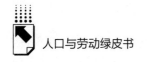

1. 覆盖人口快速增加，基本实现全覆盖

截至2013年，全民基本医保体系覆盖13.25亿人，参保（合）率保持在95%以上。其中，参加职工基本医疗保险人数为27443万人，比上年末增加958万人；参加城镇居民（含城乡统筹）基本医疗保险人数为29629万人，比上年末增加2474万人。"新农合"覆盖人口达到8.02亿人。图9-1显示，我国三大基本医疗保险覆盖率在过去十年快速提高，从2001年不到6%，至2007年增加到50%左右，目前基本实现全覆盖。覆盖全体居民的城乡基本医疗保险制度初步形成。

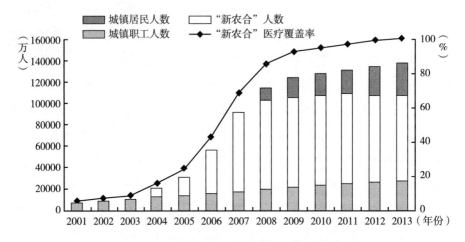

图9-1 我国基本医疗保险覆盖人数变化情况

资料来源：《中国卫生统计年鉴2014》。

2. 筹资水平大幅度提高

总体来看，我国三大基本医疗保险的筹资水平不断提高。城镇职工医疗保险筹资水平的不断提高得益于我国经济的快速发展和薪酬水平的不断提高。城镇职工医疗保险主要采取工资按比例提取的方式进行筹资。按照设计，单位缴纳工资比例为6%~8%，个人缴纳工资总额的2%左右。各地区根据自身经济发展状况执行标准有所不同。2001年，我国城镇职工医疗保险基金年度收入只有354亿元，至2013年城镇职工基金年度收入已经达到6873亿元。从人均筹资水平来看，2001年只有476元，2013年达到

2504 元[1]，人均筹资规模大幅度扩大。

"新农合"和"城居保"主要得益于财政投入的不断加大。新型农村合作医疗主要采取定额筹资方式，中央政府设定最低人均筹资标准，各地区可以根据经济社会发展情况做出适当调整。由于新农合覆盖人群缴费能力相对较弱，个人收入难以量化，政府通过大量财政补贴的方式用于建立新农合基金。在新农合建立之初，人均筹资 30 元。其中个人缴费 10 元，各级政府共计补贴 20 元。随着我国财政收入的不断提高，政府财政补贴逐年增加，筹资水平也不断提高。2009 年和 2010 年人均筹资水平分别提高到 100 元和 150 元以上（个人筹资最低相应为 20 元和 30 元）。至 2014 年，我国新农合最低人均筹资标准上升至 380 元，财政补助标准上升到人均 320 元。虽然政府投入了大量的财政资金用于建立新农合资金，但相比于城镇职工医保，新农合的筹资水平依然较低。"城居保"的筹资方式也与新农合类似，各级政府财政承担着补贴责任。"城居保"主要采取定额筹资方式，中央政府设定最低人均筹资标准，地方政府可以根据本区域社会经济情况提高筹资水平。部分地区由于采取了在地市级统筹的方法，相比于新农合，我国"城居保"的筹资水平有所提高，但是与城镇职工医疗保险的筹资水平仍有不小的差距。2008 年，"城居保"的人均筹资水平只有 130 元左右，2013 年"城居保"的人均筹资水平超过 800 元，筹资水平大幅度提高[2]。

3. 保障范围逐步扩大

我国基本医疗保险的保障范围逐步扩大。首先，由单一住院统筹向门诊、住院综合统筹发展。在我国基本医疗保险建立之初，由于受到筹资水平的影响，基本医疗保险主要是以保大病、保住院为主，门诊费用（特别是"新农合"与"城居保"）主要由患者自行负担。将小病拖成大病、小病大治现象偶有发生。随着经济社会的发展以及筹资水平的提高，我国基本医疗保险门诊统筹工作逐步开展。至 2014 年，全国普遍建立了城乡居民医保门诊统筹[3]。

---

[1]　国家统计局：《中国统计年鉴 2014》，中国统计出版社，2014。

[2]　国家统计局：《中国统计年鉴 2014》，中国统计出版社，2014。

[3]　马凯：《国务院关于统筹推进城乡社会保障体系建设工作情况的报告》，2014 年 12 月 26 日，http://www.sxejgfyxgs.com/ArticleDetail.aspx? id=38142。

在门诊统筹的基础上，各地积极探索门诊慢性病、特殊病种统筹，将重大疾病（例如肿瘤、白血病、慢性肾功能衰竭）以及常见慢性病（例如糖尿病、原发性高血压）的保障范围、报销比例适度扩大，一定程度上缓解了患者的压力。其次，针对我国"因病致贫、因病返贫"现象较为突出的情况，我国基本医疗保险在原有住院报销的基础上，开展了大病医疗保险试点，目前正在全国范围内逐步推广。所谓大病医疗保险，是将基本医疗保险的资金按比例提取，对患有重大疾病的患者给予二次报销，报销比例超过50%。在操作上，新农合大病医保是以病种为切入点，囊括儿童白血病、重性精神疾病等22种大病；而城镇居民大病保险则是以参合（保）群众个人负担的医疗费用作为报销标准。具体实施效果有待进一步比较。2014年国务院医改办发布《关于加快推进城乡居民大病保险工作的通知》，强调"尚未开展试点的省份，要在2014年6月底前启动试点工作"。2015年，李克强总理在政府工作报告中强调"全面实施城乡居民大病保险制度"，标志着我国大病医疗保险制度进入快速推广阶段。

（二）我国三大基本医疗保险制度的主要成就

我国基本医疗保险制度的建立与发展对促进医疗服务可及性、提高人民健康水平、有效缓解"看病难"和"看病贵"问题、提高居民消费水平都有着积极正面的作用。本文将从医疗卫生与社会经济发展两个方面介绍基本医疗保险制度的主要成就。

1. 医疗卫生方面

首先，医疗保险提高了居民医疗服务利用率。由于基本医疗保险显著降低医疗服务和医疗产品的价格，居民医疗服务的利用率显著提高。从宏观数据来看，我国两周患病未就诊率自2003年以来显著降低，特别是由于经济原因未就诊的比例大幅度下降。2003年，我国两周患病未就诊率总体接近50%，其中38.2%的患者由于经济困难而未就诊。应住院而未住院比例为29.6%，应住院而未住院人群中超过70%的人群是由于经济原因。2013年，根据第五次卫生服务调查初步结果，2013年两周患病未就诊的比例为

15.5%，与 2008 年相比，未就诊比例降低了 22 个百分点，未就诊人群中只有 12.7% 是由于经济困难。2013 年调查地区居民应住院未住院的比例为 17.1%。应住院而未住院人群中有 43.2% 因为经济困难，其比例相较于 2003 年大约下降 27 个百分点。以上数据表明，我国医疗服务的可及性有了大幅度的提高。微观实证研究的结果与宏观数据较为吻合。Wagstaff et al.（2009）发现，新农合的推广有效提高了农村居民的住院服务利用率，但门诊服务并不显著，同时显著降低了应就诊而未就诊的比例。刘国恩（2011）利用 2005 年中国老年健康长寿调查数据库（CLHLS）22 省调查数据，建立了中国 65 岁以上老年人群的医疗服务需求模型，实证分析了医疗保障对老人医疗服务需求的影响，发现医保制度对老人医疗服务需求的影响主要表现在提高就医程度，而非就医选择行为的改变，同时医保制度又明显地促进了老人及时就医率。程令国等（2014）利用 2005～2008 年中国老年健康长寿调查数据发现，新农合的覆盖的确增加了农村居民的就医倾向。这些基于微观计量的实证研究结果为医疗保险提高医疗服务可及性提供了较为可靠的证据。

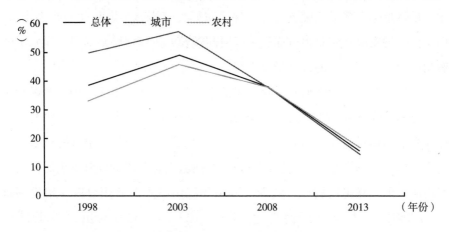

图 9 - 2　1998～2013 年两周患病未就诊率

资料来源：1998～2008 年数据来源于 2014 年《中国卫生统计年鉴》；2013 年数据来源于"第五次国家卫生服务调查结果"。

其次，医疗保险一定程度上改善了居民的健康水平。医疗服务可及性的提高一定程度上改善了居民的健康水平。朱铭来、奎潮（2012）采用第四次国家健康服务总调查给出的数据，分别检验城居保、新农合、城镇职工医保对居民健康的影响。研究发现，城镇居民医疗保险和新农村合作医疗保险对居民健康水平的效应明显为正向，而城镇职工医疗保险的效应还不够明显。潘杰等（2013）利用2007~2010年国务院城镇居民基本医疗保险试点评估入户调查数据发现，医保覆盖面扩大有助于提高全民健康水平，特别是促进了弱势群体健康水平的提高。胡宏伟、刘国恩（2012）利用"城居保"2008~2010年数据发现，医疗保险显著促进了低健康水平群体的健康，其中主要是促进了老年人、低收入和低健康水平群体的健康。程令国等（2014）利用2005~2008年中国老年健康长寿调查数据发现，新农合的覆盖推广降低了老年人的死亡率、提高了老年人的自评健康水平，并且改善了老年人的生活质量。但也有结果表明，医疗保险对居民健康水平的改善并不明显。Wagstaff et al.（2009）发现，早期新农合的推广并没有显著改善农村居民的健康水平。Lei & Lin（2009）利用中国健康营养调查（CHNS）数据也发现，早期新农合的覆盖并没有改善农民的自评健康或者四周内患病率。虽然近年来多数文献支持医疗保险对居民健康有一定程度的改善作用，但是由于健康的影响是多方面且持续时间较长，医疗保险对居民健康水平的影响作用还需要更多的证据予以支持。

最后，医疗保险降低了医疗费用的个人支付比例。由于中国基本医疗保险制度的建立（特别是城居保、新农合）依赖于政府补贴，个人缴纳的医疗保险费用相对较少，因此基本医疗保险制度的建立与推广显著降低了医疗费用的自付比例。按照国内统计口径，中国卫生总费用的政府支出比例大幅度增加，个人支出比例显著减少。2001年我国卫生总费用政府支出比例只有15.9%，个人支出比例高达60%。2013年，政府支出比例上升至30.1%，个人支出比例下降至33.9%。这一变化与我国加大政府卫生投入、建立医疗保险制度有着密切的关系。从报销比例来看，职工医保和居民医保政策范围内住院医疗费用，2013年基金支付比例分别达80%和70%左右，新农合政策范围内的住院费用报销水平达到75%左右，相比于2003年都有较大幅度的提高。但是需要注意的是，医疗保险对降低个人医疗负担绝对值的作用并不明显。从宏观数据测算，卫生总费用从 2008 年的 14535.4 亿元上升到 2012 年的 27826.84 亿元，增加了 13291.44 亿元，较 2008 年上涨了 91.44%。虽然卫生费用个人支出比例下降了，但是个人卫生费用的绝对值并没有下降。实证研究的结果也验证了上述推测。程令国等（2014）利用 2005~2008 年中国老年健康长寿调查数据发现，新农合的覆盖没有显著降低个人医疗卫生支出。

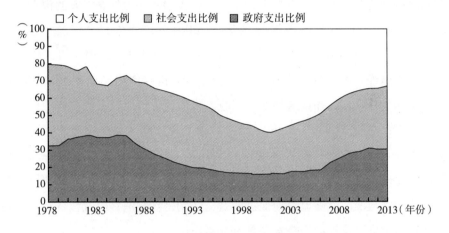

图 9－3　我国卫生总费用结构变化

资料来源：《中国卫生统计年鉴 2014》。

2. 社会经济发展方面

医疗保险不仅促进了医疗服务可及性提高、促进了居民健康水平、降低了医疗个人支出比例，而且还有助于降低家庭对未来的不确定性，从而促进消费。事实上，实证研究的结果也表明，中国医疗保险制度的建立与推广对促进消费起到很大的作用。由于医疗消费具有不确定性，在没有医疗保险的情况下个人会因为不确定性而进行预防性储蓄。在 2003 年关于东北某市的调查中发现，居民存款的预期用途中，51% 用于教育，14.14% 用于养老，12.13% 用于防病，11.14% 用于购房，7.18% 用于日常开销[1]。基本医疗保

---

[1]　刘亚军：《应重视化解过高的储蓄预防性动机》，《中国统计》2003 年第 6 期。

险制度的建立能够分散医疗费用的支出风险，从理论上能够降低居民预防性储蓄的动机，促进非医疗消费。甘犁等（2010）通过入户调查数据研究发现，政府在新型农村合作医疗保险上的投资将撬动约为当前农村消费水平2.36倍的农村居民消费，城镇职工医疗保险带动了其4.16倍于当前水平的城镇家庭消费，全国城镇家庭也因参加城镇居民基本医疗保险而新增消费2190亿元。以农村居民、城镇就业居民、城镇未就业居民的人口比例将医疗保险所带动的消费量进行折算，基本医疗保险约带动全国7%的消费。马双等（2010）通过 CHNS 数据研究发现，2004年新型农村合作医疗保险将使居民食品消费支出人均增加约81元，相当于2004年人均财政投入的3.06倍。白重恩等（2012）也发现，新农合使得非医疗支出类的家庭消费增加了约5.6个百分点，并且这种效应在收入降低或者健康较差的群体中更为明显。在教育层面，Chen and Jin（2012）则发现家庭参加新农合能够提高六岁儿童的入学率。刘高犁等（2012）利用第三次和第四次卫生服务调查数据研究发现，新农合的覆盖能够提高家庭的教育支出。这些结果表明，医疗保险的建立与推广能够显著地促进消费，特别是食物消费以及教育消费，对人力资本积累以及社会经济发展具有外溢作用。

二 我国基本医疗保险制度发展所面临的主要问题

虽然最近十年我国基本医疗保险制度快速发展，但依然面临着诸多问题，加快完善基本医疗保险制度存在紧迫性。由于基本医疗保险的定位、目标不够明确，所以长期以来我国基本医疗保险的运行注重医保资金的平稳运行，相对忽视基本医疗保险制度的体制建设、管理能力提升以及医保资金集中购买服务的优势发挥。例如，当面临医疗费用高涨、医保资金运行面临收支平衡困难时，医保管理部门更倾向于控制个人医保资金的使用或者直接减少医院的支付金额，而在监管医疗行为、提高医保资金宏观效率等方面其意愿不强或者作用有限。具体来说，我国基本医疗保险存在着管理体制分割、管理方式粗放、保障水平不高、控制费用不力、宏观健康效率不明显等问题，这些问题削弱了医疗保险分担风险、提高健康的社会功能。本章将就我国基本医疗保险制度发展所面临的主要问题进行分析讨论。

（一）基本医疗保险呈现碎片化态势

正如前文所述，我国居民按照身份、职业等分别参加城镇职工医保、城镇居民医保和新型农村合作医疗三种医疗保障制度。三种基本医疗保险归于两个行政部门。其中职工医保、城镇居民医保归人力资源和社会保障部门管理，新农合主要归卫生部门管理（到目前为止，"三保"管理合一尚未取得实质性进展）。由于管理部门分割，管理网络、用药目录以及运作方式存在显著差异，参保信息割裂情况较为突出。一方面，医保资金缺乏统一分配，不同身份、职业的人群在保障水平方面存在较大的差异。我国新农合的人均筹资水平与城镇职工基本医疗保险相差近10倍。另一方面，部门多头管理也导致重复参保现象比较严重，特别是老人和在校学生重复参保现象比较普遍，严重浪费了财政补助资金。

此外，由于我国社会医疗保险的筹资层级较低（普遍是县级统筹或者市级统筹），同一保险项目在不同地区的报销范围和保障水平也存在着较大的差异。表9-2展示了我国不同医疗保险项目的筹资统筹情况。我国城镇职工医疗保险在市级或者县级进行统筹，绝大多数新农合在县级统筹。根据大数定律，医疗保险的统筹层级越高、参加人数越多，医保的抗风险能力就越强。由于覆盖人群分割必然导致"风险池子"的规模小，影响风险分担的作用。医保资金管理部门为了控制医疗保险资金的风险，不得不提高医保资金结余。人社部2013年统计公报显示，城镇职工医保个人账户积累资金达3323亿元。这就导致一方面个人自付比例很高，另一方面医保资金又出现大量结余的奇怪现象。此外，由于覆盖人群被分割在县或者市级资金池中，异地就医、异地报销难成为当前中国医保突出的问题。分析其原因，一方面是各地的报销目录、报销水平都有显著的差异；另一方面是由于报销的手续过于复杂使得部分流动人群特别是农民工事实上失去享受医疗保险的权利。

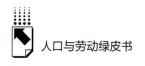

表 9 - 2 我国不同医疗保险项目的筹资统筹情况

医疗保险项目	城镇职工医保	城镇居民医保	新农合
统筹层次要求	原则上以地级以上行政区为统筹单位,也可以县(市)为统筹单位	经济发展水平较高的地区,实行地级统筹。条件不具备可县级统筹	一般采取以县(市)为单位进行统筹
实际统筹情况	部分地区市级统筹,部分地区县级统筹	绝大多数地区县级统筹,少部分地区市级统筹	绝大多数地区县级统筹

(二)基本医疗保险管理水平有待提高

由于我国医疗保险管理过程中以保持医疗资金收支平衡、维护医保资金安全为主要目的,我国基本医保的管理水平相对滞后。医疗保险在引导医疗行为、控制医疗费用、监督医疗质量等方面的功能尚没有发挥。具体来说,支付方式改革滞后、经济效益评价缺失、监管职能缺失是我国基本医疗保险管理水平滞后的具体表现。

首先,虽然我国基本医疗保险结合基金收支预算管理实行了总额控制,但按项目付费为主的支付方式没有根本改变。按项目付费的支付方式导致医生和患者都没有激励进行费用控制,这也是我国医疗费用快速增长的原因之一。在某些地区虽然探索了按病种付费、按人头付费等支付方式改革,但是由于支付方式改革的比例相对较小,因此其对控制医疗费用、改变医疗行为的作用不大,医生和患者能够通过各种方式进行有效规避。并且,在推行总额控制等支付方式改革过程中,由于部分规则制定过于粗放,一刀切现象时常发生。某些地区的支付方式改革不仅没有起到控制费用、规范行为的作用,反而加剧了医保机构、医院与患者之间的矛盾。

其次,医疗保险管理过程中缺乏经济效益评价,报销目录和范围缺乏基于成本效益分析的动态调整。成本效益分析是一门应用现代经济学的研究手段,结合流行病学、决策学、统计学、临床医学等多学科研究成果,全方位分析不同治疗方案、药物使用方案与其他方案以及不同医疗或社会服务项目(如社会养老与家庭照顾等)的成本、效益或效果及效用,评价其经济学价值的差别的学科。国际上普遍应用成本效益分析证据实行医保目录增删和定价管理。目前，我国报销目录和报销范围形成机制周期过长（按照此前的惯例，我国的《医保目录》约 5 年调整一次），并且形成机制的公开性、科学性以及透明性有待进一步提高。目前，由于目录与范围形成机制缺乏完善的成本效益评价依据（例如药物经济学评价等），一些社会净收益较高的治疗方式或者药品尚没有及时纳入医保报销范围（例如许多单价虽然较高但社会总成本较低的治疗方案或者药品没有纳入医保目录），医保资金使用的效率没有尽可能地实现最大化。

再次，医疗保险的监督管理职能没有充分发挥。基本医疗保险作为我国医疗服务产品的最大买方，在引导医院规范诊疗行为、控制过度医疗方面目前作用有限。客观上，我国医保信息化建设不能满足医保精细化监管的需求。虽然我国医保管理已经基本实现电子化，但是基于大数据信息化支撑的动态审核、实施监管、定向惩罚等监管职能在我国尚处于零星实验阶段。医保部门对如何监管医疗行为以及如何科学举证方面存在能力缺失。同时，由于我国医疗保险管理部门的考核以保持医疗资金收支平衡、维护医保资金安全为导向，这就造成医保管理部门主观上监管动机不强。

（三）基本医疗保险的保障水平亟待提高

虽然我国基本医疗保险基本实现全覆盖，但是我国与国际通行意义上的"全民医保制度"尚有一定的距离。全民医保有三个衡量的标准：医疗保障覆盖人口、医疗保障覆盖内容、医疗保障费用分担。从三个标准分别来看，我国基本医疗保险虽然实现了全覆盖，但是保障覆盖内容有限，群众医疗费用的自付比例相对较高。从保障内容来看，国外医疗保险一般覆盖门诊、住院、药品、检查等多项内容，甚至一些特效药例如癌症分子靶向药都被纳入基本医疗保障中。相比之下，我国医疗保险主要以住院基本保障为主，许多二线药物或者三线药物都没有纳入基本医疗保险。从费用分担来看，我国医疗费用的自付比例依然较高。2014 年国务院发展研究中心入户调查数据显示，我国三大保险实际报销额度大约为 40%，不超过 50%，比前两年还下降了。全国9700户被调查居民有1685户自2013年以来为了看病曾经借钱或者变卖家产，占17%[①]。如果以国际口径度量我国广义政府支出（含政府直接投入和社会保障支出）占卫生总费用的比重，2012年我国广义政府卫生支出虽然上升至55%以上，但是与发达国家普遍接近80%的水平相比，依然存在较大的差距。即使以我国筹资水平最高的北京作为参考，广义个人支出的比例依然略低于发达国家。并且在私人卫生支出中，直接现金支出（out-of-pocket）占据绝大部分，这使得家庭在面对疾病时面临着较大的财务负担。

我国基本医疗保险的保障水平不高，一方面是筹资水平相对较低，特别是城镇居民和新农合的筹资水平相对较低。2013年我国人均医疗费用已经达到2327元，但是我国城镇居民和新农合的筹资水平人均低于400元。另一方面，我国医疗保险的管理水平较低。医疗保险没有积极参与到医疗行为监管、药品采购、医疗价格形成过程中，在维护资金收支平衡方面过多采用行政手段，导致医保资金的使用浪费和不合理现象比较突出。提高医疗保障水平，"增投入、减浪费"需要双管齐下。

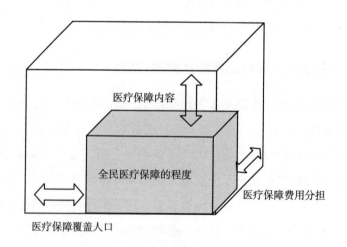

图9-4 "全民医保"的三个维度

---

① 江宇：《医改不能总是靠危机推动》，《南风窗》2015年第7期。

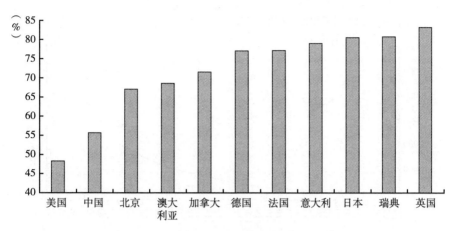

图 9 - 5　2012 年中国及北京市与发达国家卫生广义政府支出（国际口径）

（四）医疗费用上涨过快，医保资金控制费用的压力增大

2013 年中国卫生总费用 31868.95 亿元。相比 GDP，我国卫生总费用的增长速度高于 GDP 增长速度。图 9 - 6 显示，2008 年我国卫生总费用占 GDP 的比例只有 4.63%，但是至 2013 年这一数据达到 5.57%。预计到 2020 年，我国卫生总费用占 GDP 的比例将达到 6.5% ~ 7%①。医疗费用的快速增长导致医保资金运行的压力逐渐增大。正如上文提到的，虽然我国医保资金的结余率总体较高，但是部分地区已经出现医保资金紧张，甚至收不抵支的现象。引人注目的福建三明医改很大程度上就是源于医保资金的连年亏损，2011 年医保资金亏损就达到 8000 万元。如果医疗费用上涨过快，医保资金特别是一些人口老龄化较为严重的地区的医保资金将面临更大的挑战。

医疗费用的快速上涨一方面是因为人口快速老龄化、人均收入增加等，另一方面也与医保资金激励医生提供更多服务、更高技术医疗服务有着密切的关系。Newhouse（1992）表明，美国医疗费用的快速上涨只有 2% 归因于人口老龄化，8% ~ 10% 归因于收入的增长，5% ~ 7% 缘于个人自付比例的

---

① 陈竺：《2020 年卫生费用将占 GDP 比重 6.5% ~ 7%》，http：//health. sohu. com/20120821/ n351146614. shtml。

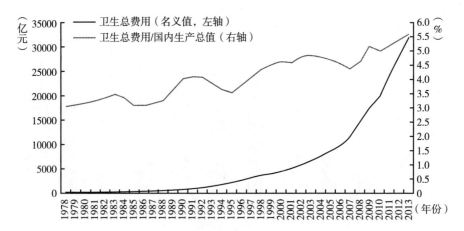

图 9 - 6　1978～2013 年我国卫生总费用变化情况

下降。医疗费用的快速增长更多是因为医疗保险扩张所导致的医疗服务提供增多、医疗新技术使用增加，这可以解释为什么美国卫生总费用增长 50% 左右（Finkelstein，2007），学术上可以称之为"事后系统道德风险"（Zweifel & Manning，2000）。国内研究者（傅虹桥等，2014）也利用新农合、城居保的扩张这一自然实验，发现中国医疗保险的扩张导致均次医疗费用，特别是均次检查费用、均次药品费用大幅度增长，同时增加了医院购买设备、增加固定资产投资的倾向。以上的研究结果表明，医疗保险控制医疗费用不仅仅需要通过起付线、共付率来控制个人道德风险，还应更多关注"系统道德风险"，更多地参与医生行为的控制。

（五）基本医疗保险尚未从疾病导向转向健康导向

我国基本医疗保险主要用于购买疾病治疗服务，几乎不参与零级保健、一级预防或者二级预防等预防保健服务的购买提供。这一现象与我国政策法规有着密切的关系。按照《中华人民共和国社会保险法》，符合基本医疗保险药品目录、诊疗项目、医疗服务设施标准以及急诊、抢救的医疗费用，按照国家规定从基本医疗保险基金中支付，但不包括应该由公共卫生承担的部分。这样的政策设计虽然保障了医保资金专项使用，但同时也引发了所谓的

"事前道德风险"问题。由于保险降低了医疗服务（事后）的边际价格，使得个人在健康防范（事前）的投入减少，例如吸烟、喝酒或者久坐的行为的增加。研究表明（傅虹桥等，2015），我国新农合的扩张会带来事前道德风险。相比于没有参保者，新农合受访者吸烟比例提高 3~4 个百分点、过度饮酒比例提高 3~4 个百分点，经常锻炼比例下降 6~8 个百分点。同时，发现自评健康较好的人群存在较高的事前道德风险，新农合吸烟比例提高 4.4 个百分点、过度饮酒比例提高 2.7 个百分点，经常锻炼比例下降 8.8 个百分点，而医疗保险的事前道德风险在自评健康较差的人群中几乎不存在（系数很小且不显著）。不健康行为的增加引起了更高的疾病风险，导致更为高昂的医疗卫生总费用，削弱了医疗保险改善社会福利的功能。

随着疾病负担不断增加、医疗费用快速上涨，完善医疗体系的防病功能有着十分重大的意义。目前由于法律法规的限制，我国医保资金用于疾病预防、健康保健的比例很小。事实上，各国医疗保险已经逐渐从单纯医疗保险转向了健康保险。德国医疗保险、法国医疗保险以及中国台湾全民健康保险都使用一部分资金用于癌症筛查、传染病预防控制、健康体检甚至体育锻炼等预防性医疗行为，并统一纳入初级保健服务中。该措施显著减少了疾病发生或降低了疾病严重程度，达到了控制医疗费用的目的。因此，建议我国医疗保险逐步从疾病导向过渡到健康导向，投资更多的资金用于购买初级保健服务、增加健康设施，用于提高患者的健康意识，使更多人参加健康自我保健等活动。

三　我国商业保险的发展与挑战

（一）商业健康保险的发展历程

随着我国社会医疗保障制度的发展、居民收入水平的提高，以及对健康保险需求的增加，经过近 30 年的发展，我国商业健康保险初步走上专业化发展的道路。商业健康保险作为社会保障体系的重要组成部分，在满足人民

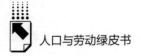

群众日益增长的多样化健康保障需求、促进健康服务业发展等方面发挥了重要的作用。国外商业健康保险发展经验表明，商业健康险的发展与国民经济、社会医疗保障制度，以及医疗卫生体制等外部环境密切相关。我国商业健康保险也随着宏观经济环境及社会制度的变革，体现出鲜明的时代性和阶段性。据此，我们将商业健康险的发展分为萌芽阶段、初步发展阶段、专业化经营阶段三个阶段。目前我国商业保险正处于专业化经营阶段。

1994年以前是我国商业保险发展的萌芽阶段。1978年改革开放之前，我国长期实行与计划经济体制相统一的社会保障政策，建立了公费、劳保医疗制度，最大限度地向人民提供各种社会保障，在当时对保障职工身体健康、促进经济发展、维护社会稳定发挥了重要作用。改革开放后，随着计划经济向市场经济的逐步转轨，公费和劳保医疗保险制度随着医药费的增长面临严重的问题，农村合作医疗保险大面积解体。国内保险业务在1979年经国务院先后批准恢复办理，中国商业保险业开始复苏。1982年，中国人民保险公司上海市分公司报经市政府批准，试办《上海市合作社职工医疗保险》，凡属独立核算、自负盈亏的合作社性质的集体企业单位，均可申请参加，这是我国恢复保险业务后的第一个健康保险业务。1985年，国务院颁布《保险企业管理暂行条例》，平安保险公司、中国太平洋保险公司等保险机构相继成立，打破了国内人身保险市场由中国人民保险公司的垄断局面。这一阶段，传统的医保制度开始变革，但全国没有统一的方案，尚未建立清晰的社会医疗保障框架；商业保险市场以财产保险为主，产寿险混业经营，健康险只是作为一种附属品进行经营。由于经验数据匮乏、产品开发技术不成熟、风险控制经验欠缺、市场主体少，保险公司推出的健康险产品屈指可数。

1994~2003年是我国商业保险初步发展阶段。1994年，国家体改委、原劳动部、财政部、卫生部共同制定了《关于职工医疗制度改革的试点意见》，在政策上鼓励企业和个人在参加基本医疗保险的基础上投保商业保险作为补充，在这一阶段，商业健康险方面的经营主体不断增加。继平安保险公司、中国太平洋保险公司成立后，泰康人寿、新华人寿等公司陆续成立，多元化的市场格局初步形成。2002 年，全国各保险公司开办的医疗保险险种约 150 种，有医疗费用型险种、津贴型险种和重大疾病类等三大类，重大疾病保险占健康保险业务的绝大部分份额。从保险期限来看，自 2000 年泰康人寿推出国内第一个保证续保的个人医疗保险主险以来，医疗保险突破以往通常采取的短期险设计，以保证续保的方式，通过短险长做，使医疗保险客户群的风险更趋于稳定。重大疾病保险也通过定期、终身、两全等产品形式，为市场提供了更加丰富多样的选择。至此，中国保险市场初步形成以国有保险公司为主，中外保险公司并存，多家保险公司竞争的市场竞争新格局。

（二）当前商业保险的发展情况

在基本社会医疗保险制度不断发展的同时，商业医疗保险也得到国家决策部门的高度重视。在保险监管机构的引导及推动下，商业健康险的专业化经营已经被业界广泛认同。2003 年底，中国保监会颁布《关于加快健康保险发展的指导意见》，鼓励保险公司推进健康险专业经营。2005 年，人保健康、平安健康、瑞福德健康、昆仑健康四家专业健康保险公司顺利开业，我国健康险专业化经营有了实质性进展。2006 年 8 月，保监会正式颁布《健康保险管理办法》（以下简称"办法"），这是健康保险第一部专门化监管规章。该办法首次统一了保险公司在健康险业务经营上的监管标准。随着经济社会的发展以及政策的大力支持，我国商业健康保险正处于高速发展时期。

1. 商业健康险在我国当前医疗保障体系中的地位

随着我国社会保障制度改革的不断深化，商业健康保险在健全我国多层次医疗保障体系、满足人民群众日益增长的健康保障需求、促进国民经济发展和社会稳定方面都发挥着越来越重大的作用。

首先，商业健康险是我国医疗保障体系的补充层。由于我国社会医疗保障体系的筹资水平、保障水平相对有限，因而不能完全覆盖人们对医疗保障的多层次需求。而商业健康保险是重要的补充保险，是建立多层次医疗筹资保障的重要方式。2009 年，国务院公布《关于深化医药卫生体制改革的意

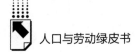

见》，明确指出："我国医疗保障体系基本框架是建立以基本医疗保障为主体，以其他多种形式补充医疗保险（公务员补充医疗保险、大额医疗补助、商业医疗保险和职工互助保险）为补充，覆盖城乡居民的多层次医疗保障体系；同时，鼓励政府以购买服务的方式，积极探索有资质的保险机构经办各类医疗保障管理服务或者政府委托的管理服务。"这明确了商业健康保险在社会医疗保障体系中的定位，也为商业健康险未来的发展指明了方向。

其次，商业健康险正在探索与三大基本医疗保障的衔接。在作为医疗保障体系的补充层、为百姓提供多样化选择的同时，商业健康保险与主干层也存在多种方式的衔接。商业健康险与三大基本医疗保险衔接主要有三种形式：承办城乡居民大病保险、提供补充医疗保险和参与基本医疗保障经办管理。商业保险承办城乡居民大病保险，始于2012年六部委联合下发的《关于开展城乡居民大病保险工作的指导意见》。文件指出，将从城镇居民医保基金、新农合基金中划出一定比例或额度作为大病保险资金，采取向商业保险机构购买大病保险的方式，由政府招标选定承办大病保险的商业保险机构，由商业保险机构加强管理，控制风险，降低管理成本，提升服务效率，加快结算速度，依规及时、合理向医疗机构支付医疗费用，并鼓励商业保险机构在承办好大病保险业务的基础上，提供多样化的健康保险产品。以商业保险的形式经营补充医疗业务，有利于补充医疗保险的健康发展，符合我国基本医疗保障所坚持的"广覆盖、保基本"的原则。与社会保险在各自的领域内承担应有的职能，有利于发挥商业健康保险监控医疗服务的专业优势，有效促进医疗资源的合理使用。基本医疗保障经办管理服务，是以委托管理模式为主，主要提供方案设计、咨询建议、委托基金管理、医疗服务调查、医疗费用审核、医疗费用报销支付、健康管理等服务，不承担保障基金盈亏风险。商业保险公司参与经办医保最早开始于新农合。2003年，河南省新乡市率先将新农合的费用审核报销业务委托给中国人寿，商业保险公司不承担基金收支风险，政府按保费一定比例另外核拨管理经费。由此开启了"新乡模式"。目前，各地商业保险参与医疗保障经办管理主要采取这一模式。在新乡模式之后，我国的政策开始向商业保险参与新农合医保经办环节倾斜。从 2009 年新医改开始，陆续出台了一系列政策，新乡模式得以在全国多个地方试点开展。截至 2013 年，商业保险机构经办新农合业务已覆盖 140 个县市区。

2. 新时期商业健康保险快速发展

首先，国家层面一系列的积极政策鼓励商业健康保险向管理规范化、经营专业化、险种多样化、范围扩大化等趋势发展，这些政策促进了商业健康保险市场的发展。从表 9 - 3 来看，2009 年以来我国医改政策就将大力发展商业健康保险作为医改的重要举措。特别是随着 2013 年《关于促进健康服务业发展的若干意见》发布以来，大力发展商业健康险已经成为促进经济转型发展的重要手段之一。

表 9 - 3　2009 ~ 2014 年商业健康保险相关政策一览

时间	发布部门	政策与主要内容
2014 年 12 月	国务院办	《关于加快发展商业健康保险的若干意见》 到 2020 年,基本建立市场体系完备、产品形态丰富、经营诚信规范的现代商业健康保险服务业;鼓励商业保险机构开发与健康管理服务相关的健康险产品;全面推进并规范商业保险机构承办城乡居民大病保险;稳步推进商业保险机构参与各类医疗保险经办服务;完善商业保险机构和医疗卫生机构合作机制
2014 年 5 月	国务院办	《深化医药卫生体制改革 2014 年重点工作任务》 发展商业健康保险,推进商业保险机构参与各类医保经办。加快发展医疗责任保险、医疗意外保险,积极开发儿童保险、长期护理保险以及与健康管理、养老等服务相关的商业健康保险产品
2013 年 9 月	国务院	《关于促进健康服务业发展的若干意见》 要求健康保险服务进一步完善。商业健康保险产品更加丰富,参保人数大幅增加,商业健康保险支出占卫生总费用的比重大幅提高,形成较为完善的健康保险机制
2012 年 6 月	保监会	《关于贯彻落实"十二五"期间深化医药卫生体制改革规划暨实施方案的通知》 抓住医改"十二五"规划给保险业发展带来的难得机遇,把健康保险的发展融入国家医疗保障体系建设过程中,积极稳妥参与各类医疗保障经办管理服务,积极探索和完善利用基本医保基金购买商业大病保险和各类补充保险

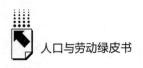
续表

时间	发布部门	政策与主要内容
2012 年 3 月	国务院	《"十二五"期间深化医药卫生体制改革规划暨实施方案》 要制定税收等相关优惠政策,鼓励企业个人参加商业健康保险,积极引导商业保险机构开发长期护理保险、特殊大病保险等险种;鼓励以政府购买服务的方式,委托商业保险机构经办医保管理,利用基本医保基金购买商业大病保险
2009 年 3 月	国务院	《中共中央国务院关于深化医药卫生体制改革的意见》 明确要求在确保基金安全和有效监管的前提下,积极提倡以政府购买医疗保障服务的方式,探索委托具有资质的商业保险机构经办各类医疗保障管理服务

其次,健康保险的需求快速增长。以保费收入作为衡量标准,我国商业健康保险需求在十年间快速发展,保险基金总量已经从 2003 年的 242 亿元上升至 2013 年的 1123 亿元,年复合增长率高达 16.6%,高于人身保险(含寿险与健康险)13.8% 的增长率。同时,健康险占人身险的比例在 2010 年后逐年上升,2013 年达到 10.2%。

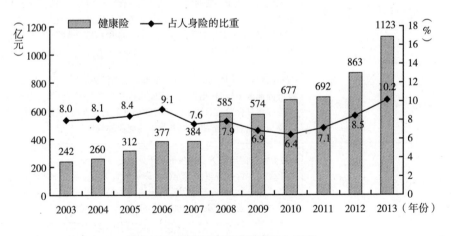

图 9 - 7 商业健康保险保费收入变化

资料来源:中国保监会。

再次,保险密度快速提升。十多年来,我国健康保险需求增长迅速,相比于巨大的人口数量和快速的经济增长而言,需求总量还相对较小,与国民

经济发展和民众生活需要不相适应。2013 年，我国健康保险深度仅为
0.197%。作为一个反映保险在整个国民经济中的地位的指标，十多年来较
低的健康保险深度表明，健康保险需求相对于快速的经济增长来说，还有非
常大的增长空间。从健康保险密度上来看，从 2003 年的人均 19 元逐步增长
到 2013 年的 83 元，虽然人均绝对数不大，但是可以直观地看到健康保险密
度有一个逐年增长的态势。如果在未来几年商业健康保险在国民医疗保障体
系中的定位能够明确，相关的政策扶持和税收优惠能够落实，这种增长会进
一步加速。

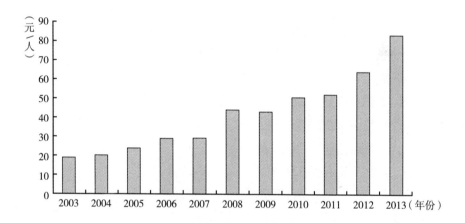

图 9 – 8　2003～2013 年我国商业健康保险密度

注：健康保险密度 = 健康保险年保费收入/年末总人口。
资料来源：中国保监会、国家统计局。

3. 市场规模依然有限

近年来我国商业健康保险发展势头良好，但在国家医疗保障体系中所发
挥的作用还有待进一步增强。目前，我国商业保险机构在我国医疗健康险领
域的市场占有率不到 5%。而美国、加拿大、瑞士等国商业保险机构的健康
险年保费收入平均占到保险费总收入的 25%～30%，与中国同处亚洲的新
加坡该比例也达到 23%。另一份数据显示，我国个人卫生支出在卫生总费
用中占有较大比重。2012 年达到 34.4%。但是，2011 年我国健康险赔付支
出占卫生总费用的比例仅为 1.47%，这与发达国家的成熟健康保险市场相

比，还存在很大差距。在以商业健康保险模式为代表的美国，2005年这一数据就已经达到37%，即使在以社会保险模式为代表的德国，2005年这一数据也达到了9%。这说明健康保险在我国的医疗保障体系中还没有很好地发挥损失补偿作用（朱铭来、奎潮，2010）。同时世界卫生组织2011年的报告显示，我国商业健康保险计划（Private Health Insurance Plans）支出占个人医疗保障支出（Private Expenditure on Health）的比例与发达国家的成熟市场存在一定差距。上述差距正说明我国健康保险市场存在巨大的发展空间。

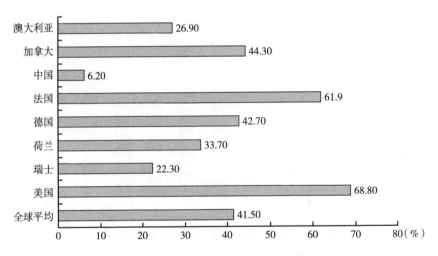

图9-9　全球商业健康保险计划支出占个人医疗保障支出比例对比

资料来源：WHO。

（三）当前商业健康保险发展所面临的挑战

我国商业保险经过多年的探索和快速发展，其市场规模依然十分有限。有学者认为，保险公司谈判力较弱、缺乏经验数据是阻碍"十三五"期间我国商业健康保险发展的主要原因，而究其根源乃是我国目前实行政府主导的社会医疗保险制度。然而，综观实行由政府主导的社会医疗保险体系的国家和地区，例如德国、日本和中国台湾等，商业健康保险在医疗保障体系中发挥着重大的作用，其保险密度和保险深度都远胜于我国。因此，我国健康险行业固然在一定程度上受到外部环境的影响，但内部因素恐怕更重要。多年来，我国商业健康保险行业受困于发展思路不明确、专业化经营水平低、产品同质化严重、风险控制能力和技术水平低等内部因素，发展速度远远比不上西方发达国家。因此，有必要对保险公司内部发展的制约因素进行深入分析。

首先，我国健康保险专业化经营程度低。在保险行业成熟的国家，商业健康保险大多走专业化发展的道路，寿险、健康保险和财产险很少混业经营。虽然我国已存在四家专业健康险公司，但任何一家财险和寿险公司都可以经营健康险业务。经营主体的增加导致健康保险市场竞争激烈，但管理的规范程度不够。由于对健康保险在风险本质、精算方法、管理技术等方面与寿险业务的差异性认识不足，健康保险的经营仍沿用寿险的经营模式和方法。而客观上，健康保险的高出险率、高赔付率、高理赔工作量，以及险种风险分布特点都决定了健康保险经营技术要求高、管理成本较大，因此需要保险公司明确专业化的战略定位。可见，缺乏专业管理和技术是制约商业健康保险发展的关键所在，更是运营成本居高不下、服务不到位的重要原因。

那么，专业化经营程度低的深层原因究竟是什么？对于四个子类健康险，产品设计时最关键的部分是各种发生率。理论上，各公司应该根据历史经验统计结果，设定相对准确的发生率，计算出合理利润边际下的价格。但由于在健康险专业经营领域，四大健康险公司管理水平低；而在混业经营领域，各大寿险公司长时间将健康险作为附加险种销售，由此导致客户数据分类不够详细，做出的经验分析不够准确。所以，健康险行业没有重量级的经验数据，经验分析存在困难。在这种情况下，独立定价不可能实现。因此，目前，健康险定价很大程度上依赖于与国外再保公司的合作。由于瑞再、科隆再、慕尼黑再等再保公司与国际大多数的保险公司存在合作关系，可以收集到全球健康数据，因此它们提供的定价发生率更有参考意义。但同时发生的问题是，健康险产品的实际运行结果显示，再保公司的数据基于全球人群

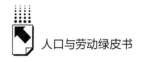

做出，对中国本土人群的适用性较低。尽管保险公司可以根据后期的客户理赔数据进行修正，但修正是一个长期的过程，短期内对健康险的准确定价仍较困难。因此，这样的问题长期积累导致恶性循环，最终导致健康险专业经营水平低下，其产品难以吸引消费者。

其次，商业健康保险产品同质化严重。目前，我国商业健康保险业务同质化严重，保障范围狭窄，难以满足多样化的市场需求。保险产品的实质是文字合同，而产品创新多体现在保险合同上。虽然当前健康保险产品涉及医疗、疾病、护理和失能等各个领域，但健康保险产品仍不能满足民众需求。各家经营健康险的保险公司在产品开发时，未深入研究和细分市场需求，互相"抄袭"，有些产品过分追求投资理财功能，脱离了健康保险的本质。此外，保险公司推出的许多健康险产品，或是因为价格过高，消费者承担不起；或者因为保障范围过窄，某些产品只对特定疾病或意外伤害造成的医疗费用支出提供保障，而这些产品仅限于为住院费用支出提供补偿，风险划分过细，综合性不强，无法满足消费者的医疗保障需求。

再次，定位不明确。商业医疗保险是基本医疗保险的有力补充，是建立多层次医疗筹资保障的重要方式，但这一"补充"不应该通过委托经办来实现。商业健康险在发展程度相对落后的情况下，不尝试将重心放在提升专业化经营水平和产品设计能力上，而是通过经办和承办的方式与医保进行各种各样的衔接。这体现了商业保险公司定位不明确的问题。

（四）商业保险与基本医疗保险的衔接有待进一步明确

正如前文所言，作为医疗保障体系的补充层、在为百姓提供多样化选择的同时，商业健康保险与主干层也存在多种方式的衔接。此类衔接一方面可能会对基本医疗保险制度造成伤害；另一方面也会影响商业保险机构的良性竞争，影响行业的长期发展。并且，由于商业健康保险与主干层衔接存在较大的政策波动，这种系统风险也会影响商业健康保险经营的稳定预期。最后，目前国际上几大社会医疗保险国家和地区，包括德国、法国、日本和中国台湾地区等，均不采用委托商业保险经办医保的形式。采用这一形式的国家很少，代表国家为美国。从 1990 年开始，美国政府开始将其主办的 Medicare 和 Medicaid 中的部分业务，例如理赔、费用审核、结算支付等委托给蓝十字、蓝盾组织及维朋等商业保险机构经办，商业保险机构不承担基金风险；在发展的后期，政府将 Medicare 和 Medicaid 中的补充保险部分全权委托给商业保险机构管理，后者承担基金风险。然而，美国进行这样的委托是有前提的。美国是健康产业链发展很完善的国家，健康风险管理业起源于美国，因此在历经一个世纪的发展后，美国健康保险业已积累专业的精算经验和坚实的风险管理基础，其商业健康保险行业的发展已十分成熟。我国在建立这样的委托机制时，应思考我国是否具备这样的条件。

同时，委托商业保险经办医保的形式可能会损害消费者的权益。将基本医保委托给保险公司承办，实质上是将承包者信息强制地卖给保险公司。在委托商业保险公司经办基本医疗保障的过程中，商业保险公司通过管理理赔环节上收取费用，不承担基金运作的风险。然而，正是由于保险公司没有运作基金的权利，经办业务本身的利润空间并不大，真正的利润点在于保险公司可获得承包者的医疗数据和信息。这些数据和信息一方面可能会造成更为严重的逆向选择，这使得需要医疗保险的人群被收取更高昂的费用。而更高昂的费用很大一部分是由于保险公司掌握了本应该属于公共资产的医疗健康数据。事实上，商保经办的大病保险，实际上完全可以在原有的基本医保基础上直接扩大报销比例。2012 年，政府出台了商业保险承办大病保险的相关政策，说明政府希望在制度设计上筹措一个大病医保的项目，来填补基本医疗保障不足以抵消"巨灾疾病"负担的缺口，这是一个非常好的进步。通过商业保险或许可以提高医保运作效率，然而，不管是通过社保还是商保来投保大病保险，政府都必须出钱来购买该服务。而这笔钱完全可通过提高医保报销比例、扩大报销范围等方式，给大病患者减轻医疗费用负担，不一定非得让商保参与进来。即便让商保参与进来，相对于政府统筹购买商业保险的太仓模式来说，允许个人使用自己的账户购买商业保险的镇江模式更好，这个选择权应该交给个人。

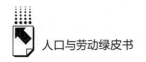

四　医疗保险发展的国际经验

医疗保障制度作为国家社会保障制度的重要组成部分，无论选择何种模式，其最终的目标都是实现全民覆盖，从而使得全体国民能够得到必要的卫生保健服务。将世界上不同国家的医疗保障制度模式进行粗分，可以分成两类：一类是通过税收进行卫生筹资，通过公立的或者签约的私立卫生服务提供者，向国民提供免费或者低收费的卫生保健服务，例如英国、瑞典、加拿大、巴西等国家；另一类是社会医疗保险（Social Health Insurance，SHI），通过全体社会成员，包括所有用人单位和个人强制其加入医疗保险，以收入为基础缴纳医疗保险费形成社会统筹基金，为参保人员共付医疗费，化解参保人员的疾病风险；政府对低收入者给予参保缴费补贴或者对其提供免费医疗服务。以社会医疗保险为主体制度的国家和地区较多，典型的有德国、日本和中国台湾等。在这些国家和地区里，商业医疗保险及私人医疗保险都在一定范围内存在，为较高收入的人群提供更高层次的医疗保障。我国现行的医疗保障制度与社会医疗保险体制较为类似，因此有必要对这些国家进行分析，寻找共同特点和发展趋势，为进一步完善我国医疗保险制度的政策建议提供国际经验借鉴。

（一）社会医疗保险国家的社保体制概况

1. 德国

德国是典型的社会医疗保险国家（Social Health Insurance）。1883 年，德国《疾病保险法》颁布，标志着世界上第一个社会医疗保险国家的诞生。在 100 多年的时间里，德国的社会医疗保险制度不断创新，尤其在社会医疗保险基金的筹集与支付机制上，既坚持公平又不失效率，带来了整个卫生系统的良好运行。2000 年世界卫生组织（WHO）对 191 个成员的卫生系统进行了评估，在两项重要指标"资金提供公平性"及"卫生系统水平"中，德国分列第 6 位、第 5 位，均高于同时期的英国、法国、新加坡等，德国实行社会医疗保险制度的经验赢得国际社会的赞誉。德国的社会医疗保险基金会（GKV）作为非营利性质的保险专业组织，为德国社会医疗保险的筹资主体。GKV 由 6 大基金会下设共 134 个疾病基金组成。GKV 及其下属的疾病基金都是独立的、具有公法法人地位的、非营利性的、独立于政府的医疗保险机构，共提供近 200 种健康保险计划。法律规定保险计划必须接受所有的参与者（不得进行病人选择），同时必须支付所有的有效赔付请求。

在德国，以社会福利原则为基础的法定医疗保险制度是德国医疗保险制度的核心和保证，互助原则是社会保障在疾病预防和医疗服务方面的基本原则，特别强调国家而非市场是医疗健康服务领域中的最后责任人。为控制医疗费用，德国社会医疗保险基金会针对门诊和住院服务分别建立按服务计点（Punkte system）和按病种预付（Diagnosis Related Group，DRG）的医保支付方式，对抑制医疗服务供方的诱导需求，减少大检查、大处方等发挥了积极的作用。对医生门诊服务的支付主要是按服务计点方式进行。医保基金会先按被保险者人数以人头费的方式支付给医师协会；医师协会按照事先制定的统一计值标准，对医生提供的服务进行审核、结算再支付。对单个医生来说，提供的服务越多，获得的点数就越多，报酬也就越多；但医师协会所管辖区域的卫生费用是固定的，服务点数的增加不会带来集体报酬的增加。又由于患方在接受门诊治疗服务需自付 10% 的成本费用和 10 欧元的处方费，这样能有效地控制区域卫生总费用。

德国政府在医疗保险方面主要发挥三种作用。首先，立法保障。在立法上，联邦政府和州政府共同享有联邦德国卫生事务方面的立法权。比如社会医疗保险所遵循的"家庭免费联动保险原则"，是依据联邦政府"社会法典"关于"家庭保险"的规定：在一个家庭中，如果主要收入者参加了社会医疗保险，那么孩子、低收入配偶将跟在其名下，不用缴纳社会医保费用，免费享受医疗保险。其次，制定社会医疗保险运行规则。德国医疗保险制度自 1883 年建立以来，尽管历经多次改革，却始终保持着自治管理与分权经营这两大基本特征。德国的医疗保险制度是一种官办、民管的自治管理模式。在关于法定医疗保险自治管理组织的规定中，并没有委托某一国家行政机关对

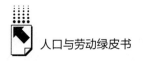

医保进行直接管理，而是设立了疾病基金会，并将该机构对医疗保险的管理权交给相关的雇员和雇主。因此公民享受的医疗服务并非国家提供的统一服务，而是联邦、州、民间协会三方协商并共同决策，以及医疗保险机构、医疗从业人员、医院和其他医疗服务提供方以及它们在联邦和州一级的民间协会通力合作的结果。联邦议院和联邦政府的相关部门制定医疗保险法规和政策，在国家的法律框架下，疾病基金会、医生、医院分别组成协会对医疗保险事务进行协商与自治管理，自行决定筹资与服务事宜。最后，进行宏观调节。在宏观管理上，联邦社会保险局主要负责调节和均衡各社会医疗保险基金会的基金风险，如矿工医疗保险（Knappschaft）的参保对象所面临的职业疾病和意外伤害较多，其基金会超支的风险较高，为了保障矿工医疗保险基金会的正常运行，联邦社会保险局会对疾病经济风险进行测算，在各基金会之间进行资金的调配，使矿工医疗保险基金会获得足够的风险平衡金。

目前，德国医疗保险由法定医疗保险（Statutory Health Insurance，SHI）和私人医疗保险（private health insurance，PHI）两大运行系统构成。公民就业后可视其经济收入多少，在法定医疗保险和私人医疗保险之间进行选择，政府规定了可不参与 SHI 的标准，符合标准的高收入阶层可选择不参与 SHI 而购买替代性私人医疗保险。同时，私人医疗保险也提供补充性医疗保险，例如牙医保险。2009 年之前大约 90% 的德国居民参加的是法定医疗保险，约 9% 参与私人医疗保险，约 1% 是其他的医疗保障制度，仅 0.2% 的居民在 2007 年没有任何的保险保护。从 2009 年开始，法律规定所有居民必须参加医疗保险。法定医疗保险与私人医疗保险构成具有德国特色的"医疗保险双轨制"，私人医疗保险在德国并不像其他国家那样被限制在补充保险范围内，而是一个与法定医疗保险并行的、具有独立和完全性等特点的保险制度。随着 2007 年《法定医疗保险竞争加强法》的实施，两者能够起到相同的医疗保障作用，它们之间在互相融合。

2. 日本

从世界范围来看，日本是一个医疗体制健全、医疗质量和服务水平高、医疗保障实现全民覆盖的国家。截至 2012 年日本人均寿命连续 20 年居全球第一，日本女性人均寿命更高达 86.4 岁，这与国民生活水平改善以及医疗技术的进步、健全的医疗保险制度密不可分。1961 年，日本颁布《健康保险法》，规定实施以"全民皆参与"为原则、以"自由选择医疗机构就诊"为特点的医疗保险制度。这一制度主要分为职域保险（亦称雇员保险）和地域保险（亦称国民健康保险）两种类型，前者被保险人主体为在职职工及其家属，后者为农民、自由职业者和失业无业人员。为应对老龄化问题，日本从 2008 年起改革原来的老年人保险制度，创建以 75 岁以上老人为对象的新型高龄者医疗制度，将 75 岁以上老年人的医疗费单独结算。截至 2014 年末，参与日本社会保险的人数占总人数的 98.36%，其余为低保人员，享受免费医疗救助。

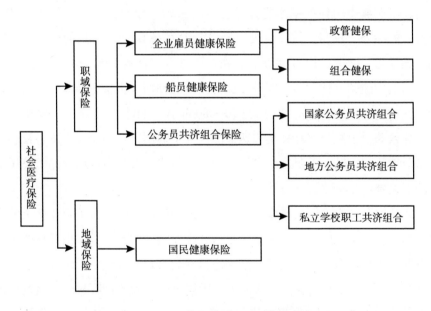

图 9 - 10　日本社会医疗保险制度构成

日本社会医疗保险在实现全覆盖的过程中，始终坚持医疗面前人人平等的原则，其社会政策的目标就是让所有老百姓都有医疗保险，坚持公平的理念。特别是公办公营的国民健康保险，其明显的社会保险特性，不仅体现在遵循社会保险互助共济和收入再分配的原则上，也体现在它全覆盖、保基

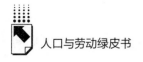

本、共负担的特征上。

由于日本早已进入深度老龄化社会，控制医疗费用成为日本社会医疗保险运行的首要任务。首先，医疗费用定价实行"点数法"，医保基金支付计算严格根据《医疗保险点数表》进行积分计算。其次，为了降低平均住院日，控制医疗费用，日本在2003年开始尝试采用医疗费预付方式代替以前的按服务项目付费的方式，称为疾病诊断群分类（DPC-Diagnosis Procedure Combination）定额支付制度。它是以DPC为基础的定额支付方式与按项目支付方式的结合，是由日本独立开发、新的诊断分类群。其中，按DPC定额支付的支付额是按DPC分类制定的每个住院床日的支付点数乘以医疗机构的调整系数（根据前一年医疗费实绩），再乘以住院床日数。其涵盖的内容有住院服务中的住院基本费、检查、画像诊、投药、注射和处置（1000点以上的除外）项目。按项目支付涵盖的内容有DPC不包括的医疗服务费用，如手术、麻醉、1000点以上的处置项目等。日本DPC诊疗报酬是根据日本国情创建的，体现了日本医疗保险制度的创新。再次，药品通过集中谈判的方式降低药品价格。20世纪70～80年代，日本以药养医现象比较严重，导致药价虚高、医疗费用快速上涨。为了遏制这一现象，日本各社会保险基金统一成立药品委员会，参考全球药品价格以及日本国内药品的使用情况动态谈判药品价格，该方法取得良好的效果。

在政府职能方面，日本厚生劳动省下设的健康保险局负责企业雇员健康保险和国民健康保险。其中，企业雇员健康保险中的政管健保由独立的全国健康保险协会负责，具体任务包括保险运营的策划和保险金给付等，保险费征收等则由地方的社会保险厅来实施；国民健康保险由市町村一级负责，国家给予政策支持，由"国民健康保险团体联合会"统一经营。这几类保险均为"公办公营"性质，具有较强的福利保障和再分配性质。而"公办私营"的是共济组合保险。共济组合可由企业员工经厚生劳动大臣认可单独建立，符合"互助互济"原则，实质上为非营利性质。中央下属的健康保险组合联合会对共济组合进行管理，对其医保基金的运作实行全面监督。中央和地方政府可以要求各共济组合以及运营单位提交其财产和事业状况报告，或者派专门的调查员进行调查，对于地方具体运营事宜不予干涉。同时，政府拥有对共济组合的人事调动权力和财政补贴职责。

3. 台湾地区

台湾全民健康保险制度（简称"全民健保"）因其覆盖全民、集中统一的组织特征受到学界较多关注。台湾当局于1995年3月1日正式建立全民健保，将各项社会保险（原劳保、公保和农保）整合到统一的医保体系之中，由"中央健康保险局"（简称"中央健保局"）单独运营，这一阶段被称为"一代健保"。全民健保制度的建立意味着台湾医疗保险制度从传统的多元社会保险转向了一元的全民保险，实行一元承保和单一支付。随着产业结构全面升级，台湾地区经济形势逐渐好转，但全民健保体系开始面临巨大的财务压力，其中保费费基僵化是医疗费用收支失衡的主要原因之一。于是台湾于2001年开始酝酿"二代健保"，历时十年，于2011年由"台湾立法院"审议通过。为了确保财务收入的稳定性，"二代健保"取消了"一代健保"下的"单一费率"制度，采用"双轨制"，分为一般保费及补充保险费，以此保证筹资收入的稳定性和公平性。这个过程中始终没有触动公办公营的制度核心。从全民健保实施初期"官办民营"提案遭抵制，到"二代健保"改革时期"中央健保局"行政地位的强化，都在一定程度上体现了台湾民众的普遍意愿。目前，台湾卫生费用支出占GDP的比例为6.87%，100%的医院都与全民健保签约，诊所的签约率也在89%～96%之间，99%的民众都加入了这一计划，实现了真正意义上的"全民健保"。

整体看来，中国台湾全民健保体系主要还是以国家行政指导为原则，以中央调控为手段的（吕建德，2009）。因此，这一体系中的政府职责集中且清晰。"行政院卫生署"是主管机构，除了设立"中央健保局"作为保险人外，它的主要职责还包括监理保险业务以及提供保险政策法规咨询。"行政院卫生署"设有五个平行机构，负责维持整个健保体系运营，包括"中央健保局"、监理委员会、医疗费用协定委员会、全民健保小组和争议审议委员会（在"二代健保"改革中，监理委员会与医疗费用协定委员会合并，使得资金筹措从原来的"收支两条线"转变为"收支联动机制"）。"中央健保局"作为实际执行保险业务的单位，是整个全民健保组织体制运作的中心。在"二代健保"新一轮的多元支付制度的改革中，值得关注的变化有两个方面。一方面是稳步推进与完善 DRG，核心概念是同病同酬，定额给付，将住院医疗分成 967 项，分 5 年逐步实施；另一方面是争议较大的"药价差"的后续处理问题。"药价差"的存在是市场经济导致的。因此，适度压缩药价空间，规范药品定价是比较积极可行的办法。"二代健保"引入了医疗科技评估机制（Health Technology Assessment，HTA），综合个人健康、医疗伦理、医疗成本效益及健保财务等因素通过医疗科技评估来增订医疗服务、药物给付项目及支付标准。这一机制实质上沿用了发达国家药价控制（drug price control）手段。

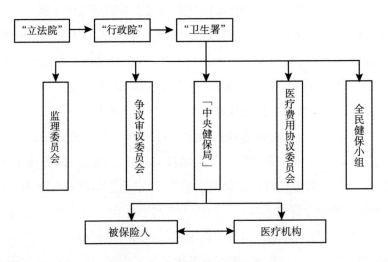

图 9 - 11 台湾地区全民健保管理体系

在"中央健保局"统一管理、运营台湾全民健保基金的基础上，商业健康保险亦有良好的发展势头，与全民健保之间既存在一定的替代性又存在较为明显的互补性。据台湾地区寿险产业公会公布的数据，台湾地区在全民健保实施的 10 年中，商业健康保险的年平均增长率为 24.87%。这是由于全民健保的实施有助于台湾地区人民更好地了解保险的风险分担作用，扩大了对商业保险的现实需求；同时，在全民健保的实施过程中，完成大量关于人身伤害与疾病发生率的数据统计工作，从供给方降低了产品研发成本，降低了商保保费，保障了公民的福利。

（二）社会医疗保险国家的共同特点和趋势总结

首先，在制度安排方面，实行社会医疗保险制度的国家均强调政府而非市场才是医疗健康服务领域中的最后责任人。政府以"人人享有医疗保险"为原则，不断扩大覆盖范围，逐步建立起全民覆盖的、具有社会福利性质的社会医疗保险制度。同时，政府作为实际执行保险业务的单位，也是整个保险基金运作的中心。德国建立了以"社会福利"、"互助"等原则为基础的法定医疗保险制度，是德国医疗保险制度的核心和保证，也是社会保障在疾病预防和医疗服务方面能发挥重大作用的关键。日本自1961年实施以"全民皆参与"为原则的社会医疗保险制度以来，进行了一系列改革，旨在建立一个由政府宏观调控、各共济组织规范参与、医保基金可持续的体系。台湾省的全民健保以"全民参保"、"发扬自助和互助的精神"等为原则，医保基金始终由"中央健保局"单独运营。从实施初期"官办民营"提案遭强烈抵制，到"二代健保"改革时期"中央健保局"行政地位的强化，"公办公营"的制度核心始终没有被触动。

其次，正在逐步向单一支付者过渡。在社会医疗保险体制国家中，一个主要的趋势便是医疗卫生体系保险逐步进行横向整合，实现单一支付者（single payer）模式。以这种方式促进公平、提高效率，是各国和地区发展的趋势。在德国，社会医疗保险的经营机构是疾病基金会，该基金会最初有2000多个，现在已逐步合并为2013年的134个法定疾病基金会。疾病基金会的支付价格和支付手段将参考卫生部门的设定。在台湾地区，社会医疗保险制度的改革过程中，全民健保从多方支付转变为单一支付者制度，由"中央健保局"统一负责，有利于议价与价格控制，从而更好地落实和强化支付制度的执行力，建立合理的医疗费用成长指标与监督机制，真正实现医疗支出合理化。在日本，虽然不同保险基金独立运行，但是其支付价格、支付方式都会按照中央政府和地方政府设定的参考价格，实行"不同保险、

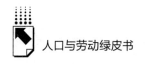
同一价格"的支付政策。同时，为了控制药品费用，政府行政部门联合保险基金成立了药品价格谈判委员会，通过单一购买者的力量进行价格谈判。

再次，推动支付方式改革。由于医患双方在医疗市场中信息不对称，一旦医疗服务供方向需方提供不必要的医疗服务和药品，需方要维护自己的利益是很困难的。为此，社会医疗保险国家制度变迁的另一大趋势便是逐步由按服务付费的后付制度转变为"总额预付制"，很好地发挥第三方购买者的作用。总额预付方式可以有效防止医院和病人过度使用医疗资源，是目前控制医疗费用的最有效的手段。德国社会医疗保险基金会针对门诊和住院服务分别建立按服务计点（Punkte System）和按病种预付（Diagnosis Related Group System，DRG）的医保支付方式，对抑制医疗服务供方的诱导需求，减少大检查、大处方等发挥了积极的作用。日本也沿用了这一支付方式，称为疾病诊断群分类（Diagnosis Procedure Combination，DPC）定额支付制度。而台湾地区在"二代健保"新一轮的多元支付制度的改革中，稳步推进与完善DRG，以"同病同酬，定额给付"为核心理念，配合医疗科技评估机制（HTA）来控制药价，也取得良好的成效。

最后，疾病保险逐步过渡到健康管理。过去，医疗保险主要用于支付疾病治疗费用，这种方式可能会引起事前道德风险，降低医疗保险的使用效率。随着各国对健康决定因素的认识以及医疗保险功能的深化，医疗保险在健康管理中扮演着越来越重要的角色，在维护健康、减少疾病方面发挥着积极的作用。德国社会医疗保险从保障条款上将健康促进和疾病预防纳入范畴，明文规定医疗机构有义务为投保人提供有关疾病预防及其预防方面的咨询、检查和疗养服务。在需方管理上，2004年德国开始实施《法定医疗保险现代化法》，在坚持团结互助、社会共济的基础之上，增强国民对医疗健康的"自我责任"，鼓励投保人积极参与疾病预防和及早诊治计划。日本早在1959年就开始针对卫生状况和潜在公共卫生问题实施健康管理。目前，日本家庭普遍享有健康管理机构及保健医生的长期跟踪服务，该服务主要是通过医疗保险进行付费。在医疗保险制度建设上，日本于2008年4月开始实行由各医疗保险机构负责的"特定健康检查"与"特定保健指导"两大制度。该制度的实施对象为 40～74 岁的医疗保险投保人，医生每年对他们做与生活习惯病相关的体检，然后根据检查结果对需要改善生活习惯的人进行特定保健指导。台湾地区健保向全体居民提供全民健保服务时，适时适度地包括疾病预防、诊断治疗、健康教育等广泛性的健康管理服务。预防保健服务包括计划免疫在内的儿童预防保健、成人预防保健体格检查（40～64 岁成人每 3 年检查一次，65 岁及以上老人每年检查一次）、孕妇产前检查、妇女子宫颈涂片检查等。在健康教育方面，通过制作各类宣传品和纪念品，如健康手册、人员培训资料、折页、音像制品、刊物及举办健康知识报告会等，开展健康促进活动。从 2003 年 12 月起，推行"全民健康保险家庭医师整合性照护制度试办计划"，充分发挥基层诊所家庭和社区医师的功能，提供社区居民各种急慢性疾病的照顾和转诊服务，并与合作医院形成完善的社区照护网络，培育居民有病先找家庭医师进行健康咨询的就医行为，以促进分级就医和转诊制度的实现。

五　关于完善我国医疗保险制度的政策建议

针对我国医疗保险制度存在的问题，结合医疗保险发展的国际经验，本文对进一步完善我国医疗保险制度提出以下政策建议。首先，从理念层面上明确基本医疗保险在维护国民健康、促进医疗卫生体制改革以及减轻个人医疗负担中的主体地位。在理念层面改变医疗保险的运行目标。同时加快发展商业医疗保险，作为基本医疗保险的补充。其次，在制度层面上尽快推动"三保合一"，适当提高统筹层次。在中央层面成立医保资金使用指导委员会以及医疗服务和药品价格谈判委员会，加快形成单一者支付格局。在操作层面上，通过引入社会经济评价，尽快推动支付方式改革，加大医保信息化建设，推动动态医保监管等措施促进我国医疗保险制度的完善。同时，简政放权，加大商业健康保险竞争力度，充分借"互联网＋"的东风，推动商业健康保险健康发展。具体建议如下。

第一，在理念层面改变社会医疗保险的运行目标。正如前文所述，我国

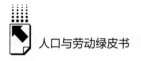

社会医疗保险的首要目标是"以收定支，确保医保资金安全"。在这样的目标下，政府特别是行政管理部门对医保资金运行的宏观效率缺乏有效的思考与监督。事实上，医保资金作为医疗服务的最大买方，社会医疗保险制度作为政府在医疗领域实现国家目标的具体形式，应该承担更多的社会责任，其运行目标应该更加广泛与多维。改善国民健康、分担财务风险应该是社会医疗保险运行的两个主要目标。首先，以改善国民健康为目标的社会医疗保险将改变过去"轻预防、重治疗"的运行方式。以目标改变推动社会医疗保险资金更多用于购买预防保健服务，实现从"医疗保险"向"健康保险"过渡。在具体实践中，可以以将某些重点疾病的发病率和死亡率作为医疗保险运行的考核目标，以目标考核倒逼运行方式转变。其次，社会医疗保险作为分担财务风险的有效方式，理应将个人财务分担风险作为社会医疗保险的考核目标。在中国目前的国情下，可以考虑将实际个人自付比例（非政策内报销比例）作为社会医疗保险运行的重要目标，结合"因病致病率"、"因经济困难未就诊率"等指标考核社会医疗保险的运行情况。这将有助于社会医疗保险管理部门主动参与医药卫生体制改革，有利于医保管理部门积极参与破除以药养医等医改突出问题、规范诊疗行为，实现三医联动。

第二，在制度层面上尽快推动"三保合一"，适当提高医保统筹层次。依据社会保险的"大数法则"，医保统筹层次越高，医保基金的互助共济、抗风险能力就越强，医保制度的运行就越稳健。城镇职工医保、城镇居民医保和新农合归于不同部门的管理，各个医疗保险统筹层次降低的现状不利于医疗风险的分担，同时也造成行政资源浪费，管理成本高、效率低、漏洞多等问题日益突出。党的十八大报告提出"整合城乡基本医疗保险制度"，到目前为止尚没有实质性进展。无论是接下来单一者支付还是支付方式改革等措施都依赖于医保管理制度的统一。当前，对于城镇职工医保、城镇居民医保和新农合应该归社保部还是卫生计生委管理存在较大的争议。事实上，两种方案都有利有弊，很难寻找出一个完美的结果。在具体实施中这就需要依靠更大的政治勇气和更多的政治智慧。在管理部门统一以后，建议首先整合城镇居民医保和新农合资金，形成城乡居民基本医疗保险制度，实现从

"三保并行"到"两保并行"转变。在整合医保管理体制的基础上，适当提高医保统筹层次，特别是提高"城镇居民医保"和"新农合"的统筹层次。事实上，"城镇居民医保"和"新农合"的财政资助补贴更大程度上来自中央、省、市的财政资金，对县级财政的依赖度相对较低。建议首先将"城镇居民医保"和"新农合"的统筹层次从县级提高到市级，在资金划分、机构管理方面的障碍相对较小，在操作上相对可行。

第三，在制度层面设立中央医疗保险资金使用指导委员会以及价格谈判委员会。我国医保资金特别是新农合和城居保资金相当一部分来自财政资金补助。城镇职工医保资金的筹集方式相对于国外的社会保障税，属于广义政府财政收入。政府对医疗保险的资金使用以及费用控制应该承担责任。虽然我国医保资金来源于不同的渠道、分散在不同的项目，但是可以借鉴日本、德国、我国台湾地区的经验推动形成单一支付者制度。德国2013年有134个法定疾病基金会，日本拥有接近3000个保险计划，但是不同保险计划的支付价格和支付手段将参考政府部门设定的价格。以日本为例，其成立的中央保险咨询委员会将负责医疗保险资金的使用与支付价格调整，周期为两年一次。全日本所有的医疗机构将接受此价格。这项措施对控制医疗费用、规范医疗行为具有非常好的效果。参考这个国家的案例，我国可以在中央层面设立医疗保险资金使用指导委员会以及价格谈判委员会，依靠政府、专家学者以及全社会的力量参与医保资金的管理和运行。这一方面可以提高我国医保资金管理运行的水平，提高专业化程度；另一方面也可以利用集中谈判的优势控制医疗费用、规范诊疗行为。

第四，在操作层面上尽快全面推动支付方式改革。目前，我国医保支付方式主要依靠按项目付费，只是在个别地区个别病种上推动按人头付费、按病种付费等支付方式改革。由于大部分支付方式还是依靠按项目付费，医生和患者可以通过充分就医、病种升级等方式进行规避，因此有必要全面推动支付方式改革，建立复合型的多元支付方式。具体来说，形成以按疾病诊断分组支付、按人头支付、总额预算等预付方式为主，以按项目支付为补充的多元支付方式。采用多元支付方式的目的是规避单一支付方式带来的弊端，并发挥不同支付方式的优点与协同效应。同时，不能仅仅希望依靠支付方式改革一次性来完善我国医疗卫生体制，还应该在操作中注意可操作的敏感绩效（质量）指标，例如特定疾病发病率、费用增长，服务分解与转诊，必要的服务过程或流程，不断对支付方式进行动态调整。在调整支付方式的基础上，还应该充分引入社会经济评价方法。利用以质量生命调整年计算、药品经济学等方法评价不同诊疗行为、不同药品的社会经济价值。基于科学评价，通过调整支付方式合理引导医生的诊疗行为，尽可能实现社会利益的最大化。

第五，在操作层面上尽快建设系统完整的医保基金监测体系。将医保资金结算系统同医保个人信息系统、医院财务系统、医院诊疗系统实现互联互通，形成对医保基金、医保定点医疗机构、药店以及参保人员的整体情况进行监测。同时，建设医院诊疗行为标准、医保资金使用规范数据库，利用大数据分析模式对医生的实时诊疗行为进行科学比对，形成对医生行为动态监测。例如，医保部门在该信息系统下可以对医生的"不规范"行为进行询问、质询与调查，对多次违反诊疗规范且缺乏合理依据的行为进行处罚。在动态监测的基础上，医保部门可以利用数据动态分析医保基金的筹集、支出以及结余趋势，监测医保定点机构服务与成本控制情况，分析参保人员的年龄结构、医疗服务利用趋势及人群疾病风险，为动态调整医保经费收缴比例与偿付标准提供科学可靠的依据。

第六，利用"互联网＋"契机，推动商业医疗保险快速发展。商业医疗保险在很多国家医疗保险体制中（除美国外）都发挥着非常重大的补充作用。即使在保障水平较高的德国、法国，其商业医疗保险的覆盖率和保障强度也远远高于当前中国。解决我国商业医疗保险发展的困境更多应该从内因入手，定位客户需求、提高行业专业化程度、进行差异化竞争、降低管理运行成本是发展商业医疗保险的重要对策。特别是在当前我国医疗费用快速上涨、个人自付比例依然较高的情况下，通过发展商业医疗保险降低个人现金支出比例具有广阔的市场。同时，我国高收入人群对解决当前医疗机构服务态度相对较差、排队时间较长问题存在较大的需求且具有较强的支付能力。在发展健康服务业的背景下，我国商业医疗保险公司可以通过与医疗机构签订契约或者直接举办医疗机构等方式建立健康管理组织（HMO）。从单一的保险机构转变为健康维护组织。与此同时，我国正处于"互联网＋"的风口，发展商业保险公司可以利用此机会，通过创新渠道、降低管理成本、提高服务便捷性等方式推动商业医疗保险快速发展。同时在政策层面，国家可以进一步加大扶持力度，通过税收减免等方式鼓励个人购买商业医疗保险，特别是鼓励以家庭为单位购买医疗保险。

参考文献

Cheng L., Liu H., Zhang Y., (2014). "The Impact of Health Insurance on Health Outcomes and Spending of the Elderly: Evidence from China's New Cooperative Medical Scheme". *Health Economics*, 24 (6): 672 – 691.

Courbage C., Coulon A. (2004). "Prevention and Private Health Insurance in the UK". *The Geneva Papers on Risk and Insurance-Issues and Practice*, 29 (4): 719 – 727.

Dave, D., & Kaestner, R. (2006). "Health Insurance and Exante Moral Hazard: Evidence from Medicare". *International Journal of Health Care Finance & Economics*, 9 (4), 367 – 390.

Ehrlich, I., & Becker, G. S. (1992). "Market Insurance, Self-Insurance, and Self-Protection". *Foundations of Insurance Economics*. Springer Netherlands.

Finkelstein A. (2007). "The Aggregate Effects of Health Insurance: Evidence from the Introduction of Medicare". *The Quarterly Journal of Economics*, 122 (1): 1 – 37.

Heckman, J. J., Lalonde, R. J., & Smith, J. A. (1999). "The Economics and Econometrics of Active Labor Market Programs". *Handbook of Labor Economics*, 3 (a): 1865 – 2097.

Imbens, G. W. (2003). "Nonparametric Estimation of Average Treatment Effects under Exogeneity: A Review". *Review of Economics & Statistics*. 86 (1): 4 – 29.

Klick, J., & Stratmann, T. (2007). "Diabetes Treatments and Moral Hazard". *Social Science Electronic Publishing*, 50 (3), 519 – 538.

Lei X., Lin W. (2009). "The New Cooperative Medical Scheme in Rural China: Does More Coverage Mean More Service and Better Health?" *Health Economics*. 18 (S2): S25 – S46.

ManningW. G., & Leibowitz A. (1987). "Health Insurance and the Demand for

Medical Care: Evidence from a Randomized Experiment". *American Economic Review*, 77 (3): 251 – 277.

Stanciole, A. (2007). "Health Insurance and Life Style Choices: Identifying the Exante Moral hazard". Iriss Working Paper.

Wagstaff A, Lindelow M, Jun G. (2007). "Extending Health Insurance to the Rural Population: An Impact Evaluation of China's New Cooperative Medical Scheme". *Journal of Health Economics*, 28 (1): 1 – 19.

Yilma Z, van Kempen L, & de Hoop T. (2012). "A Perverse "Net" Effect? Health Insurance and Ex-ante Moral Hazard in Ghana". *Social Science & Medicine*, 75 (1): 138 – 147.

Yi, Z., Vaupel, J. W., Zhenyu, X., Chunyuan, Z., & Yuzhi, L. (2002). "Sociodemographic and Health Profiles of the Oldest Old in China". *Population & Development Review*, 28 (2), 251 – 273.

Zweifel, P., & Manning, W. G. (2000). "Moral Hazard and Consumer Incentives in Health Care". *Handbook of Health Economics*, 1, 409 – 459.

林姗姗:《台湾"全民健保"制度改革走向:从"一代健保"到"二代健保"》,《台湾研究》2011 年第 2 期。

王婉:《台湾医疗保险组织体制:演进路径及其动因分析》,《武汉大学学报》2013 年第 1 期。

龚贻生:《中国商业健康保险发展战略研究》,南开大学博士学位论文,2013。

何艾芸:《台湾地区社会健康保险制度之研究》,复旦大学硕士学位论文,2009。

宋金文:《日本医疗保险体制的现状与改革》,《日本学刊》2005 年第 3 期。

刘晓梅、楚廷勇:《日本社会医疗保险全覆盖的经验——兼评我国的医改方案》,《探索与争鸣》2010 年第 7 期。

顾昕:《中国商业健康保险的现状与发展战略》,《保险研究》2009 年第 11 期。

顾昕:《商业健康保险在全民医保中的定位》,《经济社会体制比较》2009 年第 6 期。

于坤、曹建文:《以社会医疗保险为主体的医疗保障制度国家间的比较和分析》,《中国卫生资源》2006 年第 6 期。

楚廷勇:《中国医疗保障制度发展研究》,东北财经大学博士学位论文,2012。

高月霞:《社会医疗保险政策对医疗服务影响的效果评价》,西南财经大学博士学位论文,2014。

杜丽清:《我国社会医疗保险与商业医疗保险协调发展研究》,山西财经大学硕士学位论文,2010。

陈琦:《我国城乡居民基本医疗保险发展面临的问题研究》,西南财经大学硕士学位论文,2013。

李亚青、申曙光:《我国三大医保制度整合的现实基础分析》,《中国医疗保险》

2010 年第 1 期。

韩凤：《中国特色医保体系建设成就与目标任务》，《中国医疗保险》2010 年第 12 期。

刘国恩、蔡春光、李林：《中国老人医疗保障与医疗服务需求的实证分析》，《经济研究》2011 年第 3 期。

丁锦希、李晓婷、顾海：《新型农村合作医疗制度对农户医疗负担的影响》，《农业经济问题》2012 年第 11 期。

朱铭来、奎潮：《基本医疗保险对国民健康水平影响的实证研究》，载《深化改革，稳中求进：保险与社会保障的视角——北大赛瑟（CCISSR）论坛文集》。

柴化敏：《中国城乡居民医疗服务需求与医疗保险研究》，南开大学博士学位论文，2013。

李玲：《建国六十年健康结果与卫生政策相关性研究》，卫生部法制司招标课题。

白重恩、李宏彬、吴斌珍：《医疗保险与消费：来自新型农村合作医疗的证据》，《经济研究》2012 年第 2 期。

程令国、张晔：《"新农合"经济绩效还是健康绩效?》，《经济研究》2012 年第 1 期。

彭晓博、秦雪征：《医疗保险会引发事前道德风险吗？理论分析与经验证据》，《经济学》（季刊）2015 年第 1 期。

甘犁、刘国恩、马双：《基本医疗保险对促进家庭消费的影响》，《经济研究》2010 年第 1 期。

马双、臧文斌、甘犁：《新型农村合作医疗保险对农村居民食物消费的影响分析》，《经济学》（季刊）2010 年第 1 期。

G.10

第十章
迈向中国特色"福利社会"

——"十二五"期间社会政策的回顾与发展

林闽钢 吴小芳

社会政策是通过国家立法和行政干预,解决社会问题、促进社会安全、改善社会环境、增进社会福利的一系列行动准则和规定的总称。基于各国的实践,社会政策是以公平、公正作为其核心价值理念,发挥作用的方向总是与社会分化的趋势和市场作用的方向相反,主要目标是保护和发展在市场经济条件下的公民社会权利和整个社会福祉。

一 中国进入社会政策时代

从国际经验来看,社会政策时代是与工业化、城市化的发展密切相联系的。在经济发展过程中,大量社会问题的出现,社会风险的加大都为社会政策的制定准备了前提条件。社会政策时代是指在一个国家或地区,以改善弱势群体和广大民众的生活状况为目的的社会政策普遍形成,并且作为一种制度被有效实施的社会现象和社会发展阶段(王思斌,2001)。

经过30多年的改革发展,中国在总体上已经告别短缺经济,社会发展及其政策的理念由此也发生了根本的变化。从总体上看,我国社会政策发展可以划分为三个时期。第一个时期是1949~1979年,以平均主义为导向的社会政策时期。第二个时期是1979~2007年,以生产主义为导向的社会政策时期。在这一时期,社会政策的弱势地位十分明显,社会政策被包含在"配套措施"之中,沦为经济政策的附属。第三个时期是2007年迄今,以民生主义为导向的社会政策时期（林闽钢，2011）。从 2007 年以来，各级政策强调把保障和改善民生作为出发点和落脚点，促进公平正义的发展，实现学有所教、劳有所得、病有所医、老有所养、住有所居。至今，社会政策的发展重心实现了根本性的转移，从经济政策单一发挥作用，到经济政策和社会政策开始初步整合，并共同发挥作用。

社会政策时代具有如下一些基本特征：第一，社会公正理念在社会中获得普遍认可；第二，社会政策被制定和实施；第三，社会政策的普遍发展并覆盖人们正常生活的诸多领域；第四，有效实施社会政策的组织体系；第五，经济政策与社会政策体系是整合的（王思斌，2001）。

进入 21 世纪，中国社会政策的主题，不仅是从解决社会问题出发，更重要的是促进社会公平正义、增进人民福祉，在整体上推动中国经济社会全面、协调和可持续地发展，迈向中国特色的"福利社会"。

二　中国特色"福利社会"的来临

"福利社会"是西方福利国家在经历经济危机，通过社会政策改革后的产物。从"福利国家"到"福利社会"是从一元主体到多元主体的转变，即从政府这个唯一主体，向国家、市场、社会组织等多元主体的转化，强调福利的来源应该多元化，福利责任不仅仅由国家或市场来承担，其他社会主体如个人、家庭和志愿组织、民间机构等也应是福利的提供者，并应承担相应的责任，由此来冲破国家和市场的绝对主义藩篱，寻求福利国家发展的最佳路径（林闽钢，2010）。

有关中国"福利社会"的讨论是"十二五"期间中国社会政策领域备受关注的议题之一，围绕中国"福利社会"的特征及其发展路径，学界提出了诸如"建设社会主义福利社会"（岳经伦，2008），"构建发展型福利社会"（徐道稳，2008），"迈向中国特色社会主义福利社会"（郑功成，2008），"构建中国特色福利社会"（刘继同，2009），"建设中国特色福利社会"（景天魁、毕天云，2009），"中国式的福利社会"（林闽钢，2010），

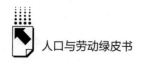

"福利社会"（韩克庆，2012），"中国特色福利社会"（景天魁，2013）等概念。在目前的研究中，所形成的初步共识是：西方发达国家"福利社会"的改革和发展对中国有较大的借鉴意义，但要看到两者的发展背景和条件有根本的差别。中国的发展轨迹是一个典型的后发国家追赶模式，其发展的起点是较为落后、封闭的农业经济，而目前仍处于快速的城镇化、工业化进程之中，从目前中国正在经历的社会转型过程来看，不仅要完成从传统农业社会向现代工业社会的结构转型，还要完成计划经济向市场经济的制度转轨。因此，中国"福利社会"建设的理念、发展路径和主要特征必然与西方发达国家存在许多的不同之处。

在"十二五"期间，无论是制定"十二五"规划时所明确的"顺应各族人民过上更好生活新期待"，还是强调坚持科学发展要"更加注重以人为本""更加注重保障和改善民生"，以及坚持把"保障和改善民生"作为加快转变经济发展方式的根本出发点和落脚点，都把民生问题提到前所未有的高度。围绕保障和改善民生的社会建设，中国特色"福利社会"开始初步具备如下一些特征。

（一）"适度普惠"理念的形成

从日本和韩国来看，社会政策理念走向普惠原则，一方面是积极回应社会需求。20世纪60年代，日本实现了经济的高度增长，但还没有实现包容性发展，各种社会问题不断表现出来，日本开始调整发展理念，将经济发展成果转化为国民福利，开始进行国家福利的重构，并在1973年宣布开启"福利元年"。为此，日本先后制定了《福利六法》，社会保险领域确立了"国民皆保险、国民皆年金"体制，之后又增加了护理保险等。韩国在1989年实现了医疗保险的全覆盖。此后，1999年进行养老保险制度改革，也实现了养老保险的全覆盖。2008年，又在全国推行护理保险制度。韩国用了30多年的时间，完成医疗、养老、护理综合服务制度体系的建构。

另外，社会政策理念走向普惠原则又是回应经济发展的需要。1997年亚洲金融危机通常被认为是东亚福利体制转型的重要时间点，这不仅意味着东亚福利体制在 1997 年之前和 1997 年之后，由于整体经济和社会结构的改变而产生了不同的福利需求，而且回应方式的不同也造成福利体制转型的差异。其中，作为亚洲金融危机中主动回应型代表国家之一的韩国，在金融危机的催化下，提出要把"先增长后福利"的模式改变为"同步发展"模式，政府开始推行一系列新的社会福利方案和扩张既有的社会福利方案来强化韩国的社会保障制度。

总之，日本和韩国社会政策走向全面普惠是通过扩大再分配的福利系统，实现全民的福利，把社会政策从经济政策中独立出来，回应社会的福利需求。反映了日本和韩国调整发展理念，将经济发展成果转化为国民福利，开始进行国家福利的重构（林闽钢、吴小芳，2010）。

中国社会政策提出普惠的理念，一方面，是基于在应对国际金融危机中，社会政策首次被纳入扩内需、保增长的"一揽子"刺激政策组合之中，社会政策首次与促进增长紧密联系在一起，其地位被提高到一个空前的历史高度，并俨然成为一个宏观调控的生产要素，扩大就业和扩大内需的政策组合，在拉动消费、刺激经济复苏上具有特殊、重大的作用。另一方面，社会政策可以通过向社会成员公平地提供各种物质帮助和服务设施，解决社会成员基本需求，使这些社会成员能够分享经济增长以及社会发展成果，有利于解决他们的生活需求，维护整个社会稳定和安全，更好地推动经济发展，实现社会进步。

在"十二五"期间，以和谐社会发展为目标，不断推进以民生为本的社会建设，在功能上，满足社会成员基本需求，实现社会保障的国民待遇，包括以救助、医疗、养老等需要为主要方面，即能够免除国民生存恐惧的社会救助制度、能够免除国民疾病恐惧的医疗保障体系、能够解除老年后顾之忧的老年保障制度，人们称之为"二免除一解除"（郑功成，2008），而发展性国民待遇则是以满足包括教育、住房、公共交通、社会服务等主要方面的更高层次的国民需求。

在"十二五"期间，构建和谐社会、全面建设小康社会的战略任务和

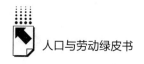
重要目标，以及以人为本的执政理念的提出，表明我国政府治国方略从注重经济的优先发展转移到经济和社会的协调发展上来。近年来，在发展经济的同时，更加重视发展社会事业和改善民生，经济发展与社会发展的协调性明显增强。为国家福利的重构提供了社会基础，在推动经济发展的同时，通过社会政策的改革和发展全面回应社会福利的需求，实现经济政策和社会政策的相互融通和相互促进，实现中国社会政策理念从"补缺"向"普惠"的全面转型。

（二）多元主体共责机制的重构

"十二五"期间，国家主导、多方共担的责任机制全面形成。社会化、多层次、权利义务相结合的"国家-社会"共责机制替代了原有的国家负责、单位（集体）包办的"国家-单位"共责机制。其中，我国社会保障体系建设的责任分担机制实现了由国家、企业保障向国家、社会（企业）、个人多方共责的重大转变。

在新型社会保障体系建设中，已经体现出政府、企业、社会、个人等主体各方共同分担社会保障责任。例如，养老保险、医疗保险建立在用人单位与参保人缴费的基础之上，再加上政府补贴，实质上是三方分担责任。在"十五"至"十一五"期间，在实施责任分担机制改革中，出现了不少偏差。以我国城镇医疗保障制度改革为例，出现了"看病贵"现象，表现为医药费用上涨过快，个人负担比例过高的突出问题。根据卫生总费用测算结果，20世纪80年代以来，我国卫生总费用绝对值不断增长，人均卫生费用由13.4元增至233元。卫生总费用可分为政府、社会和居民个人卫生支出，三者分别占16%、30%和54%。政府和社会卫生支出比重下降，居民个人卫生支出比重上升。2004年，我国卫生总费用占GDP的5.5%，这个比例在发展中国家已不算低。但是，居民个人负担的比重由1980年的21%增长到54%。因此，"十二五"期间，我国推进的深化医药卫生体制改革，其实质是对在医疗保障领域进行的责任分担纠偏所进行的再改革，是对责任共担机制的重构。这种责任共担机制的构建，不仅使社会保障制度的互助共济功能得到巩固，也为这一制度实现稳定与可持续发展奠定了重要基础。

（三）"体系化"和"全覆盖"加快

在"十二五"期间，社会保障的体系框架已形成。目前我国已经形成以社会保险、社会救助、社会福利为基础，以基本养老、基本医疗、最低生活保障制度为重点，以慈善事业、商业保险为补充的社会保障制度体系。党的十八届三中全会在《关于全面深化改革若干重大问题的决定》中，进一步明确我国社会保障制度改革的目标是建立更加公平、可持续的社会保障制度，要求社会保障制度不仅注重发展规模和进度，而且更加注重体系结构均衡和优化，以体现新的发展阶段的鲜明特征。

在"十二五"期间，社会保障制度及政策全面实施，并进一步整合是主要特点，社会保障实现了从"广覆盖"到"全覆盖"的跨越。

第一，在社会保障推进上，政府把实现从"广覆盖"到"全覆盖"作为重要工作。在"十二五"期间，《关于制定国民经济和社会发展第十二个五年规划的建议》提出坚持广覆盖、保基本、多层次、可持续方针，加快推进覆盖城乡居民的社会保障体系建设。2010 年 10 月 28 日，在颁布的《社会保险法》中，将"广覆盖、保基本、多层次、可持续"作为我国社会保险制度的基本方针。

2010 年 10 月，《关于制定国民经济和社会发展第十二个五年规划的建议》提出在"十二五"时期"扩大社会保障覆盖范围"中实现"新型农村社会养老保险制度全覆盖"和"城乡社会救助全覆盖"。2011 年 6 月，人力资源和社会保障部发布了《人力资源和社会保障事业发展"十二五"规划纲要》，提出 2011～2015 年"新型农村社会养老保险和城镇居民社会养老保险实现制度全覆盖"。而启用"全覆盖"一词作为整个社会保障体系建设的方针则是在十八大报告之中。2012 年 11 月，党的十八大报告提出社会保障的发展方针为"全覆盖、保基本、多层次、可持续"，这表明"十二五"期间是我国社会保障制度推进"全覆盖"的关键时期。

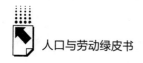
第二，在社会保障政策上，通过多项制度及政策的进一步整合，实现了对人群的全覆盖。从表 10 - 1 可以看到，从 1994 年至 2009 年，是我国社会保障制度"补短板"的关键时期，主要制度及政策得到颁布和实施。从 2010 年开始，社会保障制度及政策在不断健全的基础上开始整合，全面进入社会保障制度优化发展的阶段。

表 10 - 1 1994 ~ 2014 年中国社会保障制度及其政策制定情况

序号	时间	制度	文件
1	1994 年 12 月	生育保险制度	《企业职工生育保险试行办法》
2	1997 年 7 月	职工基本养老保险制度	《国务院关于建立统一的企业职工基本养老保险制度的决定》
3	1997 年 9 月	城市最低生活保障制度	《国务院关于在全国建立城市居民最低生活保障制度的通知》
4	1998 年 12 月	城镇职工基本医疗保险制度	《国务院关于建立城镇职工基本医疗保险制度的决定》
5	1999 年 1 月	失业保险制度	《失业保险条例》
6	1999 年 1 月	社会保险	《社会保险费征缴暂行条例》
7	1999 年 9 月	城市最低生活保障制度	《城市居民最低生活保障条例》
8	2003 年 1 月	新型农村合作医疗制度	《关于建立新型农村合作医疗制度的意见》
9	2003 年 4 月	工伤保险制度	《工伤保险条例》
10	2003 年 6 月	流浪乞讨人员救助制度	《城市生活无着的流浪乞讨人员救助管理办法》
11	2003 年 11 月	农村医疗救助	《关于实施农村医疗救助的意见》
12	2005 年 2 月	城市医疗救助	《关于建立城市医疗救助制度试点工作的意见》
13	2006 年 1 月	农村五保制度	《农村五保供养工作条例》
14	2007 年 7 月	城镇居民基本医疗保险制度	《国务院关于开展城镇居民基本医疗保险试点的指导意见》
15	2007 年 7 月	农村最低生活保障制度	《国务院关于在全国建立农村最低生活保障制度的通知》
16	2009 年 9 月	新型农村社会养老保险制度	《国务院关于开展新型农村社会养老保险试点的指导意见》

续表

序号	时间	制度	文件
17	2011 年 6 月	城镇居民社会养老保险制度	《国务院关于开展城镇居民社会养老保险试点的指导意见》
18	2013 年 6 月	儿童福利制度	《民政部关于开展适度普惠型儿童福利制度建设试点工作的通知》
19	2013 年 12 月	城乡医疗救助	《城乡医疗救助基金管理办法》
20	2014 年 1 月	城乡居民大病保险	《国务院医改办关于加快推进城乡居民大病保险工作的通知》
21	2014 年 2 月	社会救助	《社会救助暂行办法》
22	2014 年 4 月	建立统一的城乡居民基本养老保险	《国务院关于建立统一的城乡居民基本养老保险制度的意见》
23	2014 年 10 月	临时救助制度	《国务院关于全面建立临时救助制度的通知》

2010 年 10 月，全国人大常委会通过《社会保险法》，2011 年 7 月 1 日起施行。《社会保险法》确定了我国社会保险体系建设的总体框架、基本方针、基本原则和基本制度，规范了社会保险关系，规定了劳动者和用人单位的权利和义务，强化了政府责任，明确了社会保险相关各方的法律责任，是新中国成立以来第一部关于社会保险制度的综合性法律，它对于建立覆盖城乡居民的社会保障体系，更好地维护公民参加社会保险和享受社会保险待遇的合法权益，使公民共享发展成果，促进经济和社会发展，具有十分重大的意义。

目前，我国已经形成以《社会保险法》《劳动法》《收养法》《职业病防治法》《军人保险法》为基本法律，以《失业保险条例》《工伤保险条例》《城市居民最低生活保障条例》《社会保险费征缴暂行条例》《廉租住房保障条例》《社会救助暂行办法》《关于建立新型农村合作医疗制度的意见》等相关法规和规章以及规范性文件为配套的社会保障法律体系。

第三，在社会保障对象上，社会保障覆盖的人数持续稳定增加。从图 10 - 1 可见，参加城镇企业职工基本养老保险和城乡居民养老保险的人数稳步增长。从图 10 - 2 可见，参加城镇职工医疗保险和城镇居民医疗保险的人

数稳步增长，参加新型农村合作医疗的人数持续稳定。同时，城乡最低生活
保障的对象也保持相对稳定（见图10-3）。

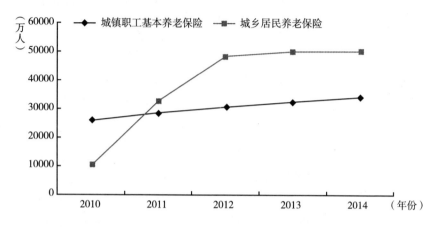

图10-1 我国社会养老保险参保人数的变化情况

资料来源：《人力资源和社会保障事业发展公报》（2010~2013）；2014年人力资源和
社会保障年度数据。

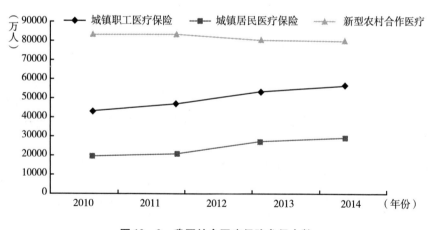

图10-2 我国社会医疗保险参保人数

资料来源：《人力资源和社会保障事业发展公报》（2010~2013）；2014年人力资源和
社会保障年度数据。

到2014年，全国城镇职工基本养老保险参保人数为34115万人，城乡
居民社会养老保险参保人数为50107万人，两者合计达到84222万人，比

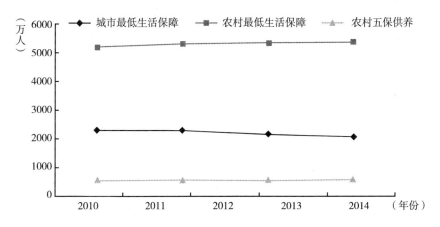

图 10 - 3　我国最低生活保障制度覆盖人数

资料来源:《人力资源和社会保障事业发展公报》(2010~2014)。

2010 年的 25707 万人增长 2.276 倍,总体覆盖率达到 62%。城镇职工和居民基本医疗保险参保人数超过 9 亿人,新型农村合作医疗参合人数为 8.02 亿人,三项合计超过 17 亿人,基本实现全民医保。城镇职工工伤保险参保人数为 20621 万人,失业保险参保人数为 17043 万人,生育保险参保人数达到 17035 万人。各项社会保险参保人数均连年显著增长。

　　社会保障水平也在不断提高。2014 年,在社会养老保险方面,我国企业退休人员养老金已经实现"十连增",平均水平已提高至 1900 元左右。此外,全国有 50107 万人参加城乡居民基本养老保险,人均每月领取养老金为 80 元。在医疗保险方面,职工住院医疗保险费用报销比例在 80% 以上,城乡居民住院医疗保险费用报销比例在 70% 左右,加上职工补充医疗保险和城乡居民大病保险,参保人的住院医疗费用大幅度降低。

(四)"美好生活"成为发展共识

　　"十二五"期间,是我国全面建成小康社会的关键时期。在加快建设小康社会的进程中,人民群众对美好生活的追求有了新的期待和要求。"我们的人民热爱生活,期盼有更好的教育、更稳定的工作、更满意的收入、更可靠的社会保障、更高水平的医疗卫生服务、更舒适的居住条件、更优美的环

境，期盼孩子们能成长得更好、工作得更好、生活得更好。人民对美好生活的向往，就是我们的奋斗目标"（习近平，2012）。

从政府层面来看，从民生为先、民生为重、民生为本出发，提升人民群众的幸福感，采取更加有力的措施促进学有所教、劳有所得、病有所医、老有所养、住有所居，确保改善民生与发展经济同步进行，成为服务型政府工作的核心内容。调整财政收支结构，把更多财政资金投向教育、就业、医疗卫生、社会保障、社会治安等公共服务领域（见图 10 - 4），使公共服务成果更多更公平地惠及包括困难群体在内的全体社会成员，成为服务型政府的主要手段。

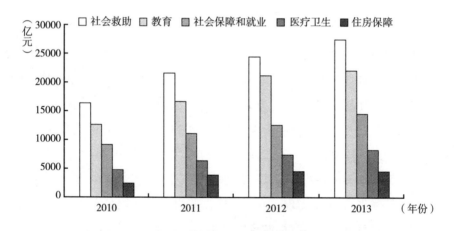

图 10 - 4　我国社会政策主要领域的国家财政投入情况

资料来源：《中国统计年鉴》（2011～2014）；《中国社会服务发展统计公报》（2010～2013）。

从社会层面上看，随着社会不断发展、时代不断进步，人民群众在满足基本生活需求之后，对高层次的发展型民生有了新的期待，对过上更加幸福美好的生活有了更多、更高的追求目标。经济社会越是发展，民生的内涵就越丰富，其外延也随之扩展。因此，保障改善民生是一个循序渐进的动态过程。"保障和改善民生是一项长期工作，没有终点站，只有连续不断的新起点。在保障和改善民生问题上，绝不能满足现状、止步不前，要实现经济发展和民生改善良性循环"（习近平，2012）。持续保障和改善民生，让老百姓生活幸福，开始全面成为中国特色"福利社会"建设的主要动力。

三　"福利社会"："十三五"时期全面建成小康社会的重要标志

"十三五"时期，是我国全面建成小康社会的决胜时期，是全面深化改革的攻坚时期，是民生事业发展的转折时期，因此，"福利社会"的建设对于促进社会公平、维护社会和谐稳定、促进经济长期平稳发展，都具有十分重大的意义。

中国经过 30 多年高速经济发展，虽然国家财力和人民生活水平有了根本改善，但长期以来坚持"高增长，低福利"的发展模式，在经济优先增长战略下，人们习惯将社会领域的投入看成是经济增长的负担，还将发展社会福利与"养懒汉"等同起来，并强调"低福利"政策是导致中国经济成功的重要原因。对发展社会福利领域投入的长期存疑，其直接导致对社会福利领域的投入一直持谨慎态度。

在"十三五"期间，全面建成小康社会，中国已进入中上等收入国家行列，经济和社会的发展关系显得更加关键，由此，社会政策发展的定位和选择更为重要。

（一）在发展原则上，实现国民经济和社会福利的同步发展

长期以来，在国家整体发展战略中，社会福利始终从属于经济发展的需要。在中国未来的发展战略上，不再是为经济增长而增长，而是为保障和改善民生而增长，不是为经济发展而发展，而是为保障和改善民生而发展。因此，确立社会福利的战略地位，需要稳步加以推进，逐渐使其成为推动社会发展的有效系统。

（1）"十三五"时期，社会福利制度通过向社会成员公平地提供各种物质帮助和服务设施，解决社会成员基本需求，使这些社会成员能够分享经济

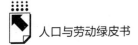

增长以及社会发展的成果，有利于解决他们的日常生活需求，维护整个社会稳定和安全。促进社会福利的提供可以成为调动国民的积极性动力，从而提高劳动效率，更好地推动经济发展。

（2）"十三五"时期，通过回应社会的福利需求，调整发展理念，将经济发展成果转化为国民福利，实现经济政策和社会政策的相互融通和相互促进，实现中国福利体系战略的全面转型，即寻求可持续的"福利社会"发展道路的时代已经到来，通过经济政策和社会政策的相互融合和作用，实现国家福利体系的创新。

（3）"十三五"时期，必须面对我国已进入经济发展新常态，即经济增速正式告别8%的快速增长，潜在增长率在2020年前后回落至7.5%左右的发展趋势。在经济发展新常态下，虽然中国经济增速放缓，但实际增量依然可观。因此，在今后较长的时期，从"高增长、低福利"转向"中增长、中福利"是"福利社会"发展的机遇期。也就是在这个时期，更要强调社会保护和社会稳定的结合，确保建设一个更公平和更包容的、可持续发展的社会。

（二）在发展内容上，促进施行社会保障国民待遇的改革

（1）实施国民基础年金制度改革，解决社会养老保险的"碎片化"问题。第一，将构建普惠和公平的国民基础年金制度，作为我国社会养老保险制度改革的"牛鼻子"。借鉴德国和日本等国的经验，在制度优化阶段，改变长期以来"打补丁"的做法，着力打通机关事业单位退休养老制度、企业职工基本养老保险制度和城乡居民基本养老保险制度分设的"碎片化"格局，通过税收征缴，实施国民年金制度覆盖全体国民，实现各类养老保险制度在国民基础年金制度上的统一和统筹，体现出普惠公平和政府有限责任。国民基础年金在设计上按"保基本"的原则，实行现收现付，基础养老金水平全国统一。第二，确立社会养老保险制度的多层构造。针对几种不同的人群和职业推行各类职业年金制度，同时大力发展商业养老保险。在操作方法上，把个人账户与统筹账户进行剥离，改企业缴费为企业缴税，将统筹账户转化为现收现付的国民基础年金，实行全国统筹。将目前基本养老保

险个人账户纳入职业年金账户，强化职业年金制度的实行。

（2）通过国民健康保险制度改革，使医疗保险待遇统一，达到"有医无类"。第一，应逐步取消医疗保险的个人账户。从目前实施来看，医疗保险中的个人账户，一方面存在导致个人医疗费用负担增加、互济性有限、分散医保资金统筹能力弱等问题；另一方面还存在着对医疗消费的控制作用较弱，不能体现社会公平等突出问题，因此，取消个人账户是大势所趋。在操作上，应逐渐弱化个人账户的功能，直至最后取消。第二，借鉴德国等国家的经验，进行国民健康保险制度改革，对所有参保人按照经济收入的固定比例征缴。这一改革意味着收入越高缴税越多，与健康状况和风险无关。而享受的医疗保险服务则不因缴纳保险费的高低而有区别，即投保人享受的医疗保险待遇和服务水平一致，从而充分体现社会医疗保险的公平性（林闽钢，2014）。

（三）在发展路径上，将针对儿童和家庭的政策干预作为主要切入点

社会政策不能局限于缺陷修补，而要以支持和满足社会成员的发展需要作为出发点。为此，就要求社会政策把满足社会成员的发展需要作为优先目标，将人作为社会最重要的资产进行培植和投资。

家庭是人们在不同生命阶段（儿童、青少年、成年人、老人等）相关问题的交汇点，对儿童尤为重要。为家庭提供支持是满足儿童成长需要的最为有效的途径。从世界各国来看，保护儿童、改善儿童的成长环境是政府及社会成员最早致力的社会福利之一。为使儿童能够在家庭中得到恰当的照顾，政府需要普遍制定由各种法律、收入保障和社会服务构成的家庭政策，包括现金帮助（减免税及儿童或家庭津贴）、工作福利（休假制度、教育补贴）、家庭服务和法律（婚姻和收养）等，帮助社会成员实现工作与家庭责任的平衡（张秀兰、徐月宾，2003）。

在"十三五"时期，政府要将更多的精力投放在儿童福利事业的发展上，为国家未来发展储备更多、更为优质的人力资本。首先，对于国家和政府而言，要通过构建完善的儿童福利政策和管理框架，推行发展型儿童和家庭政

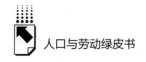

策（儿童税收优惠、家庭津贴、育儿假期等），投资儿童社会服务基础设施和供给内容建设，扩大儿童福利保障范围。其次，对于市场和社会来说，一方面要鼓励各类企业或非营利组织从事儿童服务供给，提供多样化和专业化的儿童服务项目；另一方面要积极依托社区的平台作用，完善社区儿童服务组织，实现社会资源的有效开发和充分利用。也只有促成政府与市场、社会的合力，才能平衡家庭儿童抚养的压力与责任，促进儿童更全面的发展。

（四）在发展领域上，要积极地投资于人的能力建设

在经济全球化形势下，劳动力的素质是影响一个国家经济和社会发展的核心因素。经济全球化趋势使政府对国内经济活动的干预不仅会受到很多国际规则的限制，干预的效果也会因为市场中不确定因素的增多以及资本和劳动力在世界范围内的自由流动而减弱。然而，政府在经济发展中的作用不是降低了，而是更加重要了。对于政府来说，社会成员适应劳动力市场变化的能力不仅关系经济发展，也是解决就业、贫困以及贫富差距问题的关键，对于市场组织来说，企业的经济竞争能力，包括技术和管理的创新，最终取决于所拥有的人力资本以及所处环境的劳动力素质。

因此，在"十三五"时期，要充分重视政府在促进劳动力市场中的积极作用，加大就业服务市场的投入，完善就业市场的制度设计和管理，创造更多的就业岗位，保护就业方式的灵活化，提倡终身学习的思想观念。同时，要促使消极被动的失业应对措施积极化，要在能力提升的理念下大力推行多元化的就业社会服务措施，提供就业信息与咨询服务、就业指导与介绍服务以及个性化的就业培训。

（五）在发展动力上，要推动社会企业的大发展，实现社会政策的创新

十多年来，部分发达国家和一些发展中国家出现了社会创新的动向——社会企业。社会企业被认为是一种介于公益与营利之间的多元混合型社会组织，是社会公益与市场经济有机结合的产物。由于社会企业具有专业性、公

益性、服务性和非政治性等特点，面对复杂的社会问题，各国政府都很重视从政策层面推动社会企业的发展。比如美国成立了"社会创新与公民参与办公室"（the Office of Social Innovation and Civic Participation，SICP），旨在促进政府与私营企业、社会企业家和公众之间的伙伴关系；英国政府相继制定了"社会企业：迈向成功的战略""社会企业行动计划：勇攀高峰"等一系列政策措施，推动社会企业的大发展。

社会企业涉及的领域广泛，包括环境保护、扶助就业、教育培训、卫生医疗、社区发展等。当前，我国社会企业在一些领域发展迅速，取得良好效果。比如，在社区层面，越来越多的地方政府通过"公益创投"等方式借助社会企业提供公共服务。社会企业的特殊性使其能够同时运用社会和商业手段，提供高效、优质、专业和快捷的服务。同时，社会企业利用其低成本、高效率及创新性等优势，能提供社会急需而政府和非营利组织无力提供的服务。从长远来看，社会企业的不断发展还将有效遏制政府角色的过度膨胀，缓解公共财政的困境，跨越非营利组织发展的藩篱，促进公益事业转型、治理结构优化和福利供给转换等。

因此，在"十三五"时期，要加大政府购买服务的力度，推动各级政府向社会企业购买服务，并积极探索对社会企业的税收优惠政策。特别是在当前可以通过政策制定，指定公益性较强的部分领域，如就业支持、教育扶贫、社区发展等，鼓励社会企业积极进入，给予必要的政策优惠，为社会企业拓宽发展空间。

（六）在发展远景上，重视社会服务，建立"社会服务国家"

长期以来，为了配合市场经济体制的建立，我国重点发展了以社会保险为核心内容的社会保障，并提出我国社会保障体系的总体框架是"以社会保险、社会救助、社会福利为基础，以基本养老、基本医疗、最低生活保障制度为重点，以慈善事业、商业保险为补充"。由此，可以看到社会服务还没有得到明确体现，存在"重保险、轻服务"的问题。近年来，在我国服务型政府的建设中，基本公共服务被放在重要的位置，提供基本公共服务已

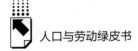

作为政府的主要职能之一，并确立了"2020 年基本公共服务均等化总体实现"的目标。社会服务作为公共服务的一个组成部分，社会服务的基础性作用势必会在今后我国社会保障的发展与完善中得到全面体现和增强。

在"十三五"时期，公益性要成为社会养老服务体系建设的"指南针"，实现"老有颐养"。社会养老服务中的公益性是指基本养老服务、非营利性养老服务要作为纯公共物品和准公共物品向全体国民提供。涉及基本养老服务、非营利性养老服务的"可及性"和"可得性"，即解决养老服务"难"和"贵"两大问题。当前，"居家为基础、社区为依托、机构为支撑"的社会养老服务体系建设已成为共识，必须进一步明确公益性作为社会养老服务体系建设的发展方向。第一，在社会养老服务范围上，将社会养老服务对象和目标从过去主要针对"五保户"、"三无"人员等特殊人群推广到惠及所有老龄人口。第二，充分发挥公办养老机构在社会养老服务中的托底作用和示范作用，推进公办养老机构"五级网络体系化"，促进社会养老服务体系覆盖全民并适度普惠。第三，在社会养老服务的内容上，以满足老年人基本服务需求为目标，廉价提供基本生活照料、康复护理、精神慰藉等服务，推进基本养老服务在城乡的均等化。

在"十三五"时期，需要拓展社会救助服务内涵，实现社会救助服务的积极作用。长期以来，我国的城乡贫困家庭救助偏重于经济上的援助，从发达国家经验来看，社会救助服务与经济援助具有同等重要的作用，将经济援助和救助服务有效连接起来，是我国城乡贫困家庭缓解贫困和摆脱贫困的有效措施。第一，构建贫困家庭的救助服务体系。设立专职社工岗位从事贫困家庭救助服务的管理。在基层社区，通过政府购买服务的方式，招聘和使用多种类型的专业社工人员，从而建立完整的贫困家庭的救助服务体系。第二，拓展社会救助服务内涵，积极推动专业社工人员介入贫困家庭的救助服务领域。通过开展贫困家庭救助预防、贫困家庭救助对象评估、贫困家庭救助方式衔接以及贫困家庭救助对象的服务转介等工作，提高社会救助的针对性和有效性。

在"十三五"时期，发挥社会服务的基础性作用，可以表现在以下两个方面。一是与以缴费为前提才能享受的社会保险不同，社会福利服务面向的是全体国民，对有需要的国民提供基本服务。例如社会养老服务是面向老年人所提供，同时能覆盖所有低收入的老年群体。二是直接社会服务的提供，可以有效满足人们的各种服务需求。社会保险本质上是收入维持计划，通过现金给付仅解决了购买社会服务的筹资问题。而直接提供社会服务的方式，可以减轻社会保险现金给付的压力，起到对现金给付的替代作用，又可以减少管理的环节，提高资金使用效率。

总之，以社会服务作为主线，可以改善我国社会保障的给付结构，不断增加社会服务项目，逐步提高社会服务质量，充分发挥社会服务和现金给付组合的优势，实现"家庭友好"、"妇女友好"、"老人友好"及"残疾人友好"各种的社会状态，从而推动形成中国特色的社会保障体系。

参考文献

韩克庆：《福利社会论要》，《传承》2012 年第 9 期。

金维刚：《建立更加公平可持续的社会保障制度》，《中国社会保障》2014 年第 8 期。

景天魁：《社会管理创新与福利社会建设》，《北京工业大学学报》（社会科学版）2012 年第 1 期。

景天魁：《民生建设的"中国梦"：中国特色福利社会》，《探索与争鸣》2013 年第 8 期。

景天魁、毕天云：《建设中国特色福利社会的意义》，《学习与实践》2009 年第 9 期。

林闽钢：《西方"福利社会"的理论和实践——兼论构建中国式的"福利社会"》，《江苏社会科学》2010 年第 4 期。

林闽钢：《中国社会政策》，武汉大学出版社，2011。

林闽钢：《中国社会保障制度优化路径的选择》，《中国行政管理》2014 年第 7 期。

林闽钢、吴小芳：《代际分化视角下的东亚福利体制》，《中国社会科学》2010 年第 5 期。

林闽钢：《社会投资视角下社会福利发展战略的现代化》，《国家行政学院学报》2015 年第 2 期。

刘继同：《社会福利制度战略升级与构建中国特色福利社会》，《东岳论丛》2009 年

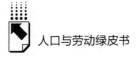
第 1 期。

唐钧：《从社会保障到社会保护：社会政策理念的演进》，《社会科学》2014 年第 10 期。

习近平：《人民对美好生活的向往就是我们的奋斗目标》，《人民日报》2012 年 11 月 16 日。

徐道稳：《以发展型社会政策构建发展型福利社会》，《深圳大学学报》2008 年第 1 期。

岳经伦：《社会政策学视野下的中国社会保障制度建设：从社会身份本位到人类需要本位》，《公共行政评论》2008 年第 4 期。

张秀兰、徐月宾：《建构中国的发展型家庭政策》，《中国社会科学》2003 年第 6 期。

郑功成：《中国社会保障改革与发展战略：理念、目标与行动方案》，人民出版社，2008。

❖ 皮书起源 ❖

"皮书"起源于十七、十八世纪的英国，主要指官方或社会组织正式发表的重要文件或报告，多以"白皮书"命名。在中国，"皮书"这一概念被社会广泛接受，并被成功运作、发展成为一种全新的出版型态，则源于中国社会科学院社会科学文献出版社。

❖ 皮书定义 ❖

皮书是对中国与世界发展状况和热点问题进行年度监测，以专业的角度、专家的视野和实证研究方法，针对某一领域或区域现状与发展态势展开分析和预测，具备权威性、前沿性、原创性、实证性、时效性等特点的连续性公开出版物，由一系列权威研究报告组成。皮书系列是社会科学文献出版社编辑出版的蓝皮书、绿皮书、黄皮书等的统称。

❖ 皮书作者 ❖

皮书系列的作者以中国社会科学院、著名高校、地方社会科学院的研究人员为主，多为国内一流研究机构的权威专家学者，他们的看法和观点代表了学界对中国与世界的现实和未来最高水平的解读与分析。

❖ 皮书荣誉 ❖

皮书系列已成为社会科学文献出版社的著名图书品牌和中国社会科学院的知名学术品牌。2011年，皮书系列正式列入"十二五"国家重点图书出版规划项目；2012~2014年，重点皮书列入中国社会科学院承担的国家哲学社会科学创新工程项目；2015年，41种院外皮书使用"中国社会科学院创新工程学术出版项目"标识。

中国皮书网

www.pishu.cn

发布皮书研创资讯，传播皮书精彩内容
引领皮书出版潮流，打造皮书服务平台

栏目设置：

- ☐ 资讯：皮书动态、皮书观点、皮书数据、
  皮书报道、皮书发布、电子期刊
- ☐ 标准：皮书评价、皮书研究、皮书规范
- ☐ 服务：最新皮书、皮书书目、重点推荐、在线购书
- ☐ 链接：皮书数据库、皮书博客、皮书微博、在线书城
- ☐ 搜索：资讯、图书、研究动态、皮书专家、研创团队

中国皮书网依托皮书系列"权威、前沿、原创"的优质内容资源，通过文字、图片、音频、视频等多种元素，在皮书研创者、使用者之间搭建了一个成果展示、资源共享的互动平台。

自 2005 年 12 月正式上线以来，中国皮书网的 IP 访问量、PV 浏览量与日俱增，受到海内外研究者、公务人员、商务人士以及专业读者的广泛关注。

2008 年、2011 年中国皮书网均在全国新闻出版业网站荣誉评选中获得"最具商业价值网站"称号；2012 年，获得"出版业网站百强"称号。

2014 年，中国皮书网与皮书数据库实现资源共享，端口合一，将提供更丰富的内容，更全面的服务。

法 律 声 明

　　"皮书系列"（含蓝皮书、绿皮书、黄皮书）之品牌由社会科学文献出版社最早使用并持续至今，现已被中国图书市场所熟知。"皮书系列"的LOGO（）与"经济蓝皮书""社会蓝皮书"均已在中华人民共和国国家工商行政管理总局商标局登记注册。"皮书系列"图书的注册商标专用权及封面设计、版式设计的著作权均为社会科学文献出版社所有。未经社会科学文献出版社书面授权许可，任何使用与"皮书系列"图书注册商标、封面设计、版式设计相同或者近似的文字、图形或其组合的行为均系侵权行为。

　　经作者授权，本书的专有出版权及信息网络传播权为社会科学文献出版社享有。未经社会科学文献出版社书面授权许可，任何就本书内容的复制、发行或以数字形式进行网络传播的行为均系侵权行为。

　　社会科学文献出版社将通过法律途径追究上述侵权行为的法律责任，维护自身合法权益。

　　欢迎社会各界人士对侵犯社会科学文献出版社上述权利的侵权行为进行举报。电话：010－59367121，电子邮箱：fawubu@ssap.cn。

社会科学文献出版社